权威·前沿·原创

中国社会科学院创新工程学术出版资助项目

经济蓝皮书
BLUE BOOK OF CHINA'S ECONOMY

2012年中国经济形势分析与预测

ECONOMY OF CHINA
ANALYSIS AND FORECAST (2012)

主　编／陈佳贵　李　扬
副主编／刘树成　汪同三

社会科学文献出版社
SOCIAL SCIENCES ACADEMIC PRESS (CHINA)

图书在版编目(CIP)数据

2012年中国经济形势分析与预测/陈佳贵,李扬主编.—北京:社会科学文献出版社,2011.12
(经济蓝皮书)
ISBN 978 - 7 - 5097 - 2901 - 4

Ⅰ.①2… Ⅱ.①陈…②李… Ⅲ.①经济分析 - 中国 - 2012 ②经济预测 - 中国 - 2012 Ⅳ.①F123.2

中国版本图书馆 CIP 数据核字（2011）第 236881 号

经济蓝皮书
2012 年中国经济形势分析与预测

主　　编/陈佳贵　李　扬
副 主 编/刘树成　汪同三

出 版 人/谢寿光
出 版 者/社会科学文献出版社
地　　址/北京市西城区北三环中路甲29号院3号楼华龙大厦
邮政编码/100029

责任部门/皮书出版中心 (010) 59367127　　责任编辑/任文武　彭　战
电子信箱/pishubu@ ssap. cn　　　　　　　　责任校对/南秋燕
项目统筹/邓泳红　　　　　　　　　　　　　责任印制/岳　阳
总 经 销/社会科学文献出版社发行部 (010) 59367081　59367089
读者服务/读者服务中心 (010) 59367028

印　　装/北京季蜂印刷有限公司
开　　本/787mm×1092mm　1/16　　　　　印　张/25.5
版　　次/2011 年 12 月第 1 版　　　　　　 字　数/436 千字
印　　次/2011 年 12 月第 1 次印刷
书　　号/ISBN 978 - 7 - 5097 - 2901 - 4
定　　价/59.00 元

本书如有破损、缺页、装订错误，请与本社读者服务中心联系更换

▲ 版权所有 翻印必究

经济蓝皮书编委会

主　　　编　陈佳贵　李　扬
副　主　编　刘树成　汪同三
撰　稿　人（以文序排列）
　　　　　　　陈佳贵　李　扬　李雪松　张　涛　沈利生
　　　　　　　王文波　彭　战　刘树成　范剑平　袁　达
　　　　　　　丁　琳　张立群　陈　磊　邵明振　李　颖
　　　　　　　郑京平　张　平　李泊溪　龚　敏　郑超愚
　　　　　　　刘金全　刘　汉　王　毅　闫先东　李光磊
　　　　　　　张培森　吴　谦　朱平芳　裴长洪　彭　磊
　　　　　　　丁维顺　蔡　昉　杨宜勇　杨亚哲　党国英
　　　　　　　李　周　黄　涛　陈克新　朱平芳　韩　清
　　　　　　　姜国麟　王崇举　黄应绘　陈新力　陈年红
　　　　　　　张焕明　石绍炳　武义青　陈　岩　张冠华
　　　　　　　熊俊莉　刘孟俊　彭素玲　陈李蔼伦　吴承业
　　　　　　　陈燕武　张宇燕　徐秀军
编辑组组长　李雪松
副　组　长　彭　战
成　　　员　韩胜军　张　杰　曹曼株　沈　嘉　陈星星
　　　　　　　王喜峰

主要编撰者简介

陈佳贵　中国社会科学院经济学部主任、研究员,长期从事中国经济研究,代表作有《现代大中型企业的经营与发展》、《经济改革与发展中的若干重大问题研究》、《经济改革与经济发展战略》等。

李　扬　中国社会科学院副院长、研究员,长期从事中国经济相关研究,领域涉及货币、银行、金融市场等,专著《财政补贴经济分析》获1990年孙冶方经济科学奖著作奖。其他代表作还有《中国金融改革研究》、《金融全球化研究》等。

刘树成　中国社会科学院经济学部副主任、研究员,长期从事经济周期理论研究,著有《中国经济的周期波动》、《中国经济周期波动的新阶段》、《繁荣与稳定——中国经济波动研究》等。

汪同三　中国社会科学院经济学部学部委员、研究员,长期从事经济模型理论、方法论及其在经济预测和政策分析方面的研究工作。著有《技术进步与产业结构》、《产业政策与经济增长》、《宏观经济模型论述》等。

摘　要

　　本书是在中国社会科学院经济学部"中国经济形势分析与预测"课题组召开的"中国经济形势分析与预测——2011年秋季座谈会"的基础上，由政府部门、科研机构、高等院校等各方专家、学者共同撰写的关于中国经济形势的研究成果。

　　全书分为综合预测篇、政策分析篇、财政金融篇、专题研究篇、区域经济篇、台港澳经济篇及国际背景篇，运用定量与定性相结合的方法，对2011年中国宏观及微观经济层面形势，特别是全球经济形势以及中国经济增长中出现的新情况、新问题进行了深入分析，并且提出了对2012年经济走势的预测。

　　2011年是"十二五"开局之年，也是经济形势异常复杂的一年。总体来看，中国经济平稳快速发展，总体运行态势良好。具体来说，国家出台系列政策，加强了农田水利建设力度，有效保证了粮食和农业稳定发展，夏粮、秋粮连续8年增产，工业生产延续好转态势，继续朝宏观调控的预期方向前进，服务业发展加快；全年财政收入大幅增加，居民收入有所提高。但是物价指数CPI连创新高，引起各界广泛关注，对此，各位专家给出了权威分析。

　　预计2012年国内外经济形势愈加复杂。发达经济体活力不足、市场信心下降，世界经济可能将在较长时期内持续低迷。虽然我国经济增速可以保持在合理较快增长区间，物价涨幅也将逐步回落，但宏观调控依然面临众多挑战，因此也要作好应对复杂经济局面的准备。

Abstract

This book is on the basis of the conference: *Analysis and Prediction of China's Economy* (Fall 2011) directed by the Project Group of Analysis and Prediction of China's Economy in CASS. Experts, researchers and economists in governments, research organizations, and universities contribute to the book.

Integrated prediction chapter, policy analysis chapter, fiscal and financial chapter, special studies chapter, regional economy chapter, economy in Taiwan, Hong Kong and Macau chapter and global economy chapter are included. Based on the quantitative and qualitative methods, China's macro-economic and micro-economic conditions, especially in the global economic situation, some new circumstances and problems of China's economic growth, are analyzed profoundly, and China's economic trends are predicted.

Economic condition of China in 2011 was very complex, and 2011 was the first year of China's Twelfth Five-year Plan. Generally speaking, China's economy developed at high rate and performed well in 2011. In particular, a series of policy about enhancing irrigation and water conservancy were carried out, leading to the stable development of agriculture. Furthermore, industrial production constantly developed to the objective of national macro-control with improved situation, and the service industries developed with accelerating pace. Additionally, national revenue increased significantly, and resident income also rose. However, the CPI sharply ascended, which has attracted wide attention. All the above aspects were analyzed credibly by the experts of this book.

Economic conditions in 2012, according to the prediction, would be more complicated. According to lack of vitality in advanced economies, decline in market confidence, global economy would be in swamp with long period. Although China's economy would continue to develop with high rate, and the CPI would decline, the mission of macro regulation and control is very arduous with multi-targets and multi-challenges. Therefore, China should get ready for the intricate economic situations.

在2011年秋季经济形势分析会上的讲话

（代前言一）

陈佳贵

2011年以来，我国经济平稳快速发展，夏粮增产，秋粮丰收在握，工业增长态势良好，服务业发展加快，财政收入大幅度增加，城乡居民收入有一定提高，物价上涨的幅度趋缓。经济运行态势总体良好。

但是经济发展中的一些深层次矛盾依然存在，而且还出现了一些值得重视的新问题：高耗能产业发展速度加快；小企业、微型企业经营环境趋紧；物价上涨幅度回落的基础还不牢固，存在反弹的可能。这些问题需要认真对待。

分析当前的经济形势，要回答以下几个主要问题。

1. 我国当前面临的经济形势是否与2008年下半年相类似

有一种意见认为，我国当前面临的国内外经济形势与2008年非常相似，因此，要防止经济增长速度大幅度下滑，防止出现硬着陆和第二次探底。这些意见应该引起我们的高度重视，并进行认真分析，正确对待。

我认为，我国当前面临的经济形势与2008年下半年有相似的地方，但是又有很大不同。

相似之处有三点：一是都面临复杂多变的国际经济环境。美国经济恢复乏力，日本经济由于受核电站事故的影响复苏受阻，欧洲一些国家的主权债务危机还在发展，主要发展中大国面临通胀压力。这些问题必然对我国经济产生不利影响，尤其对我国扩大出口带来重重困难。二是经济增长速度都出现了下滑。2010年，我国经济增速达到10.4%。2011年我国的经济增长速度逐季下滑，第一季度为9.7%，第二季度为9.5%，第三季度为9.1%，第四季度可能向9%靠近。三是宏观经济政策都是由偏松转向偏紧。2008年上半年，为应对经济的快速增长，我国实行的是稳健的财政政策和适度宽松的货币政策。2010年第四季度，国家把积极的财政政策和适度宽松的货币政策调整为积极的财政政策和稳健的货币政策，适当减少了财政赤字。2011年以来，央行已经连续六次提高存款准备金率，三次提高银行的基准利率，收紧了银根。

但是，我们也应该看到，当前我们面临的国内外经济形势又与2008年有很大的不同。首先，美国经济恢复乏力，是2008年金融危机的持续，并不是新问题。一些研究金融危机和经济危机的专家早就指出过，历史上发生的经济方面的危机一般都会持续数年，有的甚至长达10年才有可能调整过来。欧洲主权债务危机虽然是美国金融危机发生以后出现的新问题，但是它与美国金融危机向全世界传播有关，而且成因很复杂，要解决起来也需要很长的时间。这必然要对我国的出口产生影响，是我们要高度关注的。其次，金融危机之后，出口对我国经济增长的贡献率已经大幅度下降。2008年前的几年，出口对我国经济增长的贡献率一般在2~3个百分点，2009年出口对我国经济增长的贡献率下降到负3.9个百分点，2010年也只有0.8个百分点，2011年上半年为负0.1个百分点，全年很可能也是负贡献。换句话说，近几年我国经济主要是靠内需拉动的，出口增幅下降会对我国经济带来一定冲击，但是比2009年时要小得多。再次，2011年我国经济增速回落幅度不大，仍在合理区间内。从年度看，2010年我国GDP增速为10.4%，如果2011年我国GDP的增速达到9.2%左右，只比上年回落1.2个百分点；从季度之间的同比增看，第一季度我国GDP增长9.7%，第二季度增长9.5%，从2010年第三季度到2011年第三季度已经连续一年保持在9.1%~10%之间，即便第四季度的增速降低到9%左右，仍在合理区间内。许多国内外机构预测，2012年我国经济仍可保持9%左右的增长速度，在主要发达国家经济不景气的情况下，这已经是一个很高的增速了。最后，社会对国际经济变动可能带来的负面影响的思想准备已经比过去要充分，企业不会像2009年那样张皇失措，国家应对国际经济环境变化的经验也更加丰富，采取的措施会更加得当。

因此，当前宏观调控的方向不应该是由紧转松促增长、防止二次探底和经济的硬着陆，而应是使经济增长速度在适度回落中逐步趋稳，最好能保持在8%~9%之间，为深化改革、治理通胀、进行结构调整、转变经济发展方式创造良好的宏观环境。我们不能再重复过去一热就紧、一紧就叫、一叫就松、一松又热的怪圈。经济增长速度过高，结构调整和转变经济发展方式就很难取得实质性进展，也会使经济发展中的一些深层次矛盾更加尖锐，不利于深化改革，进而影响经济长期平稳健康发展。

2. 2011 年第四季度和 2012 年的物价走势如何

2011 年中央把治理通胀作为宏观调控的首要任务，这个决策是非常正确的，经过几个月的努力已经初见成效，物价快速上涨的势头已经得到一定程度的抑制。

然而我们也应该看到，治理通货膨胀的工作虽然取得了一定进展，但是宏观调控的重点仍不能改变。治理通货膨胀、稳定物价仍然是当前宏观调控的首要任务。

第一，目前物价总水平仍在高位运行。2011 年前三个季度居民消费价格平均上涨 5.6%，除 1、2 月份保持在 4.9% 的水平外，其余 7 个月上涨都在 5% 以上，其中 7 月创 2011 年的最高水平，达到 6.5%。之后涨幅开始回落，8 月 6.3%，9 月 6.1%，今后几个月物价涨幅虽然可能趋缓，但 CPI 全年仍可能达到 5.5% 左右。其他价格指数，如投资品价格指数、工业生产者出厂价格指数等，上涨幅度都明显较高。

第二，造成物价快速上涨的主要因素还没有大的变化，稳定物价还面临很多的挑战。一是流动性过剩的问题并未得到根本改变，因长期外贸顺差多发的货币和 2009 年前后大量的贷款还需要较长时间进行消化，美国实行的量化宽松的货币政策造成的全球性流动过剩对我国的影响也还在发生作用。二是我国农业的基础不牢固，农业劳动生产率低，农畜产品的商品率低；我国人口多，对农畜产品的需求旺盛，农畜产品的供需矛盾将长期存在，价格必然呈上升趋势；如遇大的自然灾害，这种供求矛盾将更加突出，价格上涨也会加快；农业生产资料和劳动力成本的上涨也推高了农畜产品的价格。三是成本上升仍是推动价格上涨的重要因素。提高居民收入在国民收入中的比重、提高劳动者的工资收入在初次分配中的比重是国家既定的大政策，随着这一政策的逐步实施和劳动力人口增速的下降，职工工资必然呈上涨的趋势；推进价格改革，理顺不合理价格关系，也会增加部分企业的产品成本；2011 年上半年，受宏观调控暂缓涨价的部分商品和服务，随着经营成本的上升，下半年可能进行调价，增加新涨价的因素。四是输入性通胀的压力仍然很大。原油、铁矿石、粮食、油料等大宗进口商品价格仍在高位波动，推高国内商品的价格。

3. 经济结构调整是否取得了进展

总体看，有进展，但是进展很小。经济增长动力的调整方面，内需对经济增长的拉动力有所增强，出口对经济增长的贡献降低了，这是外部环境变化造成的。但是产业结构、分配结构调整方面还没有取得什么进展。高耗能产业的增长速度还有所加快；居民收入增长速度低于经济增长速度，也远低于政府财政收入和企业实现利润的增长速度。提高"两个比重"，使居民收入不低于经济增长速度的要求还没有落到实处，还任重道远。

4. 当前的宏观政策需不需要调整

当前国家实行的是积极的财政政策和稳健的货币政策。从实际执行看，与2009年和2010年比较，是适度从紧，特别是货币政策。2011年下半年和2012年的宏观经济政策需不需要调整是大家关心的一个问题，也是一个有争议的问题。

我认为提法可以不改变，仍可以坚持积极的财政政策和稳健的货币政策。从财政政策看，我国正处在结构调整时期，许多民生问题又亟须解决，我国赤字占GDP的比重还没有超过3%，债务余额占GDP的比重也还在可控制的范围内。实行积极的财政政策既有需要，也有条件，但是要严格控制赤字规模和债务余额规模，加强监管，反对搞形象工程，反对铺张浪费，避免出现年终突击花钱的现象。同时要优化财政支出结构，发挥财政政策在改善民生调整经济结构中的积极作用。稳健的货币政策的提法本身就是一个中性的提法，关键在于实际操作时的走向。总之，既要坚持宏观调控的方向、突出调控的重点、保持宏观调控的连续性，又要掌握好宏观调控的力度、节奏，审慎决策。

面对国际经济的复杂形势，下半年宏观调控政策在执行中应该以稳为主。第四季度可以静观其变，在第四季度结束后再来对宏观调控政策的效果进行全面评价，针对经济运行中出现的问题，把握好时机，对宏观经济政策进行微调。经济增长速度回落到8%~9%之间，通货膨胀率降到4%左右，宏观经济政策就应该保持中性。

要加强宏观调控政策和手段的协调性。改变过去偏重需求方、忽视供给方的调控；财政政策和货币政策要很好协调、配合。要改变货币政策偏重利用存款准备金率的手段，忽视利用资金价格手段，特别是当前仍是负利率的情况下，应切实推进利率市场化的改革；要改变积极财政政策偏重扩大政府债务、增加政府投资，忽视税制改革、减轻企业税负的做法；在调控手段上，要尽量减少行政办法，更多运用经济、法律等办法。某些行政性办法看起来见效快，实际上掩盖和积累了矛盾，会带来不良后果，不能多采用，也不能长期采用。要加强各种宏观政策和调控手段的协调性，提高其有效性。

当前国际经济形势

（代前言二）

——在2011年秋季经济形势分析会上的讲话

李 扬

一年一度的秋季经济形势分析与预测座谈会今天又如期举行了。与往年不同的是，今年的宏观经济形势显得更加复杂，有些问题可能不容易说清楚。但让我们感到欣慰的是，包括这次秋季报告在内的我院有关中国宏观经济形势分析与预测的几个课题组，对今年的形势和明年经济走势的判断得出了基本相仿的结论。

最近，西方国家有些人唱衰中国，我们自己有些人心里也不踏实，但通过缜密研究和交叉检验，我们有一个共同感觉，虽然中国经济会有波动，但是不会有特别大的问题。当然也要看到事物的另一方面，由于目前形势非常复杂，我们遇到的问题许多都是前所未有的新课题，而现在用来做预测、分析的理论和工具基本还是传统的那一套，许多都已被证明并不完全适用了。对这些理论工具还需要重新反思，要批判它、发展它。在此之前，我们用这些理论和工具来分析问题，不可避免地会出现偏差，所以还要密切观察形势的变化，如果出现了比较大的波动，要及时对政策进行调整。

借这次座谈会及经济蓝皮书将要出版的机会，我想就当前的国际经济形势问题同大家交流一些看法。

关于国际形势，现在比较多的看法是：欧美经济很可能会出现第二次探底。但我一直坚持这样一个看法，没有什么"二次探底"问题，因为欧美经济特别是美国经济，在金融危机后就一直没有真正恢复过。简言之，我们仍然处在危机之中。

我们认为：这次危机是一次全球性经济危机，是一次严重程度可以和20世纪30年代与70年代两次全球大危机相提并论的危机。这一判断是在经过多方比较之后得出的。20世纪的这两次危机都是在非常深刻复杂的长期因素累积基础上爆发的。由于是大量长期因素累积的结果,所以恢复起来非常困难。30年代的大危机实际是依靠二战提供的战时需求及战时一系列高新科技的运用才真正走出谷底的。在这方面,研究成果堪称汗牛充栋。对于70年代的大危机,我们还研究得不特别透彻,但事实很清楚,此次危机直至20世纪90年代初才真正得以恢复。那次危机也是一次综合性危机,其间,国际上发生了两次石油危机、国际货币体系危机、美元危机和黄金危机,在发达经济体内部,则发生了滞胀危机、就业危机以及生产率下降危机。这些危机相互交织,国际经济形势动荡不居,只是到了90年代初,所谓"新经济"发展起来之后,才算真正恢复。我们做以上类比,意在说明,这次的危机恐怕也不能指望很快就会恢复,更不要对于所谓二次探底有什么诧异。因为,如果此次危机的深重程度与上述两次危机相仿,二次探底、三次探底都有可能。

总的判断是,此次危机,也许需要十年甚至更长时间才会真正得到恢复。形成这一判断的基本根据是:此次全球经济危机,集中反映出发达经济体多年来在经济发展方式、经济结构、金融结构和财政结构等各个层面存在的严重扭曲。因此,危机的恢复须以这些问题基本得到解决为基本前提。但是,解决这些问题不仅十分困难,而且短期内难以奏效,其过程亦十分痛苦。

此外,四年来,在应对危机的过程中,各国均采用了大量非常规刺激政策。这些政策或在短期内有阻止危机急剧扩散的作用,但亦有损害经济长期发展基础的副作用。如今,这些负面影响已开始显露,无疑使艰难恢复过程中的全球经济雪上加霜。

其一,这次危机是全球性经济发展方式的危机。

经济发展方式决定经济运行,而转变经济发展方式又决定经济运行趋势转变。因此,转变经济发展方式非常重要。对于中国来说,转变经济发展方式问题已经讲得很多了,但对于全球经济特别是发达经济体,从经济发展方式角度提出和认识问题,做得还很不够。粗浅地说,就经济发展方式而言,如果说中国等新兴市场经济国家存在低消费、高储蓄,以及对应的高投资、高出口问题,那么,在世界的另一边,我们可以发现高消费、低储蓄,以及对应的投资不振和贸易赤字问题。简言之,发达经济体的经济发展方式同样存在严重扭曲,不同的是,在那里发生的现象与我们这里的相反。长期以来,发达经济体经济运行及经济政策的主导倾向是高消费，消费超过收入水平就会变成高负债。这种情况长期延续，就会演变为负债经济。负债经济的恶化，便形成债务危机。这个脉络，现在看起来已经非常清楚了。问题在于，由于经济是全球化的，某些国家高消费和高负债，便有另一些国家的低消费和高储蓄相对应。这样看，在一定意义上，是我们的低消费支持了发达国家的高消费。那么，在全球经济体系中，这种长期失衡是如何实现并得以持续的？这就不能不论及以美元为中心的国际货币体系。由于美元在国际货币体系中居于核心地位，美国事实上可以通过印制美元的方式来平衡其长期的贸易逆差。于是，上述在实体经济体中存在的失衡便进一步发展为全球金融债券债务的失衡，即：在发达经济体特别是美国一方，是国际债务的不断积累，并导致其主权信用不断下降；在新兴经济体一方，则是外汇储备不断增长，并通过储备的进入渠道引入通货膨胀。此次危机其实是这种平衡方式再也不能继续下去的表现。因此，要真正走出危机，各国均须转变经济发展方式。诚如我们要转变发展方式十分困难一样，在西方，以美国为首的发达经济体，要转变高消费、低储蓄，高负债、高逆差的经济发展方式也非常困难。鉴于问题的严重性和长期性，这种转变没有十年恐怕很难见效。

其二，此次危机是全球经济结构失衡的危机。

我们在讨论国内经济转型问题时，紧接着转变经济发展方式的，便是要调整经济结构。这个问题，在全球各经济体中也普遍存在。

20世纪80年代末期以来，世界产生了一波由发达经济体主导的全球化浪潮。这一浪潮导致全球分工体系发生重大变化，生产链在全球范围内大规模重组。形成的结果是，一方面，作为全球经济体系的"核心"，发达经济体主要集中于发展高端制造业、高附加值的服务业特别是金融业，同时致力于"制造"并向其他国家输出各类"规则"、"标准"和"秩序"；另一方面，作为全球经济体系的"外围"，广大新兴经济体则主要依赖低廉的劳动成本，以资源的浪费和环境的破坏为代价，从事传统的制造业，并被动地接受各种冠以"国际惯例"、"最佳实践"等基于发达经济体之实践和价值标准之上的规则、标准和秩序。

现在，随着新兴市场经济体在全球产出中的增量贡献继续超过发达经济体，并成为世界经济增长的主要引擎，完全由发达经济体主导的全球发展模式已趋式微。面对这一事实，发达国家不得不提出调整产业结构（包括劳动力市场结构）的任务，所谓"再制造"、"再出口"、"再工业化"，乃至建设"智能地球"、

"低碳经济"、"创新型国家"等，便是这种努力的具体体现。因为它们那里长期以来是服务业、虚拟产业过度发展，是把资源过多地配置在华尔街，现在则要配置到制造业上，配置到出口部门。因为，只有制造业发展了，出口部门发展了，大量失业人口才可以就业，然后才有收入，才有社会的稳定。

应当清醒地看到，经济结构调整是全球性问题。目前世界各国都认识到经济结构调整的紧迫性，但迄今为止都还没找到调整的切入点和方向。论及经济结构调整，我们就必须讨论另一个因素，即科技革命以及高新科技的产业化问题。现在我们已经看到，不论是20世纪30年代的大危机还是70年代的大危机，其复苏的轨迹大致上和科技引领的长周期都是吻合的。如果是这样的话，当前全球性的经济结构调整，正在等待着一次具有革命意义的科技革命。但遗憾的是，那种具有全面创新意义的科技革命，目前还没有清晰地显露。

其三，此次危机是金融业过度发展的危机。

此次经济危机发端于金融领域。金融部门的问题千头万绪，概括起来主要有五：第一，金融的发展，大规模地脱离其实体经济基础而"疏远化"了。我们看到，从金融衍生产品到证券化类产品，再到CDO、CDS等，金融产品及金融市场运行逐渐脱离实体经济基础。第二，衍生品过度发展，并放大了风险倍数。第三，大宗商品市场全面"类金融化"，致使商品价格暴涨暴跌，干扰实体经济正常运行。第四，市场中介机构行为扭曲，投资银行"对冲基金化"，其他机构则投资银行化。第五，金融监管不能"与时俱进"。显然，必须假以时日，方能消除所有这些弊端。

金融领域的问题集中起来，便是过高的杠杆化。病因在此，发达经济体的全面恢复，显然就以金融部门全面"去杠杆化"为必要条件。但是，去杠杆化也是个非常痛苦的长期过程。首先，去杠杆化所需的资本只能得自实体经济的储蓄，这是一个缓慢的过程。其次，去杠杆化的本质是修复资产负债表，而这个过程将大大降低金融部门支持实体经济发展的动力和能力。

关于调整资产负债表问题，理论界过去重视不够。在解释此次危机的过程中，理论界提出了所谓"第四代全球金融危机理论"，集中讨论的就是资产负债表失衡及其再均衡的过程。可见，资产负债表分析代表了金融理论发展的前沿。如果问题出在资产负债表上，则经济恢复特别是金融体系恢复的过程，就会呈现复杂的局面。我们知道，为了救助危机，各国货币当局都投放了大量流动性。采取这种政策的目的，是希望取得新增流动性的居民、企业增加支出，扩大就业，希望金融机构增加贷款。但是，如果经济主体将重点置于恢复资产负债表上，则它们取得流动性之后，首先就会用于还债，而不是增加新的支出；金融机构获得新增资金，首先要做的事是充实资本金，而不是增加贷款。于是就出现了目前令货币当局极为头痛的问题：一方面，货币供应已经过多；另一方面，社会上的资金依然十分紧张。

例如在今天的美国，虽然联储和财政部联手投放美元并已达到造成全球流动性泛滥的程度，但其国内信贷市场依然不振，流动性依然奇缺。加之，诸如"巴塞尔Ⅲ"之类以提高资本充足率为核心的加强金融监管的措施，客观上也会对金融部门的放贷能力施以极强的约束。在这个意义上，我们对欧洲理事会将于10月27日宣布的在2012年6月底前将欧洲主要银行的核心资本充足率提高到9%的决定持怀疑态度：我们不仅认为该目标难以实现，同时也对其政策效果存在质疑。

关于资产负债表调整，日本是一个最好的例证。20世纪80年代末发生杠杆化危机（资产泡沫）之后，日本一直在通过修复资产负债表来"去杠杆化"。最乐观的研究认为，日本已于2006年左右基本完成修复任务，而这已用去了15年的时间。更何况，目前的事实说明，日本的修复任务远未完成。这一问题还可上升到更宏观的层面进行分析。现在大家都十分关注政府负债问题。近来很多国家的主权信用评级不断下降，反映的就是政府负债过高的事实。有些分析家就此推断日本政府主权信用也会降级，因为日本政府的债务与GDP的比例达到200%多，居全球首位。但是，国际评级机构至今尚未给日本政府主权信用降级。关键在于，虽然日本政府的债务率已经高悬，但是，作为总体的日本经济却处于正债权地位。也就是说，日本的居民、企业的资产负债表并没有恶化，他们良好的资产负债表足以吸收政府的负债而有余。这样，日本政府的负债行为，从国民经济总体来看只是"左口袋掏到右口袋"，汇总了政府、居民、企业的国家综合资产负债表依然健康。这一状况，有利于我们理解资产负债表分析对于观察一国经济运行的极端重要性。

大家都知道，几个月前，美国纽约发生了"占领华尔街"的民众风潮。到目前为止，这一风潮已经席卷了80多个国家的数百座城市。我们现在还难以对此风潮作切实的分析。但是，有一点可以肯定，发达经济体近几十年片面发展金

融业的战略，在国内外均难以为继。现在是改变这种状况的时候了。

其四，此次危机是财政赤字危机。

我们知道，反映在国民经济各个领域、各个层面的问题，归根结底都会反映在财政上。尤其是金融领域的问题，最终都需要财政用税收或者用未来的税收等"真金白银"予以解决。在中国，传统理论将此称作财政金融"穿连裆裤"。如今，市场经济发展了，财政与金融部门的关系复杂了，但说到根本上，财政与金融"穿连裆裤"的格局依旧。如果说，这种内在的联系在经济正常运行的条件下不易看得清楚，那么，危机发生之后，其内在联系便一下子清晰地显现出来。大家知道，在大部分国家，所谓货币当局，实际上指的是财政部。这种体制安排的经济基础，就在于两大部门间存在着"连裆裤"的关系。正因如此，我们并不特别关心美国会不会推出 QE3 的问题，因为，只要国债在增发，其货币供应事实上就在增加。因为，在一个主权国家范围内，发债就是发货币，无非是不同形式的货币，不同流动性、不同层次的货币而已。

概括而言，经济危机在政府部门的集中表现，就是居高不下的财政赤字率和相应的不断上升的债务率。因此，平衡预算，构成发达经济体经济恢复的最重要环节。但是，实现这一目标更是困难重重。平衡预算，必须减少支出，增加税收。这意味着要裁减公职人员，减少福利支出，缩减政府投资；同时，需要增加税收，增加居民与企业的负担。这一战略举措的宏观效果就是削减需求，增加失业。这不仅不利于经济的恢复，而且会带来无尽的社会动荡，抗议、罢工和社会对抗接踵而来。毋庸置疑，在社会动荡的环境下，经济势难较快恢复，更难稳定发展。

以上从发展方式、经济结构、金融结构、财政结构四个方面分析了当前的危机。由于经济危机是由上述四个方面的问题引起的，危机的恢复则须以这些问题得到基本解决为前提。问题在于，一方面，解决这些问题十分困难；另一方面，解决问题的手段都有延缓经济恢复的副作用。结论自然就是：此次危机还会持续很长时间，还会有各种各样的后续表现。

关于危机仍将长期持续的看法，随着危机不断以各种形式表现出来，逐渐在国际上获得了共识。2010 年 9 月美联储公开市场委员会会议之后，多名美国央行官员与经济学家集体推出了一项关于经济危机的最新研究。该研究在分析、比较了 20 世纪十余次经济危机，特别是 30 年代和 70 年代两次全球经济危机的原因和恢复的进程之后，明确指出，后危机时期将有"至少十年的过渡期"。

从各国货币当局最近采取的政策措施，我们也能读出类似的信息。例如，今年9月21日，美联储异乎寻常地公布了三项政策措施，即：政府债券期限延展计划、对机构抵押债券再投资计划（用到期的机构债和抵押贷款支持证券之所得），以及再次确认于2013年中期之前将联邦基金利率维持在0~0.25%的低水平之上。不得不采取这些通常只有在长期萧条情势下才会采取的异乎寻常的政策，显示了美联储对美国经济恢复的前景缺乏信心。欧洲的情况比美国更糟。虽然，经过艰苦的讨价还价，欧元区成员领导人近期就解决债务危机问题达成了一揽子协议，在欧洲金融稳定机制、充实银行核心资本、减记希腊国债、敦促意大利整顿财政纪律等方面达成共识，但这充其量只是制止危机恶化的临时举措。若干更为深刻的问题，如居高不下的各国债务、创历史水平的失业率、产业竞争力低下，以及欧元区的未来发展方向不明等，仍然对欧洲人的智慧提出严峻的挑战。

面对如此国际形势，我们要建立这样一个思想准备：在未来一个相当长的时期内，中国经济要在全球经济长期低迷的环境下运行。果若如此，我国对外部门的发展就不会特别乐观，净出口对我国经济增长的贡献率就可能大大降低。但是，在净出口的经济增长贡献率降低的背后，蕴涵着一个更大的机遇，那就是，我国经常项目顺差占GDP的比重会下降到4%以下，从而满足了上届G20峰会对各国提出的宏观调控国际协调的"参考性指标"的要求。进一步，我国经济长期依赖进出口的局面可能会从根本上扭转，实现向内需为主的经济发展方式转型因而便有了根本保证。

2011年10月10日

目 录

在2011年秋季经济形势分析会上的讲话（代前言一） ………… 陈佳贵 / 001
当前国际经济形势（代前言二）
　　——在2011年秋季经济形势分析会上的讲话 ………… 李　扬 / 001

B.1　中国经济形势分析与预测
　　——2011年秋季报告 ………… "中国经济形势分析与预测"课题组 / 001
B.2　"中国经济形势分析与预测2011年秋季座谈会"综述 …… 彭　战 / 014

BⅠ　综合预测篇

B.3　2011年和"十二五"时期中国经济走势分析 ………… 刘树成 / 021
B.4　2011年经济形势分析和2012年展望 ………… 范剑平 / 034
B.5　2011年国民经济发展预测和2012年展望 ………… 袁　达　丁　琳 / 045
B.6　2011~2012年经济形势分析与展望 ………… 张立群 / 051
B.7　2011~2012年经济景气和物价走势分析与预测
　　………………………………………… 陈　磊　邵明振　李　颖 / 060

BⅡ　政策分析篇

B.8　通胀高位回落　增长稳健回归
　　——2011年中国经济形势分析及2012年展望 ………… 郑京平 / 080
B.9　宏观政策目标、潜在增长和政策选择 ………… 张　平 / 092

B.10 2012年中国经济发展的政策选择 …………………… 李泊溪 / 103

B.11 2011年中国宏观经济形势分析及2012年展望 ………… 龚 敏 / 112

B.12 中国宏观经济形势与政策：2011～2012年
………………………… 中国人民大学经济学研究所课题组 / 120

B.13 "十二五"初期实际GDP增长率的实时预报与
短期预测 ……………………………………… 刘金全 刘 汉 / 133

B Ⅲ 财政金融篇

B.14 稳健货币政策取向下的金融运行 ……… 王 毅 闫先东 李光磊 / 148

B.15 2011～2012年中国经济税收形势的分析预测 …………… 张培森 / 161

B.16 2011年上海证券市场回顾与2012年展望 ……… 吴 谦 朱平芳 / 169

B Ⅳ 专题研究篇

B.17 2011～2012年中国对外贸易与吸引外商
直接投资分析与展望 …………………………… 裴长洪 彭 磊 / 184

B.18 2011年外贸发展分析及2012年展望 ………………… 丁维顺 / 197

B.19 如何进一步转移农村剩余劳动力？ ………………… 蔡 昉 / 204

B.20 2011～2012年中国就业形势分析与展望 ……… 杨宜勇 杨亚哲 / 213

B.21 中国农村社会经济发展回顾与展望 ……………… 党国英 李 周 / 225

B.22 2011年中国能源形势分析及2012年展望 ………………… 黄 涛 / 237

B.23 2011年中国大宗商品市场分析及新一年展望 …………… 陈克新 / 252

B Ⅴ 区域经济篇

B.24 2011～2012：上海经济增长分析与发展预测
………………………………………… 朱平芳 韩 清 姜国麟 / 260

B.25 基于CASS指数的2011年重庆经济形势分析与
2012年展望 ………………………… 王崇举　黄应绘　陈新力 / 273
B.26 2011~2012年中部六省经济运行分析与展望
——基于CASS指数 ………………… 陈年红　张焕明　石绍炳 / 280
B.27 2012：中国区域工业竞争力走势分析 …………… 武义青　陈　岩 / 293

B Ⅵ 台港澳经济篇

B.28 台湾地区经济形势分析与展望（2011~2012年）
……………………………………………… 张冠华　熊俊莉 / 301
B.29 台湾经济预测 ……………………………… 刘孟俊　彭素玲 / 312
B.30 香港经济形势分析与展望 ………………………… 陈李蔼伦 / 325
B.31 澳门经济分析与展望
………………… 华侨大学"澳门经济分析与预测"课题组 / 346

B Ⅶ 国际背景篇

B.32 2011~2012年世界经济形势分析与展望 ………… 张宇燕　徐秀军 / 355
B.33 附录　统计资料 ……………………………………………… / 370

CONTENTS

Speeches of the Fall Forum of Analyses and Forecasts on China's
Economy in 2011 (Preface I) — *Chen Jiagui* / 001

Reviews on the International Economic Situations
in 2011 (Preface II) — *Li Yang* / 001

B.1 Analyses and Forecasts on China's Economy
—The Fall Report, 2011 — *Project Group* / 001

B.2 A Summary of the Fall Forum of Analyses and Forecasts
on China's Economy in 2011 — *Peng Zhan* / 014

B I General Forecast

B.3 An Analysis of China's Economic Situation in 2011
and During the 12th Five-year Plan Period — *Liu Shucheng* / 021

B.4 Analyses and Outlooks on China's Economy
Situation in 2011 — *Fan Jianping* / 034

B.5 Analyses and Forecasts on the Growth of the
National Economy in 2011-2012 — *Yuan Da et al.* / 045

B.6 Analyses and Outlooks on China's Economy Situation
in 2011-2012 — *Zhang Liqun* / 051

B.7 Analyses and Forecasts on the Economic Sentiment and the
Future Trend of Prices in 2011-2012 — *Chen Lei et al.* / 060

B II Policies Analysis

B.8 Inflation Dropping at High Level, Growth Rate Slowing Down to Solid
—China Economy 2011 Review and 2012 Outlook *Zheng Jingping* / 080

B.9 Macro Policy Goals, Potential Growth and Policy Options *Zhang Ping* / 092

B.10 Policies of China's Economic Development in 2012 *Li Boxi* / 103

B.11 Analyses and Outlooks on China's Macro-economic Situation in 2011-2012 *Gong Min* / 112

B.12 China's Macroeconomic Situation and Policies: 2011-2012 *Project Group* / 120

B.13 Real-time Forecasts and Short-term Predictions of the Real GDP Growth Rate in the Early Period of Twelfth Five-year Plan *Liu Jinquan et al.* / 133

B III Finance and Banking

B.14 Financial Operation Under the Stable Monetary Policy *Wang Yi et al.* / 148

B.15 Analyses and Forecasts on China's Economic Tax Situation in 2011-2012 *Zhang Peisen* / 161

B.16 Review and Analysis of Shanghai Securities Market in 2012 and Prospects for 2012 *Wu Qian et al.* / 169

B IV Special Study

B.17 Analysis and Outlook: 2011-2012 China's Foreign Trade and FDI *Pei Changhong et al.* / 184

CONTENTS

B.18 Analysis of Foreign Trade of China in 2011
and Outlook of 2012 *Ding Weishun* / 197

B.19 Is There Potential for Exploiting Surplus Labor in Agriculture?
Cai Fang / 204

B.20 China's Employment Situation and Prospects in 2011-2012
Yang Yiyong et al. / 213

B.21 Analysis and Outlook of Rural Society and
Economy in China *Dang Guoying et al.* / 225

B.22 Analysis and Outlook of Energy Condition in China (2011-2012)
Huang Tao / 237

B.23 Analysis of China Commodities Market in 2011 and Outlook
of that in 2012 *Chen Kexin* / 252

B V Regional Economy

B.24 Economic Growth Analysis in Shanghai and Development
Prediction (2011-2012) *Zhu Pingfang et al.* / 260

B.25 Analysis and Outlook of Chongqing Economic Condition
Based on CASS Index (2011-2012) *Wang Chongju et al.* / 273

B.26 Analysis of Economic Operation of the Six Provinces
in Middle China During 2011-2012
—*Based on The CASS Indicators* *Chen Nianhong et al.* / 280

B.27 China's Regional Trend Analysis of Industrial Competitiveness
Wu Yiqing et al. / 293

B VI Hong Kong, Macao and Taiwan's Economy

B.28 Analysis and Forecast of the Economy of Taiwan Region 2011-2012
Zhang Guanhua et al. / 301

B.29 Prediction of Economic Condition of Taiwan   *Liu Mengjun et al.* / 312

B.30 Analysis and Outlook of Hong Kong's Economy   *Chenli Ailun* / 325

B.31 Analysis and Outlook of Macao's Economy   *Project Group* / 346

BⅧ International Background

B.32 Analysis and Outlook of Global Economy (2011-2012)

Zhang Yuyan et al. / 355

B.33 Appendix: Statistical Data   / 370

B.1
中国经济形势分析与预测
——2011年秋季报告

"中国经济形势分析与预测"课题组*

摘　要：在模型模拟与定性分析相结合的基础上，预测和分析了2011年和2012年我国经济发展趋势和面临的主要问题，发布了2011~2012年国民经济主要指标预测。对宏观经济形势的分析显示：经济运行面临欧美债务危机的影响，保持物价稳定是经济运行中的重要问题。宏观调控应以稳为主，政策搭配审慎灵活，并努力加快转变经济的发展方式。

关键词：中国经济　指标预测　政策建议

2011年是实施"十二五"规划的开局之年，在转型深化的大背景下，我国经济增长由政策刺激开始向自主增长有序过渡，国内通货膨胀由累积释放转呈逐步缓解迹象，总体上看，经济运行继续朝宏观调控的预期方向发展。后金融危机时期，全球经济的稳步复苏仍面临着层层考验，发达经济体的经济增速显著放缓以及日益严重的债务危机，进一步放大了全球经济复苏前景的不确定性。国内经济社会发展在通胀压力和稳定增长方面也存在一系列可以预见或难以预见的新情况、新问题。面对当前复杂的国内外形势，宏观调控应以稳为主，政策搭配要审慎灵活。我们必须继续把转变经济发展方式和进一步调整经济结构作为各项经济社会发展工作的核心内容和根本对策，处理好速度、结构、物价的关系，保持经济平稳较快发展和社会和谐稳定。

---

* 课题顾问：刘国光、王洛林、李京文；课题总负责：陈佳贵、李扬；执行负责人：刘树成、汪同三；执笔：李雪松、张涛、沈利生、王文波；报告起草组成员还有：赵京兴、樊明太、李军、李文军、张延群、王丽、娄峰。

本报告将在模型模拟与定性分析相结合的基础上,预测和分析 2011 年和 2012 年我国经济发展趋势和面临的主要问题。

一 国民经济主要指标预测

在世界经济复苏乏力、货币政策转向稳健、消费刺激政策逐步淡出等综合因素影响下,2011 年我国国民经济增长速度将有所放缓,预计 GDP 全年增长速度将达到 9.2% 左右,增速比上年回落 1.2 个百分点;2012 年,若国际经济政治环境不再发生显著恶化,国内不出现大范围的严重自然灾害和其他重大问题,经济增速虽将继续有所回落,但仍保持在合理增长区间,GDP 增长率预计达到 8.9%。

2011 年以来,国家先后出台一系列优惠政策,加强了农田水利建设力度,有效地保证了我国粮食和农业生产能够稳定发展。据预测,2011 年和 2012 年,我国农业生产将保持平稳增长,第一产业增加值将保持在 4.2% 左右的增长速度,增速略高于 2010 年。2011 年以来,工业生产总体延续了 2010 年回升好转的运行态势,继续朝着宏观调控的预期方向发展,但由于受到外需减弱、房地产市场调控等因素影响,2011 年我国第二产业增加值增长速度将有所放缓,预计全年增速为 9.9%,比 2010 年回落 2.5 个百分点。现阶段,我国仍处于中期工业化阶段,2012 年第二产业将继续保持 9.8% 左右的增长速度。2011 年和 2012 年,第三产业将呈现平稳增长态势,预计分别增长 8.9% 和 8.8%。

随着各地保障房建设的展开,2011 年全社会固定资产投资名义增长速度仍将处于较高水平,预计名义增长率将达到 24.5% 左右;但由于 2011 年投资品价格指数显著提高,因此,2011 年投资实际增长速度将有所回落,预计为 16.7% 左右。受刺激性财政投资逐渐淡出、货币政策转向稳健、国际经济复苏缓慢等多种因素的影响,2012 年我国全社会固定资产投资将呈现小幅回落的趋势,预计名义和实际增长率分别为 22.8% 和 15.4%。

2011 年,我国 CPI 上涨率持续处于高位运行,7 月 CPI 同比上涨 6.5%,创下自 2009 年以来 CPI 的新高。随着翘尾因素的逐步减弱,CPI 涨幅将在第四季度有所回落,预计 2011 年居民消费价格上涨 5.5%。2012 年,导致物价下行的因素增多增强：随着秋粮丰收，粮价和蔬菜价格涨幅都将趋于放慢，从而拉低CPI涨幅；猪肉价格进一步上涨空间有限；货币金融政策将继续温和调整，流动性过剩问题有所减轻，从而对物价增长有所抑制。但是，一些引致物价持续上涨的因素依旧存在，例如劳动力成本上升等。总体上看，2012年物价总水平增长呈回落态势，预计2012年CPI上涨4.6%。

由于宏观经济增速趋缓、价格涨幅较大，2011年农村居民收入增速将略低于2010年，据预测，2011年和2012年农村居民人均纯收入将分别实际增长9.3%和8.5%左右；受工资上调、个人所得税税率下调、价格涨幅较大等因素的综合影响，预计2011年和2012年城镇居民人均可支配收入分别实际增长7.7%和7.8%。2010年城镇居民与农村居民的收入差距倍数小于2009年，2011年该收入差距倍数将会进一步缩小。

受刺激性消费政策逐渐退出、通货膨胀压力加大、上年基数较高等因素影响，2011年社会消费品零售额增速有所放缓，名义增长率为16.7%，比上年回落1.6个百分点，扣除价格因素，实际增长11.2%，增速比上年回落3.6个百分点；2012年，消费将保持平稳增长态势，我国社会消费品零售额将突破20万亿元，名义和实际增长率分别为15.7%和11.3%。

2011年以来，受国际经济复苏乏力、人民币持续升值等因素影响，我国外贸增长速度明显回落，据预测，2011年进口和出口增长速度将分别达到24.7%和20.4%，全年外贸顺差将略低于上年，达到1610亿美元左右，为连续第三个贸易顺差减少年；国际货币基金组织（IMF）最新发布的《世界经济展望》指出，由于受到发达经济体特别是美国和欧元区持续的债务危机和赤字问题的拖累，全球经济已经进入"一个危险的新时期"，世界经济复苏的不确定性也直接影响到我国的外部需求，据预测，2012年进口和出口的增长速度将进一步减弱，分别为20.4%和17.3%，全年外贸顺差将继续回落到1350亿美元左右。

总的来看，我国经济增长由政策刺激开始向自主增长有序过渡，国内通货膨胀由累积释放转呈逐步缓解，2011年和2012年经济增速虽有所回落，但仍运行在平稳、较快的合理增长区间内。表1列出的是对我国2011年和2012年主要国民经济指标的预测情况。

表1 2011～2012年国民经济主要指标预测

指标名称	2011年预测值	2012年预测值
1. 总量		
GDP增长率(%)	9.2	8.9
2. 产业		
第一产业增加值增长率(%)	4.2	4.1
第二产业增加值增长率(%)	9.9	9.8
第三产业增加值增长率(%)	8.9	8.8
第一产业对GDP增长的拉动(百分点)	0.4	0.4
第二产业对GDP增长的拉动(百分点)	5.1	4.9
第三产业对GDP增长的拉动(百分点)	3.7	3.6
3. 投资		
全社会固定资产投资(亿元)	346210	425150
名义增长率(%)	24.5	22.8
实际增长率(%)	16.7	15.4
固定资产投资占GDP比例(%)	74.3	78.9
支出法投资率(%)	54.2	56.5
4. 消费		
社会消费品零售总额(亿元)	183250	212070
名义增长率(%)	16.7	15.7
实际增长率(%)	11.2	11.3
5. 外贸		
进口总额(亿美元)	17390	20940
进口增长率(%)	24.7	20.4
出口总额(亿美元)	19000	22290
出口增长率(%)	20.4	17.3
外贸顺差(亿美元)	1610	1350
6. 价格		
居民消费价格指数上涨率(%)	5.5	4.6
商品零售价格指数上涨率(%)	4.9	4.0
投资品价格指数上涨率(%)	6.7	6.4
GDP平减指数(%)	6.3	6.2
7. 居民收入		
城镇居民人均可支配收入实际增长率(%)	7.7	7.8
农村居民人均纯收入实际增长率(%)	9.3	8.5
8. 财政		
财政收入(亿元)	101070	118530

续表

指标名称	2011年预测值	2012年预测值
财政收入增长率(%)	21.6	17.3
财政支出(亿元)	110070	130550
财政支出增长率(%)	22.8	18.6
9. 金融		
新增贷款(亿元)	75470	76660
新增货币发行(亿元)	7550	8690
居民储蓄存款余额(亿元)	364060	436090
居民储蓄存款余额增长率(%)	20.0	19.8
M2(亿元)	841400	977270
M2增长率(%)	15.9	16.1
各项贷款余额(亿元)	554680	631340
各项贷款余额增长率(%)	15.7	13.8

二 经济运行面临的外部风险——欧美债务危机及其影响

2011年，世界经济饱受欧债危机、日本地震以及美国经济复苏乏力等负面因素的影响，世界各大经济机构也普遍调低了对2011、2012年世界经济增长的预测值。全球经济是否会二次探底又成为一个现实性问题，欧美经济即使不会出现衰退，但复苏缓慢几乎成为共识，全球贸易在未来的一两年将充满很大的不确定性。

1. 日益扩散的欧美债务危机

为应对始于2007年的金融危机，世界主要经济体在2008年纷纷推出经济刺激方案，使得这些国家的政府开支迅速增加，财政赤字急剧上升。美国2010财年财政赤字达1.15万亿美元，占GDP的8.1%，至2010年累计债务总额占GDP的91.5%。欧元区许多国家赤字率超过3%的"警戒线"，2010年法国和希腊的预算赤字分别占GDP的4.0%和6.0%。日本政府2010年累计债务总额也升至其GDP的220.3%。粗略估算，2011年全球主权债务可能超过40万亿美元。在目前经济复苏脆弱和缓慢的形势下，在未来的两三年里，债务危机仍将是困扰各主要发达国家经济复苏的最大不确定性因素。

2009年以来的美国经济形势和近来欧盟的债务危机都表明，欧美发达国家此轮危机实质是债务危机，其根源主要体现在三个方面。

第一，非常态经济刺激计划导致主权国家过度举债。研究表明，当某一经济体的债务水平接近其年度经济总产值时，经济增长就会受阻，而目前全球几乎所有主要发达经济体都陷入了这样的困境。一旦一国的公共债务突破GDP的80%~100%水平，就会开始对经济产生不利影响。

第二，虚拟经济与实体经济脱节，经济缺乏"生产性"。主权债务危机有其历史、体制和自身的原因，但最根本的原因是这些国家的经济失去了"生产性"，即失去了实体经济的支撑。以美国为例，从科技泡沫破灭以来，美联储主要是通过宽松的货币政策刺激房地产发展来带动经济的增长，同时在宽松的金融监管下大量的金融创新带来了资本市场的繁荣，美国通过低利率来刺激虚拟经济泡沫的膨胀。

第三，选票许诺下的高福利政策使财政无法承受。"欧洲21世纪不会被炮火摧毁，但可能会被一张张福利支票压得喘不过气。"英国《经济学家》这样的预言并非危言耸听。正如西方评论家所言，高福利超越了民主制所能保证的自身限度，政府和民众的关系就像"毒贩和瘾君子"，却"完全合法"，前者为赢得选举发放福利"毒品"，后者"上瘾"后想得到更多。

2. 欧美债务危机对我国经济的影响

金融危机总是会表现出明显的传染性特征，即从一个局部市场向关联市场甚至是整个经济系统传递。此次欧美主权债务危机也不例外。它并不会仅仅限于公共债务市场，而是牵涉到银行市场、外汇市场，波及全球经济。欧美债务危机将通过下面三个渠道影响我国未来的经济增长和稳定。

第一，通过出口影响我国的实体经济。欧美是我国主要出口市场，欧美国家经济增长放缓必然影响我国的出口需求，使得出口难以再度扮演增长发动机的角色。数据显示，希腊债务危机爆发以来我国对欧盟的出口增速从2010年1月的46%大幅下降到2011年8月的27.7%，对美国的出口增速从2010年1月的56.6%下降到2011年8月的25.1%。

第二，通过金融渠道影响我国经济的稳定。由于经济基本面持续低迷，再加上财政约束，美欧央行或将考虑重启印钞买债的货币政策，以稳定债券市场,并刺激经济。近期,欧洲央行已经宣布购买意大利和西班牙国债的计划,日本央行有意扩大货币供应量,有关美联储可能启动第三轮"量化宽松"政策的推测也越来越多。过剩的流动性首先冲击国际大宗商品市场,推高大宗商品价格,使中国面对巨大的输入性通货膨胀压力。为应对高涨的流动性,2011年以来央行三次加息,六次上调银行存款准备金率,货币政策由"宽"入"紧",但却难以摆脱多重"政策两难":以利率工具为主体,必将面临所谓"蒙代尔—克鲁格曼不可能三角"的困境,加息政策与升值预期和短期资本的大规模流动相冲突,使紧缩的货币政策效果弱化;以数量性政策工具为主面临着存款实际利率为负、民间利率高涨与短期流动性出现结构性变异的困境,从而难以克服负利率带来的经济泡沫蔓延、体系外金融高涨,甚至资金自我繁衍的问题。

第三,影响投资和消费信心。美国债务上限的内耗、欧债危机继续深化以及经济再度低迷下政策工具的捉襟见肘,都大大影响了全球投资和消费者的信心。在全球金融一体化、经济一体化乃至信心一体化的今天,信心的互相传导也影响到了中国,我国国内很多企业的外贸订单以及海外投资也开始犹豫,悲观的预期导致我国投资消费意愿下降。

三 经济运行中的重要问题——保持物价稳定

由于多种因素的影响,2011年3月份以来,通货膨胀压力明显增大。与人民生活密切相关的居民消费价格指数已经连续6个月上涨率在5%以上,7月份达到6.5%,为近期最高点。其他价格指数,如投资品价格指数、工业生产者出厂价格指数等,上涨幅度都明显较高。保持物价基本稳定不仅是重大的民生问题,而且在当前形势下,对保持经济的平稳较快发展特别是对中小企业克服眼前困难也具有重要意义。

造成此轮通胀压力的因素是多方面的。既有美国长期实行量化宽松货币政策造成的输入性通胀压力,又有应对国际金融危机时期国内新增信贷规模较大对价格上涨造成的滞后影响,也有新出现的各方面成本推动因素形成的价格水平上涨。在我国加快转变经济发展方式、努力构建社会主义和谐社会的新形势下,目前特别需要重视成本推动因素。

第一，输入性通胀因素。西方发达国家由金融危机引发的日益严重的债务危机，迫使它们不得不在未来一段较长的时期内采取扩张性的货币政策和财政政策。这种政策必然会影响到世界经济的价格格局，势必对我国经济带来我们难以自主调控的通胀压力。

第二，保持农产品价格的适度提高是需要接受的价格总水平上涨因素。"十二五"期间，我们面临着提高农民收入的艰巨任务，而提高农民收入最根本的措施是保证农民劳动成果的价格稳定提高，我们必须主动保持粮食收购保护价格的提高与价格总水平上升的合理关系。因此，保持农产品价格的适度提高是需要接受的价格总水平上涨因素。

第三，劳动力成本的上升。随着我国经济总量水平的提高，如何"分蛋糕"的收入分配政策越来越重要。党的十六大提出，"以共同富裕为目标，扩大中等收入者比重，提高低收入者收入水平"，将收入分配政策提到了重要位置。党的十七大进一步明确要求调整收入分配政策，要"逐步提高居民收入在国民收入分配中的比重，提高劳动报酬在初次分配中的比重"。十七届五中全会更是深刻指出，收入分配政策调整的重要方面是"努力实现居民收入增长和经济发展同步、劳动报酬增长和劳动生产率提高同步"。十七大的两个"提高"，明确了增加居民收入的来源。十七届五中全会的两个"同步"规定了提高居民收入的原则，即居民收入的提高是与经济发展程度相联系的，劳动报酬的提高是受劳动生产率的提高制约的。违背了这些原则就会出现成本推动的价格上涨压力。但是由于各种复杂的原因，长期以来我国居民收入水平明显偏低，劳动报酬比重明显偏低，科学发展要求我们扭转这种偏低的状况，因此在未来的一定时期内，在一定程度上使居民收入提高和劳动报酬提高的速度不低于甚至略高于经济发展速度和生产率提高的速度是必要的，因而劳动力成本适度上升是价格总水平上升的合理因素。

此外，由于土地资源的稀缺性和多年来地方"土地财政"惯性的影响，各产业发展中土地或土地使用成本上升因素还会继续对价格总水平保持不容忽视的影响。

改革开放30多年来，我国经济体制一直在由传统的计划经济向社会主义市场经济转轨。由于经济增长速度快，这一过程中我们较多遇到的是通货膨胀问题。但是随着市场机制逐步发挥越来越大的作用，通货膨胀类型也由20世纪

80~90年代的投资、消费及外需不协调不平衡，过热增长的需求拉动为主，逐步演变为需求拉动与成本推动混合形式，而且成本推动因素作用越来越明显。根据上面的分析，目前以及未来一段时期内存在的某些成本推动的价格上涨是有其必然性以及某种程度的必要合理性的，例如保障农民收入的必要性，以及全面提高城镇居民收入构建和谐社会的紧迫性。我们需要审时度势，不断加强和改善宏观调控，打击各种价格违法违规行为，使价格上升幅度与经济增长速度相适应，把价格总水平控制在合理的范围之内，同时加强对低收入、弱势群体的转移支付，保障他们的生活水平。另外，我们也应该看到，需求拉动型通货膨胀与成本推动型通货膨胀相比，前者往往会在短期内造成激烈波动，形成较大冲击，严重影响经济稳定；而后者的影响在一般情况下则相对温和一些，发展过程相对缓慢。但是对于前者，通过加强需求管理，宏观调控可以较快产生抑制作用；而对于后者则较难仅仅通过紧缩解决，需要更科学地因势利导、综合应对，更加重视供给侧的市场化改革。

此轮价格上涨成因复杂，我们采取了综合应对措施，效果将会逐步显现。在"十二五"及以后时期中，我们要重视积累应对不同类型通胀问题的经验，争取宏观经济运行的稳定。

四 宏观调控以稳为主，政策搭配审慎灵活

2008年以来的国际金融危机给世界经济带来了严重的冲击，造成了自第二次世界大战结束以来的首次世界经济负增长。至今主要发达国家仍未彻底走出危机的泥潭，而我国通过采取积极有效的应对措施，克服诸多困难，在世界经济中率先实现经济增长的企稳回升，目前正在实现由政策刺激向自主增长的有序转变。我们取得如此成绩的法宝，就是坚持社会主义基本经济制度，加强宏观调控，坚持不懈地奋力保持经济的又好又快发展。

目前，欧美债务问题增加了外部环境的不确定性，国内通货膨胀压力趋缓但仍处于高位，要实现有效抑制通货膨胀，保持宏观经济又好又快发展，宏观调控应以稳为主，政策搭配审慎灵活。

首先，要促进货币政策向中性靠拢，在执行过程中要慎重，既不要继续出台紧缩性的货币政策，也不要轻易出台刺激性的货币政策。

其次，要把短期控制物价过快上涨和保持中长期经济平稳较快增长有机结合起来，防止短期控制物价措施影响就业、伤及中长期增长基础。

最后，要重视并认真解决目前在实际工作中存在的一些具体问题，特别要关注货币政策回归稳健过程中传统制造业中的小型、微型企业所面临的融资困难和高利贷问题。此外，还有房地产市场的调控和健康发展问题，地方发展项目的后续资金困难问题、安全生产方面的问题等。对这些问题需要针对具体情况采取具体措施，采取有差别的政策，分类解决。既要把握宏观调控的大方向，又要保护各方面特别是地方的积极性，实现可持续发展与和谐发展。

1. 保持经济平稳增长，财政政策侧重于结构优化

虽然我国经济已经逐渐步入正常增长的轨道，但世界经济复苏仍面临许多不确定性和不稳定性，国际金融危机对世界经济的深层次影响还在持续，必须保持必要的财政支出规模，防止政府力量过快退出导致的总需求增速过快下降，发挥财政保障经济平稳较快发展和引导经济结构调整的功能。

第一，通过结构性减税，减轻小微企业和消费者负担。结构性减税可以刺激生产、增加供给，在实现增长的同时化解通胀压力。中小企业的税费负担偏重，资源要素成本压力加大，财税优惠政策惠及面窄。应继续加大对部分小型微利企业实施所得税优惠政策的力度，落实相关配套措施，支持中小企业发展；结构性减税可以增加居民实际收入，增强其抗通胀的能力。通过削减增值税、营业税、消费税等间接税，降低消费者间接承担的税负，对稳定物价水平发挥作用。

第二，优化支出结构，保障和改善民生。加大财政资金继续向农业、民生、保障性住房领域的倾斜，发挥政府在保障性住房融资机制中的主导地位。建立长期稳定的保障性住房建设财政资金投入机制，将住房保障资金需求纳入公共财政预算支出之中，确保年度财政预算中保障性住房项目支出的比例。

第三，财政政策应向促转型、调结构的方向转变。财政政策要在保持经济平稳增长，把握总量的同时，发挥财政政策在改善结构、调节分配、促进和谐等方面的重要作用。

2. 兼顾控通胀与稳增长，保持货币政策中性

我国目前的通货膨胀及其隐含的结构性表明：既要结合市场完善和结构调

整，在一个长期动态过程中解决流动性问题，又要围绕保持物价总水平的基本稳定这一宏观调控目标，采取稳健的货币政策，促进货币政策向中性靠拢，处理好控制通货膨胀与保持经济平稳较快增长的关系。

第一，要加强货币政策的稳健性和审慎性，平衡货币政策的灵活性和前瞻性。近年来，我国货币政策调控在体现高度灵活性的同时，也存在很强的反复性。要稳定通货膨胀预期，必须平衡货币政策的灵活性和前瞻性，加强货币政策的稳健性和审慎性。因此，要加强对国内外经济形势的观察和分析，加强对国内外相关冲击的预警及其影响评估，加强对相应货币政策当前和预期效果的评估，加强对相应货币政策及反馈博弈机制的研究。只有科学预见国内外相关冲击及其影响和传导，才能加强货币政策调控的前瞻性，使货币政策的灵活性具有稳健性和审慎性。

第二，完善货币政策组合，正确处理管理通货膨胀、引导资产价格的关系，促进市场价格的合理化和市场机制的完善。我国货币政策调控的一个基本目标是稳定物价总水平，与此同时，货币政策调控在实践中还必须兼顾资产价格，这是因为我国的资产价格直接影响到实体经济，房地产价格影响到居民消费，股票价格影响到企业融资，人民币汇率影响到外汇收益和贸易。要发挥管理通货膨胀与引导资源要素和资产价格完善的积极影响，必须加强货币政策工具，包括利率、汇率、公开市场操作、存款准备金率等货币政策工具的科学组合。一是引导信贷结构优化和社会融资水平的合理化；二是改善人民币汇率弹性，不要形成人民币升值或贬值的单向浮动；三是推动资本市场的健康发展。

第三，要进一步加强财政政策与货币政策的协调配合。财政政策要支持对小微企业的结构性减税，加强对完善收入分配和社会保障制度及低收入群体补贴的政策支持；货币政策要加强对农业、小微企业的信贷支持，加强对低碳、环保、节约资源的资金支持；引导保障性住房的健康发展。加强对地方融资平台贷款、表外资产和房地产金融的风险预警和管理，防范理财产品、民间高利贷等可能引发的金融风险，加强对跨境资本的有效监控。

第四，要继续创造条件，深化金融机构改革和加强资本市场建设。要进一步推进利率市场化改革、人民币汇率形成机制改革，以充分发挥金融市场在资源配置中的基础作用，进一步扩大直接融资渠道、支持金融产品多元化创新，推动金融健康发展和服务于实体经济发展。一要注意信贷消费机制的健康发展，抑制无节制的信用消费；二要注意资本市场的融资功能及其资本价格发现功能和风险预警功能；三要注意人民币汇率弹性浮动及其与就业和通货膨胀的关系，要引导人民币汇率双向浮动预期；四要注意房地产金融体系的建设；五要进一步深化金融机构的改革和开放，支持为小微企业提供服务的金融机构的健康发展。

五 进一步努力，加快转变经济发展方式

党的十七大提出的转变经济发展方式是一项伟大的战略任务，也是一项艰巨的长期任务。其战略性在于这项任务是我国在21世纪经济社会发展的根本方向；其长期性在于这项任务不可能在几年内一蹴而就。通过前几年应对国际金融危机的实践，我们越来越深刻地理解加快转变发展方式的重要性和紧迫性。针对当前复杂的国内外形势，我们必须继续把转变经济发展方式和进一步调整经济结构作为各项经济社会发展工作的核心内容和根本对策。加快转变经济发展方式，当前应该加强做好以下几方面的工作。

第一，更加重视保障和改善民生，坚持以人为本，进一步把政府资源投向就业、社保、教育、医疗、保障性住房等公共服务领域。

第二，更加注重加快调整经济结构，推进战略性新兴产业发展，加快服务业发展，落实区域发展规划。

第三，更加注重夯实农业基础，加大对农业和农村事业的投入，保持农业生产特别是粮食生产的稳定发展，千方百计增加农民收入，缩小城乡居民收入差距。

第四，更加注重节能减排工作，加大环境保护力度，提高资源使用效率，为转变经济发展方式创造良好环境。

第五，更加注重调整对外贸易结构，以扩大内需为主，同时积极有效地利用两种资源、两个市场，抓住机遇，促进国内发展。

第六，更加注重深化改革，不断总结经验，有力地推动重点领域和关键环节的改革，改革是转变经济发展方式的根本保证，要坚持用改革的办法破解发展中的难题，解决深层次的矛盾。

Analyses and Forecasts on China's Economy

—The Fall Report, 2011

Project Group

Abstract: Based on the simulation and qualitative analysis, the economic trend and the primal problems faced by China in 2011 and in 2012 are analyzed and forecasted. A forecast on the primary indicators for national economy from 2011 to 2012 is issued. An analysis on the macro-economic situation shows that, China's economy is affected by the Europe debt crisis, and it's an important issue to keep prices stable in the economic operation. The macro-economic regulation should be stable and the policy should be prudent and flexible. Also, the development pattern should be changed.

Key Words: Chinese Economy; Indicator Forecast; Policy and Suggestion

B.2
"中国经济形势分析与预测 2011 年秋季座谈会" 综述

彭 战*

2011 年 10 月 10 日，中国社会科学院经济学部与"中国经济形势分析与预测"课题组召开"秋季座谈会"。中国社会科学院副院长李扬、经济学部主任陈佳贵，以及来自社科院经济学部各相关研究所、国家有关部委局、各研究机构以及部分高校的专家学者出席座谈会，与会专家对当前的经济形势以及 2012 年发展趋势展开讨论，发表了各自的看法。会议由学部委员汪同三主持，数量经济与技术经济研究所李雪松副所长代表课题组发布了中国社会科学院《中国经济形势分析与预测 2011 年秋季报告》。中国经济形势座谈会已连续召开 42 次，在国内同类会议中历史最长。

一 对当前经济形势及 2012 年经济走势的基本判断

2011 年是"十二五"开局之年，也是经济形势异常复杂的一年。总体来看，中国经济平稳快速发展，总体运行态势良好。具体来说，国家出台系列政策，加强了农田水利建设力度，有效保证了粮食和农业稳定发展，夏粮、秋粮连续 8 年增产，工业生产延续好转态势，继续朝宏观体调控的预期方向前进，服务业发展加快；全年财政收入大幅增加，居民收入有所提高，物价指数 CPI 连创新高，但涨幅已经逐步趋缓，呈现高位回落态势。从结构看，消费保持较快增长，固定资产投资平稳增长，对外贸易增速回落，贸易顺差收窄。全年经济增速回落不大，仍在合理区间。

---

* 彭战，中国社会科学院数量经济与技术经济研究所。

从国际环境来看，失业率居高不下的美国，债务危机频发的欧洲以及受地震、海啸以及核泄漏影响的日本等主要经济体复苏乏力，使得全球经济短期内充满不确定性，欧美经济复苏缓慢，经济二次探底的可能性逐渐加大。各大经济机构普遍调低了对世界经济增长的预测值。当前的局面是2008年金融危机的持续，专家判断，此次危机，也许需要很长时间才会得到恢复。金融危机造成出口对我国经济增长的贡献率已经大幅度下降，三大需求中，投资的扩张和消费的增长依然是经济增长的主要驱动力。

2012年国内外经济形势愈加复杂。从国外看，全球经济活力疲弱、市场信心不足的态势仍在发展，世界经济可能将在较长时期内持续低迷，形势更趋复杂严峻。2012年主要经济体中许多面临政府大选，其所面临的问题也由经济领域向社会领域蔓延，"占领华尔街"等活动反映社会负面情绪增加，经济复苏动力更显不足。

总体看国内经济发展的基本面稳定，具备很多保持经济较快发展的有利条件，特别是内需对经济增长的支撑作用将进一步增强。预计2012年我国经济增速仍会在合理较快增长区间，物价涨幅也将逐步回落。但应注意到宏观调控面临多重任务、多重挑战，也要有应对更糟糕经济局面的准备。

二　当前经济形势的特点

数据显示2011年中国经济增长逐季放缓，CPI高位运行。从结构上看，消费保持较快增长，固定资产投资平稳增长，对外贸易增速回落，贸易顺差收窄。

1. CPI高位运行，但上涨势头初步得到控制

2011年以来CPI保持高位运行，前三个季度CPI同比上涨分别为5.1%、5.7%、6.2%。前9个月，CPI累计上涨5.7%，涨幅比上年同期高2.8个百分点。其中7月CPI同比涨幅达到6.5%，创2008年7月以来的新高。专家认为究其原因，货币供应量扩大与房价上涨相互推动，使社会各方面对价格上涨形成较强的心理预期。另外社会游资介入食品流通领域，炒作绿豆、大蒜等农产品，致使其价格出现非理性暴涨，加剧了人们对涨价的直观感受。随着国家楼市调控以及稳定物价等措施成果的显现，8月和9月CPI同比涨幅有所回落，分别为6.2%和6.1%，CPI过快上涨势头得到初步控制。

2. 经济增长速度趋于平稳，存在下行态势

2011年我国的经济增长速度逐季下滑，第一季度为9.7%，第二季度为9.5%，第三季度为9.1%，分别比上年同期低1.2个、0.8个、0.5个百分点，第四季度可能向9%靠近。宏观调控首要任务取得成效，全年预计略高于9%。综合看，经济增速平缓回落，符合"稳增长、调结构、转方式"的政策调控目标，但也显现出经济转型过程的复杂性和不稳定性，应特别注意经济增长的内生性动力和市场需求基础不够稳固的问题。未来几年GDP继续加速上升的空间不大，有专家提出未来宏观调控的侧重点是使经济走稳，防止经济增长"大起大落"。

3. 出口贡献减弱，投资依然是拉动经济增长的主力

年初国际大宗商品价格的飙升，以及人民币升值等因素导致进口额超过出口额，第一季度商品贸易出现14.7亿美元的逆差；上半年出口额虽然实现贸易顺差，但出口对经济增长的贡献已逐步降低。2011年全社会固定资产投资名义增长速度仍将处于较高水平，预计名义增长率将达到23.8%左右，但由于价格指数显著提高，2011年投资实际增长速度将有所回落。总体来看，2011年政府支出特别是投资支出的力度减弱，内需对经济增长的拉动力有所增强。但通货膨胀对居民实际收入的侵蚀以及城乡收入差距削弱了居民消费需求对经济增长的贡献率，导致中国经济增长方式依然是投资驱动的增长。

4. 房价的泡沫化趋势得到控制，汽车消费退潮明显

2011年70个大中城市房屋销售价格涨势趋稳，房价下降的城市不断增加。2011年8月末大中城市价格环比下降、持平的城市逐渐增加，环比价格上涨的城市中，涨幅均低于0.4%。通过提高按揭贷款申请标准、限制购买等措施，有效控制了投资性、投机性等购房需求的强劲扩张势头。总体看，房价涨幅趋稳，房地产市场泡沫化趋势得到有效控制。另外受小排量汽车补贴政策退出的影响，前8个月1.6升以下乘用车销售630.87万辆，同比增长6.37%，增幅比上年明显下降。专家认为，应该将"住、行"为主的消费结构尽快升级到健康可持续的发展轨道。

三 2011年及2012年主要国民经济指标预测

与会专家对于2011年和2012年主要国民经济指标预测结果见表1。

表1　2011～2012年主要国民经济指标预测

单位：%

	2011年	2012年
国内生产总值（GDP）增长率	9.2～9.57	8.5～9.4
全社会固定资产投资实际增长率	16.7	15.4
社会消费品零售总额实际增长率	16.7	15.7
居民消费价格指数（CPI）上涨率	5.5	3.4～4.6
城镇居民实际人均可支配收入增长率	7.7	7.8
农村居民实际人均纯收入增长率	9.3	8.5
进口总额（亿美元）	17390	20940
进口增长率	35.7	20.4
出口总额（亿美元）	19000	22290
出口增长率	20.4	17.3
外贸顺差（亿美元）	1610	1350

注：GDP和CPI数据为预测的区间。

四　当前经济运行中需要关注的问题

1. 关注经济增长的降速问题

经济增长速度过高，结构调整和转变经济发展方式很难取得实质性进展，也会使经济发展中的一些深层次矛盾更加尖锐，不利于深化改革，不利于经济长期平稳健康发展。有专家认为，近年来经济增长目标一直设定为8%，物价目标不能超过5%。历史数据显示，"十一五"期间规划增速7.5%，结果却超过11%，"十二五"提出5年平均增长7%的目标，使我们有条件面对8%～9%甚至更低的增速。当前宏观调控的方向不仅应该防止"二次探底"和经济的"硬着陆"，而且要使经济增长速度在适度回落中逐步趋稳。应该避免过去"一热就紧、一紧就叫，一叫就松、一松又热"的怪圈。

2. 解决食品价格剧烈波动的深层次矛盾

CPI上涨因素是多方面的，包括劳动力价格上涨、国内流动性过剩、美国的量化宽松货币政策以及国际大宗商品价格上涨等，但2010年下半年的物价上涨，从一些小品种的农产品涨价开始，民间的概括为："蒜你狠、豆你玩、姜你军、油你涨、糖高宗、苹什么、辣翻天"等。小农式的经营生产方式与当前的工业化、城镇化之间存在矛盾，是农产品价格波动幅度加大而且波动频率加快最重要的原因。物价问题特别是食品价格问题涉及千家万户，是关系民生、关系经济健康发展、关系社会和谐稳定的大问题，决不可掉以轻心。专家认为，必须通过深化农业生产经营方式的改革，通过现代技术、金融、流通和管理要素与农业的对接，辅以财政对现代农业设施和装备建设补贴，进一步提高农业劳动生产率，缩小农产品（特别是食品）的价格波动幅度和频度。

3. 产业结构调整应进一步深化

全球金融危机导致的外需不足成为"扩大内需"、调整我国长期外向型经济的良机，为深化改革、治理通胀、进行结构调整、转变经济发展方式创造了机遇。但数据显示2011年高耗能行业增加值和投资增速呈现加快的态势，使得节能减排形势日益严峻。专家认为，目前存在淘汰落后产能难度大、节能减排的压力大等问题，"十二五"节能减排目标明确要求在单位国内生产总值能耗、化学需氧量、二氧化硫、氨氮和氮氧化物排放量方面显著下降，并对各地方、各行业节能减排下达了任务分解目标。未来的中国经济不能靠投资、靠外需、靠引进技术发展，指望形成原材料进口、临港工业区加工、返销国际市场的重化工业国际循环。专家认为调整产业结构需要靠消费、靠内需、靠创新发展，推进战略性新兴产业发展，加快服务业发展。

4. 关注全球经济、政治形势变化

2011年国际形势风云变幻，从"阿拉伯之春"到"占领华尔街"，从"标普下调美国信用评级"到"欧债危机"，再到是否会有第三轮的量化宽松货币政策。有专家认为，欧美发达国家此轮危机实质是债务危机，一方面非常态经济刺激计划导致主权国家过度举债，虚拟经济与实体经济脱节，经济缺乏"生产性"；另一方面"选票许诺"下的高福利政策使财政无法承受。2012年各主要经济体大多面临换届选举，未来国际局势应引起密切关注。国际油价对于石油输出国政治动荡的反应迅速而直接，而"天灾人祸"如地震和海啸自然灾害导致日本福岛核电站核泄漏，引发的全球性核能危机，将会给世界带来持久深刻的影响。不少国家宣布暂停或暂缓核电建设，此波核电危机将对今后能源供给产生深刻影响，并对世界经济发展产生负面作用。

五 关于2012年宏观经济工作的政策建议

1. 货币政策方面

专家认为,要促进货币政策向中性靠拢,慎重调整,既不要继续出台紧缩性的货币政策,也不要轻易出台刺激性的货币政策。在稳定物价的同时,促进宏观调控手段从数量工具为主逐步转向价格工具为主,稳步推进利率市场化改革和人民币汇率形成机制改革。应通过金融创新和金融制度调整,在控制总量的同时优化信贷结构,提高资金使用效率。兼顾控通胀与稳增长,保持货币政策中性。要加强货币政策的稳健性和审慎性,平衡货币政策的灵活性和前瞻性;完善货币政策组合,正确处理管理通货膨胀、引导资产价格的关系,促进市场价格的合理化和市场机制的完善;要进一步加强财政政策与货币政策的协调配合;要继续创造条件,深化金融结构特别是金融机构改革和资本市场建设。

2. 财政政策方面

专家认为,保持经济平稳增长,财政政策也应保持中性,侧重于结构优化,提高城乡公共服务的提供水平与标准。具体操作中要进一步优化支出结构,保障和改善民生,扩大财政支出中用于真正民生领域的支出比例,加大对民生、三农、中小企业、保障性住房等国民经济薄弱环节的支持,切实保障经济保障房的建设资金到位。着力调整税制结构,加大结构性减税力度,优化税制设计,改善税收分享体制;调整转移支付的结构,逐步减少逐项申请制的专项转移支付,扩大制度性的一般性转移支付,促进中央及各级政府财力资源与事权的对等;清理取消和减免部分涉企收费,降低中小企业负担。推进制度创新与改革,提高公民对各级政府财政收支的监督与约束能力,使财政进一步从计划经济中的生产建设财政转向市场经济的公共财政。

3. 在"调结构"、"转方式"方面

2012年宏观调控要继续处理好"控通胀"、"保增长"、"调结构"、"转方式"之间的关系,促进经济平稳较快增长。专家认为,进一步加快转变经济发展方式要更加注重加快调整经济结构,推进战略性新兴产业发展,加快服务业发展,落实区域发展规划;更加注重夯实农业基础,加大对农业和农村事业的投入,保持农业生产特别是粮食生产的稳定发展,千方百计增加农民收入,缩小城乡居民收入差距；更加注重节能减排工作，加大环境保护力度，提高资源使用效率，为转变经济发展方式创造良好环境；更加认清对外贸易面临的困难，以扩大内需为主，同时积极有效利用两种资源、两个市场，促进经济发展；更加注重用改革的办法破解发展中的难题，解决深层次的矛盾。

2012年要把短期调控的政策措施和长期发展规划结合起来，在稳物价、保增长的同时，突出强调经济发展方式的转变、经济结构的战略性调整和经济增长质量和效益的提升；通过加强经济社会发展的薄弱环节建设、提高社会保障水平等，进一步提高可持续发展能力，增强发展后劲；同时要进一步巩固和扩大应对国际金融危机冲击成果，努力促进经济社会又好又快发展，迎接中国共产党第十八次全国代表大会的胜利召开。

综合预测篇

General Forecast

B.3
2011年和"十二五"时期中国经济走势分析

刘树成*

摘　要：本文不同意中国经济将面临滞胀风险或已经处于滞胀状态或将陷入"硬着陆"局面的那些观点。本文分析了2011年和"十二五"时期中国经济走势可能会呈现的六大特点，强调指出中国经济将在新一轮周期的适度增长区间运行，"稳物价"与"稳增长"相辅相成，人均收入水平的提高、城镇化的推进、产业结构的调整升级是"十二五"时期经济增长的重要动力源。

关键词：经济走势　经济波动　"十二五"时期

进入2011年以来，有关中国经济将面临滞胀风险或已经处于滞胀状态或将

---

* 刘树成，中国社会科学院学部委员、经济学部副主任。

陷入"硬着陆"局面的种种呼声不绝于耳。这些观点是不符合中国经济实际情况的。本文的分析表明，2011年和"十二五"时期，中国经济走势可能会呈现以下六大特点。

一 从经济周期波动的态势看，2011年和"十二五"时期，中国经济将在新一轮周期的适度增长区间运行

新中国成立以来，从1953年起，开始大规模的经济建设，进入工业化历程，到2009年，经济增长率（以国内生产总值增长率为代表）的波动共经历了10轮周期，2010年又进入了新一轮即第11轮经济周期。前8轮周期，可以概括为"2+3=5"周期，即周期长度平均为5年左右，上升期很短，往往只有短短的一两年，随后的调整回落期往往为3年左右，总体说来表现为一种"短程"周期。而第9轮周期的长度则延长到9年，第10轮周期又延长到10年，这两轮周期扩展为一种"中程"周期。第9轮周期为"2+7=9"周期，即上升期和前8轮周期一样，只有短短的两年，但回落期比较平稳，每年平均回落1个百分点，平稳回落了7年，整个周期为9年（见图1）。第10轮周期走出了一个"8+2=10"的新的良好轨迹，即上升期延长到8年，从2000年至2007年，经济增长率连续处于8%至14%的上升通道内，这是新中国成立以来历次经济周期波动中从未有过的最长的上升轨迹。但到2007年，经济增长有些偏快。2008年，在国内经济调整和国际金融危机冲击的叠加作用下，经济增长率从2007年的14.2%下降到9.6%，一年间回落了4.6个百分点，回落的势头较猛。在应对国际金融危机的冲击中，中国及时采取了积极的财政政策和适度宽松的货币政策，实施了"一揽子计划"，到2009年第二季度之后，有效遏止了经济增长急速下滑的态势，在全球率先实现经济总体回升向好。2009年全年，经济增长率为9.2%，仅比上年回落0.4个百分点。2010年，经济增长率回升到10.4%，从而进入新一轮即第11轮经济周期。如果宏观调控把握得好，第11轮经济周期有可能延续第9、10轮周期的长度，走出一个十年左右的"中程"周期。这样，2011年和"十二五"时期中国经济就可能运行在新一轮周期的适度增长区间。

从近几年来经济增长率的季度波动来看（见图2），中国经济运行态势表现

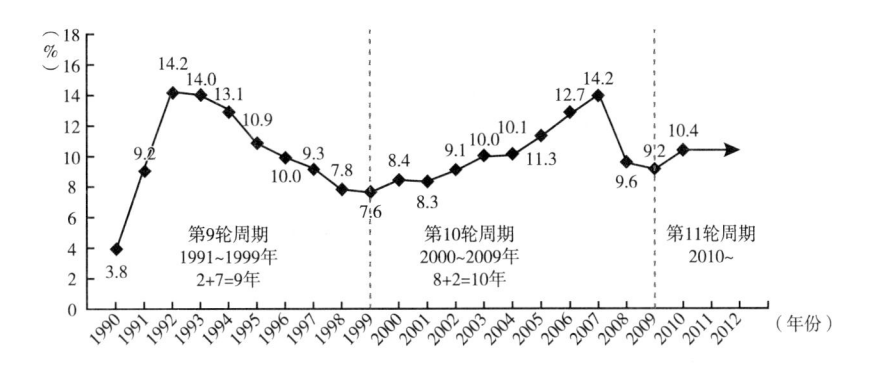

图1 中国经济增长率的波动（1990～2010年）

出四个阶段的变化。第一阶段，2007年各季度，经济增长在14%左右的高位运行，显然偏快；第二阶段，2008年第一季度至2009年第一季度，出现大幅下滑，一直下滑到2009年第一季度6.6%的低谷；第三阶段，2009年第二季度至2010年第一季度，在应对国际金融危机冲击中呈现恢复性大幅回升，一直回升到2010年第一季度11.9%的高位，走出一个V形回升轨迹；第四阶段，2010年第二季度至2011年第二季度，经济增长率在向适度增长区间的回落中趋稳，2011年第1、2季度分别为9.7%和9.5%。由此，中国经济运行已由应对国际金融危机冲击时大幅下滑和其后恢复性大幅回升的"非常状态"，向适度增长区间的"正常状态"转换和回归。很显然，这里的"回归"包括"回落"和"回稳"双重含义。我们不能只谈"回落"，不谈"回稳"。经济增速的适度回落并回稳，是宏观调控的预期结果。

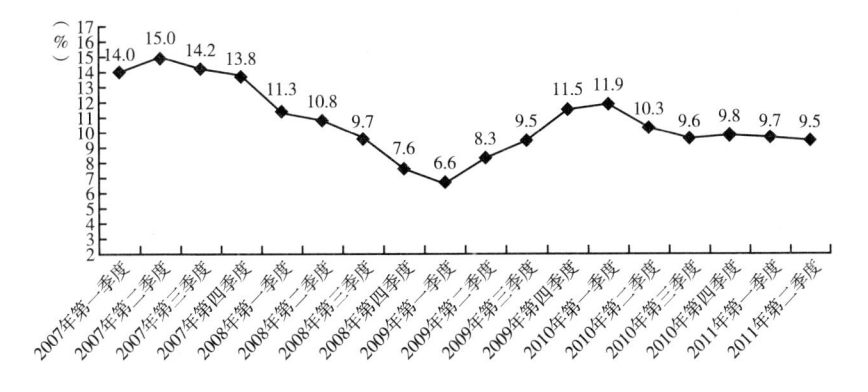

图2 中国经济增长率的季度波动（2007年第一季度～2011年第二季度）

二 从基年经济增长率的位势看，起点较高，2011年和"十二五"时期继续加速上升的空间不大，宏观调控的侧重点是使经济走稳，主要防止经济增长由偏快转为过热

"十二五"时期（2011～2015年）的基点，即2010年，经济增长率为10.4%，位势较高，继续加速上升的空间不大。宏观调控的侧重点是使经济走稳，防止借"十二五"规划开局之年盲目大干快上，防止借领导班子换届之机大搞"政绩工程"，防止整个经济增长由偏快转为过热，努力保持国民经济在适度增长区间平稳运行。为此，2011年和"十二五"时期，宏观调控首先要使经济增长率从应对国际金融危机冲击中的恢复性大幅回升，向适度增长区间平稳回落、回稳。然而，这一正常的回落、回稳过程却被中外一些人士解读为中国经济即将或已经陷入滞胀。显然，这种解读是不符合中国实际国情的。

说中国经济即将或已经陷入滞胀的所谓主要"依据"是两个指标：一是中国制造业采购经理指数（PMI）的回落情况，二是全国规模以上工业增加值月同比增长率的回落情况。

中国制造业采购经理指数，2011年4月至7月连续4个月走低，分别为52.9%、52%、50.9%和50.7%；8月略有微升，为50.9%（见图3）。从中国制造业采购经理指数2007年1月以来的波动情况看，2007年各月处于55%左右的高位，2008年4月达到59.2%的高峰；在国内经济调整和国际金融危机冲击下，由2008年4月的高峰猛降到2008年11月38.8%的低谷，随后回升；从2009年3月至2011年8月的30个月中，中间虽有几次在50.7%至56.6%的区间小幅波动，但是一直处于临界点（50%）以上的扩张区间。在现实经济生活中，由于各种因素的影响，经济运行过程不可能是直线上升的，有点小幅波动是正常的。不应一看到有点小幅波动，就大惊小怪。

从全国规模以上工业增加值月同比增长率来看，近几年来也呈现四个阶段的变化（见图4）。第一阶段，2007年各月，工业生产增长在18%左右的高位运行，有些偏快；第二阶段，2008年1～2月至2009年1～2月，出现大幅下滑，一直下滑到2009年1～2月3.8%的低谷；第三阶段，2009年3月至2010年1～2月，在应

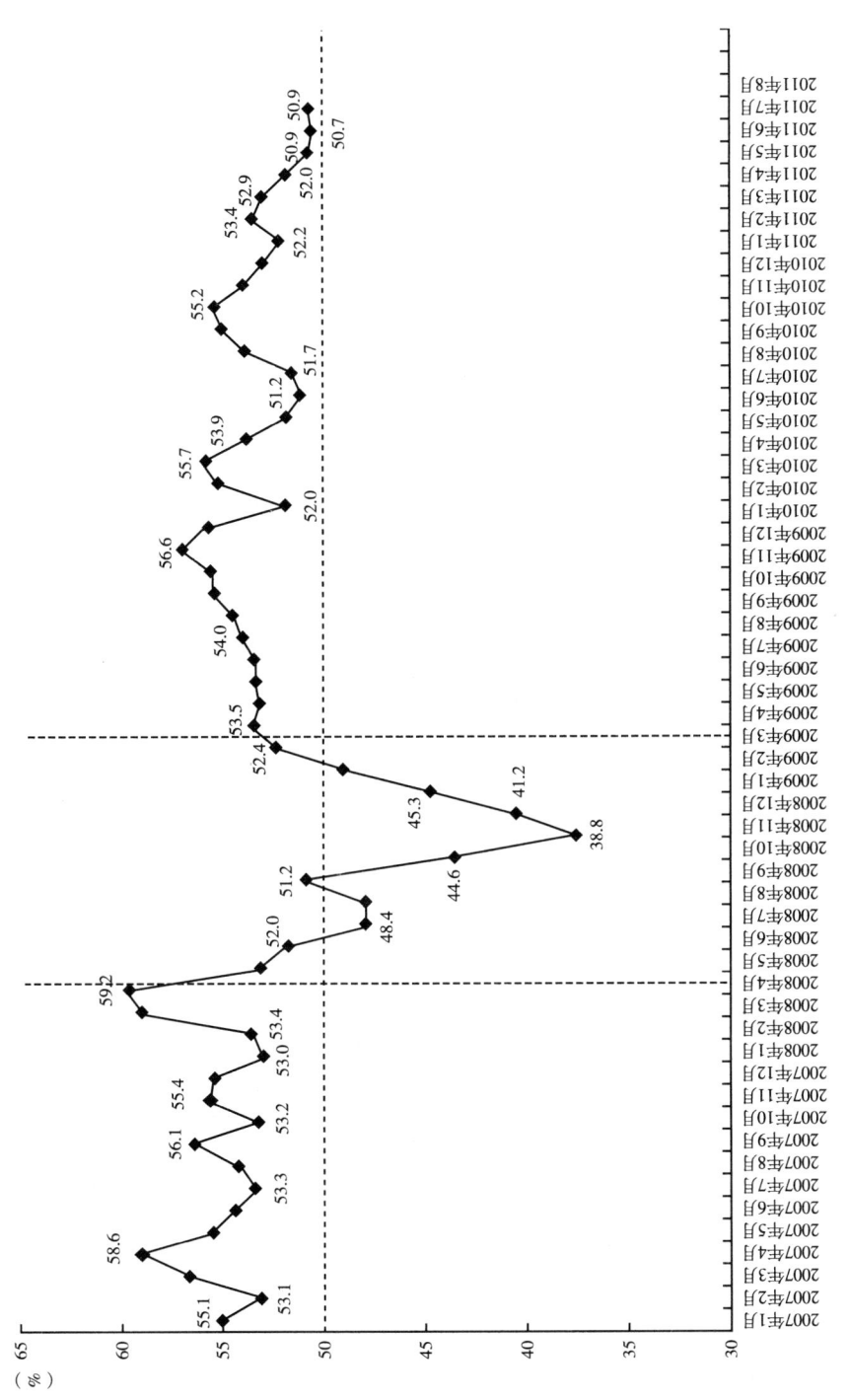

图 3 中国制造业采购经理指数

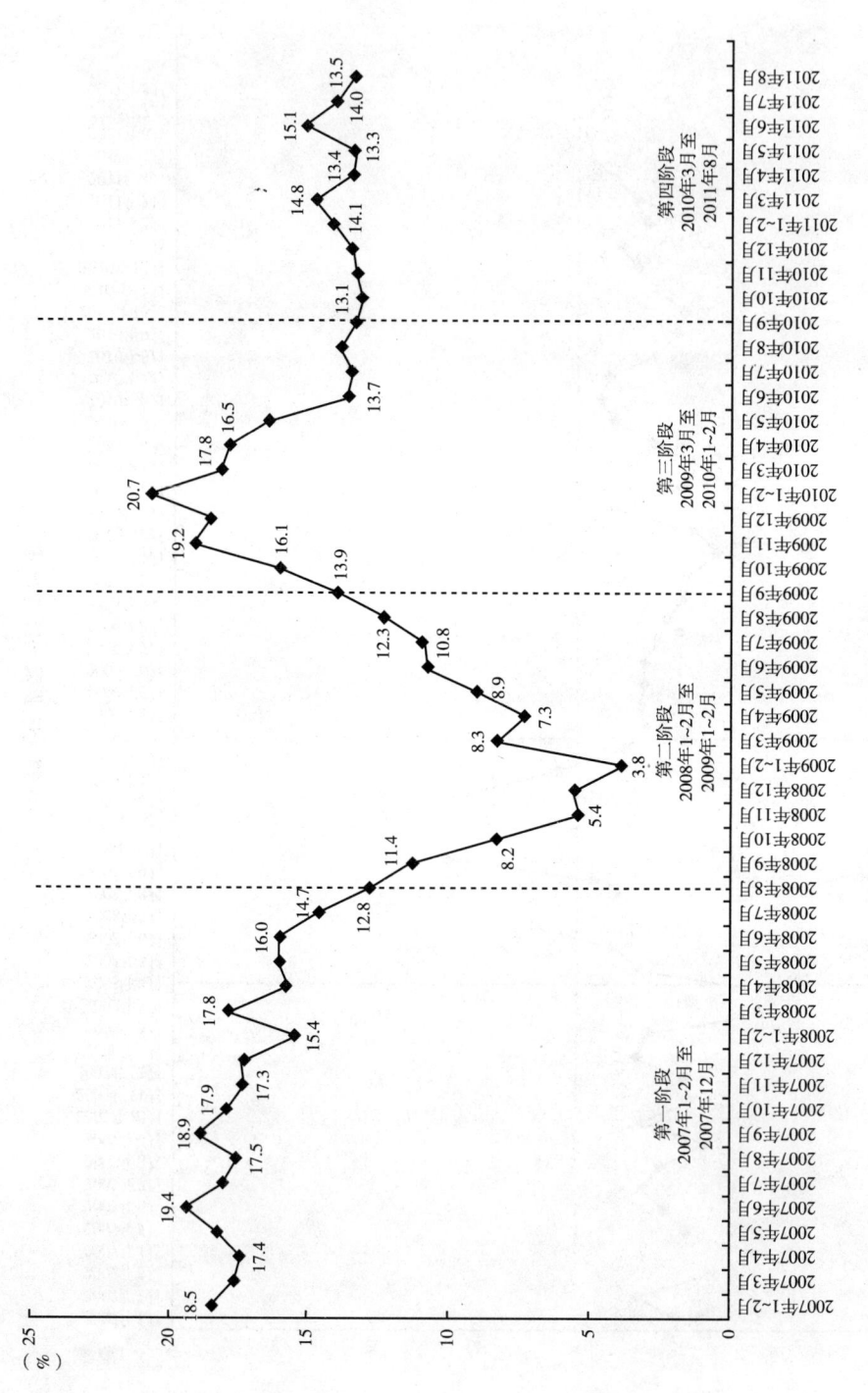

图 4 全国规模以上工业增加值月同比增长率

对国际金融危机冲击中呈现恢复性大幅回升,一直回升到2010年1~2月20.7%的高位,亦走出一个V形回升轨迹;第四阶段,2010年3月至2011年8月,工业生产增速在向适度增长区间的回落中趋稳,从2010年6月到2011年8月,已连续14个月保持在13.1%至15.1%的区间。这怎能说中国经济即将或已经陷入滞胀呢?

三 从宏观调控的首要任务看,2011年重在稳定物价总水平,"稳物价"与"稳增长"是相辅相成的

进入2011年,居民消费价格月同比上涨率由1月的4.9%,攀升至7月的6.5%,8月略有回落,为6.2%。7月物价上涨6.5%,是2008年7月以来37个月的新高(见图5)。从近5年来的情况看,2006年,物价较为低稳,在3%以下轻微波动。2007年,物价开始攀升,连续破三、破四、破五、破六。2007年底的中央经济工作会议提出"双防":防止经济增长由偏快转为过热,防止价格由结构性上涨演变为明显通货膨胀。2008年初,物价上冲到8.7%,有突破10%的危险。随后,在应对国际金融危机冲击中,随着经济增长率下降,物价下降至1.2%。2009年,物价在大部分月份中处于负增长。2010年下半年,物价开始攀升,破三、破四、破五。主要从一些小品种的农产品涨价开始,民间的概括为:"蒜你狠、豆你玩、姜你军、油你涨、糖高宗、苹什么、辣翻天"等。

物价问题涉及千家万户,是关系民生、关系经济健康发展、关系社会和谐稳定大局的问题,决不可轻视。2010年底召开的中央经济工作会议提出,保持物价总水平基本稳定,是当前和今后一个时期宏观调控最紧迫的任务,要"把稳定价格总水平放在更加突出的位置"。2011年3月5日的《政府工作报告》中进一步提出,"要把稳定物价总水平作为宏观调控的首要任务"。

关于这次物价上涨的各种原因和对策,笔者已有所分析(见刘树成《深刻把握经济运行态势和宏观调控新变化》,2011年1月10日《人民日报》第7版)。在影响物价上涨的各种因素中,我们要紧密跟踪经济增长与运行态势。改革开放以来历次物价上涨,跟经济增长过热的拉动关系密切。而这次物价上涨的一个新特点是,我国的经济增长速度并没有像过去那样过高。在经济增长速度还没有明显高企、经济没有明显偏快或过热的情况下,物价却开始攀升。考虑到

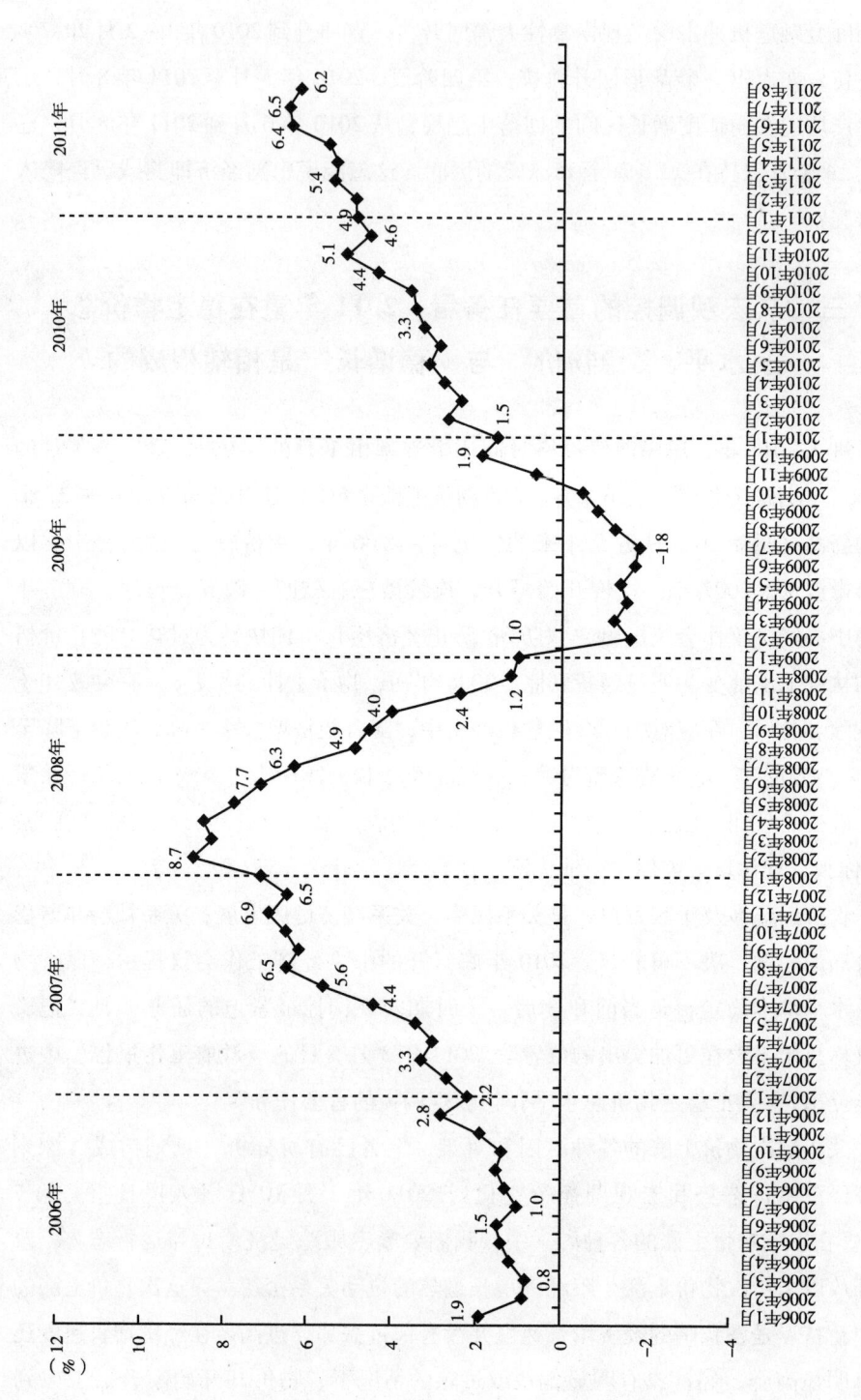

图 5 居民消费价格月同比上涨率（2006年1月～2011年8月）

2012年从地方到中央各级领导班子换届,加上"十二五"规划展开,各地大干快上的热情很高,不排除经济增长会出现偏快问题。因此,当前"稳物价"与"稳增长"是相辅相成的。

在影响物价上涨的各种因素中,我们还要关注和警惕工资上涨与物价上涨的螺旋式攀升问题。这涉及菲利普斯曲线关系问题。菲利普斯曲线有三种表达方式:第一种,是1958年当时在英国从事研究的新西兰经济学家A.菲利普斯本人最早提出的原始的曲线,其纵轴是工资上涨率,横轴是失业率,主要关注的是工资上涨与失业之间的关系。第二种,是1960年美国经济学家萨缪尔森和索洛改造过的菲利普斯曲线,其纵轴由工资上涨率改变为物价上涨率,横轴仍然是失业率。之所以可用物价上涨率代替工资上涨率,是因为当时在美国物价上涨主要源于工资上涨,即源于劳动力成本的上升。第三种,也就是我们现在常见的一种,其纵轴仍然是物价上涨率,横轴则由失业率改变为经济增长率缺口,即现实经济增长率与潜在经济增长率之间的缺口。之所以可用经济增长率缺口代替失业率,是因为1962年美国经济学家奥肯提出了经济增长率缺口与失业率之间的数量关系,被称为奥肯定律。这样,在原始的菲利普斯曲线中,其纵轴工资上涨率被物价上涨率所代替,其横轴失业率被经济增长率缺口所代替。在我国,当前推动物价上涨的因素中越来越多地涉及工资成本的上涨了,这又回到了原始菲利普斯曲线的纵轴指标。而我国自1997年以来,物价保持了十几年的低稳状态,与经济增长率被控制得没有出现严重过热有关,同时,也与劳动力成本较低、工资上涨缓慢有关。因此,我们过去在研究中国的菲利普斯曲线关系时,没有更多地关注物价上涨与工资上涨的关系。而现在,在我国,廉价劳动力的时代已经结束了。今后,物价上涨与劳动力成本上涨的关系更紧密了。现在,许多地方提出居民收入增长或职工工资增长与经济增长同步,有的提出五年内工资翻番计划等。这需要密切关注和跟踪,警惕工资与物价的螺旋上升。

四 从宏观调控的政策组合看,积极的财政政策与稳健的货币政策相搭配

保持经济平稳较快增长,不是自动实现的,而与正确实施宏观调控政策密切相关。2010年12月召开的中央经济工作会议,根据国内外经济形势的新变化,

对宏观调控两大主要政策的取向和搭配进行了调整，即继续实施积极的财政政策，而货币政策则由"适度宽松"转为"稳健"。之所以继续实施积极的财政政策，就是要发挥财政政策在稳定经济增长、调整经济结构、调节收入分配、促进社会和谐等方面的重要作用。但与前两年有所不同的是，随着经济运行态势的变化，积极财政政策的规模和重点有所调整，力度有所微调。货币政策由"适度宽松"调整为"稳健"，是宏观政策取向的一个重要变化，是由应对国际金融危机冲击时的"非常状态"，向经济稳定增长的"正常状态"回归。由"适度宽松"转为"稳健"，一方面，适当收紧了货币信贷，这主要是为了应对国际流动性严重过剩，应对国内物价上涨压力、抑制资产价格泡沫、稳定通胀预期；另一方面，转为"稳健"也就是转为"中性"，并不是转为"紧缩"，还要更好地服务于保持经济平稳较快发展。

财政政策和货币政策作为宏观调控的两大主要政策工具，自20世纪90年代初以来，随着我国社会主义市场经济体制的逐步建立和发展，随着我国经济运行态势和国际经济形势的不断变化，在其取向和搭配上经历了双紧型搭配、一松一中型搭配、双中型搭配、一中一紧型搭配、双松型搭配，以及这次的一松一中型搭配共6次变换。在丰富多变的实践中，我国宏观调控的水平不断提高，应对能力不断增强，为保持经济平稳较快发展提供了有力的政策支撑。

五 从潜在经济增长率看，"十二五"时期，在以加快转变经济发展方式为主线的背景下，适度经济增长区间可把握在8%～10%，潜在经济增长率的中线可把握在9%

我们课题组利用趋势滤波法和生产函数法，根据我国改革开放以来的有关数据进行了计算，得出：1979～2009年，我国适度经济增长区间可视为8%～12%，潜在经济增长率中线为近10%。改革开放以来我国经济的高速增长也付出了很大的代价，主要表现为粗放型的经济增长方式。粗放型的经济增长方式可概括为"三高五低"：高能耗、高物耗、高污染，低劳动成本、低资源成本、低环境成本、低技术含量、低价格竞争。由此，带来经济生活中的一系列结构性矛盾，主要是：（1）内需与外需不均衡；（2）投资与消费比例不协调；（3）收入分配差距较大；（4）三次产业结构不合理；（5）科技创新能力不强；（6）城乡、地区发展不平衡；（7）经济增长的资源环境约束强化；（8）经济发展与社会发展不协调；等等。这种粗放型的经济增长方式和一系列结构性矛盾，使我国今后的经济发展受到能源、矿产资源、土地、水和生态环境的严重制约，受到各种成本上升的影响，受到国内消费需求狭窄的限制，受到国际上经济、金融等风险的冲击。所以，在"十二五"时期，转变经济发展方式刻不容缓。在此背景下，"十二五"时期，适度经济增长区间的上限可下调2个百分点，即适度经济增长区间可把握在8%~10%，潜在经济增长率中线可把握为9%。这对宏观调控的政策含义是：当实际经济增长率高出10%时，就要实行适度的紧缩性宏观调控政策；当实际经济增长率低于8%时，就要实行适度的扩张性宏观调控政策；当实际经济增长率处于8%~10%的区间时，可实行中性的宏观调控政策。

六 从经济增长的动力看，人均收入水平的提高、城镇化的推进、产业结构的调整升级，是"十二五"时期的重要动力源

关于人均收入水平的提高。从人均国民总收入看，按照世界银行的数据，中国人均国民总收入（现价美元），1962年为70美元，在世界处于"低收入组"；到1978年改革开放之初，上升到190美元；到1998年上升到790美元，进入"中低收入组"；在跨进21世纪之初，2001年，突破1000美元。到"十一五"期末，2010年，根据世界银行2011年7月1日最新公布的数据，中国人均国民总收入达到4260美元。该年，"中高收入组"的划分标准为3976~12275美元，由此，中国开始进入"中高收入组"。我们预计，"十二五"时期，中国人均国民总收入将超过6000美元。从居民收入看，"十一五"时期，我国城镇居民人均可支配收入由2005年10493元人民币，上升到2010年19109元人民币。"十一五"原规划年均增长5%，实际增长9.7%。农村居民人均纯收入由2005年3255元人民币，上升到2010年5919元人民币。"十一五"原规划年均增长5%，实际增长8.9%。在"十二五"规划中提出"两个同步、两个提高"：努力实现居民收入增长和经济发展同步、劳动报酬增长和劳动生产率提高同步，逐步提高居民收入在国民收入分配中的比重，提高劳动报酬在初次分配中的比重，加快形

成合理的收入分配格局。按照"十二五"规划,城镇居民人均可支配收入将由2010年19109元人民币,上升到2015年大于26810元人民币,年均增长大于7%。农村居民人均纯收入将由2010年5919元人民币,上升到2015年大于8310元人民币,年均增长亦大于7%。可以预见,我国居民收入将加快增长,从而为扩大消费需求创造基础性条件。

关于城镇化的推进。我国城镇化率(城镇人口占总人口的比重),1949年为10.6%,1978年上升到17.9%。"十一五"时期,城镇化率由2005年的43%,上升到2010年的47.5%(按照2010年第六次全国人口普查的最新数据,城镇化率为49.68%,乡村人口比重为50.32%)。"十二五"期间,我们还要积极稳妥地推进城镇化,不断提高城镇化的水平和质量,增强城镇综合承载能力,预防和治理"城市病"。按"十二五"规划,到2015年,城镇化率要达到51.5%。"十二五"期间,我国城镇人口将首次超过乡村人口,这对于具有13亿多人口的大国来说,将是一个历史性的重大变化。

关于产业结构的调整升级。"十二五"时期,我国产业结构将有重要变化,这包括:加快发展现代农业,改造提升制造业,培育发展战略性新兴产业,推动能源生产和利用方式变革,构建综合交通运输体系,全面提高信息化水平,推进海洋经济发展,推动服务业大发展,加快发展文化产业。这将为"十二五"时期我国经济发展注入新的动力。

参考文献

《中华人民共和国国民经济和社会发展第十二个五年规划纲要》,2011年3月17日《人民日报》。

中国社会科学院经济研究所宏观经济调控课题组(执笔张晓晶、汤铎铎、刘树成):《宏观调控目标的"十一五"分析与"十二五"展望》,《经济研究》2010年第2期。

刘树成:《2010年中国经济走势特点与"十二五"时期经济增速分析》,载经济蓝皮书《2011年中国经济形势分析与预测》,社会科学文献出版社,2010。

刘树成:《深刻把握经济运行态势和宏观调控新变化》,2011年1月10日《人民日报》。

刘树成:《"十二五"时期我国面临的国内外环境分析》,载经济蓝皮书春季号《中国经济前景分析——2011年春季报告》,社会科学文献出版社,2011。

An Analysis of China's Economic Situation in 2011 and During the 12th Five-year Plan Period

Liu Shucheng

Abstract: This paper disagrees with the opinions that China's economy will face the risk of stagflation or has moved into a state of stagflation or will suffer a hard landing. This paper makes an analysis of the six characteristics China's economy may exhibit in 2011 and during the 12th Five-year Plan period. This paper stresses that China's economy will stay in the range of modest grow rate in the new round of economic cycle; that to stabilize the price level and to stabilize the grow rate are complementary to each other; and that the increase of income per capita, the advance of urbanization, and the upgrade of industrial structure are the main driving forces of economic growth during the 12th Five-year Plan period.

Key Words: Economic Situation; Economic Fluctuation; the 12th Five-year Plan Period

B.4
2011年经济形势分析和2012年展望

范剑平*

摘　要：2011年，中国物价上涨势头初步得到控制，宏观调控首要任务取得成效。展望2012年，"十二五"规划第二年进入投资项目集中建设阶段，将在一定程度上带动投资及经济稳定增长。我国经济发展也面临着刺激性政策逐步退出以及严厉的房地产调控政策将使得经济增速进一步放缓等不利因素的影响。经模型测算，预计2012年我国经济在结构调整中将保持平稳较快增长的态势，GDP增长8.7%左右，在精心调控下可将CPI上涨幅度控制在4%左右。

关键词：经济形势　调控政策　指标预测

2011年，国内经济呈现经济增速同比下降但物价涨幅同比上升的复杂局面，国际经济呈现新兴经济体通货膨胀压力增大但发达经济体失业率居高不下的复杂局面。我国抓住经济运行中的主要矛盾，将稳定物价总水平作为宏观调控的首要任务，推动经济增长由政策刺激向自主增长有序转变，全年经济朝着宏观调控的预期方向发展。预计全年GDP同比增长9.4%，CPI同比上涨5.5%。2012年，我国将呈现经济增速和物价涨幅"双降"态势，GDP预计增长8.7%左右，CPI上涨4%左右，就业形势继续好转，国际收支朝着平衡方向发展，经济运行总量矛盾有所缓解，但结构性矛盾更加突出，国际环境不确定性更大。2012年，仍继续实行积极的财政政策和稳健的货币政策，着力调整经济结构，进一步激发自主增长活力。

---

* 范剑平，国家信息中心首席经济师。

一 2011 年全年经济走势分析

（一）物价上涨势头初步得到控制，宏观调控首要任务取得成效

按照控制货币、发展生产、保障供应、搞活流通、加强监管、安定民生的要求，我国出台了一系列有针对性的措施。2010 年第四季度以来，9 次提高存款准备金率共 4.5 个百分点，5 次上调存贷款基准利率共 1.25 个百分点，8 月末广义货币 M2 同比增长 13.5%，比上年同期低 5.7 个百分点，处于 16% 的目标区间内。粮油糖肉菜和成品油等重要商品市场供应得到较好保障，多数省份已经建立社会救助和保障标准同物价上涨挂钩的联动机制。7 月份居民消费价格同比上涨 6.5%，创出本轮物价上涨周期的峰值，8 月份居民消费价格同比上涨 6.2%，同比涨幅比 7 月份回落 0.3 个百分点，环比涨幅比 7 月份回落 0.2 个百分点。工业生产者出厂价格同比涨幅高位趋稳，环比涨幅由 1 月份的 0.9% 下降到 8 月份的 0.1%。结合 21 世纪以来以食品价格上涨为主的两次价格上行期时间长度的经验判断，7 月份和第三季度有可能分别为本轮物价上行期的月度峰值和季度峰值，第四季度开始我国物价有望转为稳中有落的走势，预计全年居民消费价格同比上涨 5.5% 左右，工业生产者出厂价格同比上涨 6.5% 左右。虽然物价涨幅明显超出 4% 的预期目标，但仍然处于温和可控状态。

（二）经济增长平稳减速，部分刺激政策退出力度把握适度

既要把物价涨幅降下来，又不使经济增速出现大的波动，是 2011 年宏观调控的另一重要着力点。2011 年货币政策、房地产政策和汽车补贴政策的变化必然会压缩社会总需求规模，在世界经济复苏大幅低于预期的背景下，刺激政策退出过猛容易造成经济增速大的波动。由于货币政策坚持稳健取向，在控制间接融资的同时直接融资规模稳步扩大，房地产政策坚持有保有压，总体上调控力度把握适度，经济增长的减速较为平稳。第一、二季度 GDP 分别同比增长 9.7% 和 9.5%，预计下半年同比增长 9.2%，全年 GDP 同比增长 9.4%，接近 9% 的潜在增长水平。受刺激政策影响最大的工业生产 2010 年第三季度到 2011

年第二季度保持平稳运行,规模以上工业增加值同比分别增长13.5%、13.3%、14.4%、13.9%,连续四个季度处于14%左右;预计全年同比增长13.8%。经济增速的放缓节奏处在平稳合理水平,没有超出预期。工业增长的速度和效益关系基本正常,1~8月份,全国规模以上工业企业实现利润32281亿元,同比增长28.2%。

(三)保障房投资成为新亮点,固定资产投资保持稳定增长

由我国投资率和投资决策机制决定,我国现阶段经济周期受投资周期影响较大,固定资产投资的稳定增长和结构改善对经济运行的速度和质量至关重要。2011年1~8月份,固定资产投资(不含农户)180608亿元,同比增长25%,增速与上年同期大体持平。全国房地产开发投资37781亿元,同比增长33.2%。其中,住宅投资27118亿元,增长36.4%,增速仅比上年同期微降3个百分点左右。8月末,全国除西藏外城镇保障性住房和棚户区改造住房开工868万套,开工率为86%。保障房新开工进展对全国新开工项目计划总投资的增速回升起到重要支撑作用,1~8月份全国新开工项目计划总投资同比增长23.1%,比1~6月份的14.9%大幅回升。民间投资增速继续活跃,并快于全部投资。1~8月份,民间投资同比增长34.5%,增速比全部投资高9.5个百分点。1~8月份,中央项目投资10722亿元,同比下降8.9%;国有及国有控股投资62422亿元,增长12.1%。投资的结构性变化体现了我国经济向自主增长转变的政策导向。固定资产投资到位资金由第一季度的增长19.2%加快到1~8月份的增长23.3%。从新开工项目计划总投资和投资到位资金前低后高的走势看,全年固定资产投资有望保持稳定增长,预计全年同比增长24.8%,房地产开发投资增长31%。

(四)汽车消费退潮明显,其他消费增长波澜不惊

受小排量汽车补贴政策退出的影响,1~8月份,1.6升及以下乘用车销售630.87万辆,同比增长6.37%,增幅比上年明显下降。汽车销售减速对全社会消费品零售额增速的影响较大,1~8月份,社会消费品零售总额114946亿元,同比增长16.9%,名义增速比上年低1.3个百分点。除金银珠宝和石油及制品受价格上涨因素影响增速较快外,其余消费品种增速平稳。预计全年社会消费品

零售额名义增长17%，实际增长11.5%，结束了前几年增速不断提高的趋势，转为增速下降的局面。

（五）受国际市场影响逐步加大，进出口增速前高后低

多数稳定出口的外贸政策2011年继续保留，人民币名义有效汇率保持稳定，世界经济总体上延续温和复苏态势，这些有利因素有效对冲了外贸出口企业面临的劳动力和原材料成本上升等压力。1~8月份，出口12226.3亿美元，增长23.6%；其中一般贸易出口5926.7亿美元，增长30.5%，高出同期出口总体增速6.9个百分点。受我国经济复苏形势明显好于发达经济体和进口产品价格上涨明显等因素的影响，1~8月份，我国进口11299亿美元，增长27.5%，增速快于出口3.9个百分点。贸易顺差927.3亿美元，减少10%。从月度走势看，进出口增速均呈现前高后低的特点，预计全年出口总额19250亿美元，增长22%左右；进口总额17660亿美元，增长26.5%左右；贸易顺差1590亿美元左右，下降13%。

二 当前经济运行中存在的主要问题

经济运行中出现了一些新的矛盾和问题，主要有以下几个突出问题。

（一）物价较快上涨势头虽得到控制，但食品价格周期性大幅波动的深层次矛盾并未有效解决

进入21世纪以来，我国已经历了三次以食品价格大幅波动引起的物价总水平大幅波动，食品价格波动越来越频繁，波动幅度和涉及面越来越大。尤其是2010年以来的这一轮价格波动中，食品价格出现了从粮食、蔬菜到猪肉、蛋制品的轮番上涨，大蒜、绿豆等小品种食品更是成为炒作对象。现行的小农家庭经营方式劳动生产率提高得较慢，难以用技术进步来消化不断上升的成本，只有靠涨价来消化成本。当农产品价格上涨受阻时，农民只能以缩小生产规模来减少风险，而缩小生产规模又成为下一轮农产品价格上涨的起点。食品价格的周期性大幅波动越来越暴露出我国农业以家庭为单位的小生产和城市化水平提高后的大市场之间的矛盾。现代技术、金融、流通和管理要素难以与非企业化的小农家庭生

产方式对接，而如果没有现代技术、金融和管理要素参与到农业现代化过程中去，农业生产组织方式将束缚农业生产力的大发展。因此，必须通过深化农业生产经营方式的改革，在充分保障农民利益的前提下，鼓励农业生产走向现代企业制度，通过现代技术、金融、流通和管理要素与农业的对接，辅以财政对现代农业设施和装备建设的一定补贴，进一步提高农业劳动生产率，才能在劳动力成本不断上升的新形势下，缩小农产品（尤其是食品）的价格波动幅度。

（二）成本上升压力持续存在导致经济步入结构调整阵痛期，以货币政策为主应对物价上涨的政策有效性减弱

随着我国货币政策的及时转向，货币对物价上涨的刺激因素有所减弱，这一轮物价上涨幅度有望止步于温和水平，但劳动力等成本推动因素并不受货币政策控制，人口结构变化因素可能使我国出现一段劳动者报酬补历史欠账的人工成本较快上升期，这将使我国这一轮物价总水平的回落比历史上任何时期都慢，可能在3%~6%的温和通胀水平上运行数年。成本压力持续上升将使部分劳动密集型中小企业经营困难加剧，甚至出现一部分企业因劳动生产率提高速度低于工资成本上升速度而倒闭的现象，经济增长速度也会随之下降，这是我国不得不经历的结构调整阵痛期。这种不同于历史上以货币因素为主的单一需求拉动型通货膨胀的局面，是我国宏观调控的新难题。面对企业结构调整的阵痛，我国决不可贸然以放松货币的方式药不对症地解决中小企业难题，否则将重蹈日本覆辙。但进一步收紧货币对控制物价的边际作用越来越小，我国长期沿用的以货币政策为主应对物价上涨的政策路径面临挑战。

（三）房价居高不下，房价问题仍然是广大百姓最为关切的社会问题

从2010年底开始，住建部公布了第一批限购城市名单，房地产调控进入了限购政策主导的新阶段。限购政策对部分城市的成交量影响明显，随着投机投资性需求逐渐被挤出市场，一线限购城市的成交量锐减，北京、上海、浙江、海南等地区房屋销售面积和销售额自年初以来连续6个月负增长。限购政策对房价有一定影响，对照上半年31个未限购城市和39个已限购城市数据来看，所有限购的39个城市房价平均环比上涨0.05%，同比上涨4.36%，而31个非限购城市环比上涨0.14%，同比上涨4.75%。限购城市的房价涨幅低于未实行限购的城

市，但也可以看出两类城市的房价同比仍然上涨4%以上，房价居高不下。多数城市商品住宅售价与居民收入相比过高，房价问题仍然是广大百姓最为关心的社会问题。房价的现实走势没有改变社会上房价只涨不跌的预期，通货膨胀预期没有明显减弱之前，只要房地产与货币政策稍一放松，中国的资产价格马上会疯狂反弹。

（四）出口增长面临的外部环境趋于严峻，沿海地区出口加工型中小企业经营最为困难

我国制造业 PMI 指数调查数据显示，8月份出口订单指数为48.3%，比上月下降2.1百分点，降至临界点以下，表明制造业企业国外订单量减少，出口面临挑战。汇丰银行以沿海地区出口加工型企业为主要调查对象的制造业 PMI 7、8、9月连续三个月低于50%的临界点。在我国经济减速过程中，沿海地区出口加工型企业面临的压力最大，国内人工和原材料成本提高、人民币对美元的名义汇率升值、国内信贷等金融资源可获性处于弱势、全球大宗商品价格上涨、发达国家债务危机以及外需不振等多重不利因素对我国出口的传统优势形成挑战。由于出口比较优势逐步减弱，沿海地区出口加工型中小企业可能成为我国下一阶段集中倒闭的重灾区。

（五）国内部分地方和企业对全球经济调整的趋势性要求反应迟钝，我国经济结构调整进展不大

世界经济将步入较长时间的低速增长期，世界经济结构正在展开深度调整，欧美发达国家正在改变过度消费的局面，全球经济调整对我国经济结构调整提出了新要求。在全球经济调整过程中，发达经济体的政府、企业和居民家庭的"去杠杆化"将减弱对我国出口产品的需求，各国贸易政策都趋向保守。然而，国内许多地区对全球经济调整的趋势性要求反应迟钝，甚至在全球产能过剩的背景下，仍然在大上重化工投资项目，指望形成原材料进口、临港工业区加工、返销国际市场的重化工业国际大循环。这种经济循环对国内的节能减排危害极大，将高能耗、高污染留在国内；对国外则可能面临反倾销、反补贴、碳关税等各种贸易摩擦，甚至成为全球经济调整的牺牲品。我国"两高一资"产品出口退税政策退出滞后，全国节能减排形势十分严峻。当前的投资结

构将固化未来数十年的产业结构，我国面向国际市场的重化工业投资隐藏巨大风险。

三 2012年中国经济发展趋势展望

展望2012年的国际经济环境，政策刺激的全球经济复苏能力正在减弱，发展中国家通货膨胀压力较大，发达国家政府财政债务危机四伏，市场信心近期大幅下降，下行风险逐渐增大。从当前的形势来看，尽管发达国家经济存在继续下行的风险，但因债务违约而造成全球经济二次探底的可能较小，世界经济最有可能的前景是将继续维持低速增长局面，预计2011年和2012年增速均维持在3.8%的水平（PPP法）。

受国际经济环境和国内刺激政策退出的影响，2012年中国将呈现经济增速和物价涨幅双双小幅回落态势，GDP预计增长8.7%左右，CPI上涨4%左右，就业形势继续好转，国际收支朝着平衡方向发展，中国经济基本面仍然保持健康稳定，但国内外形势新变化对加快经济结构调整提出新要求。

（一）国内经济发展的有利因素

1. "十二五"规划第二年进入投资项目集中建设阶段，将在一定程度上带动投资及经济稳定增长

从"六五"到"十一五"的经验看，一个五年规划中各年的平均投资增速分别为17.3%、24.1%、28.5%、18.8%、19.8%，受投资建设周期影响，五年规划的第二年往往是建设项目进入投资高峰期。2012年作为"十二五"规划的第二年，在重大规划项目建设的带动下，经济增长仍将保持较快增长。

2. 战略性新兴产业的相关规划陆续出台给经济增长增添新的动力

在2010年国务院发布《关于加快培育和发展战略性新兴产业的决定》的基础上，2011年7月23日，国家发展改革委发布了《鼓励和引导民营企业发展战略性新兴产业的实施意见》，此外，《节能环保产业发展规划》、《环境服务业"十二五"规划》也将陆续出台。未来在国家政策的推动下，战略型新兴产业发展将进一步加快。根据各研究机构的测算，"十二五"期间仅环保产业市场规模将达3万亿~4万亿元。在战略性新兴产业相关规划和政策的支持下，我国经济将获得新的增长动力。

3. 在区域协调发展和主体功能区战略的作用下，中西部不断承接东部产业转移，逐步成为带动经济增长的新亮点

随着区域发展政策体系不断完善，全国主体功能区规划发布实施，支持民族地区发展的力度进一步加大，对口支援西藏、新疆、青海省藏区的指导意见，兴边富民行动规划，进一步促进内蒙古经济社会又好又快发展的若干意见逐步贯彻，中西部承接东部产业转移的能力不断提高，对经济增长将发挥重要的积极作用。

4. 扩大居民消费的政策体系不断完善将进一步扩大消费对经济增长的贡献

"十二五"规划中提出，要建立扩大消费需求的长效机制，把扩大消费需求作为扩大内需的战略重点。同时，也出台了一系列扩大消费需求的政策。"十二五"内贸规划即将出台，也将有力促进国内贸易和完善流通体系；央行关于第三方支付平台的新规定以及银联推出的无卡支付平台等政策都将为网络消费和银行卡消费等新兴消费模式提供良好环境。此外，随着个税改革的不断推进、中央针对中低收入者的补贴力度不断加大、最低工资标准的不断提高，社会保障体系不断完善，城乡居民收入也将稳步提高，居民购买力和消费意愿也将不断加大。

（二）国内经济发展的不利因素

1. 刺激性政策逐步退出以及严厉的房地产调控政策将使经济增速进一步放缓

2012年物价仍将高位运行，货币政策仍将继续保持总体"稳健"的取向。为逐步扭转长期负利率的资金价格错配局面，存在进一步升息的要求。将表外业务的金融创新活动逐步纳入货币政策监控范围，社会融资总量增长逐步趋于稳健，将在一定程度上抑制经济扩张。房地产限购政策由一线城市逐步向二三线城市推广。同时，考虑到2011年保障房建设过程中存在资金、质量和管理等方面的问题，保障房的建设速度可能有所放缓，因此，房地产及相关行业投资将可能出现实质性减速，进而带动经济增速放缓。

2. 地方财政风险和土地市场交易趋冷对地方投资融资能力形成制约

根据国家审计署公布的全国地方政府性债务审计结果，我国地方政府财政风险尽管总体可控，但风险正在不断聚集和暴露，对地方政府融资平台的管理将进一步严格和规范。此外，土地收入方面也不容乐观，尽管2011年以来地方政府加大了供地力度，但由于受到房地产调控政策及资金链问题影响，土地市场交易数量却在减少。2011年8月，12个重点城市居住用地成交面积降至80公顷，而上年同期为438.13公顷，且大部分成交土地为底价成交。因此，地方政府融资能力相对于庞大的投资建设任务将更显不足，这将对投资以及经济增长形成抑制。

3. 节能减排等对经济增长的质量提出新要求，将制约粗放型增长

进入2011年后，高耗能行业增加值和投资增速呈现加快的态势，使节能减排形势日益严峻。2011年9月7日，国务院发布了"十二五"节能减排综合性工作方案，方案明确了未来五年节能减排的目标，要求在单位国内生产总值能耗、化学需氧量、二氧化硫、氨氮和氮氧化物排放量方面，均较"十一五"有显著下降，并且对各地方、各行业节能减排下达了任务分解目标，这将在推动经济发展方式转变的同时，对经济增长形成一定的制约。

4. 资源、劳动力成本上升抬高了经济增长的成本

资源价格和劳动力成本上升是我国经济运行将要长期面对的问题，在这些因素的推动下，物价总体水平仍将维持较高水平，这必将抬高投资、消费以及生产经营的成本。在物价上涨初期，由于需求动力仍然稳定，以名义价值量计算的增加额可能还会上升，然而随着物价上涨时间进一步持续，将对需求形成抑制，进而使经济增长的实际量和名义量同时下降。

5. 出口放缓对工业生产形成一定压力，进而导致经济增速放缓

由于外部环境的不确定性仍然较大，全球经济复苏仍然缓慢，未来我国出口增速呈放缓的态势。根据我国投入产出表反映出的经济结构关系，我国工业总产出中，有70%是用于中间使用，大概30%是最终使用，而在最终使用中，最终消费支出和资本形成总额占一半，出口占一半，因此，可以判断，出口对工业生产的影响非常大。因此，出口放缓一方面直接从需求层面下拉经济增速，另一方面还将通过影响工业生产下拉经济增速。

（三）2012年中国经济增长前景预测

如果2012年欧美债务危机在一定程度上得到控制，主要发达经济体整体不出现二次衰退，发展中经济体通胀压力得到一定缓解，世界经济继续保持低速增长态势，增速同上年基本持平，通货膨胀压力不超过2011年；我国宏观调控积极处理好保持经济平稳较快发展、加快经济结构战略性调整和防止通货膨胀的关系,在经济增速和物价水平小幅双降的背景下,把"调结构"放到宏观调控的首要位置,认真将"十二五"规划的主题、主线落实到年度经济社会发展计划中,继续实行积极的财政政策但财政扩张力度有所减弱,财政赤字规模与上年基本持平,从而使赤字率由上年的2%左右下降到1.7%左右;稳健的货币政策进一步强调稳健,M2增长16%左右,"社会融资总量"增长规模在14万亿元左右,其中人民币信贷增长规模在7.5万亿元左右。以加强金融监管、防范金融风险为突破口,通过"疏堵结合"治理表外融资和民间借贷,从社会融资总量角度对"流动性闸门"加以控制。严格限制高耗能行业投资,积极引导高加工度行业、新兴产业和民生工程投资快速增长;严格落实《"十二五"节能减排综合性工作方案》的节能减排目标以及全年单位国内生产总值能耗下降3.5%的节能目标,那么在这一国际环境和政策假设情景下,经模型测算,我国经济可望在结构调整中保持平稳较快增长态势,GDP增长8.7%左右;经过精心调控,妥善应对输入性通货膨胀压力,可以将居民消费价格上涨幅度控制在4%左右。

2012年,国内和国际经济形势愈加复杂,宏观调控面临多重任务、多重挑战。2012年宏观调控要继续处理好"控通胀"、"保增长"、"调结构"之间的关系,在"控通胀"和"保增长"之间寻找恰当的政策平衡点,同时,适时、适度加快推进"调结构"步伐。建议2012年继续实行积极的财政政策和稳健的货币政策,将调整经济结构作为宏观调控的首要任务,将"十二五"规划的主题、主线落实到年度经济社会发展的计划中,通过深化改革进一步激发自主增长活力,为我国经济进一步从政策刺激向自主增长有序转变创造条件。

Analyses and Outlooks on China's Economy Situation in 2011

Fan Jianping

Abstract: In 2011, rising prices in China have been preliminary controlled, and the primary tasks of macroeconomic regulation have been achieved. As it is the second year of the 12th Five-year Plan Period in 2012, the investment projects will be constructed concentrate in this period, the investment and steady economic growth will be promoted. At the same time, there are also some problems we may face, such as the growth rate of China's economy will slow down as the stimulating policies gradually quit and the policies of real estate controlled. It can be predicted that the growth rate of our economy will grow stable and rapid under the structure control policy, and the GDP will grow about 8.7% by the model calculation. The growth rate of CPI indicator can be controlled in about 4% by government's carefully regulation.

Key Words: Economic Situation; Control Policies; Predicted Indicators

B.5
2011年国民经济发展预测和2012年展望

袁达 丁琳[*]

摘 要：2011年我国国民经济面对极其复杂的国际国内环境，通过宏观调控，较好地处理了保持经济平稳较快发展、调整经济结构、管理通胀预期三者之间的关系，经济社会发展总体保持良好态势。展望2012年，全球经济活力疲弱、市场信心不足，世界经济形势更趋复杂严峻，但我国经济发展的基本面较为稳定，预计我国经济增速仍会在合理较快增长区间，物价涨幅将继续回落。

关键词：中国经济 发展特点 分析预测

一 2011年国民经济发展预测

2011年以来，面对复杂多变的国际环境和国内经济运行出现的新情况、新问题，我国坚持实施积极的财政政策和稳健的货币政策，较好地处理了保持经济平稳较快发展、调整经济结构、管理通胀预期三者之间的关系，经济社会发展总体保持良好态势。前三季度，国内生产总值同比增长9.4%，其中第一、二、三季度分别增长9.7%、9.5%和9.1%。

从供给看，工农业生产总体平稳，产业结构不断优化。农业生产形势较好，夏粮、早稻产量均比上年有所增加，作为粮食大头的秋粮有望再获丰收，全年粮食总产量将超过上年，实现"八连增"。工业保持平稳增长，前三季度规模以上

---

[*] 袁达、丁琳，国家发改委综合司预测处。

工业增加值增长14.2%,其中9月份增长13.8%,月度增幅连续16个月基本稳定在14%左右。装备、高技术制造等行业较快增长,战略性新兴产业发展加快,高耗能行业生产增幅有所回落。服务业发展态势良好,批发零售、住宿餐饮、居民服务等生活性服务业保持较快增长,信息、创意、咨询、设计等高端服务业快速发展。发展效益继续提高,前三季度全国财政收入同比增长29.5%;规模以上工业企业利润增长27%,39个工业大类行业中有37个行业利润继续增加。

从需求看,内外需增长更趋协调,内需对经济的拉动作用增强。消费保持较快增长,前三季度社会消费品零售总额同比增长17%,家具、家用电器及音像、金银珠宝等需求持续较旺,文化、旅游等服务消费继续快速发展。投资在平稳增长的同时结构继续优化,前三季度增长24.9%,民间投资、中西部投资增幅继续高于总体水平。房地产投资增长32%,增幅比上半年回落0.9个百分点。贸易顺差进一步减少,前三季度外贸进出口总额增长24.6%,其中出口、进口分别增长22.7%和26.7%;外贸顺差1071亿美元,同比减少127亿美元。传统劳动密集型产品出口形势较好,"两高一资"产品出口继续得到抑制。对欧美日等传统市场依赖减轻,对新兴市场国家贸易增长强劲。利用外资和境外投资保持较快增长,前三季度实际使用外资867亿美元,同比增长16.6%;非金融类境外投资408亿美元,增长12.5%。在前三季度经济增长9.4%中,最终消费和资本形成分别拉动经济4.5个和5个百分点,净出口负拉动0.1个百分点。

从价格看,物价过快上涨势头得到初步遏制。前三季度,居民消费价格同比上涨5.7%,其中翘尾影响约3.1个百分点,新涨价因素约为2.6个百分点。食品、居住类是推动价格较快上涨的主要因素,上述两类价格上涨合计占全部新涨价因素的82%左右。为有效缓解物价上涨压力,国家从控制货币、发展生产、保障供应、搞活流通、加强监管、安定民生等多方面入手,多措并举、综合施策,取得积极成效。9月份居民消费价格上涨6.1%,涨幅比上月回落0.1个百分点,已连续两个月回落。随着各项房地产市场调控措施的落实,9月份70个大中城市中新建商品住宅价格比8月份下降的城市增加到17个,持平的城市有29个。

在经济保持平稳较快增长的同时,城乡居民特别是农村居民收入继续较快增加,人民生活水平又有新提高。前三季度,城镇新增就业人数994万人,已超额完成全年目标;城镇居民人均可支配收入、农村居民人均现金收入分别达到

16301元、5875元，实际分别增长7.8%和13.6%。覆盖城乡居民的社会保障体系加快建设，扩面征缴、制度建设稳步推进，新农保试点加快推进，城镇居民社会养老保险试点进展顺利。此外，医药卫生体制、资源性产品价格、个人所得税等重点领域改革继续深化，农村、国有企业、文化、教育等领域的改革扎实推进。

当前经济运行中也存在着一些需要高度关注的矛盾和问题。国际金融危机深层次影响仍在持续，世界经济、金融市场发展的不稳定、不确定因素明显增多，外部需求减弱的迹象逐步显现；价格总水平仍在高位运行；成本压力依然较大，企业特别是小微企业生产经营面临不少困难；部分高耗能产品生产增长偏快，节能减排形势仍然严峻。

从目前国内外环境分析，在内外需整体趋缓的影响下，第四季度我国经济增长将继续放缓，但仍会保持较快水平。随着翘尾影响明显减弱，新涨价因素趋于稳定，居民消费价格涨幅可能将继续有所回落。初步预测，全年国内生产总值增长略高于9%；居民消费价格上涨5.5%左右。

二 2012年国民经济展望及政策建议

展望2012年，全球经济活力疲弱、市场信心不足的态势仍将延续，世界经济可能将在较长时期内持续低迷，形势更趋复杂严峻，特别是发达经济体所面临的问题正由经济领域向社会领域蔓延，社会恐慌情绪增加，经济复苏动力更显不足。但也要看到，我国经济发展的基本面较为稳定，经济保持较快发展具备很多有利条件，特别是内需对经济增长的支撑作用将进一步增强。预计我国经济增速仍会在合理较快增长区间，物价涨幅将继续回落。

1. 从需求看，内需将保持较快增长，进出口增速可能会继续回落

消费方面。近年来我国坚持把扩大消费作为经济工作的重点，不断加大促进就业、居民增收等政策力度，持续改善教育、医疗、社保、住房保障等公共服务，城乡居民消费能力和预期稳步增强；进一步完善和实施促进消费政策，继续鼓励节能汽车消费，大力发展旅游、文化、信息、养老等服务业，将为扩大消费创造更为积极的政策环境；2012年价格总水平逐步回落，也有利于促进实际消费增长。预计2012年消费实际增速将保持平稳，名义增速可能会有所回落。

投资方面。2012年投资增长的政策环境依然较好,鼓励民间投资政策逐步落实到位,将继续促进民间投资较快增长;我国经济总体平稳发展和良好的盈利水平将继续吸引外商投资。同时,目前在建项目规模较大,投资保持较快增长的惯性较强;新开工项目特别是东部地区新开工项目较快回升,区域间产业转移"腾笼换鸟"对投资的带动效应逐步显现;"十二五"规划重点建设项目还将陆续开工建设,"三农"、水利、节能环保、医疗卫生、战略性新兴产业等重点领域,西藏及其他藏区、新疆等重点地区的项目建设力度进一步加大,这都会对投资增长形成有力支撑。但连续提高利率、存款准备金率的滞后效应会继续显现,外部需求不稳定性、不确定性加大,能源、生态环保制约更加凸显,这些都会在一定程度上抑制部分企业增加投资的积极性。预计2012年固定资产投资将保持较快增长,但增幅会有所回落。

外贸进出口方面。从目前情况分析,2012年国际市场需求减弱对我国出口的制约将进一步显现。欧美银行体系在债务危机影响下,融资能力减弱,也会影响贸易融资,加大需求萎缩风险,再加上国外客商下单谨慎,国际贸易保护主义愈演愈烈,都将直接导致对我国出口产品需求的减弱。2012年我国投资、消费需求总体较快增长,各项鼓励进口的政策效果继续显现,进口有望保持较快增长,但在外需减弱制约加工贸易进口增长、进口价格回落等因素影响下,进口增幅将有所回落,外贸顺差可能继续减少。

2. 从供给看,农业生产基本稳定,工业、服务业增速将有所回落

农业方面。国家进一步加大强农惠农政策力度,以水利为重点的农业基础设施建设加强,农业机械化水平和综合生产能力将稳步提高,再加上近年连续提高最低收购价,有利于提高农民生产积极性,预计2012年农业生产将会保持基本稳定。

工业方面。受世界经济复苏乏力等因素影响,国际大宗商品价格可能会震荡回落,国内原材料价格也将高位有所回落,企业生产成本压力可能会有所减轻;国内外需求虽略有减弱,但仍处于较高水平,国内水利、保障住房等"十二五"规划重点项目建设加快,大力培育和发展战略性新兴产业,都会促进相关产业较快发展;再加上当前企业效益情况总体良好,预计2012年工业将保持较快增长的态势。但受外部需求减弱的影响,部分外向度较高的行业生产可能会受到一定抑制。

服务业方面。市场消费仍然较旺，餐饮、零售等生活性服务业将保持较快增长态势，假日、旅游等热点消费也将持续，加上国家着力改善促进服务业发展的政策环境，深入推进增值税改革试点工作，2012年服务业将会保持较快发展态势。受工业生产、出口增速可能趋缓等因素影响，交通运输等生产性服务业增速将有所回落。

基于上述分析，2012年宏观政策要继续按照"十二五"规划以科学发展为主题、以加快转变经济发展方式为主线的要求，切实把握好宏观调控的力度、节奏和重点，加强财政、货币、产业等各项政策的协调配合，更加注重政策的针对性、灵活性和前瞻性，防止经济出现大的波动。一是促进经济平稳较快增长。充分挖掘内需潜力，坚持扩大内需特别是居民消费需求，在优化结构的基础上保持投资合理增长；密切关注外部市场环境变化，及时采取应对措施，努力促进对外贸易平稳增长和基本平衡。继续保持物价总水平的基本稳定。二是加快推进经济结构调整。继续夯实农业农村发展基础，推动制造业由大变强，加快战略性新兴产业发展；进一步促进区域协调发展，积极稳妥地推进城镇化；加快推进科技创新，特别是加大对自主创新的支持力度；以节能减排为抓手，加大资源节约、环境保护力度。三是继续深化重点领域改革。积极推进收入分配、财税、金融体制改革，进一步深化农村体制改革，稳步推进资源性产品价格和环保收费改革。四是着力保障和改善民生。坚持实施更加积极的就业政策，加快推进覆盖城乡居民的社会保障体系建设，重点推进基本医疗保障制度、国家基本药物制度、基层医疗卫生服务体系、基本公共卫生服务、公立医院改革试点等改革取得新进展。

Analyses and Forecasts on the Growth of the National Economy in 2011−2012

Yuan Da   Ding Lin

Abstract: In the face of complicated economic environment both domestic and aboard, by macro-control the adjustment of economic structure, the economy of China maintains good in 2011. The government has well dealt with relationships of economic stable growth, adjustment of economic structure and inflation management. Looking through 2011, the global economy stays week, the market confidence to be insufficient and the world economic situation remains complicated are still problems. But China's economy grows stably and we can make an expectation that our country's economy is expected to remain rapid development in the next year, and the general price level will remain stable in reasonable interval.

Key Words: Chinese Economy; Development Characteristics; Analysis and Forecast

B.6
2011～2012年经济形势分析与展望

张立群*

摘　要：2011年中国经济在转型过程中继续向好的方面发展，流动性过剩、物价上涨、房地产泡沫化问题得到有效控制，经济增速平缓下调，结构调整和发展方式转变力度加大。全年经济增长率预计略高于9%，CPI上涨5%左右。2012年，中国价格同比涨幅和经济增长速度预计将持续下降，应注意宏观调控，统筹协调好控物价、稳增长、调结构、转方式之间的关系。

关键词：中国经济　预测　分析展望

2011年是"十二五"开局之年，也是经济形势异常复杂的一年。总体看，我国经济仍处于由危机应对向常规增长转型的过程之中，也正在开始由传统发展方式向新的发展方式转型。政府刺激经济增长的政策在不断调整、退出，经济增长越来越多地依赖于居民消费和企业投资；以居民家庭和企业等微观经济主体行为调整为基础的发展方式转型正在逐步推进，家庭购买活动和企业转型升级活动成为消费、投资增长的深层次决定性因素。决定经济增长的诸多因素相互消长，不确定、不稳定因素明显增加。

一　2011年经济形势分析

1. 价格上涨压力很大

2011年，价格同比涨幅持续提高。CPI同比涨幅1～8月份依次为4.9%、

---

* 张立群，国务院发展研究中心宏观经济研究部。

4.9%、5.4%、5.3%、5.5%、6.4%、6.5%和6.2%。与2009年-0.7%、2010年3.3%的同比涨幅比较，CPI涨幅提高十分明显，引起了社会各个方面比较广泛的关注。

价格较快上涨，是经济转型过程中面对的一个十分突出的问题。为了应对国际金融危机冲击，防止经济增速过度下降，2008年第四季度开始我国采取了"一揽子"应对措施，实行了适度宽松的货币政策和积极的财政政策，迅速有效地通过扩大内需拉动经济增长并取得了成功。与此同时也使货币供给量增加较多。2009年新增人民币贷款9.6万亿元，是2008年的两倍以上（2008年新增人民币贷款4.2万亿元）。随着贷款的快速增长，广义货币供给量M2余额由2008年末的47.5万亿元迅速增加到61万亿元，年末M2余额与当年名义GDP的比值由2008年的1.51提高到1.79。2010年末M2余额进一步增大到73万亿元，与名义GDP的比值进一步提高到1.82。货币供给总量明显偏大，资金流动性过剩问题比较突出，对价格形成了较大压力。另一方面扩大内需特别是扩大消费的政策措施，使得以住行为主的消费结构升级活动空前活跃，其中买房活动的活跃与资金流动性过剩现象结合，导致投机性买房活动迅猛增加，受其影响，2009年第四季度开始城市住房价格出现快速上涨。大量资金不断涌入房地产市场加剧了房价上涨势头。货币数量扩大与房价上涨相互推动，使社会各方面对价格上涨形成较强的心理预期。与此同时，猪肉、蔬菜、水果等食品价格，在2009年持续回落后，持续恢复性上涨，进一步强化了涨价感受和心理预期。社会游资也开始介入食品流通领域，千方百计进行炒作，使一些小品种农产品，例如绿豆、大蒜等价格出现非理性暴涨。在国内生产性需求较快增长，美元泛滥导致国际大宗商品价格上涨并通过进口传导的情况下，生产资料价格也出现明显上涨。此外土地、劳动力、矿产品等要素价格上涨，与原材料价格上涨结合，导致下游产品成本压力加大，进一步增强了价格上涨的心理预期。

2. 经济增长呈下行态势

2010年第一季度以后，我国季度GDP增长率总体呈下行态势。

其原因既有政策调整因素，也有国际经济波动因素，还有经济结构调整和经济发展方式转变因素。从政策方面看，"保八"成功以后，刺激性政策总体开始退出。货币政策开始将重点集中到回收过多的流动性方面，2010年以来央行12次提高存款准备金率，5次加息，加大公开市场操作力度等，对贷款还实行了额度管理。财政政策方面,政府支出特别是投资支出的力度明显减弱。2009年投资资金来源中,财政预算内资金较上年增长53.7%,2010年降低到13.6%,2011年上半年为13%。同时对房地产市场进行了多次调控,严厉控制投机性等不合理买房需求。这些政策措施总体对国内市场需求产生了稳定和抑制作用。特别是政府投资增速明显减慢,对2009年高达30%的投资增速产生了重要的稳定作用。从外部经济环境看,世界经济从国际金融危机打击下的恢复还十分艰难,我国出口的外部环境还很不稳定,这些因素导致出口及贸易顺差的恢复存在较大不稳定性。2010年出口强劲恢复以后,2011年1~8月份又有明显回落,出口增速由31.3%回落到23.6%。此外住行为主的消费结构升级活动出现较大波动,买房需求、买车需求在2011年上半年都出现明显降温。这些因素对消费增速产生了重要影响(汽车销售额包括在社会消费品零售额之中,买房活动与家具、家电等产品的销售额也有密切关系)。2011年1~8月份消费实际增长率同比降低3.9个百分点。从结构调整和发展方式转变看,面对市场环境和要素成本的变化,一批低水平、粗放发展模式的企业开始陆续退出,而新一代企业的成长尚需时日,这些因素也导致经济增速下降。最后从短期因素看,由于价格上涨心理预期的影响,年初以来企业原材料库存增加较多,在市场终端需求增速下降压迫下,企业去库存活动较多,也导致了经济增速的回落。

综合看,经济增速回落比较平缓,符合稳增长、调结构、转方式的目标,但也显现出经济转型过程的复杂性和不稳定性,特别是经济增长的内生性动力和市场需求基础还不够稳固,成为宏观调控面对的突出问题之一。

3. 企业发展困难增大

2011年1~8月份规模以上工业企业实现利润增幅持续降低,从1~2月份的34.3%降低到28.2%。中小企业经营困难不断加大,很多企业在盈亏点附近艰难维持。要素资源价格持续提高,使企业的成本压力不断加大;国际金融危机后国内外市场需求结构出现重大变化,市场竞争日趋激烈,企业取得可持续的订单越来越不容易;产业结构调整加剧了企业新陈代谢、兼并重组活动,企业发展的不稳定性、不确定性增大;银根持续收紧加剧了企业特别是中小企业的融资困难;通货膨胀预期扩大了企业库存调整活动的幅度。凡此种种使企业发展困难明显增大,使投资者对实业领域发展心存畏惧。企业面对的种种发展困难,从微观角度表现了我国经济发展面临的困难和挑战。

4. 货币政策取得明显成效

经过多种政策措施调控，货币供给量过大，增长过快问题得到有效抑制。2010年新增贷款由上年的9.6万亿元减少到7.95万亿元，广义货币供给量M2余额的同比增长率由2009年末的27%降低到19.7%，2011年8月末进一步降低到13.5%。货币供给增速进入持续下行轨道。通货膨胀风险明显降低。

5. 房价趋稳，房地产市场泡沫化趋势得到有效控制

通过提高按揭贷款申请标准、限制购买等措施，有效控制了买房需求主要是投机性等不合理买房需求的强劲扩张势头。2009年商品住宅销售面积同比增长43.9%，2011年1~8月份降低到13.6%。70个大中城市房屋销售价格涨势趋稳，房价下降的城市不断增加。2011年8月末，70个大中城市中价格与上月相比下降的城市有16个，持平的城市有30个；与7月份相比，8月份环比价格下降和持平的城市增加了15个；环比价格上涨的城市中，涨幅均未超过0.4%，涨幅比7月份缩小的城市有8个。8月份，70个大中城市中，同比涨幅回落的城市有40个，比7月份增加了14个。同比涨幅在5.0%以内的城市有45个。总体看房价涨幅趋稳，房地产市场泡沫化趋势得到有效控制。

综合以上分析，2011年我国经济在转型过程中继续向好的方面发展，流动性过剩、物价上涨、房地产泡沫化问题得到有效控制，经济增速平缓下调，结构调整和发展方式转变力度加大。全年经济增长率预计略高于9%，CPI上涨5%左右。

二 2012年经济形势展望

2012年是构筑新一轮经济增长基础的关键之年。2011年宏观调控成效预计将继续显现，房价、食品价格和物价总水平同比涨幅预计将明显降低；出口、投资增幅预计也会下降，经济增长率预计将继续平稳降低，受世界经济和国内房地产市场调整等不确定因素影响，也存在发生较大波动的可能。宏观调控的重点预计将由控制通胀转向巩固经济增长的基础。

（一）价格同比涨幅预计将持续下降

在经济增长转型和政策调整背景下，稳定物价的因素不断增加，物价涨幅总体趋降。

第一，随着货币政策调控效果的不断显现，导致价格上涨的货币因素逐步稳定。2011年8月末，广义货币（M2）余额78.07万亿元，同比增长13.5%，分别比上月末和上年同期低1.2个和5.7个百分点；狭义货币（M1）余额27.33万亿元，同比增长11.2%，分别比上月末和上年同期低0.4个和10.7个百分点；8月末人民币贷款余额52.44万亿元，同比增长16.4%，分别比上月末和上年同期低0.2个和2.2个百分点。货币供给和贷款增速呈现持续下降态势。针对企业特别是中小企业融资困难，近期货币政策收紧的力度有所缓和，但方向没有改变，预计2011年内货币政策力度不会明显放松。2012年预计仍会实行稳健货币政策，贷款增量及货币供给量增速不会较2011年明显改变。综合看，货币供给将呈现平稳适度增长态势，这些将对稳定价格涨幅形成基础性支持。

第二，买房需求趋稳。2011年采取的限购等措施，在抑制投机、投资性购房需求方面取得明显成效。北京、上海、广州、深圳等一线大城市房价已经出现松动，买房者预期开始改变。这一局面预计2012年将进一步发展，受政策控制和预期改变影响，预计2012年买房需求总体平稳；受预期改变的影响，部分城市买房需求可能出现较强烈收缩。这对房价稳定乃至下调将是决定性因素。

第三，从供给方面看，总体是不断增加的。2011年农业生产又获丰收，粮食连续8年稳产增产，生猪存栏数量明显增加，棉花增产，农产品供给基础进一步改善；商品住宅上市数量持续增加，存量房数量不断扩大，保障房建设步伐加快，住房供给明显增加；服装、家电、汽车、电子信息产品等工业消费品供给充足；重要生产资料供给水平较高，钢铁、建材、生产设备供给充足，能源紧张状况有所缓解。综合看，供给面不断改善，对物价稳定提供了重要支持。

第四，从成本方面看，随着要素资源价格持续上涨，企业转型升级步伐加快，资金、技术对经济增长的贡献度提高，技术进步和劳动生产率提高在很多行业对冲了成本提高的影响，支持了价格稳定。

第五，从输入性通胀压力看，美国提高债务上限方案通过后，美元会进一步扩发，但制约美国政府开支增长的因素也增强了（政府支出规模受到更多限制，通货膨胀压力对美联储货币政策约束增强），总体上美元快速扩张的势头趋稳，由此导致的国际大宗商品价格上涨预计也将趋稳。

综合看，支持物价稳定的因素正在持续增加，在这些因素支持下，预计2012年物价涨幅总体趋降，CPI涨幅在3%左右。

（二）经济增长速度继续下降

在2011年经济平稳回落基础上，预计2012年经济增速将继续回落，主要由于市场需求增速继续降低。

首先，出口增长速度预计将继续回落。2011年出口增长预计在18%左右，2012年预计降低到15%左右。主要由于世界经济增长低迷，欧债危机对世界经济的潜在威胁较大，世界经济不确定性、不稳定性增加。美国国债信用评级下调表明国际金融危机对美国经济的冲击和影响远未结束，一些深层次矛盾和问题还在继续发展中。到目前为止，美国经济恢复仍然主要依靠政府力量，依靠量化宽松货币政策，而其内生性增长能力尚未恢复。受高失业率和高负债率影响，其居民消费总体低迷；房地产市场需求不振，房价持续下降抑制了建筑业及其他与房地产相关产业的恢复，进而影响就业恢复。受这些因素制约，预计美国经济内生性增长能力难以很快建立。一旦政府力量出现问题，则由政府力量支持的经济增长就会发生震荡，由政府保护维持的不良经济成分，其问题也会加快暴露，这些因素都会导致经济出现深度调整和震荡。欧洲经济的问题要更突出一些，由于只有统一的货币政策而没有统一的财政政策，因此欧盟国家主权债务引发的危机暴露得更早，由此导致的欧盟国家政府预算的收紧也更为突出，由"欧猪"数国主权债务危机导致的信用危机、金融危机，可能对欧洲经济乃至世界经济产生较大冲击，也增大了我国出口的不确定性。日本经济尽管开始灾后恢复，但进展比预期缓慢。综合分析，世界经济的深层次矛盾和问题正在显露之中，潜伏较大的波动性，这些因素对我国出口将形成较大不利影响。国内出口企业自身困难也比较多，很多企业存在出口越多、亏损越多的情况。再考虑到基数较大的因素，综合测算，预计2012年出口增速会下降到15%左右。

其次，投资增速也会降低，由2011年的23%左右降低到18%左右。受房地产市场调整的影响，预计房地产投资增速将有较大回落，由2011年的30%左右降低到15%左右。2010～2011年房地产投资高增长，是在2009年较低基础上起步的，具有恢复性质。从2008年房地产市场变化看，住房销量变化与房地产投资之间有密切联系。当2008年第三季度住房销量出现负增长以后，自2009年第一季度开始，房地产投资增速出现大幅度下降，由上年20%以上的增幅降低到4.1%，其间有半年左右的时滞。2010～2011年商品住房销量维持在10%

左右，没有出现负增长，但较2009年42%的增速降低很多；随着房地产市场调控措施效果的进一步显现，预计买房需求将继续收缩，这些变化预计将对商品房投资产生明显影响。另外，2012年保障房建设规模预计较2011年将有所减少，建设步伐较2011年放缓。综合这些因素，预计2012年房地产投资增幅将明显降低。

随着宏观经济政策从危机应对向常规状态的调整，政府投资将恢复到正常增长水平。2011年政府投资出现低谷，主要由于从"一揽子计划"模式的退出，2012年政府投资将从2011年较低基数上起步，考虑到处于"十二五"规划第二年，很多项目建设将进入高涨期，因此政府主导的基础设施和公共事业投资增速将有所提高，大体回归到平均增长水平。1995~2010年基础设施、公共事业投资年均增长20%，预计2012年可以大体保持这一增速。

制造业投资受房地产、基础设施投资影响较大。如果前两项投资一降、一平，预计制造业投资增长将略低于平均增速（1995~2010年为23%），保持在20%左右。

综合投资中主要部分的增长预测，预计2012年投资增长为18%左右。

最后，消费增长率较2011年将有所提高。受住房、汽车需求降温的影响，2011年消费增幅出现明显降低，从汽车市场变化规律看，预计2012年汽车销量将有一定恢复，对消费增长将形成积极支持。买房需求预计不会较2011年明显恢复，受其影响，家具、家电、装修材料等消费品零售额增速不会明显恢复。综合这些因素，预计2012年消费实际增长率为13%左右，较2011年提高2个百分点左右。

综合看，需求增速呈现回落态势。根据三大需求与经济增长之间的相关关系分析，预计2012年GDP增长率略高于8%。

三 2012年经济发展面临的突出问题

在价格涨幅降低和需求增速降低的背景下，2012年经济发展面临的突出问题主要有三个方面：企业特别是中小企业困难加大、就业压力加大和金融系统性风险加大。

（一）企业困难加大

2011年中小企业经营困难问题已经有所显现，但大多数企业尚能维持。与2011年比较，2012年市场需求不足、订单不足预计也将成为约束企业发展的突出问题。在既有问题和需求不足问题多方面困扰下，预计企业特别是中小企业的资金链将难以维持，倒闭企业的数量可能较快增加。

（二）就业压力加大

就业与中小企业关系密切。根据就业统计资料分析，中小企业提供了80%以上的就业岗位。如果中小企业出现较多倒闭，则就业压力必然加大。目前灵活就业占就业的比重很高，劳动者对于短期没有工作或者调整工作已经比较适应，但如果较长时间难以找到工作，则可能导致社会问题。目前处于流动状态的农民工约为1.5亿人，其中"80后"为8000多万人，这些人已经很难回归农村，特别是难以长期生活在农村，一旦在城市较长时间找不到工作，可能会产生较多不稳定因素。

（三）金融系统性风险加大

受货币政策收紧的影响，2011年社会资金链条已经绷得很紧，特别是民间融资领域，已经出现逃债现象。2012年若市场需求约束增强，预计资金回流困难导致的资金链断裂会比较多，一旦发展蔓延起来，不仅民间融资信用体系会出现严重问题，而且国有商业银行资金安全也会受到影响和冲击。

四 统筹协调好控物价、稳增长、调结构、转方式之间的关系

针对2012年经济发展趋势及可能出现的问题，应该特别注意增强宏观调控措施的针对性、灵活性和前瞻性，把握好政策出台的时机和力度，特别要注意协调好短期目标与中长期目标的关系。要围绕经济结构调整和经济发展方式的转变，积极为企业转型升级创造有利条件，包括改善融资环境，加大结构性减税力度等。当前我国经济发展的市场环境和资源要素条件都发生了深刻变化，必须加

快转变经济发展方式,为中长期的经济平稳较快发展奠定新的基础。因此要更加注重调整经济结构、转变经济发展方式方面的工作。同时也应注意到,调结构、转方式根本上要依靠体制机制的完善,因此必须加快改革,加快完善社会主义市场经济的体制机制,要紧密结合调结构、转方式的要求,加强重点领域、关键环节的改革顶层设计,加快改革攻坚步伐。面对复杂形势,只要措施得当有力,我国经济一定会继续向好,新一轮经济增长基础会加快形成。

Analyses and Outlooks on China's Economy Situation in 2011-2012

Zhang Liqun

Abstract: In 2011, China's economy continues developing good in the process of changing. It has been effectively solved problems of fluidity surplus, rising prices, and real estate bubble. The economic growth rate gently declines, and economic structure and mode of development change significantly. It can be predicted that the growth rate in 2011 will be over 9%, and CPI increases about 5%. In 2012, the price and economic growth rate are expected to continue declining. We should pay attention to macro regulation, and manage to coordinate with relationships of prices control, steady growth, structure adjustment, and pattern changes.

Key Words: China's Economy; Analysis; Analysis Prospect

B.7 2011~2012年经济景气和物价走势分析与预测*

陈磊 邵明振 李颖**

摘 要：我国经济景气在新一轮增长周期中的下降局面有望在2012年第一季度左右结束，然后在正常增长区间内平稳运行或缓慢回升。2011~2012年GDP增长率将分别达到9.3%和8.9%左右，增速缓慢回落。从2011年第四季度开始，CPI将进入本轮物价周期的下降阶段，并可能持续到2012年第三季度。2011年CPI上涨率为5.5%，超过预期的通胀控制目标。2012年物价上涨压力将有所减缓，全年上涨3.8%左右，经济运行出现滞胀的可能性很小。

关键词：景气 物价 分析与预测

我国经济增长在2010年第一季度创造新一轮经济周期的高点后转入下降阶段，2011年前三季度的经济增速呈现缓慢下降态势。与此同时，物价经过大幅上涨后仍处于高位，抑制通货膨胀成为2011年宏观调控的首要任务，货币政策调控不断趋紧，很多中小企业陷入经营困境。此外，当前欧美经济再次面临衰退的风险，全球经济复苏进程出现波折，各种不确定因素加大。在这些情况下，未来一年我国经济运行是否会出现二次探底？经济走势是否能继续保持平稳？经济周期形态会发生怎样的变化？未来一段时间的物价走势如何？2011年能否实现预期的通货膨胀控制目标？政府的宏观调控政策取向应如何调整？

---

* 本项研究得到教育部社科规划基金项目（10YJA790021）、国家社科基金重大项目（10zd&010）和国家自然科学基金项目（71173029）的资助。

** 陈磊，东北财经大学数学与数量经济学院副院长，经济计量分析与预测研究中心主任，教授；邵明振，东北财经大学数学与数量经济学院博士研究生；李颖，东北财经大学教师。

为了对这些目前的热点问题作出比较科学和准确的回答，本文基于改进后的"经济景气分析系统"和"宏观经济监测预警信号系统"，对当前的经济周期态势和经济景气状况以及物价波动形态及影响因素进行分析和判断，采用先行指数和多种经济计量模型对经济增长、物价等主要经济指标的走势进行分析和预测，在此基础上，对政府下一步的宏观调控提出政策建议。

一 利用景气分析法对经济周期态势的分析和预测

我们选用的一致景气指标仍然由工业增加值、城镇固定资产投资（累计）、社会消费品零售额、狭义货币 M1 和财政收入 5 个指标组成；先行景气指标除原有的钢产量、水泥产量、汽车产量、化肥产量、股票成交量和逆转的 CPI 等 6 个指标外，从 2011 年开始新增 1 个指标——固定资产投资本年新开工项目个数；滞后指标组由 CPI、PPI、产成品库存和货运量合计组成。各景气指标均为同比增长率序列[①]，经季节调整并消除不规则因素。利用美国全国经济研究所（NBER）方法，分别建立了一致、先行和滞后合成指数（各指数均以 2000 年平均值为 100）与扩散指数。

1. 利用一致合成指数对经济周期态势的分析

根据一致合成指数所反映的宏观经济总体走势（见图 1）和滞后合成指数的确认，并结合改革开放以来我国经济周期波动的基本特征，2009 年 2 月以来，我国经济景气已经进入改革开放以来第 4 轮中周期内的第 1 个短周期。依照短周期的判别准则[②]和一致合成指数的形态，2010 年 1 月形成本轮短周期的峰顶转折点，此后经济景气转入下降阶段，到 2011 年 9 月为止本轮短周期的下降过程尚未结束。

由于本轮短周期是在应对全球金融危机的特殊背景下形成的，到目前为止已经显示出与前 3 轮短周期不同的特征。首先，景气上升期出现"急起"局面，波动异常剧烈。在政府超常规经济刺激政策的推动下，加上金融危机冲击导致的

---

① 资料来源：中国经济信息网宏观月度库，多数数据截止到 2011 年 9 月。
② 我们根据波长和波幅，从实证测量角度对经济波动、经济短周期、经济中周期做了明确划分。参见陈磊、孔宪丽《转折点判别与经济周期波动态势分析》，《数量经济技术经济研究》2007 年第 6 期。

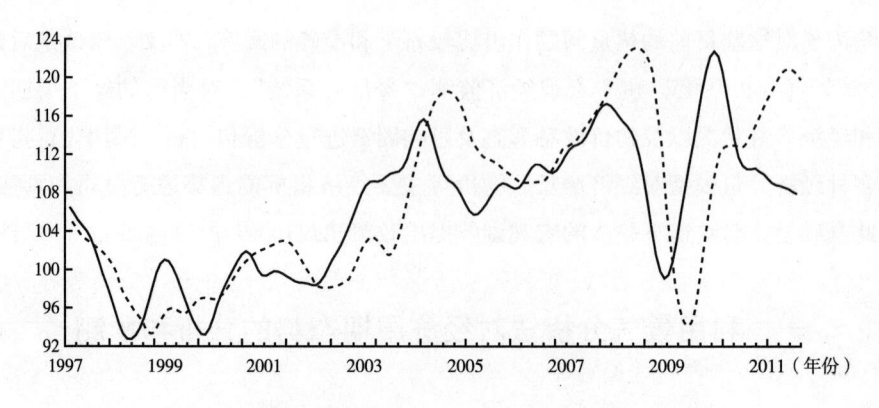

图1　一致合成指数（实线）和滞后合成指数（虚线）

上年同期基数过低，经济景气出现了罕见的强劲回升，其上升幅度（接近23个指数点）、上升速度（平均每月上升1.9个点）和波峰高度均超过前3轮短周期，而扩张时间只有一年，远低于前3轮短周期近29个月的平均扩张期。其次，景气回落出现"先急后缓"两个不同阶段，收缩期明显延长。2010年2月到9月为景气快速下降期，随着经济刺激政策和低基数效应的减弱，经济景气从年初的恢复性"名义过热"向正常水平快速回归，平均每月下降1.52个指数点，超过上一轮回落（2007年12月~2009年1月）每月平均1.2个点的下降速度，回落幅度达到本轮景气上升幅度的53%；从2010年10月开始，景气指数的下降速度趋缓，指数水平处于适中范围，显示经过金融危机冲击后持续两年的大幅震荡，我国经济运行进入正常的增长轨道。到2011年9月为止，此次景气回落已持续20个月，超过前3次短周期平均14个月的收缩长度。总之，本次短周期呈现与以往不同的"短扩张"型非对称形态。

从一致合成指数的构成指标来看，反映流动性的M1增速在2009年和2010年的超常大幅波动对本轮短周期形态的影响最大，其次是工业增加值。而投资和消费增长的波动相对较小。

图1显示，滞后合成指数从2009年8月到2011年7月处于新一轮周期波动的上升期（仅在2010年6月至9月出现短暂的4个月小幅回落），从而使该指数的扩张期较一致指数延长，其峰顶转折点的出现时间较一致指数至少滞后18个月以上，打破了以往比较稳定的6~9个月（平均7.3个月）的滞后期，这是本轮周期的一个新变化，值得关注。随着CPI、PPI的小幅回落，该指数在8月份

出现止升趋降迹象。除物价外，工业企业库存增速经过一年多的较大幅度回升后，2011年3月以来上升势头也趋于平缓。

2. 利用先行合成指数和扩散指数对经济运行走势的预测

图2显示，先行合成指数经过连续11个月的大幅回落，于2010年9月止跌企稳，回落幅度达到本轮上升幅度的85%左右。2010年10月至2011年8月，先行合成指数连续11个月小幅回升，可以初步确定在2010年9月形成周期谷底转折点。按此推测，本轮经济景气或在2011年第四季度结束下降局面，此后有望进入比较平稳或稳中略升的运行轨道。然而，先行指数此次的回升势头不强，6月份以来出现止升趋稳走势，9月份甚至略有回落，不排除短期内再次探底的可能。该指数以往的超前期不太稳定，且此次已经出现明显超过平均超前期（5个月）的情况，所以一致合成指数的转折点出现时间也有可能推迟到2012年。

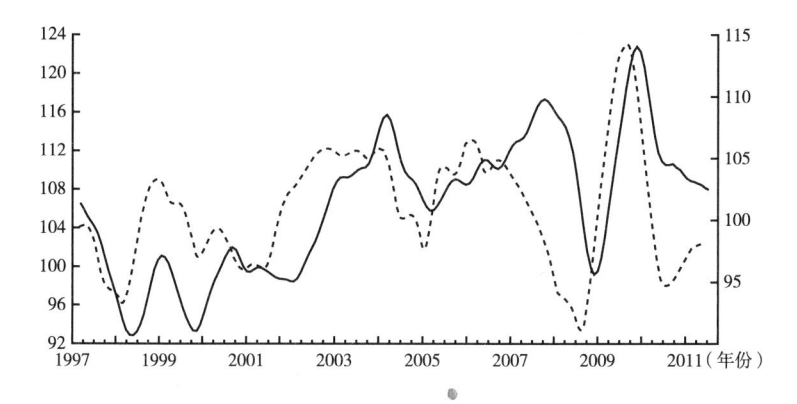

图2 一致合成指数（实线，左坐标）和先行合成指数（虚线，右坐标）

从各先行指标的变化情况来看，2010年10月以来，剔除季节和不规则因素后，股票成交量、固定资产投资本年新开工项目个数、粗钢产量、化肥产量和水泥产量增速先后出现回升，其中化肥产量和粗钢产量增速的回升较为明显。进入2011年第二季度后，水泥和股票成交量增速先后由升转降，化肥产量在第三季度也出现回落苗头。但与此同时，汽车产量和逆转的CPI经过前期的较大幅度回落，先后于5月和7月结束下降局面，很可能出现缓慢回升趋势。可见，各先行指标的走势很不一致。

图3显示，经5项移动平均后先行扩散指数在2010年11月以后回到50%线上方，同样表明先行指标总体上在10月形成波谷转折点，进入上升阶段。但需

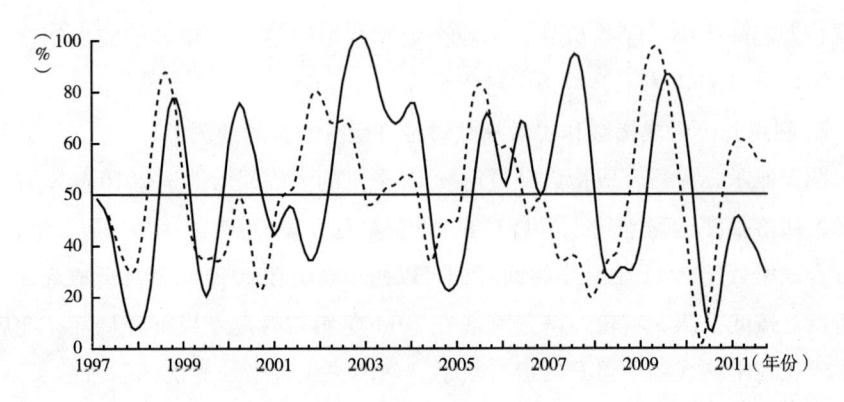

图3　一致扩散指数（实线）和先行扩散指数（虚线）（经过五项加权移动平均）

要注意的是，移动平均后先行扩散指数仅回升到67%附近，且进入2011年4月后出现止升趋降势头，反映先行指标的企稳回升走势不一致且有反复。如果先行扩散指数继续呈现下降走势并回到50%以下，则先行合成指数将再次出现下滑。若如此，则会加大年内经济运行企稳回升的不确定性。

再从一致扩散指数来看，移动平均后的一致扩散指数（见图3）在2010年7月达到较低谷底后开始回升，并在2011年第一季度接近50%线，表明此时5个一致指标中出现上升和下降的指标比例大体相当。但其后受财政收入和投资增速由升转降的带动，该指数再次掉头向下，同样预示经济景气企稳回升的时间推后到2012年的可能性加大。

综合以上监测和分析结果，始于2010年2月的本轮经济短周期的下降期最早可能在2012年第一季度结束，此后有望进入比较平稳或稳中略升的运行轨道。2011年全年的经济波动幅度将明显减小，经济增长呈现少有的速度较快且运行大体平稳的良好态势，不大可能出现接近2009年第一季度谷底水平的二次探底，符合政府的预期调控目标。但需要注意的是，受发达国家主权债务危机可能导致全球经济出现二次衰退的影响，经济景气止降企稳的不确定性增大。

二　当前经济景气状况监测

下面根据由10个预警指标（见图4）构成的"宏观经济监测预警系统"对各预警指标的警情和目前的总体经济景气状况作进一步的详细考查。

指 标 名 称	2009 年			2010 年									
	10月	11月	12月	1月	2月	3月	4月	5月	6月	7月	8月	9月	
1. 工业企业增加值增速（春节调整）	○	○	○	○	○	○	○	○	○	○	○	○	
2. 发电量增速（春节调整）	○	○	○	○	○	○	○	○	○	○	○	○	
3. 工业企业销售收入增速（累计）	●	●	●	●	●	●	●	●	●	●	●	●	
4. 固定资产投资完成额增速（累计）	○	○	○	○	○	○	○	○	○	○	○	○	
5. 消费品零售额增速（春节调整）	◐	◐	◐	◐	◐	◐	◐	◐	◐	◐	◐	◐	
6. 进出口总额增速（春节调整）	◐	◐	◐	◐	◐	◐	◐	◐	◐	◐	◐	◐	
7. 国家财政收入增速	○	○	○	◐	◐	◐	◐	◐	◐	◐	◐	◐	
8. 狭义货币供应量 M1 增速	●	●	●	●	●	●	●	●	●	◐	◐	⊗	
9. 金融机构各项贷款余额增速	●	●	●	●	●	●	●	●	●	●	●	●	
10. 居民消费价格指数	●	●	●	●	●	●	●	●	●	●	●	●	
综 合 判 断	○	○	○	○	○	○	○	○	○	○	○	○	
	68	65	60	63	63	63	63	60	63	63	63	60	

注：●〈过热〉 ◐〈趋热〉 ○〈正常〉 ◎〈趋冷〉 ⊗〈过冷〉

图 4　预警指标信号

1. 工业生产增速 2010 年第四季度以来基本稳定在绿灯区中部，增速适中

剔除季节和不规则因素后，全国规模以上工业增加值增长率经过"大落大起"后在 2010 年 6 月回到绿灯区。2010 年 9 月以来，该指标一直在 14% 左右呈现平稳走势，基本稳定在绿灯区的中部，处于速度适中的良好增长状态，这是以往所少见的。

与工业增加值增速的走势类似，发电量增长率在剔除季节和不规则因素后，于 2010 年 7 月回到绿灯区，10 月到达接近绿灯区下界的回落最低点，此后呈现小幅回升趋势，2011 年 3 月以来大体稳定在绿灯区的中上部，增速适中。

在 10 项预警指标中，只有工业企业产品销售收入累计增速从 2010 年以来一直处于高增长的"过热"状态。该指标从 2010 年第二季度开始出现下滑趋势，但下降速度较慢，2011 年 6 月以后在 29% 的"过热"区间下界附近止降趋稳，反映出工业企业总体效益虽有所下降，但仍保持高增长态势。

2. 固定资产投资增速在"正常"区间内基本保持平稳运行

城镇固定资产投资（累计）增速从 2010 年 5 月开始一直在绿灯区内的中上部呈基本平稳走势，增速保持在 24% ~26% 之间，比较适度，在各预警指标中走势最稳定。该指标从 2011 年 6 月开始出现缓慢下滑趋势。

3. 消费市场在"偏热"区间缓步降温，值得高度关注

社会消费品零售额增速从 2009 年 12 月开始一直保持 17% 以上的较高增速，

处于"偏热"的黄灯区。但进入2011年以后，随着汽车、家具等住行类商品销售的降温，名义消费增长与上年相比出现下降趋势。剔除物价因素后，社会消费品零售额实际增速从2009年年中以来一直呈下滑走势，2011年8月只有10.4%左右，已经明显低于金融危机前12%以上的增长水平。这一情况应引起政府的高度关注。

4. 外贸增长降中趋稳，回到危机前的正常水平

剔除季节和不规则因素后，我国外贸进出口增长从2010年10月开始进入绿灯区，显示外贸增长已经由恢复性"过热"回到正常区间，此后，进出口增长的下降势头趋缓。2011年第2~3季度季节调整后的进出口总额增长在24%附近，在绿灯区内的上部出现止跌回稳迹象，与2005年初到金融危机爆发前的平均增长速度基本持平。2011年4月以来，进口增长经过前期较大幅度的回落后在23%左右止降趋稳，而出口增速在短暂企稳后继续出现缓慢下降态势，进口和出口走势出现背离苗头。尽管如此，出口增速与进口增速的差距已较上年明显减小。

5. 财政收入经过"冷"、"热"交替的快速转换后开始回落

全国财政收入增长（剔除季节和不规则因素）从2010年9月开始进入本轮周期的第2轮波动过程，经历了由"偏冷"—"正常"—"过热"—"偏热"的剧烈转换，2011年5月以来转入缓慢下降阶段。随着特殊增收因素的消失、房地产市场调控措施进一步落实，以及9月开始居民个人所得税的减少，预计财政收入增长将会在第四季度回落到"正常"区间。

6. 货币供应增长继续处于周期下降阶段，由"过热"转入"过冷"

狭义货币M1增速从2010年2月份开始进入本轮货币周期的下降阶段。受上年基数和货币政策不断趋紧的影响，进入2011年，M1增速在2010年大幅回落的基础上继续下滑到"正常"的绿灯区后，从4月份开始连续发出"偏冷"信号，9月末M1增速降到8.9%，发出"过冷"信号，显示出经过20个月的大幅收缩以后，货币流动性已明显偏紧。

广义货币M2增长率同样从2009年12月以来处于下降周期。经过2010年从历史高位的大幅回落以后，2011年继续延续下降态势，已经从前两年的应急状态回归常态。2011年4月开始低于16%的预定增长目标，9月末M2余额增长13%，为2002年以来的最低增速。

与货币供应类似，金融机构人民币贷款增速处于本轮信贷周期的下行阶段。

2010年12月以来，贷款增速从"偏热"回到"正常"区间，并呈继续缓慢下降态势，增速趋于适中。

图5显示，预警综合指数与景气一致合成指数的走势很接近，经济景气从2010年第一季度恢复性的"名义过热"向正常区间快速回归，在2010年7月进入绿灯区，表明2010年下半年以来经济运行已经回到景气度大体适中的"正常"区间。进入2011年，预警综合指数始终处于60~65的适度区间内，走势比较平稳。

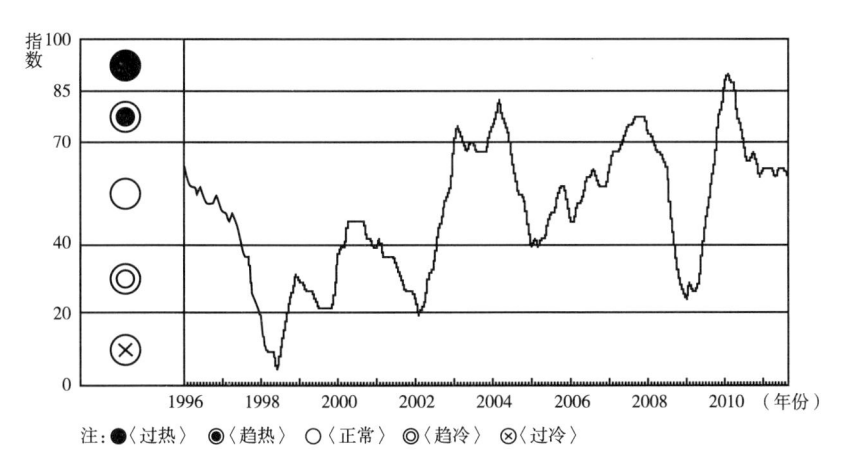

注：●〈过热〉 ◉〈趋热〉 ○〈正常〉 ◎〈趋冷〉 ⊗〈过冷〉

图5 月度景气动向综合指数

综合以上监测结果显示，在经济刺激政策效应减弱和货币政策取向调整的影响下，随着工业生产、进出口、货币供应和信贷等预警指标从短暂的"过热"高位向正常区间回归，经济景气明显降温。2011年经济运行已经回到景气度适中的正常区间，并出现止降趋稳态势。如果发达经济体不出现二次衰退，预计短期内工业生产、投资和名义消费很可能会继续保持比较平稳的运行态势，到2012年第一季度，受工业企业销售收入、财政收入和CPI增速下滑的影响，预警综合指数小幅下降到55~60区间是大概率事件。经济景气总体上仍将处于比较理想的适中范围。

三 本轮通胀特征与物价走势分析

1. CPI在"过热"区间止升趋降，与经济景气的滞后关系出现新变化

图6显示，居民消费价格指数（CPI）和工业生产者出厂价格指数（PPI）

从2009年8月开始进入新一轮上涨周期。相比而言，PPI比CPI有更易变的波动性，并且其波动幅度要大于CPI。2010年6月以后CPI进入"趋热"区间，通货膨胀压力明显增大。尤其是2011年6月以来，CPI超过6%，连续发出"过热"的红灯预警信号。

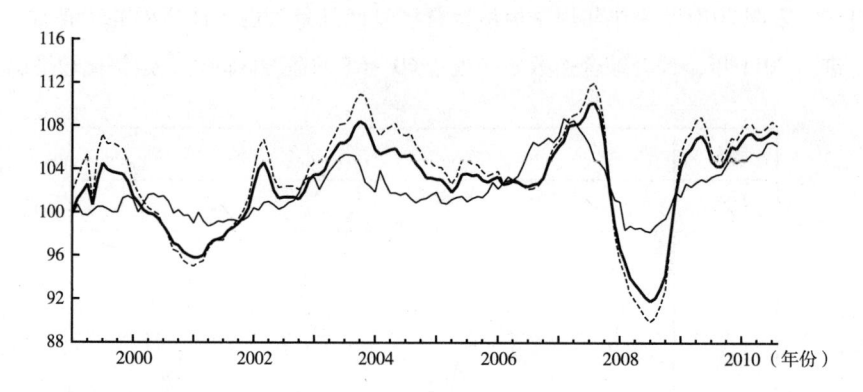

图6 细实线为CPI，粗实线为PPI，细虚线为生产资料工业品出厂价格指数

长期以来，CPI和PPI相对于一致合成指数所代表的经济景气变动始终是比较稳定的滞后指标，截止到2009年，两者的滞后期一直稳定保持在7~8个月。据此推断，2010年第三季度物价应该到达此轮上升的峰顶转折点。然而到2011年7月为止物价一直处于上升阶段，持续时间达到24个月，从而使物价相对于经济景气变动的滞后时间明显延长。这一变化值得政府和学术界关注和探究。

初步分析产生这种变化的原因，我们认为可能有以下几方面的因素：①如前文所述，受到金融危机冲击和短期超常规刺激政策的影响，本轮经济周期形态出现不同以往的新变化，其上升期明显缩短（只有1年），使景气转折点的出现时间比正常情况提前近1年半；②超常规刺激政策使货币和信贷出现超常的过量供给，导致物价的上涨趋势难以在短期内发生扭转；③猪肉价格受多种因素影响从2010年第四季度开始出现过快上涨，加上因季节性因素引起的蛋类价格上涨，对CPI的后期上涨起了很大的助推作用；④全球流动性过剩导致国际上能源、原材料等大宗商品价格大幅攀升并居高不下，加大了输入性通货膨胀的压力，加上在工业化、城镇化和经济发展方式转型时期，工资、土地和资源等费用的提高，使企业生产成本不断上升并最终传导至CPI，而这一因素的影响将是长期的。

通过对物价周期波动的考查不难发现，1999~2009年，CPI（剔除季节和不规则因素）共出现了3次短周期，并构成了一个长度刚好为10年的物价中周期。而3次短周期的上升期都在2年左右，平均扩张期为25个月。如果2011年7月为本轮物价上涨的转折点，则此次物价上涨的持续时间也刚好达到24个月（剔除季节和不规则因素后的持续时间为26个月），继续保持了前3轮短周期的扩张规律。也就是说，如果物价能够基本保持以往的变动规律，则2011年7月很可能成为本轮物价上涨的转折点。

应该看到在全球流动性过剩的大环境里，通货膨胀是近年世界上大部分发展中国家遇到的一个共同问题，对比印度、巴西等几个较大的发展中经济体不难发现，由于政府的调控措施比较及时，且我国的通胀水平相对较低，到目前为止，这次通胀对我国经济的负面影响相对较小。

由于政府及时提出将控制物价过快上升作为2011年的首要任务，实施了一系列宏微观经济调控政策和措施，同时，经济结构调整和经济发展方式转变的大趋势也要求我国经济必须由追求高速增长向有质量的平稳增长转变，加上欧美主权债务危机引起世界经济复苏缓慢，甚至可能出现再次衰退的风险，因此可以基本确定，随着我国经济景气在适度区间走势趋稳和物价翘尾因素影响的减小，本轮CPI上涨周期已经结束，从8月开始进入物价下行阶段。

2. 2010年后PPI上涨幅度大于CPI，企业利润受到挤压

PPI是衡量工业企业产品出厂价格变动趋势和变动程度的指数，可分解为投资和产出两大部分，即PPI生产资料指数和PPI生活资料指数。由图6可以看出，在此轮物价上涨过程中，PPI的波动幅度明显大于CPI，而PPI生产资料价格指数的波幅更大。

在PPI对CPI的传导过程中，对CPI直接影响比较大的是与最终消费相关的PPI生活资料指数。图7给出的是2010年1月~2011年8月PPI生活资料工业品出厂价格指数和CPI的波动对比图。从图7中可以看出，虽然CPI的波动因受食品类价格波动的影响与PPI生活资料价格指数的波动不完全相同，但二者的波动有非常大的相似性。2010年以来，PPI及PPI生产资料指数高于CPI说明，企业为了保持自己的市场份额或者因产品市场已经处于产能过剩状态，很难将上涨的成本完全转嫁到消费品上，只能通过压缩自己的利润空间来消化成本的上涨，结果表现为终端消费品价格涨幅小于生产资料出厂价格涨幅，这也是目前我国部分企业，特别是中小企业出现困境的原因之一。

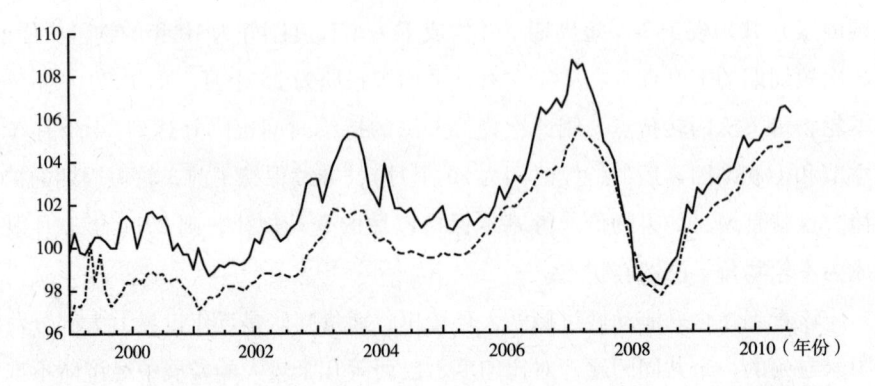

图7 实线为消费价格指数CPI，虚线为生活资料工业品出厂价格指数

受欧美主权债务危机的影响，近期原油价格和大宗商品价格都有所回落，有助于减轻物价上涨压力。在正常情况下PPI、CPI的未来走势应该趋于稳定并开始下行，同时两者的差距也会缩小。

3. 食品价格上涨再次成为通胀的主要推手，短期内压力仍存，但有望稳中趋降

食品类商品权重在我国CPI商品构成的八大类中最大，约占1/3，而在食品大类中，肉类占的权重又较大，因此肉类价格指数的变动对于CPI指数的变动影响很大。由图8可以看出，食品消费价格指数与CPI的变化关系密切，并且前者的变化波动幅度大于后者，特别是肉禽类食品价格指数的变化波动幅度更大。从图8中还可以发现，在本次价格上升过程中，2010年第三季度之前，食品价格指数的上升基本上与CPI的上升保持同步，但2010年11月以后，食品价格的上

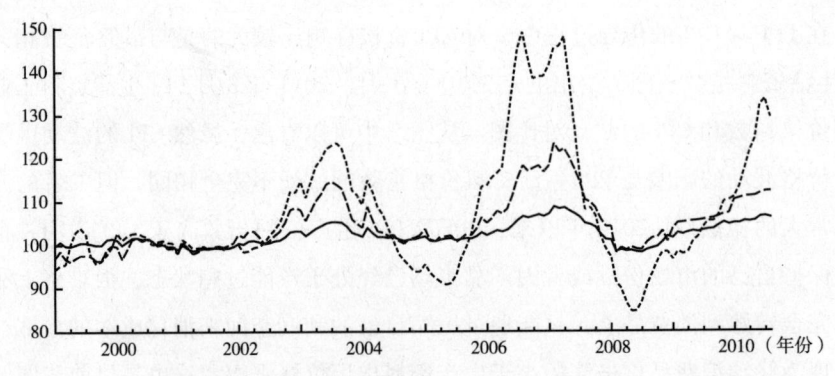

图8 CPI为实线，中虚线为食品消费价格指数，细虚线为肉类消费价格指数

升明显加快,特别是肉类食品消费价格指数开始大幅上升,成为推高CPI的主要力量。

分析本轮肉类价格上涨的主要原因,一方面在于猪肉生产仍然没有摆脱原有的"猪肉价格—母猪存栏量—生猪供应量—猪肉价格"的周期性波动,2004年以来,"猪周期"的波动幅度明显增大,且周期缩短至3年左右,而前期猪蓝耳病等生猪疫情的出现加剧了此次周期的波动幅度;另一方面在于饲料成本和人工成本上升,仔猪价格倍增。此外,国家的猪肉收储计划也在一定程度上提高了猪肉价格。同时,由于季节性等因素,进入夏季后蛋价也出现较大幅度上涨。但随着市场肉蛋类供应的逐渐增加,7月份肉类价格指数的拐点已初步显现。

从图9可以看出,我国历次物价大幅上升往往伴随着粮食价格的上升,在这次物价上升过程中,粮价指数涨幅明显大于CPI的涨幅,并且从2010年开始,粮价指数的上涨水平超过上一轮。粮价的上升可以通过商品市场直接传导至CPI,同时还可以通过饲料价格等农业生产资料价格传导至农业的其他生产领域,最终作用于消费市场。因此,粮价的稳定对于抑制通胀有着重要的意义。图9显示,粮食消费价格指数的拐点已经在2011年初出现,但此后的下降较缓慢,目前仍处于高位。随着夏粮以及秋粮的丰收,我国粮食价格有望稳中趋降。以杂交水稻为代表的新型粮种的成功研制和逐渐推广,对保障我国粮食供应和稳定粮价将发挥重要作用。

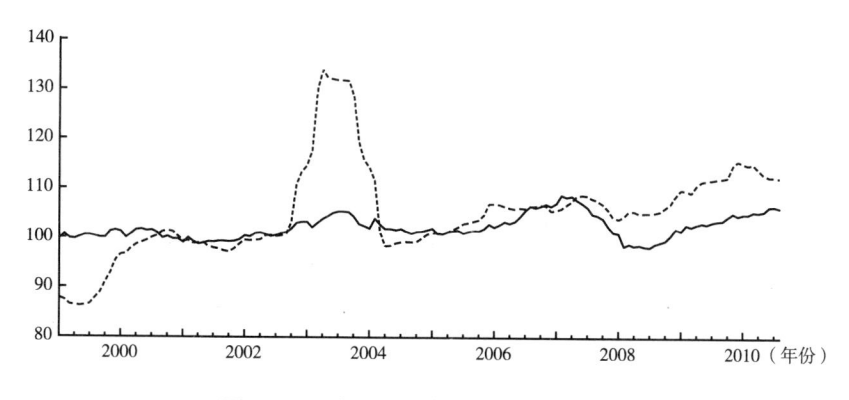

图9 CPI为实线,虚线为粮食价格指数

由于粮食、肉类和蛋类价格指数都趋于稳定并有回落趋势,因此食品类价格指数对于未来CPI上涨的压力开始减轻,有助于CPI走势的稳定并进入下行通道。

4. 基于 VAR 模型的 CPI 影响因素分析

为了研究原材料价格和货币供应量等因素对 CPI 变动的影响以及它们之间的动态影响关系，我们构建了工业生产者购进价格指数 MPI、粮食价格指数 GCPI、狭义货币供应量同比增长率 RM1 和消费价格指数 CPI 的四变量 VAR 模型。样本区间为 2000 年 1 月至 2011 年 8 月，数据来源于中经网统计数据库。经过 ADF 和 PP 检验，四个变量均为一阶单整序列。Johansen 检验表明，四者间存在显著的协整关系，符合 VAR 建模的要求。根据信息准则，我们选择滞后期为 4 阶。此方程的特征根的倒数均在单位圆内，残差均为不含有单位根的平稳序列，且通过 LM 检验和残差正态性检验，说明方程稳定且符合经济计量分析要求，可用于分析和预测。为了避免模型中的变量排序对脉冲响应结果可能产生的影响，这里采用由广义脉冲响应函数原理而绘出的脉冲响应图来研究各变量之间的动态影响。

由脉冲响应图（见图 10）可以看到，在三个主要影响因素中，货币供应量增长率 RM1 的冲击对 CPI 的影响最为明显，这种冲击影响从第 1 期逐渐增大，第 10 期达到最大为 0.4 个单位，以后慢慢回落。粮食价格指数 GCPI 的冲击对 CPI 的影响在开始阶段较大，第 3 期达到最大，以后稳中趋降。购进价格 MPI 冲击对 CPI 第 1 期影响为将近 0.2 个单位，第 4 期达到最大 0.25 后慢慢回落，第 10 期后甚至为负影响，这可能与工业购进价格上涨不能充分转移到最终消费品

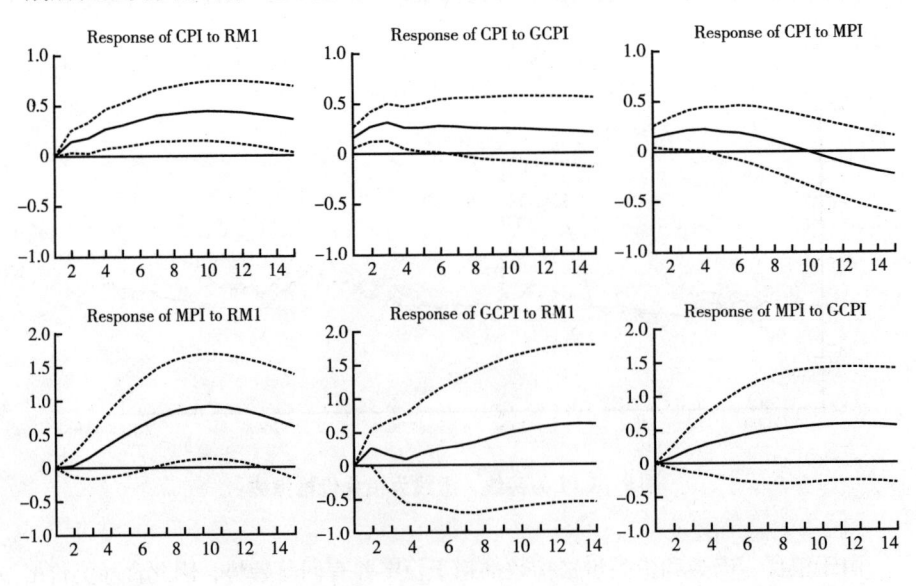

图 10　VAR 模型脉冲反应

上有关。不难理解货币供应对粮食价格指数以及购进价格指数的冲击影响也都为正。同时由于粮食本身既可以直接作为工业原材料又可以通过饲料等其他途径传导至工业原材料上，因此其价格指数冲击对购进价格指数的影响也明显为正。当然，当负的冲击发生时，将产生相反同量单位的影响。

由 VAR 模型中各主要因素对 CPI 冲击影响特点分析知，2010 年下半年以来为了抑通胀我国宏观调控采取了稳健货币政策基础上的适度紧缩政策，这种政策的效果逐渐显现，同时粮价趋于稳定，石油等国际大宗商品价格有所回落，这些因素都有利于减轻通胀压力，使我国物价上涨势头得到遏制并有望逐渐下行，这与前面的判断一致。但 CPI 目前仍处于高位，并且国内外经济形势复杂多变，我们不能对通胀掉以轻心，仍要保持高度警惕。

四 2011～2012 年主要宏观经济指标预测

下面利用多种经济计量模型对主要宏观经济指标的变动趋势进行预测，以便进一步把握经济增长的未来走势，为政府的宏观调控提供参考信息。各指标的具体预测结果列于表 1。

表 1 主要宏观经济指标预测结果

单位：%

指标名称	2011 年第四季度	2011 年全年	2012 年第一季度	2012 年第二季度	2012 年全年
GDP 增长率（可比价）	8.9	9.3	8.7	8.8	8.9
规模以上工业增加值增长率（可比价）	13.7	14	13.6	13.7	13.7
城镇固定资产投资累计增长率	24.5	24.5	24	23.6	23
社会消费品零售额增长率	16.5	16.8	16	15.8	15.8
出口总额增长率	18	21.3	15.1	13.7	14.3
进口总额增长率	21	24.8	18.7	17.4	18
狭义货币供应量（M1）增长率	9	9	10	12	15
广义货币供应量（M2）增长率	13.1	13.1	14	15	16
金融机构人民币贷款总额增长率	15.8	15.8	15.5	15	14
居民消费价格指数 CPI 上涨率	5.3	5.5	4.5	3.9	3.8
工业生产者出厂价格指数 PPI 上涨率	5.6	6.7	4.3	3.4	3.3

注：数据均为同比增长率，时间截止到 2011 年 9 月。

1. 2011年和2012年的经济增长速度将分别达到9.3％和8.9％

根据时间序列模型并结合以上对经济周期态势的分析，如果发达经济体不出现较严重的二次衰退，GDP季度增长率的缓慢回落态势或持续到2012年第一季度，此后经济增长有望保持基本平稳或缓步回升，2011~2012年经济增长呈现大体平稳走势。预测2011年全年GDP增长率为9.3％左右，增速较上年下降1.1个百分点。2012年GDP增长率为8.9％左右，年度增速继续小幅回落。

按季度GDP增长率测量，从2009年第二季度开始我国经济增长进入新一轮中周期，2009年第二季度至2010年第一季度形成第1个短周期的扩张期，2010年第二季度以来处于本轮短周期的收缩期，且可能持续到2012年第一季度，但季度GDP增速低于8％从而形成二次探底的可能性很小。

2. 物价将进入下行周期，预计CPI在2011年和2012年分别上涨5.5％和3.8％

根据前文的分析并结合时间序列模型的预测，从2011年8月开始，CPI将进入本轮物价周期的下降阶段，年底通胀率有望回到5％以下。2011年全年上涨5.5％左右，比上年提高2.2个百分点，超过4％的年初预定目标，成为1997年以来的第二高点。2012年CPI将在黄灯区逐渐下行，第四季度止跌趋稳，预计全年上涨率为3.8％左右，虽然全年总体上仍处于"偏热"范围，但通胀压力明显减小。

根据预测，PPI将从2011年8月开始重新转入下降走势，2012年下半年有望止跌趋稳，2011年和2012年的上涨率分别为6.7％和3.3％左右，工业品出厂价格涨幅将显著回落。

3. 工业生产增速有望在绿灯区中部呈大体平稳走势

根据模型预测，工业生产增速可能继续保持在绿灯区内小幅波动，走势大体平稳。预计2011年规模以上工业增加值增长率为14％左右，比上一年下降1.7个百分点。2012年全年增长13.7％左右，年度增速略有减缓，处于正常区间内的中间位置，增速比较适中。

4. 固定资产投资增速在绿灯区继续保持基本平稳的走势，增速适度

随着政府主导投资高峰的结束和房地产热的逐渐降温，2011年第四季度至2012年第一季度，固定资产投资增速将在绿灯区中部呈缓慢回落态势。2011年全年城镇固定资产投资增长24.5％左右，与上年持平。全年实际投资增长17％

左右,低于上年。预计2012年投资增长将在绿灯区中部基本保持平稳,全年城镇固定资产投资增长23%左右,略低于上年,投资增速适度。

5. 消费品零售额增长降中趋稳,在2012年回到绿灯区,实际消费增长有望止跌回升

随着物价水平的逐渐下降,社会消费品零售额增速将继续保持缓慢下降趋势,一直持续到2012年第二季度,并回到16%以下的绿灯区,此后有望趋于平稳。根据模型预测,2011年消费品零售额名义增长16.8%,比上年下降1.5个百分点,仍处于黄灯区。扣除物价因素后,实际消费增长11.2%左右,增速较上年下降3.6个百分点。2012年消费品零售额名义增长15.8%左右,总体处于绿灯区内上部,增速适度。而实际消费增长有望止跌回升,全年增速可能高于2011年。

6. 对外贸易增长将在"正常"区间降中趋稳

受欧债危机的影响,我国外贸出口增长向正常区间的回落趋势可能持续到2012年第三季度。如果欧美经济不出现严重衰退,预测2011年全年出口总值可达到约19150亿美元,增长21%左右,比上年下降约10个百分点,但增速仍然保持较高水平。预计2012年出口增长14.3%左右,出口总值约21900亿美元,增速进一步回落。

受国内需求下降影响,2011年第四季度进口增速将继续小幅回落,全年进口总值17400亿美元左右,增长约24.8%,增速比上年下降约14个百分点,降幅较大,但仍高于2007年的增长率,处于比较快的水平。预计2012年全年进口可能达到20550亿美元左右,增长约18%,增速继续回落。

按此预测,进出口总额增长将在绿灯区继续缓慢下降,2011年进出口总额有望达到36550亿美元左右,增长约23%,总体增速处于"正常"区间内的中上部,贸易顺差1750亿美元左右,比2010年减少80亿美元。2012年进出口总额约42450亿美元,增长16%左右,总体处于绿灯区内下部。全年外贸顺差约1350亿美元左右,比2011年有所下降。

7. 货币供应增速大幅降温后可能在第四季度止跌回稳,2012年开始新一轮上升周期

如果不出现特殊情况,年内货币政策不会明显放松。货币供应量M1增长率将在周期性收缩阶段继续回落,可能在2011年第四季度结束本轮周期的下降趋势，进入2012年有望转入新一轮货币上升周期。预测年末M1增长9%左右，增速比上年减少12.4个百分点，处于"过冷"区间，与2008年末的增速货币流动性进一步减弱。2012年全年M1增长率可能回升到15%左右，返回绿灯区，恢复适度增长。

预测广义货币M2增速同样在第四季度可能止跌趋稳，此后逐渐小幅回升，进入新一轮上升周期。2011年末增长13.1%左右，较上年减少6.6个百分点。按此预测，货币供应增速将低于GDP增速与CPI上涨率之和。估计2012年全年货币供应增长16%左右，增速有所提高，处于适度宽松范围。

根据预测，贷款总额增速将继续呈缓慢下降趋势。2011年末人民币贷款余额或接近54.75万亿元，增长15.8%左右，增速比较适中。全年新增贷款约6.83万亿元，较2010年减少1.12万亿元左右。2012年人民币贷款增长14%左右，全年新增贷款约8.3万亿元。

五 总体结论和政策建议

以上分析和预测的总体结果表明，我国经济运行在新一轮增长周期中的下降局面有望在2012年第一季度结束，然后在正常增长区间内平稳运行或缓慢回升。在经济结构调整和经济发展方式转变的大趋势下，2011~2012年GDP增长率将分别达到9.3%和8.9%左右，增速缓慢回落，季度GDP增长率重新回到7%左右，从而形成二次探底的可能性很小。我国经济增长正在由政策刺激向自主增长有序转变，符合宏观调控的预期。从2011年第四季度开始，CPI将进入本轮物价周期的下降阶段，并可能持续到2012年第三季度。2011年CPI上涨率为5.5%，超过预期控制目标。2012年物价上涨压力将有所减缓，全年上涨3.8%左右，我国的宏观调控将继续取得良好成效。

近来，发达国家主权债务风险加大了全球经济出现二次探底的可能性。美国采购经理人指数PMI从5月开始出现明显下滑趋势，8月份接近50；欧元区8~9月制造业PMI降至50之下，摩根大通公布8月全球制造业PMI指数降至50.1，为2009年6月以来的最低水平。

面对国内外具有较大不确定性的复杂形势，宏观调控既要把抑制通货膨胀作为当前的首要任务，又要避免因调控过度和各种不确定因素叠加可能带来经济增长下滑过快的风险。应以"抑通胀、稳增长、调结构、惠民生"作为核心目标，统筹协调各种政策措施。

1. 近期货币政策应以稳为主，不宜进一步紧缩，而应稳中趋松

前文分析表明，虽然 CPI 有望下行但仍在高位。从国内看，劳动工资等要素成本的上升对物价的推动影响则是长期的、刚性的。从国际上看，尽管近期欧美经济复苏缓慢并有衰退风险，但全球流动性充裕的局面并未改变，并且欧美一旦推出新的量化宽松等经济刺激措施，势必对国际初级产品价格带来上涨压力。因此我们仍要巩固抑通胀成果并对通胀保持警惕。但由于 M1 增速已经连续 5 个月发出"偏冷"信号，甚至接近 11% 的"过冷"界限，M2 增速也达到 2003 年以来的最低水平，影响通胀的货币贡献开始下降，所以，当前的货币政策应以稳为主，不宜采取进一步的紧缩措施。应高度关注政策趋紧对中小企业生产的影响，尽快采取有效措施缓解中小企业融资难的困境。同时，应进一步完善人民币汇率形成机制，增强汇率弹性，减缓输入型通货膨胀的压力。但需防止国际热钱的大量流入，不宜将人民币升值作为控制通货膨胀的主要工具。

2. 多方面入手扭转实际消费增长的下降趋势，促进我国向消费主导的内生性增长转变

近两年实际消费增速呈下降态势，这显然不利于经济由出口和投资拉动向消费拉动的转变，也不利于保持经济的平稳增长。因此，必须从多方面入手抓紧建立扩大消费的长效机制。除了加快收入分配制度改革、完善社会保障体系外，目前，一方面应从立法和规制等方面下大力气整顿市场秩序，改善消费环境，让老百姓能够放心消费；另一方面应大力推进和规范现代物流建设，尤其是针对目前流通环节层层加价和不合理的垄断收费现象，政府应特别加强微观规制和管理，加快建设和完善农产品流通体系，有效降低流通环节的交易成本。这既是扩大居民消费的需要，也是抑制通胀的有效手段之一。

3. 加大和优化财政投入，促进产业结构调整

切实加强"有扶有控"的政策方针，促进产业结构调整。抑制高耗能、低产出行业的发展，减少对国际大宗商品和能源的过度需求。同时，以农田水利等农村基础设施、保障性住房和清洁能源等战略性新兴产业的建设为重点，加大和优化财政投入，对于符合产业结构调整方向的企业投资可以给予资本金补贴。同时，应积极扩大海外投资，建立海外稳定的能源和资源供应渠道。通过积极财政政策来推动产业结构调整和经济发展方式的转变，为经济的稳定增长和平衡可持续发展打下良好基础。

4. 切实解决中小企业生存发展中的困难，支持中小企业健康蓬勃发展

中小企业已成为我国国民经济和社会发展的重要力量，在扩大就业、推动经济增长等方面具有不可替代的作用。目前由于各种原因，大量中小企业面临用工荒、融资难和高税收等困境。在鼓励企业提高自身素质和核心竞争力、积极转型升级的同时，各级政府部门应尽快采取有效办法帮助中小企业脱离困境。①建立完善的多层次中小企业融资体系。大型商业银行应转变贷款理念，贷款应向绩优有前景的中小企业适当倾斜。建立和发展直接为中小企业服务的中小合作银行或合作金融组织。②建立公开、公平、公正的市场环境。破除垄断，取消对中小企业投资领域的限制，同时加大财税政策对小微企业的支持力度，延长相关税收优惠政策的期限。③建立"阳光民间金融"，加强对民间借贷的监管、引导和规范化管理，使其作为正规金融融资渠道的有益补充。

5. 深化改革，全面实施有质量的经济增长

2011 年 9 月在大连召开的夏季达沃斯世界经济论坛上，"关注增长质量，掌控经济格局"成为会议议题，有质量的经济增长得到与会人士的一致认可。过去十年全球经济的发展只重量而不重质，实体经济并没有获得多少发展，结果导致欧债美债危机，使世界经济增长缓慢甚至有停滞衰退风险。我国应从中汲取教训，全面实施有质量的经济增长。有质量的经济增长应该是惠及民生的增长，也是有科技支撑和高科技含量的增长，低碳、绿色和环保的增长，全面协调可持续的稳定增长。

参考文献

陈磊、孔宪丽：《转折点判别与经济周期波动态势分析——2007 年经济景气形势分析和预测》，《数量经济技术经济研究》2007 年第 6 期。

陈磊、李颖、邵明振：《经济周期态势与通货膨胀成因分析》，《数量经济技术经济研究》2011 年第 8 期。

刘泉红、臧跃茹等:《化解危机影响下中小企业困境的相关思考》,《宏观经济研究》2009 年第 1 期。

张文朗、罗得恩:《中国食品价格上涨因素及其对总体通货膨胀的影响》,《金融研究》2010 年第 9 期。

http://www.ism.ws/ISMReport/index.cfm

http://www.markiteconomics.com/Survey/Page.mvc/PressReleases

http://www.jpmorgan.com/pages/jpmorgan

Analyses and Forecasts on the Economic Sentiment and the Future Trend of Prices in 2011−2012

Chen Lei Shao Mingzhen Li Ying

Abstract: China's economic sentiment indicator is expected to decline in the new round of growth cycle In the first quarter of 2012, and then runs smoothly in normal interval or upward sloping. In 2011 and 2012, GDP growth rate will be at about 9.3% and 8.9% respectively with the growth rate slow down. In the fourth quarter of 2011, CPI will begin the decline stage of price cycle, and may last until the third quarter of 2012. CPI increases about 5.5% in 2011, which exceeds the expected inflation target. Prices pressure in 2012 will be slowdown with the year up around 3.8%, and the probability of triggering stagflation is very small.

Key Words: Economic Sentiment; Price Trend; Analysis and Prediction

政策分析篇

Policies Analysis

B.8
通胀高位回落 增长稳健回归
——2011年中国经济形势分析及2012年展望

郑京平*

摘 要：本文在回顾2011年中国经济运行情况的基础上，对2012年中国经济发展趋势进行了分析和展望。主要结论是：2011年和2012年，中国经济运行的基本特征是"通胀高位回落，增长稳健回归"。两年的经济增长率可分别达到稍高于9%和9%左右。居民消费价格指数的上涨幅度则分别为5.5%和4%左右。

关键词：中国经济 2012年 展望

2011年，在国际经济形势动荡不定的大环境下，中国经济再次经受住考验，发展良好。面对欧债危机不断升级的新形势，2012年中国经济仍将面临不少挑

---

* 郑京平，国家统计局。

战。"通胀高位回落，增长稳健回归"似乎比较恰当地概括了这两年中国经济运行变化的主基调。本文以此为脉络，在对2011年中国经济形势进行回顾的基础上，对2012年的发展作了初步分析和展望，以期为读者分析这两年中国经济形势，提供一个背景资料。

一 2011年中国经济回顾

2011年，国际经济形势动荡不定。欧债危机不断升级，中东、北非局势变幻莫测，日本遭受三重灾害冲击，美国围绕债务上限问题两党纷争激烈，让世人始终感到国际金融危机迟迟挥之不去，世界经济复苏步履蹒跚，不仅增长速度大大低于预期，而且，"二次探底"的可能性却在加大。在这样的国际大背景下，中国经济运行总体较好，但也饱受国际经济，特别是金融市场动荡的折磨，加之自2010年底就已经达到5.1%高位的通货膨胀水平和较高的通货膨胀预期，使得中国的宏观调控者也不得不一直小心谨慎，认真应对。时至今日，2011年经济运行的大局已经基本落定，呈现给世人的是"通胀高位回落，增长稳健回归"的较好运行结果。

——通货膨胀高位回落。作为衡量通货膨胀水平的重要指标之一——居民消费价格指数（CPI），自2010年11月上涨幅度就已经达到5.1%的高位。此后，一直在4.6%以上的高位运行。在中央一系列旨在抑制通货膨胀政策，特别是连续6次提高银行存款准备金率，3次提高银行存贷款利率，以及在第三季度将商业银行承兑汇票、信用证、保函相关的保证金存款纳入一般性存款计交存款准备金等货币政策的作用下，2011年上半年通货膨胀水平仍不断攀升，居民消费价格指数（CPI）涨幅5月突破5.5%，6月突破6.4%。在7月达到全年最高的6.5%之后才有所回落，预计到年底仍将会停留在4%左右，全年居民消费价格指数比2010年会上涨5.5%左右，属于高位回落（见图1）。

——经济增长速度稳健回归。2011年前三个季度，国内生产总值增长速度稳健回落，同比增长速度分别为9.7%、9.5%和9.1%。前三季度累计同比增长速度为9.4%，全年预计稍高于9%，大体回归到前32年平均增长9.9%下方。考虑到国际环境的制约，以及中国自身受前两年为应对国际金融危机所采取的刺激投资和消费政策的滞后影响、调整经济结构和改革的需要，以及资本市场不景气，社会保障体制仍不健全等因素，这样的增长速度是比较好的（见图2）。

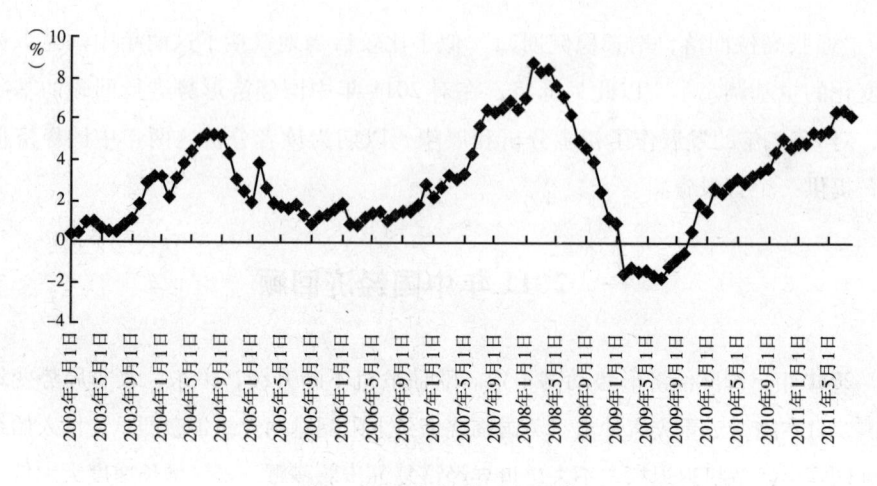

图1 2003年以来CPI走势

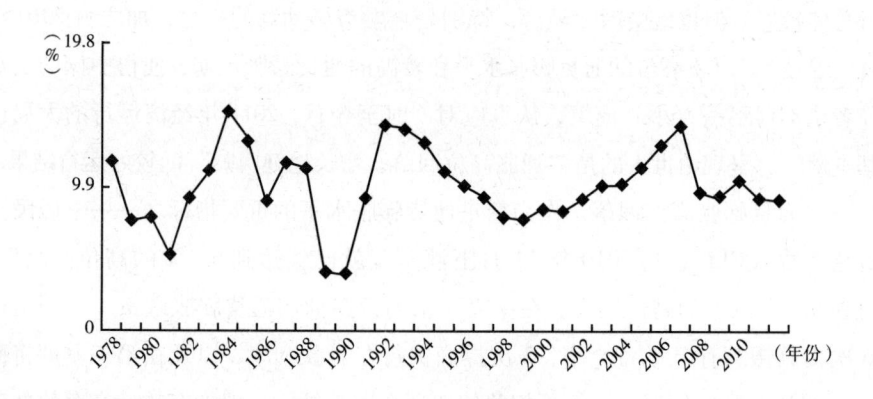

图2 中国GDP年增长速度

——就业规模扩大。截止到2011年9月末,全国城镇单位就业人员同比增加555万人;全国跨乡镇以外外出农民工的总量为1.64亿人,比上年同期增加了606万人。

——进出口贸易顺差继续下降。2011年以来,中国进出口贸易顺差仍然波动较大,但从前9月的累计情况看,进出口贸易顺差为1071亿美元,比上年同期下降10.6%(见图3)。

尽管中国经济在低迷的国际环境中取得了不俗的成绩,但也为此支付了代价:一是小型和微型企业融资难的问题进一步突出,民间借贷成本高企,违约事件频发。二是结构调整进展较慢,过度依赖外需,过度依赖投资拉动经济的问题

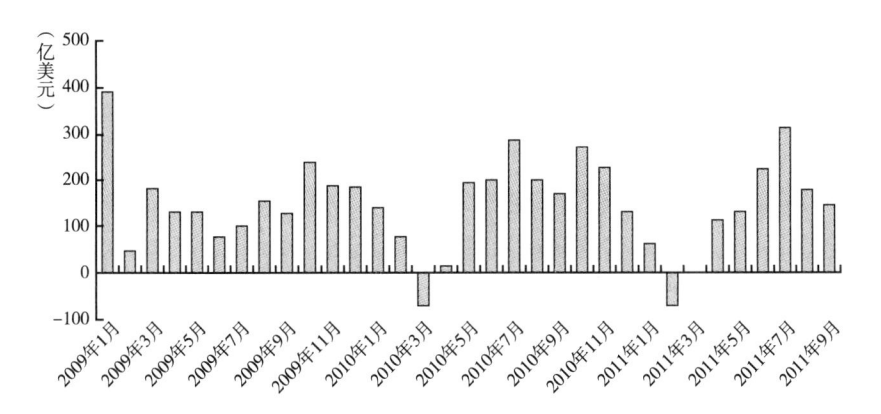

图3 近年中国进出口贸易顺差变化情况

虽然有一定程度的缓解，但远未得到解决。2011年上半年GDP增长9.6%中，资本形成的贡献率仍高达53.2%，净出口的贡献率也仅为-0.7%（见图4）。2011年前三季度外汇储备继续增加3000多亿美元，使得总规模超过3.2万亿美元。此外，节能减排工作的推进也还不理想。2011上半年万元GDP能耗仅下降2%。

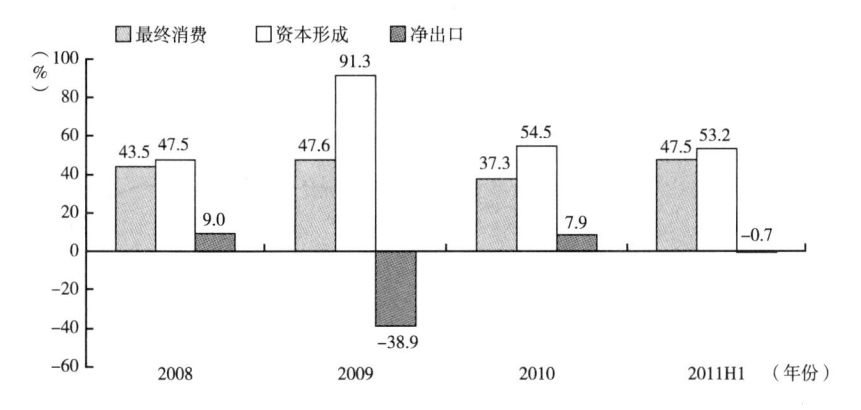

图4 三大需求对GDP增长的贡献

二 2012年中国经济展望

2012年中国经济所处的国际经济等外部环境仍不乐观，欧债危机、失业率高企、美国经济复苏乏力、日本经济因去核化和其他固有的问题一时难有大的改

观。中国国内因通货膨胀仍处高位，经济结构调整压力日益增长，社会矛盾比较突出，养老等社会保障体系的建立和完善尚需时日，前期刺激经济、透支未来的滞后影响，使我国面临的挑战不小。好在推动经济长期增长的动力和所处发展阶段带来的需求没有发生根本变化；从短期看，一些先行指标仍给出了较好的预期，经济增长供给和需求基本因素也没有发生大的变化；只要宏观调控应对得当，中国经济仍可延续2011年的走势，"通货膨胀在高位继续回落，经济增长继续稳健略缓"。

1. 2012年国际经济等外部环境仍不乐观

2012年国际经济将继续面临五大考验："归还透支未来欠债"的考验，"大病初愈康复阶段"的考验，"天灾人祸"的考验，"经济结构再平衡"的考验和"金融监管体制改革"的考验。2008年国际金融危机和与之相伴的全球经济衰退，以及随之为挽救世界经济而采取的刺激政策均有一个十分明显的特征——"透支未来"。既然是"透支"，就迟早要还账。随着金融去杠杆化、企业和个人去杠杆化，以及政府去杠杆化的依次演进，现在正经历着还账的阶段。而"大病初愈康复阶段"的考验，则正应了中国的一句老话"病来如山倒，病去如抽丝"。"天灾人祸"的考验是指自然灾害的冲击，以及由日本地震和海啸而引发的核电危机。"经济结构再平衡"的考验，则是指世界各国之间和各国内部为调整失衡的经济所必须接受的较长时间的考验。"金融监管体制改革"的考验是更令人担忧的考验。因为导致2008年国际金融危机的国际货币体系和金融监管体系的改革尚未从根本上展开。这种改革的长期性、复杂性和艰巨性，决定了世界经济不仅要经受考验，而且要经受长期的严峻考验。上述"五大考验"集中体现在以下几个方面。

——欧元区主权债务危机。实际上，目前，存在主权债务问题的远不止欧元区，按照主权债务余额占GDP的比重应小于60%这一标准看，美国、日本、英国，甚至整个OECD都或多或少存在着主权债务问题（见表1）。这里我们特别强调欧元区，将其单拿出来说事，主要是基于如下考虑：一是欧元区主权债务状况相对更差；二是欧元区作为一个整体，主权债务对国际金融和世界经济的影响相对较大；三是欧元区作为主权国家的集合体，其主权债务危机的处理难度比起单一主权国家来说更大，需要整个集团取得共识才行。尽管出于政治考虑，出于欧元区发展前景的考虑，出于各成员国对自身会受到牵连的考虑，欧元区和有关国际组织可能会伸出援手解决好希腊等"欧猪"国家的主权债务危机，但这需要时日，而且可能会有反复，前景并不十分乐观。中国必须做好遭受较长时期和较严重负面影响的准备。

表1 一些国家公共债务相当于GDP的百分比

单位：%

年份	2002	2007	2010	2011（预计）	2012（预计）
美国	56.8	62.0	93.6	101.1	107.0
欧元区	75.2	71.6	92.7	95.6	96.5
德国	62.2	65.3	87.0	87.3	86.9
法国	67.3	72.3	94.1	97.3	100.0
意大利	119.4	112.8	126.8	129.0	128.4
西班牙	60.3	42.1	66.1	73.6	74.8
荷兰	60.3	51.5	71.4	74.3	75.2
比利时	108.4	88.1	100.7	100.7	100.4
希腊	117.6	112.9	147.3	157.1	159.3
葡萄牙	65.0	75.4	103.1	110.8	115.8
爱尔兰	35.2	28.8	102.4	120.4	125.6
日本	152.3	167.0	199.7	212.7	218.7
英国	40.8	47.2	82.4	88.5	93.3
OECD	71.6	73.1	97.6	102.4	105.4

资料来源：OECD网站。

——全球性核能危机。2011年日本遭受地震和海啸自然灾害，与此相关给世界带来持久深刻影响的是福岛核电站受地震和海啸破坏造成的核泄漏，以及由此引发的全球性核能危机。如果说1945年美国在日本广岛、长崎投放原子弹对人类造成的危害被战争的残酷性和正义性所掩盖，1979年美国三里岛核电站事故没有造成实质性灾难，1986年前苏联切尔诺贝利核泄漏事件造成的灾难（世界卫生组织在2005年所作的报告指出，该事件直接致死56人，近60万人受到大剂量的核辐射，估计有4000人会死于核辐射导致的癌症）被当成了偶发事件的话，那么本次核电站的核泄漏危机则使人类无法再忽视核能可能对人类带来的灾难，引发了全球重新审视核能利用问题。德国已经宣布将于2022年前彻底放弃核能发电。一些国家也宣布暂停或暂缓核电建设。法国作为核电大国也在讨论核电的前景。此波核电危机,将对今后数十年能源供给产生深刻影响,对世界经济发展也会带来一定的负面作用。

——美元信用危机。由于美国主权债务也已经远远超过安全线,加上2008年金融危机以来,美联储数次实行量化宽松或准量化宽松的货币政策,以及共和、民主两党在债务上限问题上的激烈争论,使国际社会看到了美元独大、主导国际货币储备体系的弊端,美国主权债务评级首次遭到降级。尽管暂时还没有更好的货币来替代美元,没有更好的方法来改革现行的国际货币储备体系,解决这些问题还需很长的时间,但美元信用危机的大幕已经开启,它将在今后相当长的时期内影响世界经济发展。

——高失业率、经济不景气引发的社会动荡危机。本轮世界经济复苏不仅步履蹒跚,而且始终没能带动就业的明显增加,高失业率一直伴随着欧洲(10%左右)和美国(9%左右)。加上一些国家居民收入差距过大,因主权债务问题需要实行紧缩的财政政策,有可能降低民众现有的生活和福利水平,民众不满情绪增加,罢工示威活动不断,不仅在发展中国家存在,在欧元区、英国、美国等发达国家也是此起彼伏。一些国家甚至因此而引发了社会动荡。这一危机也将对世界经济的发展带来负面冲击。

综上所述,2012年世界经济仍然会处在动荡不定、缓慢复苏的时期。指望国际经济一下子好起来,是不现实的。为此,各国际组织和咨询机构均较大幅度的下调了对2012年世界经济增长的预期。例如,国际货币基金组织给出的预测是,2012年世界经济将增长4.0%,与2011年没有变化(见表2)。

2. 中国国内机遇与挑战并存,机遇仍大于挑战

——经济增长的动力仍较强。从先行指标看,2011年前9个月,固定资产投资项目计划总投资同比仍增长25%以上,而且是逐月走高的。采购经理人指数虽有一定的波动,较扩张期也低一些,但一直在50这一景气值上方,且从7月份以来,已经连续三个月小幅度走高(见图5)。消费者信心指数等保持在一个比较景气的状态。

从短期因素看,经济较高增长的惯性、投资和消费需求的刚性,以及住房、汽车、家用电器消费在2011年的较低基数都为2012年的较快增长提供了基础。当然,2009~2010年较高投资和消费的"透支"效应,以及国际经济走软带来的外需减弱无疑也会给中国经济带来消极影响。

表2 IMF 2011年9月世界经济的预测

单位：%

年　份	2008	2009	2010	2011e	2012e
世界GDP增长	2.8	-0.7	5.1	4	4
发达国家	0.2	-3.7	3.1	1.6	1.9
美国	0	-3.5	3	1.5	1.8
欧元区	0.5	-4.3	1.8	1.6	1.1
德国	1	-5.1	3.6	2.7	1.3
法国	0.1	-2.6	1.4	1.7	1.4
意大利	-1.3	-5.2	1.3	0.6	0.3
西班牙	0.9	-3.7	-0.1	0.8	1.1
日本	-1.2	-6.3	4	-0.5	2.3
英国	-0.1	-4.9	1.4	1.1	1.6
加拿大	0.5	-2.8	3.2	2.1	1.9
新兴和发展中国家	6	2.8	7.3	6.4	6.1
俄罗斯	5.2	-7.8	4	4.3	4.1
中国	9.6	9.2	10.4	9.5	9
印度	6.4	6.8	10.1	7.8	7.5
巴西	5.1	-0.6	7.5	3.8	3.6
墨西哥	1.5	-6.2	5.4	3.8	3.6
世界贸易量增长速度	2.9	-10.7	12.8	7.5	5.8
商品价格（按美元计）					
原油	36.4	-36.3	27.9	30.6	-3.1
非燃料类	7.5	-15.7	26.3	21.2	-4.7
消费品价格					
发达国家	3.4	0.1	1.6	2.6	1.4
新兴和发展中国家	9.2	5.2	6.1	7.5	5.9

资料来源：IMF网站。

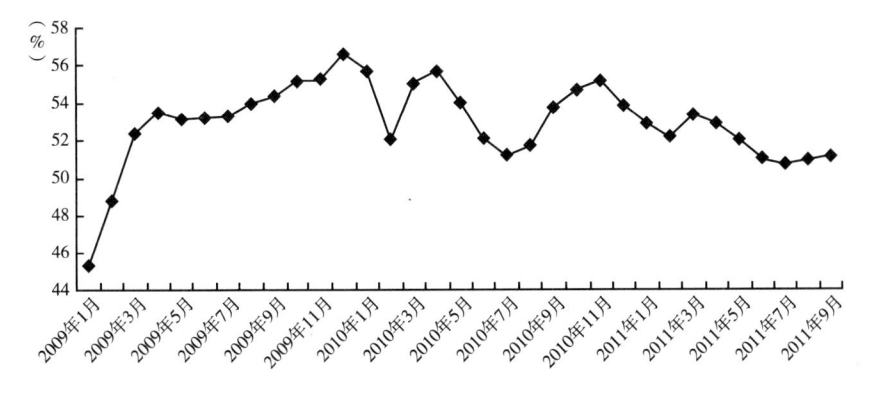

图5　2009年以来PMI走势

从长期因素看，中国仍处在工业化、信息化、城镇化、市场化和国际化的"五化发展阶段"。特别是其中的城镇化将为经济增长提供庞大的需求，而信息化等其他"四化"将为经济增长提供强大的创新动力。支撑中国经济增长的体制转换、全球化、人口结构、后发优势和县际政府竞争发展模式等"五大红利"会有所下降，但仍将会发生积极作用。特别是其中的人口结构红利看似已经枯竭，有人甚至说我国人口结构的"刘易斯拐点"已经出现，但我认为，这种说法过于悲观。根据我们的测算，我国的人口红利将至少仍可持续20～30年。从图6我们可以看到，到2035年我国劳动力占总人口的比重才会重新回到世界平均水平，以及我国1985年时的水平。而且，从农业劳动力在总人口中所占比重和农业增加值在GDP中所占比重的国际比较结果，以及我国就业问题仍较严重这一情况看，我国农业劳动力仍处于过剩状态（见表3）。加上2012年和2013年分别是中国各级党委和政府的换届之年，推动经济增长的动力也会比常年要大一些。因此，2012年中国经济增长9%左右还是有可能的。

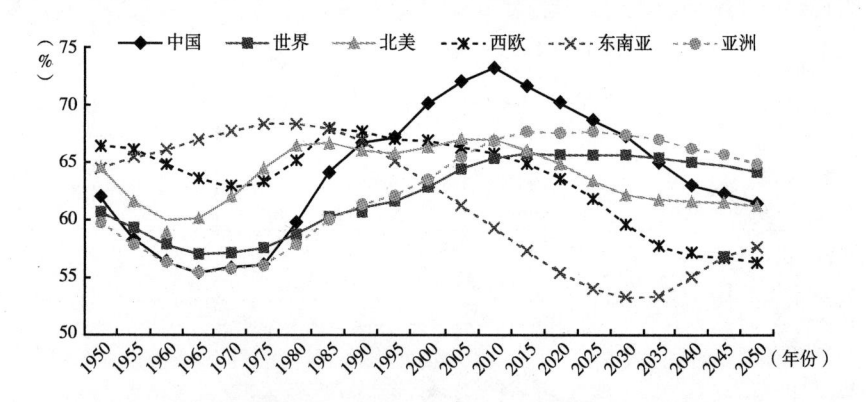

图6 中国和世界主要地区15～64岁人口占总人口比重

表3 2010年中外农业劳动力及农业增加值所占比重

单位：%

	农业劳动力/总劳动力	农业增加值/GDP
中　　国	38	10
法　　国	3.4	2
发达国家	1～2	2

——通货膨胀的压力仍较大。本轮通货膨胀的原因从表面上看比较复杂，它是中国内部与外部、长期与短期、成本与需求、货币与实体、预期与实际等诸多因素共同作用的结果。从外部看，有前期美元贬值、大宗商品价格高位震荡、热钱不断流入等因素影响。2011年上半年，新增外汇占款2.1万亿元人民币，比上年同期多增8057亿元。从内部看，有要素成本上升，例如，工人最低工资水平2011年前9个月同比上涨20%左右、农民工工资同比也上涨20%左右、工业生产者购进价格上涨10.3%、进口价格上涨14.8%、利息支出上涨30%左右；投资和消费需求仍比较旺；等等。但从本质上看，乃前期货币发行偏多，流动性过剩所致。2011年6月末，M2和人民币贷款余额分别达到78.1万亿元和51.4万亿元，比2008年6月末分别增加33.8万亿元和22.8万亿元，均增加近80%，年均增长25%以上。经过2011年6次上调商业银行存款准备金率和3次上调存贷款利率，M2和人民币贷款余额的增长速度已经降至较低水平，到9月末同比增长速度分别为13.0%和15.9%，但商业银行的表外业务和表外融资却双双膨胀（见表4）。2011年上半年银行理财产品的规模达到8.5万亿元，超过2010年全年的水平。2011年上半年银行承兑汇票新增加1.33万亿元，已经达到2010年全年新增规模的71.1%。受此影响，商业银行新增表外融资占新增社会融资总量的比重和占新增人民币贷款的比重分别达到27.4%和50.9%。

表4 新增社会融资总量主要构成所占比重

单位：%

年份	表内贷款	表外融资			其他
		委托贷款	信托贷款	银行承兑汇票	
2006	79.3	4.7	2.1	3.8	10.1
2007	61.3	5.7	2.9	11.3	18.8
2008	71.5	6.2	4.6	1.6	16.1
2009	68.1	4.8	3.1	3.3	20.9
2010	55.6	7.9	2.7	16.3	17.5
2011年上半年	53.7	9.1	1.2	17.1	18.9

资料来源：人民银行网站。

随着央行将银行承兑汇票、信用证以及保函等相关的保证金存款纳入一般性存款计交存款准备金等对商业银行表外业务和表外融资的管理,社会融资总规模将会得到比较有效的控制,加上农业丰收、工业品供给充裕等因素,2012年我国通货膨胀势头将得到进一步抑制。但由于经济增长和通货膨胀的惯性,由于世界各国货币政策比较宽松的大环境,以及国际大宗商品价格仍在高位波动,我国要素成本处于上升阶段,通货膨胀预期仍比较强等因素,2012年防范通货膨胀仍将是我国宏观调控的重要任务之一,居民消费价格上涨幅度仍将会维持在4%左右的水平。

2012年,为使中国经济继续保持9%左右的增长速度,通货膨胀得到进一步抑制,宏观经济调控宜继续采取中性的货币政策和有保有压的中性财政政策。并利用当前经济形势总体稳健的时机,适时重点推出一些立足当前、着眼长远,推动经济发展方式转变和经济结构合理调整的整体发展目标、改革举措和配套措施,让企业、个人、政府等经济参与主体对未来有一个明确的预期,能够对今后一个较长时期的投资、经营、消费和社会保障等有一个相对稳定的规划,以协调好发展、改革、稳定三者之间的关系,为中国经济可持续地科学发展打下基础。如,关于居民住房问题的整体构想,政府对居民居住权的保障到底保什么?怎么保?是否应该针对中国人口多、适宜居住的国土面积少等特点,将住宅定义为非投资或投机商品?社会保障体系到底应如何构建?通货膨胀条件下,对低收入群体应如何有效地进行补贴?对小微企业的发展如何提供切实有效的帮助?在核电风险升高的今天,我国的能源特别是电力的有效供需体制应如何建立?对地方政府特别是县级地方政府在参与竞争时,可能出现的负外部性倾向如何制约?如何确立中国在国际事务中的恰当位置,妥善应对国际经济复苏缓慢带来的挑战?

参考文献

International Monetary Fund (IMF), *World Economic Outlook*. October, 2011 www.imf.org.

国家统计局:《中国统计年鉴2011》,中国统计出版社,2011。

Inflation Dropping at High Level, Growth Rate Slowing Down to Solid

—China Economy 2011 Review and 2012 Outlook

Zheng Jingping

Abstract: In this paper, based upon the review of 2011, analysis and prediction of China's economy are given in 2012. The main conclusion is that the thematic tune of China economy both in 2011 and 2012 is "inflation drops at a high level, and economy growth rate grows stable". The growth rate in 2011 and 2012 will be just above 9% and around 9%, the CPI will raise about 5.5% and 4% respectively.

Key Words: China's Economy; 2012; Outlook

B.9 宏观政策目标、潜在增长和政策选择

张 平*

摘 要：本文从中国经济政策目标的经验检验入手，探讨决定潜在增长率的条件的变化趋势，从而分析政策目标区间和政策机制的关系和未来变化的趋向，并以此再探讨宏观稳定化政策和供给政策相结合才能应对当前全球再调整过程中的中国经济增长与波动。在全球经济减速的形势下，政府应当围绕潜在增长率均衡发展，把握调控力度，推进政府收支体制的结构性改革。

关键词：宏观政策 潜在增长 政策选择

2011年中国经济增长平稳，全年增长超过9%，通货膨胀水平超过5%，高于政策控制目标的4%。当前国际形势扑朔迷离，国内经济增长逐季放缓，内生动力不足，通货膨胀受到外部冲击和内需拉动的压力减弱，物价上涨趋势得到了一定的抑制，但推动物价上涨的多种因素，如成本推动、农产品供需脆弱平衡等问题并没有解决。2012年预计政策目标仍将与2011年相同，增长目标依然是8%，物价形势为4%，经济更为平稳。在这一基本宏观情景下很多学者做了更极端的情景假设，如果宏观政策运用不当，会导致中国硬着陆，最低的预测值已经将中国的增速降低到5%以下；而如果世界经济二次探底，中国增长很可能再降一个百分点等，而通货膨胀则由于中国粮食价格和公共品服务等涨价因素一直处于高位，物价仍然会有大的涨幅等。这些短期的情景模拟都明确无误地指向政策调控目标区间、调控力度、节奏和方向。宏观政策目标区间是否应该加大，更有利于反周期？如提高物价容忍度的讨论已经直接将宏观政策调控目标区间问题提到了现实和理论的前沿。

---

* 张平，中国社会科学院经济研究所。

中国改革开放三十多年来一直沿着经验性的决策均衡目标,比如近年来经济增长目标永远是"老八路",即增长目标每年都设定为8%,物价目标不能超过5%。学者们依据中国的现实数据,利用菲利普斯方程能大致模拟出中国宏观政策目标区间。宏观政策目标经验区间都隐含着长期经济增长率水平和物价的均衡水平。而长期经济增长和物价的决定因素没有根本性变化,则这一目标区间就应该保持稳定;如果决定长期经济增长和物价水平的变量发生了重大变化,则中国经济政策的调控区间就必须发生根本性的变化了。

本文从中国经济政策目标的经验检验入手,探讨决定潜在增长率的条件的变化趋势,从而分析政策目标区间和政策机制的关系和未来变化的趋向,并以此再探讨宏观稳定化政策和供给政策相结合才能应对当前全球再调整过程中的中国经济增长与波动。

一 基于潜在增长的宏观政策目标

从各国的宏观政策目标看,其设定的依据都是基于潜在增长率(长期增长趋势)的,并监测潜在增长率是否发生了根本性变化,进行政策区间调整。美国、欧洲和日本等发达经济体都有专业的研究潜在增长率机构,以此定义国家的宏观政策目标区间,如美国国会预算办公室(Congressional Budget Office,CBO)(2001,2004),其测算就成为美国总统顾问报告的保留内容,而欧盟财金事务理事会(European Commission Directorate General for Economic and Financial Affairs)(2006)、日本央行(Bank of Japan,BOJ)(2010,2004)都进行研究更新,成为政策目标的参考。其他理论研究也有很多,国内很多学者都对潜在经济增长率进行了计算。

美国国会预算办公室的"潜在产出"(Potential Output)界定:潜在产出是对可达GDP水平的一种估计,此时经济资源处于充分利用状态,反映了生产能力的增长状况。潜在产出是对"最大可持续产出"的一种度量,当实际GDP大于或小于潜在产出时,经济将出现通货膨胀压力或资源闲置问题。日本央行的"潜在产出"(Potential Output)界定:在中期,潜在产出代表了经济可持续增长路径;在长期,潜在产出表示物价稳定的经济状态。欧盟财金事务理事会的"潜在产出"(Potential Output)界定:潜在产出是反映经济供给能力的综合指标，经济增长可持续性、通胀趋势均可以经由这个指标进行观察，周期分析、政策制定、增长前景分析建立在潜在产出增长趋势的预测之上。这些定义本质探讨了两个方面的内容：经济可持续增长状态；与物价均衡或就业衡量的资源利用，一个是供给角度，另一个是宏观的总量平衡角度。宏观总量均衡角度多是在奥肯定律增长与就业关系，以及菲利普斯曲线的就业与通胀的关系基础上定义的潜在增长率，即经济增长—就业—物价三者长期均衡值，偏离则可进行宏观政策调控，建构政策管理的负反馈机制，推动其均衡。而供给角度的潜在增长率多是基于生产函数来进行计算的，探索是否有根本性改变生产率的变量发挥作用，如2001年美国总统顾问报告大量探讨了信息技术革命是否大幅度改变生产率问题等。中国潜在增长率的分析，从总量均衡角度分析大多沿着菲利普斯曲线进行实证，因为就业难以直接观察，就直接从增长与物价入手建立一种均衡关系以理解宏观政策目标。潜在增长率另一大研究体系主要是从生产函数的供给角度看潜在增长率的计算，也有大量学者进行了这方面的研究，当缺少结构变革的特性时，潜在增长率的研究偏于往后看，这样与总量均衡方式就有了很多雷同性，供给函数的核心应该是分析决定潜在增长率的因素是否发生了结构性变化，其趋势如何，才能前瞻性地理解未来发展的政策目标制定，这对中国特别重要。

中国社科院经济所经济增长与宏观稳定课题组长期以来追踪潜在增长率研究，并以此构造了中国的宏观决策目标区间和分析了影响生产函数变化的关键变量，不断地更新研究。张晓晶（2007），张平、王宏淼（2011），袁富华、张平（2011）都进行了更新和分析，他们认为扩展菲利普斯方程能很好地模拟中国宏观均衡的关系，刻画了经济增长和物价关系，并与政府宏观政策出台进行对应，经验分析是非常吻合的。而在生产函数研究中引入了一系列前瞻性指标，如引入碳排放约束、人口转变和"资本和劳动产出弹性逆转"等进行潜在增长率的情景模拟，以分析未来潜在增长率的变化。

利用菲利普斯曲线对中国经济增长和物价（1978～2008年）进行回归分析，得出了描述的增长与物价均衡的区间（见表1）：

表1 扩展菲利普斯曲线进行模拟数值得出均衡区间

CPI	-5	-4	-3	-2	-1	0	1	2	3	4	5	6	7	8	9	10
GDP	4.8	5.3	5.9	6.4	6.9	7	8	8.5	9	9.5	10.1	10.6	11.1	11.7	12.2	12.7

从表1中可以看出，经济增长在7%~10%区间为潜在增长的均衡区间，对应的物价水平为0~5%，最为安全的经济增长和物价区间多年来经验定义在8%~9.5%，物价在1%~4%。1998~2002年调控的"软着陆"区间是"七上八下"，物价低于0，均值在1%。进入21世纪后，经济增长明显加快，两位数的增长占据主要时期，实质容忍的增速高于了两位数。从历史经验数据看，一般是GDP过快增长总会滞后一年拉动通货膨胀，因此传统上过快增长经常被称为"过热"，也是调控的对象，但近年来似乎不再控制增长速度了，只有当其明显引起通货膨胀时加以调控。"十一五"以来经济增长明显加快，两位数的增长成为常态，但对增长速度的下限政策比较敏感，如2008年中国经济增长两个季度低于7%，强力的财政和货币政策刺激随之启动。而对物价则进行高度关注，接近和超过5%，都采取强力的管控和行政干预，2004、2007、2011年都是如此。

从1992年以来，中国经济波动多次，越来越平稳，最为严重的过热是1994年，投资拉动引起物价的上升高达24%，而经济增速较低的区间是1998年受到亚洲金融危机的冲击，经济增长"七上八下"了，且伴随着通货紧缩；受2008年全球金融危机影响，经济增长两个季度低于7%，但恢复较快，年度增长依然较高。从经济波动的特征可以看出，外部冲击对中国经济的减速是明显的，1998年恢复慢，但结构调整较大，"砸三铁"、合并部委、银行上市等国企改革，还开启了城市化；2008年经济恢复快开，更多体现在总量激励上，结构上更多地转向了内需。

2008年的全球金融危机冲击直接改变了世界经济传统的分工格局，发达国家经过了这次金融冲击，已经难以成为全球增长的贡献者了，发达国家对全球经济增长的贡献从2008年一直滑落。按IMF的估计，2013年新兴市场国家对全球的带动份额将超过发达国家，这意味着发达国家消费和提供储蓄货币，中国、印度等新兴市场国家提供制造和服务品，以及资源国家提供资源的原有分工格局发生根本变化。2011年欧债危机，美国经济增长放缓，都在加速原有分工体系的解体，各国将被强制"再平衡"，这对中国这样一个出口导向的国家无疑有着重要的影响，中国必然要积极转向内需发展。

中国"十二五"将经济增长目标定在了7%，已经留有了一定的增长空间。但近年来的高速增长，特别是"十一五"年均增长11.2%的背景下，很多人认为中国经济增长潜在增长率应该提高到两位数以上,而不是下调至7%。并同样认为高增长带来的高物价是可以忍受的。2006年到现在6年间,除金融危机冲击导致2009年通货紧缩外,2007年消费物价上涨了4.8%,2008年上涨了5.9%,2011年消费物价上涨率预计超过5%,物价调控的上限似乎也有上调压力。

从建构稳定化的宏观经济增长看,中国已经实施了三十年的稳定宏观政策目标区间,继续使用显然对微观主体而言更具有可信性。稳定政策本质上就是要架构一个负反馈的信息机制让微观主体能理性预期,从而推动系统平稳。政策当局的信誉是重要的,并配合以工具、方向和力度稳定经济。稳定化政策如果过多地择时,即强调时机的话,顺周期操作是很容易出现的。

当然,如果潜在经济增长率确实发生了重大变化,如潜在增长率大幅度提高或降低,则调整宏观调控的目标区间就是合理的,这就需要讨论潜在增长率改变的条件,从而深化稳定政策目标区间的设定。

二 目标区间和潜在经济增长条件的变化

宏观调控均衡的目标的设定取决于潜在经济增长率决定因素是否有着根本的变化,而根本性变化则取决于供给侧的生产函数是否有着内在的结构变化,我们先讨论供给侧内生的决定因素,然后再讨论需求侧外生约束。

基于索洛方程评估潜在经济增长,已经成为一种流行方法,如美国国会预算办公室、日本央行和欧盟财金事务理事会的潜在产出估算,均采用标准的新古典增长方程。根据研究实践,我们稍作更细一点的归纳,分为以下四步:

第一,运用生产函数,获得产出/投入弹性参数(即 a、$1-a$)的估计;

第二,构造潜在产出评价方程:

$\log(Y^*) = TFP + a \cdot \log(K^*) + (1-a) \cdot \log(L^*)$,其中,星号代表潜在变量符号;

或者,

$\log(Y/Y^*) = \triangle TFP + a \cdot \log(K/K^*) + (1-a) \cdot \log(L/L^*)$,其中,无星号符号代表实际变量;

第三，构造潜在要素投入数据序列：TFP、K^*、L^*

实践中，各国根据统计数据的可获得性构造潜在要素投入，包括潜在资本存量序列、充分就业假设下的劳动力投入序列构建、TFP序列构建。

第四，生产函数评估方法的局限及克服。

一般地，运用生产函数模型评估潜在GDP时，潜在要素投入数据序列及潜在产出数据序列还包含着周期成分，生产函数评价方法本身不能消除这个扰动因素，因此往往把生产函数方法与滤波方法相结合，综合这两种评价方法的优点。

将索洛方程应用于潜在增长评估时，各国依据理论研究和经验分析，均需对产出/投入弹性参数（即a、$1-a$）给出说明，如美国国会预算办公室生产函数方程：$a=0.3$；$1-a=0.7$。欧盟财金事务理事会生产函数方程：$a=0.37$；$1-a=0.63$。而中国则与发达国家的产出弹性完全不同，如张平等（2011）对中国长期增长的预测：$a=0.6$；$1-a=0.4$。从以上的几组参数可以看出，美国、欧盟潜在产出评价中，产出的资本弹性一般较小（0.3~0.4），中国产出的资本弹性较大（0.6），资本驱动中国经济增长的状况比较明显。

从当前的实践看，中国生产函数的几个重要变量都在进行结构性的转变，第一是劳动供给的减速，预计到2015年后劳动的绝对供给量减少；第二是产业结构变化，服务业比重不断提升，其增长的规模特征会低于制造业；第三是产出弹性逐步在转变，中国城市化后，福利目标函数牵引劳动在整个分配中的比例，而劳动工资近年来的连续上涨，都会推动劳动产出弹性逐步加大，资本产出弹性下降（袁富华、张平，2011）；第四是加入碳约束下的潜在增长率也会减低（袁富华，2010）。

总之，经过对未来前景的推算，从生产函数角度看潜在增长率下降的减速因素较多，而继续推进经济大幅度增长的动力因素下降，唯一可依靠的就是技术进步了，但这是不易的。从需求侧看，2008年经济进入后危机时代，全球经济的分工和"再平衡"成为了未来较长时期的"常态"，外部扩张的压力也较大，而城市化推动的内需扩张也不是无边界的，2011年预计达到51%后，也有了减速特征，特别是对中国这样一个土地城市化超前于人口城市化的国家，城市化带动的投资转折更会提早到来。需求的约束性加强。潜在增长率会降低，而不是依据"十一五"的高增长特征来定义潜在增长率。"十一五"的高增长很大程度上受

人民币升值和反危机大量投放货币的影响,大幅度投放货币造就高增长,同时通胀水平较高,这不是正常状态,应继续保持长期以来的潜在增长率区间,继续均衡增长和物价。

从成本推动上看,农产品价格和公共产品价格上涨是一个必然的趋势,这主要是两个部门的劳动生产率提高速度较慢,而未来工资上涨和土地要素价格提高都会超过这两个部门的生产率提高速度,物价在"十二五"期间有上涨压力。但"十二五"的物价区间也没有太大的调整余地,全球面临着总需求下降的压力,而国内潜在增长率平稳趋向下降,通货膨胀率保持原有的0~5%的物价稳定区间应是合理区间,这有助于物价预期的管理。当前物价调控目标的中枢从3%提升至4%,预计2012年的物价调控目标仍是4%,但也没有太大必要提升物价上涨的容忍度,而是要加大物价调控的前瞻性,特别是要对GDP增长两位数和货币投放会滞后引起物价上涨这一基本趋势变量给予重视。

保持增长率和物价的目标调控区间,有助于人们预期稳定。从本质上看,当经济潜在增长率在预计的人口红利下降、低碳和外部需求约束下降推动下移的话,整个宏观目标决策的增长率空间应该下移,未来的宏观目标应该是稳速增效,保持物价平稳,而不是高歌猛进了。

三 开放条件下的稳定化政策目标和管理

稳定化政策目标管理的核心是构造一个政策的"理性预期",即负反馈的机制,负反馈预期取决于规则、政府可信和政策工具配合。如果择机的宏观政策目标经常会导致"适应性预期",形成正反馈机制,顺周期操作。因此,预期管理的核心就是增加预期信息量,增加反周期操作,形成负反馈,稳定经济。我国的周期波动的主因是投资饥渴,其先导指标是信贷扩张(扩展为社会融资总量),同步变量是GDP,滞后反应是物价,传统的调控是从投资过热入手的,物价管控是最后一步。物价回落后,政策也就回到中性。但在开放的条件下有很多因素变得不可控制了。中国2005年末人民币汇改后,外汇储备激增,外汇占款推动了基础货币的投放,尽管有多项对冲,货币投放依然过快。从新增贷款看,2005年新增贷款1.7万亿元,2006年3.18万亿元,2007年已经高达

3.64万亿元，2008年4.77万亿元，到了2009年达9.8万亿元，2010年也几乎达到8万亿元。从社会融资总量看，2005年2.13万亿元，2009年14.12万亿元，2010年达到14.3万亿元的水平。因此经济一旦过热，进行收缩调控，会受到外部的资本流入和大宗商品价格上涨的冲击，通货膨胀很难控制。很多政策机制会被外部冲击所打乱，因此仅仅单项控制物价无济于事。同样，当前经济已经出现了降温趋势，但外汇占款越来越大，需要央行不断调高存款准备金对外汇占款对冲，结果可能会进一步形成紧缩，推低增长，导致了顺周期调控，而不是建构一个逆周期调控。

开放条件下顺周期扰动特性不断加强，不仅仅来自外需冲击，而且来自于商品的价格、货币金融市场和恐慌预期传递。反思2008年的全球金融危机能在短短几个月内导致全球经济的"突然停止"，价格和金融恐慌预期传递高效率是重要原因，真实需求往往会滞后很长时间才降低。这种外部冲击的扰动就需要稳定化政策的前瞻性加强，对先导变量要加以提前性调整政策，否则只会加大顺周期扰动，而不是稳定经济了。

建立负反馈的预期管理机制，不仅要有"通货膨胀预期管理"，也要建立相应的"景气"预期管理，让经济增长与物价能相互关联和均衡起来。中国当前的稳定政策表现出很强的单向治理的特征。单向治理的特征表现为以下三个方面：①单向治理的政策机制自我加强性，如不断收缩贷款会导致存款减少，进一步降低了贷款能力，随着经济的不活跃，货币乘数进一步下降等；②总体调控被多个部门所分割，形成多个部门分解指标共同进行各自单向治理。而各个部门分解的做法导致政策管理当局基本上"各扫门前雪"，央行主要对冲外汇占款对货币的冲击，财政部就管收税，银监会不要出坏账，住建部控房价主要是行政化的限购，发改委控物价，农业部管猪等，宏观参数化调节变成了各自数量控制考核的指标，行政干预等各种方式联合在一起干预，会扰动市场经济的正常秩序；③政策调整机制的僵硬性，由于局部政策的操作是不需要前瞻的，而总体目标又是被分解的，因此一个政策调整过程比较长，灵活度降低。政策的灵活性被量化分解所替代。这种数量化分解的单向的治理模式应对外部冲击和周期频繁调整时期显得力不从心。

中国的稳定化政策中的激励政策仍有余地，但其引起的宏观成本也会越来越高，仅仅靠加政府扩大财政、投放货币刺激总需求扩张带动增长显然是不够了，欧美当前的危机应是凯恩斯革命以来宏观稳定化成本累积的总清算，值得我们政策管理者思考。我国面对全球普遍调低了的2012年的全球经济增长，其前瞻性政策应该有所调整了，特别是降低金融风险，为市场上提供流动性，发展债券市场和多层次股票市场，推动企业转型和对中小企业救助都是有益的。但稳定政策不能解决经济的可持续增长问题，突破经济稳定化的困境，调整结构，提高自我发展能力是关键，这是稳定化政策所不能提供的。

四 全球经济减速下的政策选择

1. 稳速增效，围绕潜在增长率均衡发展

我国经济增长目标应该以中国经济潜在增长率区间为基准，稳速发展，为经济结构调整留有余地，保持经济增长稳定的同时，将发展的目标转向提高经济效益，实现可持续发展的轨道上来。

中国在当前的发展阶段面临着非常多不确定因素的扰动，如全球经济增速的放缓；国际热钱和资源价格上涨的直接冲击，很容易引发资产泡沫和通货膨胀；汇率、资源公共品价格形成机制改革一方面会降低经济结构扭曲程度，但另一方面又会产生价格上涨压力。随着成本正常化，特别是劳动力成本的不断提高，如果不能提高效率，只能通过价格转移就会引起成本推动的通货膨胀。将经济增长速度稳定在潜在增长率区间，而不要过分追求两位数的高增长，为价格机制调整、增长方式转变和改革留有余地。

2. 提升"景气"预期、把握调控力度，避免坏账周期

在管理好通胀预期的同时，要注意紧缩政策机制的自我强化效应。提升"景气"预期，避免外部形势恶化引致国内恐慌。把握好调控力度，避免坏账周期。所谓坏账周期，就是经历了大规模的信贷扩张，特别是在缺乏审慎监管情况下的信贷膨胀，如果面临经济减速，就会导致坏账浮现。当前地方融资平台债务问题、房地泡沫问题等都需要政策上把握好力度。这既是出于对增长下滑的顾虑，同时也有稳定金融的考虑。

3. 推进政府收支体制的结构性改革，强化供给激励

中国当前的税收结构以向工业部门课征的流转税为基础，随着城市化的发展,居民的税收和未来享受的福利应该逐步匹配。城市化使政府收支结构基础发生了变化,税收结构应向着流转和直接税并重的结构转变。城市化直接推动了利益主体的变化,分税体制也需要改革,以使地方政府通过提高城市的聚集、竞争力等方式获得收益,改变过度依赖"土地财政"的行为。

参考资料

张晓晶:《潜在增长率的测算》,载于张平、刘霞辉主编《经济增长前沿》,社会科学文献出版社,2007。

张平、刘霞辉、王宏淼主笔《中国经济增长前沿 II》,中国社会科学出版社,2011。

袁富华:《低碳经济约束下的中国潜在经济增长》,《经济研究》2010 年第 8 期。

袁富华、张平:《经济结构调整、人口结构变化及减排约束下的中国潜在增长水平研究》,工作论文,2011。

BOJ, 2004, "The New Estimates of Output Gap and Potential Growth Rate", Research and Statistics Department.

BOJ, 2010, "Measuring Potential Growth in Japan: Some Practical Caveats", Research and Statistics Department.

CBO, 2001, "CBO's Method for Estimating Potential Output: an Update", The Congress of the United States Congressional Budget Office.

CBO, 2004, "A Summary of Alternative Methods for Estimating Potential GDP", The Congress of the United States Congressional Budget Office.

Directorate-General for Economic and Financial Affairs, 2006, "Calculating Potential Growth Rates and Output Gaps-A Revised Production Function Approach", European Commission.

Macro Policy Goals, Potential Growth and Policy Options

Zhang Ping

Abstract: Based on empirical test of China's economic policies, this article discusses the factors of potential growth rate changes, analyzes the relationship between interval of policy goal and policy framework and their variation tendency. Results show that, to deal with problems of China's economic growth and fluctuation in the process of global economy adjustments, macro stabilization policies and supply policies should be combined. In the situation of global economy slowdown, the government should contribute to a more balanced potential growth rate, have a good grasp of the regulation and control, and promote structural reforms of government revenues and expenditures.

Key Words: Macro Policy; Potential Growth; Policy Choice

B.10
2012年中国经济发展的政策选择

李泊溪*

摘　要： 2012年应当继续实施积极的财政政策和稳健的货币政策。积极的财政政策要更多地关注民生，稳健的货币政策要控通胀、调结构，增强针对性和灵活性。经济发展的政策应当选择可持续性的发展模式，开拓新的就业渠道，逐步克服通货膨胀，改革土地制度，解决房地产发展等问题。在全国范围内迅速扩展"十二五"规划的战略指导方针是2012年经济发展政策选择的核心。

关键词： 经济发展　政策选择　科学发展

2012年对我国来讲是重要的年份，在这一年要审视2011年的经济发展中是如何贯彻"十二五"规划要求的，从实际情况看，2012年应成为"科学发展是主题"、"转变经济发展方式是主线"的关键性年份，本文拟从这个问题角度作出政策选择。

一　用发展的主题和主线评价经济发展

在评价2011年的中国经济发展时，常讲"经济向宏观调控要求的方向走"，它是依据经济增长速度短期回调仍处高位；价格总水平走高，仍处于可控范围内；外贸出口和进口逆差下降，但外贸增速仍较高；加上投资增长相对平缓，消费稳中有升，民生状况继续改善等因素作出的判断，就通常的经济发展而言，或许这样的判断可以理解。但对"十二五"规划的战略转型要

---

* 李泊溪，国务院发展研究中心。

求而言，需从科学发展是主题，转变经济发展方式是主线的角度来评价经济发展。

淘汰落后产能难度大

2010年淘汰落后产能力度有所加大，主要是因一些地方政府为完成"十一五"节能减排目标所采取的强制性措施，是暂时性的短暂措施，时效随着2010年的过去就结束了，2011年淘汰落后产能的难度加大，而且这些落后产能多为过剩产能。

进入国家公布的淘汰名单尚未淘汰完，实际上需要淘汰的落后产能许多未进入该名单，是隐蔽性的，如果从环保、技术等指标看，也应进入淘汰名单，但一旦要严格执行淘汰落后产业的政策，可能会影响一些地方的经济发展，如果没有创新的项目跟上去，经济发展速度会受影响。这不仅使进一步淘汰落后产能困难，而且反弹压力增大。因此，转变经济发展方式是大事，其涉及体制和政策措施的完善配套，要用市场机制和竞争促进经济发展方式转变，而不仅仅是行政干预。

节能减排的压力大

落后产能的存在和高耗能产业的快速增长，节能减排形势严峻，是电力紧张的重要原因之一，从2011年能耗增速的实际水平看，我国在哥本哈根会议上的单位GDP能耗减少目标的完成压力很大，迫切需要转变发展方式的实质性进展。

战略性新兴产业和现有的传统产业发展模式的创新

2010年9月8日，国务院通过《加快培育和发展战略性新兴产业发展的决定》，标志着我国战略性新兴产业正式进入加快发展期。当前的情况是各地战略性新型产业发展情况很不平衡，除少数地区取得一定进展外，大部分地区还在探索新的模式，既要掌握更多的创新核心技术，又需在体制机制和政策上完善。

需要提出的是大量的已有产业，特别是传统产业的技术创新更显迫切，对这方面的重视要加强。转变经济发展方式既要发展战略性新型产业，又要创新现有产业，使经济发展方式的转变贯穿于经济发展的方方面面，这一点在2012年的政策选择中至关重要。

二 适宜的经济发展速度选择

我国的经济发展速度在世界处于前列，一定程度上起到世界经济发展火车头的作用，是改革开放以来，我国经济发展取得的引以为自豪的成就。关键在于今后高速发展是否有可持续性，我们是否还应选择这样的发展模式。从我们的研究来看，答案是否定的。

改革开放以来，束缚经济发展的体制和制度因素被打破，我国的生产力得到解放，长期经济发展潜力和新动力的结合，使中国经济得以享受工业化的后发性利益，得以利用先行工业化国家的技术和资金，结合我国廉价劳动力和土地的优势，提高国家综合竞争力，在世界经济贸易格局中占据了有利地位，在加入世界贸易组织之后，得到进一步的发展，使我国的后发性优势得以充分发挥，这是我国经济长期高速发展的重要原因之一。

由于资源和能源条件的限制，高速的 GDP 增速难以持续。随着经济发展，人们总体收入水平会相应提高，我国廉价劳动力优势会逐步消失，这是各国发展的规律。同时，从享受后发性利益的角度看，也会有时效，至于这个时期有多长有不同的研究意见，第一种是还有约 10 年，至 2020 年；第二种是还有约 5 年，至 2015 年，即"十二五"期间；第三种是还约有 3 年左右的时间。在这里我们不去比较它们的依据，而要说明的是无论是哪种研究，我们享受后发性利益的有效时间都不多了，因为我们需要有经济发展的转型时间。届时我们不能靠投资、靠外需、靠引进技术发展，而是要同时靠消费、靠内需、靠创新发展，这不是我们是否要高速发展，而是说高速发展难以持续。这也是我理解的"十二五"规划，之所以要确定科学发展是主题，转变发展方式是主线的深刻原因。

要靠创新、靠技术、靠智力发展，并以此调整产业结构，是转变经济发展方式的主要内容，要求经济发展转型，正如车子速度高了转不了弯，一定要速度降到一定程度，这个速度多少好，有不同的研究意见，比较多数意见的倾向是 GDP 年增长 8% 左右（国内外有些研究测算意见是，中国 GDP 年均增长速度在 5.7%~7.3% 之间，2030 年中国可进入高收入国家）。根据转变发展方式的情况再调整。如果这样，现在的 GDP 增速还高，有继续下调空间，为此在政策上要有相应的措施。例如不能用 GDP 增速评价地方发展政绩或作为提拔干部的标准。

东部率先发展的城市如北京、上海的 GDP 增速都有所下降，在全国 31 个省区市中处于 GDP 增速的末位，这对他们经济发展方式的转变可能是个促进。

三 就业新渠道的开拓

转变经济发展方式和进行产业结构调整，乃至适当调低 GDP 增长速度都会带来就业的压力，面临着劳动力供给和产业转型之间的结构性矛盾。淘汰落后产能同样存在就业上的压力，而战略性新兴产业发展和现在传统产业的转型都有渐进性和探索性，对就业的贡献可能难以抵消劳动力的释放，就业压力成为社会问题，影响政策的选择，因此，必须探索新的就业渠道。

近年来，东部沿海地区出现"民工荒"，2011 年"民工荒"问题在全国各地蔓延。沿海地区大量的工厂因为缺少工人而无法正常开工，许多新建企业难以招满工人。据有关单位调研资料显示，"民工荒"问题不是所有地区、所有行业都存在，主要集中在沿海地区劳动密集型的行业中。从总体情况看，我国劳动力供给是充足的。

"民工荒"的原因除了我国经济高速发展、各地企业用工需求增加等因素外，更重要的是随着人们总体收入的提升要求，企业的薪酬待遇、劳动环境、用工方式与劳动者的就业愿望、收入预期和发展预期不相适应，加上国家建设新农村给一些地方造就了机会，劳动力就业机会和选择多了，一些企业就招不到劳动力。

"民工荒"凸显了企业升级滞后，不能满足民工提高工资的要求，并且这种现象倒逼企业加快转变发展方式。这意味着要开辟新的就业渠道，要求提升农村剩余劳动力素质，使他们能适应更高层次企业的劳动力需求，这个问题必须提到议事日程上来，将培养高素质的劳动力，作为经济发展的重要政策之一。劳动力素质的提升，从侧面反映了我们廉价劳动力的优势即将过去。

从整个社会看，总体上城乡就业压力长期都会很大。国家迫切需要加强社会管理和各类教育的发展等，需要的人员相当多，对此我们要做全面的统筹安排，形成新的就业渠道。

从教育角度看，我国出国人员呈两位数的增长，留学的年龄越来越小，留学的国家越来越多，大量的资金流出，发展别国的教育事业。当然，对一个开放的国家来说，有人出国有人留学，是很正常的，但问题在于我国升学难，求学难，而大量的教育资源利用不足，又不大力规范引导民间教育。发展教育本身需要人，又有利于国家职工和劳动力水平的提高，应作为重要的发展政策。

从社会管理看，全国普遍需要加强社会管理，据有关研究分析，这方面需要的人员很多，而且有专门的能力要求，需要培育，就业潜力大。

从老年服务看，我国60岁以上老年人数增长较快，进入老年社会，需要的相关服务业是多层次的，这方面既有对政府公共服务的要求，又有对市场的需求，而且对相关产业有带动性。

从新型产业要求看，新产业对劳动力素质要求高，有的还会有针对性，因此，对劳动力培训提出新要求。劳动力结构可能出现实质性变化，为此要早准备、早行动，以免出现劳动力结构失衡。

总之，开拓新的就业渠道，应作为长期的政策。

四 通货膨胀可能是个阶段

通货膨胀是关系到民生的重大问题，百姓关心、政府关注。为控制我国的通货膨胀，国家在宏观政策上严格把控，对直接影响价格上涨的因素，采取了断然的举措，使2011年的通货膨胀处于可控的范围，尽管2011年的通货膨胀可能会超过有关部门年初的预期，对政府的努力人们是理解的。

通货膨胀抑制因素释放

我国经济发展长期所谓"高增长、低通胀"，这与经济学的基本原理不符。实际上可能是因为大量产品的产能过剩，供过于求，抑制和推迟了通货膨胀，由于原材料和能源等价格的上升，到了一定程度，成本推动通货膨胀就会显现出来。

劳动力价格推进的通货膨胀

从有关机构对通货膨胀结构的初步研究看，劳动力成本的上升也是重要因素，有的研究报告指出它约占通货膨胀的40%，劳动力成本上升带来的通货膨胀是国家发展的必然，政府的短期调控只能解决局部问题。

市场化改革影响的通货膨胀

我国改革至今仍有少部分重要产品价格属于政府定价,如电力价格,但由于煤炭价格上涨电厂亏损,如果调电价必然加大通货膨胀压力,而这在市场化改革中是必须要做的,这有利于资源的优化配置。

货币价格调整影响的通货膨胀

我国银行存款利率低,低于通货膨胀是负利率,百姓对此很是关切,考虑到人民币坚挺,如果将利率提高,热钱的涌入可能对我国经济产生不利影响,才不得已而为之。可是从我国各大银行的大量获利情况看,引起人们对银行的不满情绪。从发展角度看,银行负利率的问题要综合解决,如何寻求利率变正,而又限制热钱涌入,在2012年中国经济发展的政策选择中要考虑这个问题。

国际通货膨胀特别是大宗商品价格波动的存在,可能较长时期构成输入性通货膨胀。

总之,上述情况分析说明,要综合解决上述问题,控制通货膨胀把它降低到适宜的水平是一个过程,难以在短期内完成,因此,我们要认识通货膨胀可能的阶段性特征。

五 土地与宏观经济

国务院发展研究中心以刘守英教授为首的课题组对"土地制度与宏观调控"问题进行深入研究,提出"以地谋发展是中国经济增长的独特驱动力"。该研究分析了土地与中国30年高增长之间的关系,认为土地是中国经济高速发展的发动机,在我国经济快速增长中,土地扮演了关键角色,并分析了土地与宏观经济波动的关系等。提出影响中国宏观经济波动的三个因素是投资、货币供应、土地投放,因此,宏观调控既要考虑"银根",又要考虑"地根",在现实经济中这两个方面是同时发挥作用的,而且加大了对宏观经济的影响。

该报告全面系统研究了我国土地政策和宏观调控的关系,并作了综合分析。指出我国的宏观经济波动,受货币发放和土地投放双重影响。经济扩张时期,中央政府在实施积极财政政策与松动"银根"的同时,"地根"也同时松动,审批征地规模显著增加;经济紧缩时期,政府在收紧银根的同时,同时也会采取冻结或减少批地等办法,压缩供地总规模。"银根"和"地根"的共同作用,使我国在经济扩张期的经济更加过热,经济紧缩期的经济更冷,放大宏观经济波动。

研究进一步指出,以地谋发展模式存在制度性风险。我国总体公共部门债务率为50%~55%,按照公共债务余额占GDP 60%的欧盟标准看,我国总体债务风险级处于警戒线之内。但已相当高,而且局部地区债务情况也不容乐观。同时,对银行金融风险也要高度重视,"土地—财政—金融"联动机制也存在系统性风险,出于社会稳定的需要,需对"改变以地谋发展模式"进行改革探讨。

尽管这次研究工作仍在进行,但问题很复杂,涉及我国最根本的制度——土地制度改革,必须深入进行下去。初步研究为宏观调控给出了更大的框架,值得关注。

六 房地产发展的关键是土地政策

我国房地产发展在1998年提出商品化的政策后,经过若干年的实践,总体上看初步认识了市场和政府的分工定位要求。中国商品房市场要满足不同层次的住房需求,同时政府要应对低收入人群的廉租房需求,这是国外和中国某些地区(如香港特区)的成功经验。要说明的是,廉租房只租不卖,否则总不够用,廉租房的承租者收入提高后,应从廉租房内退出,给其他人使用。

我国现在除商品房外,有廉租房、经济适用房、限价房等,这样政策执行中会出现新的不公平,如年收入4万元以下可享受经济适用房,4.1万元的人就不行,而前者得到政府补助相当于几十万元,很不公平。现在要求各地政府都建经济适用房,地方政府困难大,资金不落实,可能难以为继。这些可能是前几年政策不到位的积累因素,估计会逐步回到不同层次商品房和廉租房的应有定位。

如果按现在房价高速增长的情况,上述的定位很难实现,中等收入的人也买不起商品房,因为市场上的普通住房价格也很高。对此,政府采取多个调控举措抑制房价过快增长。

人们都在关注房地产业的发展,特别关注房价,并从多方面来分析这个问题。政府为此出台了多个房地产调控政策，取得了一定效果，可不尽如人意。从发展的全局来看，从房地产发展最基本因素看，在于土地，要彻底解决房地产发展问题，关键在于土地政策提升，并适时进行土地制度改革。

我国已形成实际上的土地财政，土地财政包括两部分：一是与土地有关的税收，如耕地占用税、房地产和建筑业等的营业税、土地增值税等。目前地方政府重点征收的是房地产税和建筑税。二是与土地有关的政府非税收入，如土地出让金、土地租金、新增建设用地有偿使用费等。目前地方政府看重的主要是土地出让金。

土地出让收入是指市县人民政府依据《土地管理法》、《城市房地产管理法》等有关法律法规和国家有关政策规定，以土地所有者身份出让国有土地使用权所得的收入，主要是以招标、拍卖、挂牌和协议方式出让土地所取得的收入，也包括向改变土地使用条件的土地使用者依法收取的收入等。现在土地出让收入已经制度化，成为地方政府收入的主要来源。

1999~2010年，政府土地出让收入从514亿元增加到2.9万亿余元。土地出让收入占地方财政收入比重从9.19%提高到2009年的48.8%，以及2010年的83.03%（见表1）。土地出让金是若干年期的土地使用权价格，实际上是政府向企业一次性收取若干年的地租。

表1 土地出让收入的增长及在地方财政中的地位

年份	财政收入(亿元)	地方财政收入	土地出让收入(亿元)	土地出让收入占地方财政收入比重(%)
1999	11444.08	5594.87	514.33	9.19
2000	13395.23	6406.06	595.58	9.30
2001	16386.04	7803.3	1295.89	16.61
2002	18903.64	8515	2416.79	28.38
2003	21715.25	9849.98	5421.31	55.04
2004	26396.47	11893.37	6412.18	53.91
2005	31649.29	15100.76	5883.82	38.96
2006	38760.2	18303.58	7676.89	41.94
2007	51321.78	23572.62	13000	55.15
2008	61330.35	27703.42	9600	34.65
2009	68476.88	32580.74	15900	48.80
2010	83080	35382.97	29397	83.03

土地财政为城市建设提供资金,促进了城市发展和带动作用,产生的问题是,土地出让收入具有本级政府收、本级政府用的特点,使得对其使用进行规范与监督比较困难,保护耕地和农民土地权益难度加大;由于土地财政、土地价格高,对政府有利,它管理土地就难以从公众利益出发。现在我国土地政策的突出问题是,政府有关部门既负责土地管理,又负责国有土地的经营,所谓集"裁判员"与"运动员"于一身。此种土地财政必须进行改革,着眼点在于"管理"与"经营"分开,这样才有可能解决土地价格不断升高这一根本问题,房地产发展的其他问题也才便于解决。在土地使用上,大量的违法违规问题也会逐步消除。

对2012年中国经济发展的政策选择,本文是从科学发展是主题,转变经济发展方式是主线的角度,评价经济发展,选择2012年的经济政策,实际上它涉及经济发展的转型,是高GDP增长、高耗资源、高耗能源、高污染的发展不能持续的问题。我们高兴地看到我国已有领先地区、领先企业走向创新发展、绿色发展之路,认真贯彻了国家以科学发展是主题、以转变经济发展方式是主线的要求。在全国范围内迅速扩展"十二五"规划的战略指导方针是2012年经济发展政策选择的核心。

Policies of China's Economic Development in 2012

Li Boxi

Abstract: In 2012, the government should continue adopting proactive fiscal policy and prudent monetary policy. The proactive fiscal policy will pay more attention to the people's livelihood, and the prudent monetary policy will control inflation, adjust structure, strengthen pertinence and flexibility. Policies of China's economic development should choose sustainable development patterns, open up new channels for employment, gradually overcome inflation, reform of the agrarian system, and solve problems such as development of real estate. The core of policy choice of economic development in 2012 is implementing policies of the 12th Five-year Plan in the nationwide.

Key Words: Economic Development; Policy Choice; Scientific Development

B.11
2011年中国宏观经济形势分析及2012年展望

龚 敏*

摘 要：2011年上半年中国经济在固定资产投资的驱动下保持了较快增长，其中民间投资的快速增长较为显著。在食品价格上涨的推动下通货膨胀压力不断加剧。展望2012年，稳定物价仍然是宏观调控的主要任务。随着外部经济环境的变化，今后一段时间中国经济继续保持10%以上增长速度的奇迹将很难重现。

关键词：宏观调控 稳定物价 增长速度

一 2011年中国宏观经济形势分析

2011年上半年，中国经济实现了较快增长，国内生产总值（GDP）同比增长9.6%。从三大需求对GDP增长的贡献率来看，经济增长的主要驱动力依然来自投资的扩张。上半年资本形成总额对GDP增长的贡献率为53.2%，最终消费的贡献率为47.5%，净出口的贡献率为-0.7%。这表明增长的主要驱动力依然来自投资需求的扩张。

物价方面，2011年上半年通货膨胀压力不断增大。在食品价格上涨的推动下，6月居民消费价格指数（CPI）同比上涨6.4%；同时，价格上涨的压力开始在各类商品价格中传递：扣除食品和能源的CPI（即核心CPI）以及非食品类CPI同比涨幅呈不断上升态势。另外，在原材料、燃料等上游生产资料价格上涨

---
* 龚敏，厦门大学。

的推动下，工业品出厂价格指数（PPI）也不断走高，6月同比涨幅达到7.1%。导致通货膨胀的原因主要有三个方面：粮食、蔬菜及猪肉等食品价格的上涨；国际市场上由弱美元导致的石油价格的上涨以及国际大宗商品价格的上涨；自2009年开始连续三年超常规扩张的国内信贷以及外汇占款不断膨胀导致广义货币供应量（M2）的快速增长。为了抑制通货膨胀，截至7月20日，央行已先后六次上调存款准备金率、三次加息以抑制过剩的流动性。随着M2增速的减缓，尽管CPI环比涨幅还呈小幅上升走势，但核心CPI以及PPI的环比涨幅已转呈下降态势。

尽管央行上半年积极收紧银根，但人民币新增贷款规模依然高达4.17万亿元，接近2010年上半年的水平；同时，由于社会融资方式及渠道的多样化，社会融资规模增加7.76万亿元，从而固定资产投资增速得以保持较快增长。2011年上半年，城镇固定资产投资增长25.6%，同比基本持平。从投资主体看，港澳台资企业、外资企业投资增速大幅提高，内资企业投资增长小幅下降。从资金来源来看，利用外资增速由负转正，自筹资金投资增长13%，占投资资金总额的比例呈上升趋势，达到近年的最高，为65.1%；国内贷款的投资增长12.7%，占投资资金总额的14.8%。从投资的行业分布来看，上半年城镇固定资产投资中34.82%投向了制造业，为近年最高；25.46%投入了房地产业，同比提高了1.3个百分点；用于交通运输、仓储及邮政业的投资比例为9.1%，同比下降了1.4个百分点；用于水利、环境和公共设施管理业的投资比例为8.1%，低于2009年和2010年9.2%的水平。这说明，旨在控制流动性的货币政策在一定程度上降低了政府主导的在基础设施等领域的投资；上半年民间投资的自主扩张支撑了总投资的扩张。

在对外贸易方面，2011年第一季度由于国际大宗商品价格的飙升导致进口额超过出口额，商品贸易出现14.7亿美元的逆差；但上半年出口额再次超过进口额，贸易顺差实现449.3亿美元。加上资金的净流入，上半年外汇储备突破3.2万亿美元的规模。

最后，农产品价格的上涨提高了农村居民的收入，城乡居民的收入差距略有缩小。上半年城镇居民人均可支配收入为11041元，同比增长13.2%，扣除价格因素，实际增长7.6%；农村居民人均现金收入为3706元，增长20.4%，扣除价格因素，实际增长13.7%。城乡居民收入差距为3.26倍，比上年同期（3.48

倍）略有缩小。

综上，2011年上半年中国经济在固定资产投资的驱动下保持了较快增长，其中民间投资的快速增长较为显著。在食品价格上涨的推动下，通货膨胀压力不断加剧。以数量控制为主、旨在吸收流动性的货币政策，一定程度上降低了政府主导的在基础设施等领域的投资；国际大宗商品价格由升转降也在一定程度上减弱了PPI上涨的压力。然而，通货膨胀对居民实际收入的侵蚀以及城乡收入差距削弱了居民消费需求对经济增长的贡献率，导致上半年中国经济增长方式依然是投资驱动的增长。经济发展方式的转变，经济结构的调整，必须引起高度重视，付出艰苦努力。

展望2012年，中国经济持续增长依然面临较高的不确定性。国内方面，首先，稳定物价仍然是宏观调控的主要任务。但是，上半年以数量控制为主的抑制货币信贷扩张的政策已经导致信贷资源分配的失衡，中小企业融资难的问题再次凸显。其次，在上一轮金融危机期间动工的各类大型基础设施项目急剧扩大了地方政府的债务。一方面地方政府偿债能力的下降将可能提高银行体系不良债权的比例，威胁金融体系的稳定性；另一方面，债务规模的扩大还将抑制央行使用调高利率等价格工具控制通胀的能力。最后，人民币升值、工资及原材料价格上升正在不断挤压劳动密集型、出口导向的制造业尤其是其中低端产业的生存空间。

国际方面，高失业率和疲软的房地产市场表明美国经济的复苏进程依然缓慢。2011年8月初美国巨额的财政赤字以及围绕提高债务上限所进行的基于政党利益的债务谈判，导致标准普尔调低了美国主权信用评级，从而引发了全球金融市场的动荡。美国经济陷入"二次衰退"的可能性因此大幅提高。欧元区接二连三的主权债务危机更是加剧了全球经济的不确定性；受地震、海啸、核污染以及日元升值的影响，日本经济也难见起色。下半年持续动荡的外部市场环境将阻碍中国进出口的增长，美元币值的不稳定还将影响石油等国际大宗商品价格以及资金在国际间的流动。

面对上述诸多的不确定性，2011年下半年至2012年的宏观调控重点是否需要有所调整？宏观调控政策如何在变化的国内外宏观经济环境下继续推进经济发展方式的转变促进国民经济结构的调整？这些都成为当前宏观经济运行和宏观调控的主要问题。

二　2012年中国宏观经济展望

当前国内外经济环境存在较大的不确定性，基于谨慎的乐观判断，假定：①美国经济能在2011年结束疲软的复苏，从2012年开始常态增长；同时，2011年欧元区能避免主权债务危机的爆发，但在2012年因危机深化而导致经济小幅回落。②货币政策继续以稳定物价为主要任务，2011年维持利率稳定，并保持货币增速（M2）16%、2012年17%的常态水平。那么，基于中国季度宏观经济模型（CQMM）的预测结果显示：

（1）由于外部经济复苏缓慢，在国内宏观调控政策向常态回归后，中国的GDP增长将出现高位稳中趋降的态势，价格水平也将缓慢下降。2011年GDP将增长9.28%，但CPI依然可能高达5.34%；2012年GDP增速可能减缓至8.91%，CPI也将缓慢回落至4.93%，依然高于4%的政策目标。但是，中国经济出现因紧缩政策而"硬着陆"的可能性非常小。

（2）2011年按不变价计算的固定资本形成总额增速预计为12.87%，2012年将降至9.76%，分别将比2010年下降0.45个和2.66个百分点；2011年按现价计算的城镇固定资产投资增速预计为29.37%，比2010年提高4.91个百分点，2012年预计将下降至23.99%。2011年全社会固定资产投资总额增速可能到达28.96%，比2010年提高3.38个百分点；2012年虽有所下降但还可能保持在25.26%的水平。不同价格指数的变动情况说明，2011年通货膨胀的压力依然来自投资需求扩张带动的价格上涨。

（3）尽管进出口增速持续下降，贸易顺差还将持续；外汇储备仍将继续增加。进出口增速的大幅回落将拉低中国经济的增长率；外汇储备的持续扩张，还将通过外汇占款的增加注入流动性。以美元、按照现价计算的出口总额，2011年和2012年预计将分别增长27.3%和24.93%，分别比2010年下降4.15个和6.51个百分点；进口总额预计将分别增长27.25%和25.18%，分别比2010年下降12.17个和14.24个百分点。由于进口增速下降的幅度高于出口增速下降的幅度，2011年和2012年净出口增速预计将分别达到27.6%和23.26%。外汇储备在2011年预计增长26.94%，较2010年增加8.2个百分点；在2012年增速还将维持在21.33%的水平。

上述预测结果意味着：随着外部经济环境的变化，今后一段时间中国经济继续保持10%以上增长速度的奇迹将很难重现。因此，有必要正确认识今后一个时期中国经济增速从高位缓慢下降的必然性。如果中国经济靠"投资驱动"的增长方式得不到改变，各级政府试图继续通过刺激投资维持高增长的努力都只会进一步扭曲已经严重失衡的国民经济结构。此外，中国经济出现通货膨胀的原因较复杂，但在很大程度上与投资驱动型经济增长方式密切相关。在政府依然能够有效调动银行体系资源的体制下，政府主导型投资的扩张始终都是通货膨胀压力的主要原因。预测结果表明，通货膨胀压力的释放将是一个缓慢的过程。因此，2011年和2012年货币政策回归常态后，还需要在有效控制货币信贷总量的同时，调整好信贷资源的使用结构。应使资金进一步向效率更高以及可保障更多就业的私营部门倾斜，以改善资本配置状况；同时，也应该向农村基础设施和保障性住房等领域倾斜。2011年应控制好以国有银行信贷扩张支持的政府主导型投资需求的扩张。在民间资本投资需求全面恢复后，必须坚决地抑制各级政府主导型投资的扩张。

三 美国经济陷入二次衰退对中国经济的影响分析

2011年8月，美国疲软的经济复苏，以及主权债务评级的下调，引发了全球性金融市场的动荡，美国经济陷入二次衰退的可能性一时大幅提高。应用中国季度宏观经济模型（CQMM）可以模拟如果美国经济陷入二次衰退，其对中国经济可能产生的影响。

假设美国经济2012年全年GDP增长率降为0，经济陷入"二次衰退"；同时，受此影响，欧元区经济增长率在2012年也进一步下滑至1.1%。为应对美国经济二次衰退导致的外部需求冲击，假定央行在2012年第一季度减息0.25个百分点；并使M2增速在2012年全年保持在18%的水平。

模拟结果显示：如果美国经济在2012年上半年陷入二次衰退，中国的进出口将会受到较大冲击。但是宏观经济调控当局如果能适时适量地调整货币政策，可以在一定程度上通过投资需求的适度扩张来减缓美国经济二次衰退对中国经济的冲击。与此同时，经济增长的放缓将缩小GDP与潜在GDP的缺口，降低通胀压力。具体而言，包括以下两个方面。

(1) 与基准预测相比,美国经济二次衰退可能导致 2012 年中国 GDP 增长率下降 0.67 个百分点,达到 8.24%;CPI 可降至 3.95%,低于 4% 的政策目标。

(2) 美国经济二次衰退对中国进出口的冲击最大,将导致净出口的负增长。进口方面,2012 年四个季度的增速较基准预测分别减少 3.7 个、5.5 个、4.9 个、3.3 个百分点,全年进口增速下降 4.3 个百分点。出口方面,2012 年四个季度的增速较基准预测分别减少 5.9 个、8.8 个、9.2 个、7.7 个百分点,全年出口增速下降 7.9 个百分点。出口增速的下降幅度大大超过进口增速的下降幅度,净出口将出现负增长,为 -9.71%,较之基准预测下降了 33 个百分点。但是,由于美国经济二次衰退削弱了美元的地位,将加强人民币升值的预期,资本净流入因此扩大,从而导致外汇储备增加。因此,今后一段时期在重视对资本流入管制的同时,还需管理好外汇储备资产的使用。

综上,2011 年是"十二五"规划的开局之年,过去 6 个月里,政府投资和民间投资的较快增长带动了总投资快速扩张,支撑了 2011 年上半年较高的增长速度。与此同时,食品价格迅速上涨,国际市场上由弱美元导致的石油及国际大宗商品价格的上涨,连续三年的国内信贷超常规扩张及外汇占款不断膨胀所导致的广义货币供应量(M2)的快速增长,使通胀压力不断加剧。CPI 的上涨,侵蚀了城乡居民(特别是低收入群体)的实际收入,抑制了全社会居民消费需求扩张,使最终消费在拉动经济增长中难以有所作为。

由于 2011 年上半年旨在抑制通货膨胀的数量控制的调控政策,也在很大程度上紧缩了中小企业的信贷供给,抑制了民间投资的扩张。因此,下半年在控制总量的情况下,需要重视调整信贷资源的使用,体现结构倾斜。促使资金向效率更高以及可保障就业的私营部门倾斜,以改善资金、资本的配置状况;同时为缩小城乡差距、改善民生,资金还应当向农村基础设施和保障性住房等领域倾斜。为保证民间投资需求的正常扩张,应严格控制以国有银行信贷扩张支持的政府主导型投资需求的扩张。在民间资本投资需求全面恢复后,坚决地抑制各级政府主导型投资的扩张。这是控制投资需求过度扩张的关键。

即使 2012 年美国经济陷入二次衰退,也不可能像 2008 年的衰退那样对中国经济产生严重冲击。因此,中国政府不应再次实施大规模财政刺激政策来保增长,课题组建议要采取适度扩张但稳健的货币政策予以应对。注意到尚存的通货膨胀压力,货币政策可以在减息的同时,略微提高 M2 的增速,使之在 2012 年

全年保持18%的水平。模拟结果说明，美国经济如果发生二次衰退，将严重打击中国的进出口增长，对就业产生不利影响。因此，有必要出台保障就业的相关措施，以确保从出口导向型制造业释放出来的劳动力能够得到再就业。

四 政策建议

在外部市场复苏乏力、国内宏观调控恢复常态后，GDP增长的减速是中国经济发展到现阶段的必然结果。今后一段时期里，中国GDP的增速将可能维持在9%~8%的区间内。同时，由于生成通胀原因的复杂性，稳定物价需要一段时间的持续努力，2011年和2012年CPI可能还将维持在5.4%~4%的较高区间内，通胀的潜在威胁不可掉以轻心。可谓"经济增长稳中趋降，因势利导促进发展转型"。因此，从政策执行的角度看，一是不应该为勉强保持过高的增长速度而不断刺激投资的扩张，进一步加剧结构失衡；二是不能放松对通货膨胀的管理；三是必须充分重视通货膨胀对不同收入阶层尤其是城乡低收入阶层的影响，要采取有力措施保障低收入阶层的收入增长。

较长时期累积形成的国民经济严重结构失衡（即"两高一低"），已使中国经济在2008年的金融危机爆发时，不得不通过超常规的投资增长来力保经济增长。而通过国有企业及地方政府的投资来弥补民间的投资，不仅进一步恶化了既有的结构失衡，而且还形成了新一轮的不良债务。"十二五"乃至今后继续依靠既有经济发展模式，维持2003~2008年那样高速增长的空间是越来越小了，旧的政策模式不可复制。显然，我们需要正视国内外宏观经济环境的变化，中国正在进入一个经济从高速增长逐步转向次高速乃至中速增长的阶段。在通胀压力减缓后，顺应这一发展态势的改变，因势利导，着力推进体制变革，促进发展方式的转变和结构的调整，为未来更高阶段的经济发展寻求新的发展动力和增长点。

为此，宏观政策的执行要注意以下几个方面。

（1）货币政策方面。在以稳定物价为主要任务的同时，促进宏观调控手段从数量工具为主逐步转向价格工具为主，稳步推进利率市场化改革和人民币汇率形成机制改革。应通过金融创新和金融制度调整，在控制总量的同时优化信贷结构，提高资金使用效率。

（2）财政政策方面。着力调整税制结构，优化税制设计，改善税收分享体制；调整转移支付的结构，逐步减少逐项申请制的专项转移支付，扩大制度性的一般性转移支付，促进中央、省、市、县各级政府财力资源与事权的对等；推进制度创新与改革，提高公民对各级政府财政收支的监督与约束能力，使财政进一步从计划经济中的生产建设财政转向市场经济的公共财政。扩大财政支出中用于真正民生领域的支出比例，切实保障经济保障房的建设资金到位。进一步提高城乡公共服务的提供水平与标准。

（3）正视进出口增速下滑的趋势，一方面要因势利导，促进产业结构调整，淘汰部分落后的生产力，提升中国产业在国际产业链中的层次和地位；另一方面，通过降低市场准入门槛，加快改革，破除国企垄断，给民营经济的发展创造更大的发展空间，并出台保障就业的相关措施，以确保从出口导向型制造业释放出来的劳动力能够得到再就业。

（4）控制人民币升值的速度，保持人民币相对稳定的汇率政策。积极应对进出口增速回落中的外汇储备持续扩大，鼓励企业尤其是民营企业走出去，拓展对外投资空间，逐步实现从贸易大国向贸易投资大国的转变。

Analyses and Outlooks on China's Macro-economic Situation in 2011－2012

Gong Min

Abstract：China's economy makes a rapid growth in the first half of 2011, driven by fixed asset investment, and the rapid growth of nongovernmental investment is significant. At the same time, the rise of inflation pressure is due to a jump in food prices. Looking through 2012, it is still the main task for macroeconomic control to stabilize prices. With the external economic environment changes, it is difficult for China's economy maintains at over 10% growth rate for a period of time.

Key Words：Macroeconomic Regulation；Stabilize Prices；Growth Rate

B.12
中国宏观经济形势与政策：
2011~2012年[*]

中国人民大学经济学研究所课题组

摘　要：2011年，中国经济继续复苏，在保持快速增长的同时消除通货膨胀长期化趋势。2012年，中国应该继续实行积极的财政政策和稳健的货币政策，通过适应性的需求管理，促进总体经济景气的完全正常化，从而最终实现从萧条到繁荣的周期形态转换。

关键词：中国经济　增长、波动与通货膨胀　需求管理

一　中国宏观经济指标预测

中国经济在经历1991~2001年间的完整波谷—波谷经济周期后，在2002~2007年间强劲扩张。在2007年经济波峰后，中国经济周期的内在收缩倾向叠加美国次贷危机的外部紧缩效应，导致中国经济景气在2008年急剧收缩而在2009年陷入经济衰退。从2008年末开始实施的积极的财政政策和适度宽松的货币政策，大幅度增加国内投资需求而弥补国外有效需求缺口，将实际GDP增长速度从2008年度的逐季减速趋势逆转为2009年度的逐季加速趋势，并且在2010年度从年初的高位逐季平稳回落。中国经济在经历2002~2009年间的完整波谷—波谷经济周期后，从2010年起重新进入经济周期的扩张阶段。

2011年，中国需求管理适时调整，实行积极的财政政策和稳健的货币政策，与自主经济增长能力的逐步恢复相一致而渐进退出扩张性政策刺激，并且

---

[*] 中国人民大学中国宏观经济分析与预测中心研究项目。讨论：胡乃武、黄泰岩、包明华、方芳、邹正方、黄隽、王劲峰；执笔：郑超愚。

更加紧缩货币供应和信贷规模,从而治理严重通货膨胀。虽然通货膨胀率将突破年初设定的全年价格稳定目标,但是将在年内显著转折下行,成功消除国内通货膨胀长期化趋势。中国经济快速增长,然而受国内反通货膨胀政策的紧缩效应以及国际经济复苏的脆弱性和不确定性制约,实际经济复苏过程相对迟缓。全年实际GDP增长速度将低于2010年实际GDP增长速度和20世纪80年代以来的潜在GDP增长速度,从而使得2011年实际GDP水平无法回归其潜在GDP水平。

2012年,中国经济应该继续实行积极的财政政策和稳健的货币政策,采取中性的需求管理政策取向,使货币供应、信贷规模和财政预算的正常化与总体经济景气的正常化相适应,进一步平衡国内需求与国外需求、投资需求与消费需求以及民间投资需求与政府投资需求对中国经济增长的拉动作用,促进中国经济景气完全复苏而最终实现从萧条到繁荣的周期形态转换。

依据中国人民大学中国宏观经济分析与预测模型——CMAFM模型,分年度预测2011年与2012年中国宏观经济形势,其主要指标预测结果如表1所示。其中,主要宏观经济政策假设包括:(1) 2012年中央财政预算赤字为8700亿元;(2) 2012年人民币与美元平均兑换率为6.14∶1。

表1 2011年与2012年中国宏观经济指标预测

预测指标	2011年	2012年
1. 国内生产总值(GDP)增长率(%)	9.57	9.40
其中:第一产业增加值	4.1	4.4
第二产业增加值	10.9	10.6
第三产业增加值	9.4	9.2
2. 全社会固定资产投资总额(亿元)	347120	426610
社会消费品零售总额(亿元)	183840	214360
3. 出口(亿美元)	19230	22890
进口(亿美元)	17460	21250
4. 狭义货币供应量(M1)增长率(%)	14.3	16.2
广义货币供应量(M2)增长率(%)	16.0	17.1
5. 居民消费价格指数(CPI)上涨率(%)	5.5	3.4
GDP平减指数上涨率(%)	6.2	4.7

预测日期:2011年10月。

二 中国宏观经济形势分析

1. 经济周期相位与经济复苏过程

在二元结构条件下,中国经济具有准 AK 模型的投资驱动内生增长性质,其潜在国民收入增长过程 $Y_t = \prod_{i=1}^{k}\{[Y_{t-i} \cdot (1+\delta)^i]^{w(i)}\}$,能够容纳实际国民收入的滞后效应。选取朱拉格半周期长度的时滞阶数 $k=5$,分别在几何级数分布概率 $w(i) = q^i$ 与余弦函数分布概率 $w(i) = \cos[(i-1) \cdot (\pi/2k)]$ 的代表性情形下,使用 OLS 方法在 1983~2010 年间拟合中国实际 GDP 指数的对数线性自回归方程 $\ln Y_t = \sum_{i=1}^{k}\{w(i) \cdot [\ln Y_{t-i} + i \cdot \ln(1+\delta)]\}$,其计量结果如表 2 所示。

表 2 中国潜在国民收入自回归方程

$\ln Y_t = \sum_{i=1}^{5}\{w(i) \cdot [\ln Y_{t-i} + i \cdot \ln(1+\delta)]\}$					
w(i)	q^i	$\cos[(i-1) \cdot (\pi/2k)]$	w(i)	q^i	$\cos[(i-1) \cdot (\pi/2k)]$
δ	0.102132 (26.98380)	0.101817 (29.80779)	R^2	0.998133	0.997198
			SE	0.033780	0.041382

中国潜在 GDP 自然增长率在几何级数权数情形下 $\delta = 10.2132\%$,在余弦函数权数情形下 $\delta = 10.1817\%$。动态预测中国实际 GDP 指数,分情形建立 1983~2012 年间中国潜在 GDP 指数时间序列,与 1983~2009 年间实际 GDP 指数以及 2011 年和 2012 年间预测 GDP 指数比较,计算 1983~2012 年间中国国民收入的绝对缺口与相对缺口,其时间路径如图 1 所示。

依据增长型经济周期类型,中国经济复苏过程应该顺序通过:(1)第一转折点 *tp1*,$d(\Delta \ln Y)/dt = 0$;(2)第二转折点 *tp2*,$d[\ln(Y/Y^*)]/dt = 0$;(3)第三转折点 *tp3*,$\ln(Y/Y^*) = 0$,如图 2 所示。从实际 GDP 累计季度增长速度指标考量,2009 年第一季度为实际增长速度的波谷位置,构成中国经济景气第一转折点 *tp1*;2009 年第三季度实际增长速度低于自然增长率而 2009 年第四季度实际增长速度高于自然增长率,2009 年第四季度为实际国民收入缺口的波谷位置,构成中国经济景气第二转折点 *tp2*。2010 年第一季度与第二季度,实际增长速度高于自然增长率,中国经济景气从第二转折点 *tp2* 向第三转折点

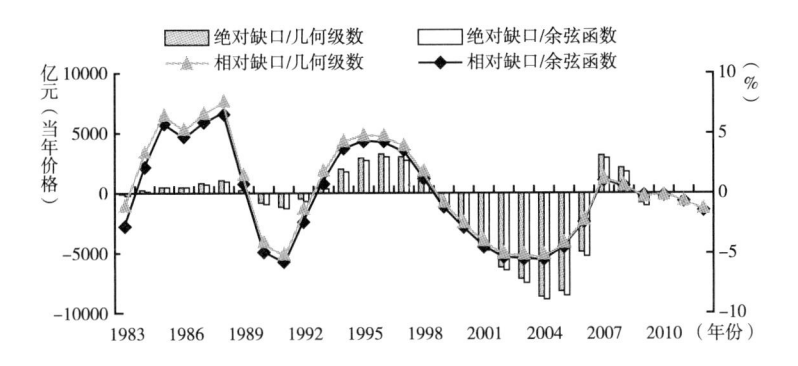

图 1　中国国民收入绝对缺口与相对缺口

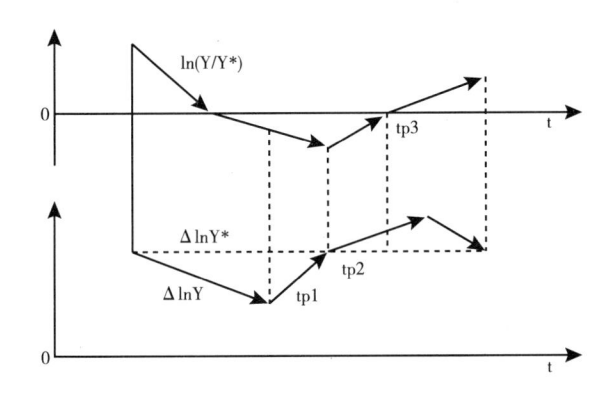

图 2　中国经济复苏过程

$tp3$ 前进。然而，从 2010 年第三季度起，实际增长速度低于自然增长率，中国经济景气正常化过程退步而重新处于第一转折点 $tp1$ 与二转折点 $tp2$ 间的国民收入紧缩缺口扩大阶段。

2. 经济波动的国际耦合性

在美国次贷危机前的相当长时期，发达国家与发展中国家间的经济增长中心—外围模式继续存在，发达国家与发展中国家间的经济周期同步性却逐渐弱化。1985～2005 年各发达国家间的经济周期以及各新兴市场国家间的经济周期是分别趋同的，然而发达国家与新兴市场国家间的经济周期已经分离。在美国次贷危机发生初期，或者由于对次贷危机的严重性估计不足，或者由于简单外推历史经验的方法论局限，有关理论和经验研究结论总体上是肯定新兴市场国家能够继续脱耦美国经济周期的。如图 3 所示，2005 年以前中国经济与美国经济的经济周期是基本耦合的，2006~2007年间中国经济景气强劲扩张而美国经济景气持续回落。可能正是中国经济周期与美国经济周期的暂时脱耦现象，误导中国宏观经济分析而忽视美国次贷危机对中国经济的严重需求冲击，迟缓中国需求管理政策取向的宽松调整。

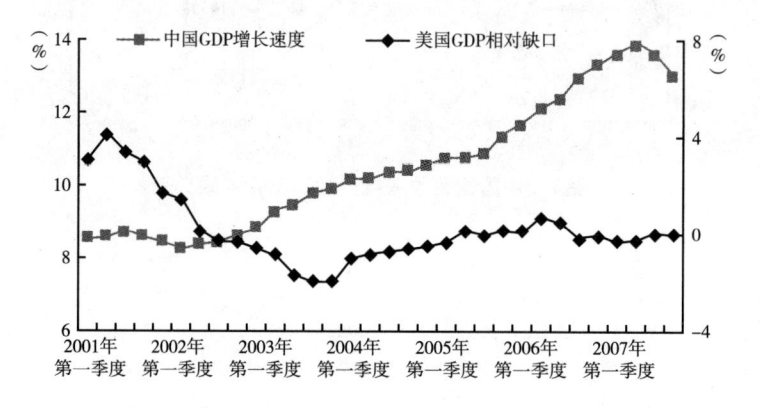

图3 中国季度GDP增长速度与美国季度GDP缺口

对于三部门开放经济体系，Y = C + I + (X − M)，假设消费函数 C = C(Y)，边际消费倾向 0 < c < 1；投资函数 $I = \bar{i} + u$；出口函数 $X = \bar{x} + v$；进口函数 M = M(Y)，边际进口倾向 0 < m < 1；u 与 v 分别为内部需求冲击与外部需求冲击。因此，净出口与国民收入协方差 cov (X − M, Y) = [(1 − c)·σ_v^2 − m·σ_u^2] / (1 − c + m)^2。若 σ_u^2 > 0 而 σ_v^2 = 0，cov (X − M, Y) < 0，蕴涵净出口逆周期波动；若 σ_u^2 = 0 而 σ_v^2 > 0，cov (X − M, Y) > 0，蕴涵净出口顺周期波动。依据净出口周期成分 nx 与国民收入周期成分 y 的相关性 ρ (nx, y)，能够辨识实际经济波动的需求驱动类型：若 ρ (nx, y) < 0，实际经济波动是内部需求驱动的；若 ρ (nx, y) > 0，实际经济波动是外部需求驱动的。

图4为1981~2009年间中国与美国GDP缺口y_CN和净出口缺口nx_CN的时间路径。如图4（a）所示，20世纪90年代中期前，中国贸易顺差与国民收入反向波动，实际经济波动主要是内部需求驱动的；90年代后期以来，中国贸易顺差与国民收入同向波动，实际经济波动主要是外部需求驱动的。如图4（b）所示，80年代以来，美国国际贸易是与国民收入大致反向波动的，并且从90年代后期起二者反向同步性增强，美国经济的波动主要是内部需求驱动的。在内部

需求驱动的美国经济波动模式与外部需求驱动的中国经济波动模式的国际经济结构基础上，美国经济景气通过国际贸易途径向中国经济景气传播，使得中国经济周期耦合美国经济周期。

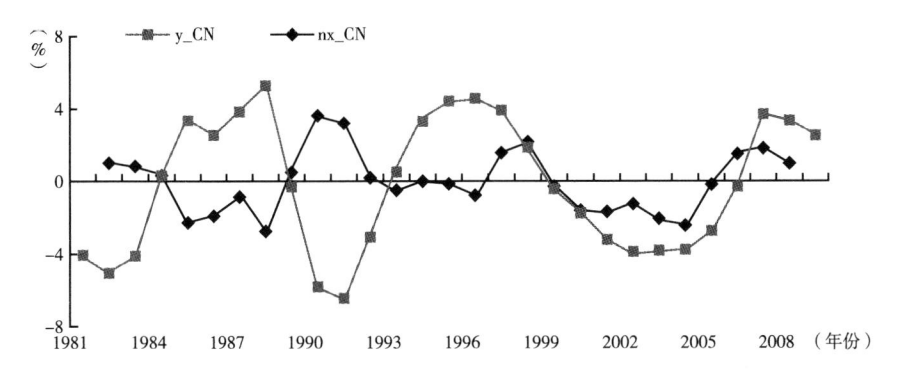

图4（a） 中国 GDP 相对缺口与净出口相对缺口

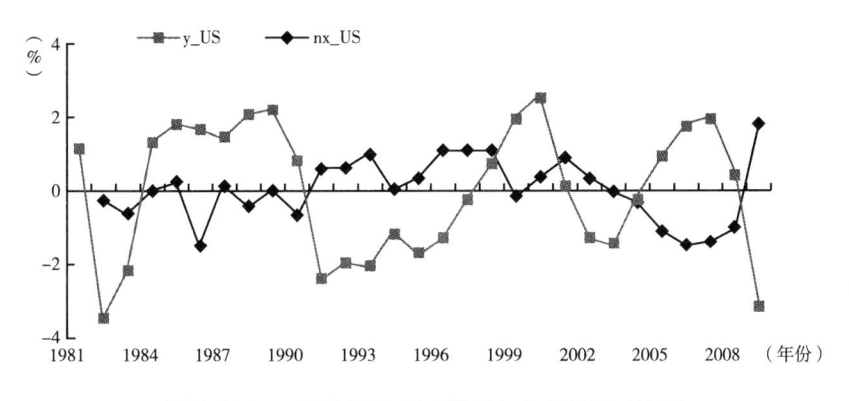

图4（b） 美国 GDP 相对缺口与净出口相对缺口

如图5所示，中国季度累计 GDP 增长率经时间差分处理后，在次贷危机以来波动剧烈，并且滞后美国季度年化 GDP 增长率而与其高度同向波动。2009年第三季度以来，中国经济景气与美国经济景气共同处于复苏阶段，然而从2010年起中国经济复苏强劲而美国经济复苏乏力。极度宽松的美国货币政策，或者推动国际商品价格上涨而向中国直接输入通货膨胀，或者驱使国际资本流入而向中国间接输入流动性。一方面，严重的输入型通货膨胀实际升值人民币汇率而减少净出口需求，在从美国经济景气到中国经济景气的传导过程中，在国际贸易的收入途径外开启国际贸易的价格途径；另一方面，出于去通货膨胀需要，中国稳健的货币政策相对于国内经济景气复苏的适度宽松或者中性政策取向基准是偏于紧缩的。因此，美国经济景气通过经济周期耦合机制负面影响中国经济景气，不仅导致次贷危机前期中国经济的严重收缩和衰退，而且阻碍次贷危机后期中国经济的独立复苏和正常化。

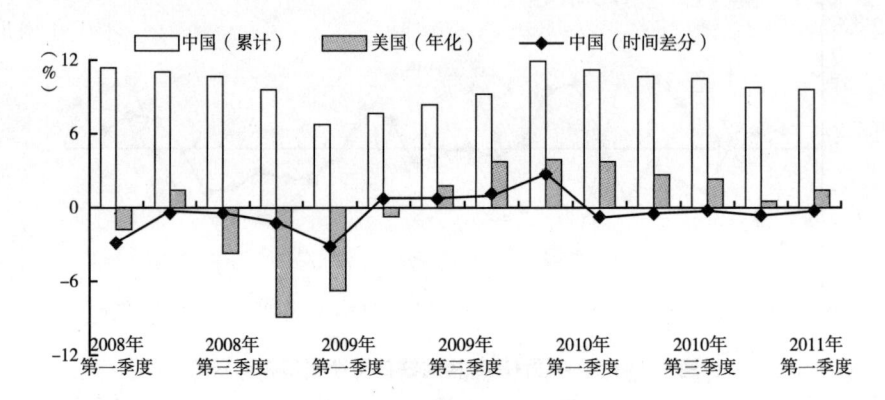

图5　中国与美国季度 GDP 增长速度

3. 通货膨胀的历史趋势

与中国经济体制的市场化转型过程相对应，中国通货膨胀机制依次经历20世纪80年代中后期以抑制性通货膨胀公开化为特征和90年代初中期以劳动工资补偿完全化为特征的高通货膨胀阶段，在90年代后期进入通过生产率进步吸收成本推动因素的低通货膨胀阶段，完成从高定态通货膨胀率向低定态通货膨胀率的历史性转变。

由于重型化的产业结构、日益严格的环境保护标准与更加完善的国有产权制度，难以避免资源性产品价格上涨。在竞争性市场体系支持下的技术进步，沿产业链方向逐级消化资源性产品价格上涨影响，能够消除中国通货膨胀的资源成本推动因素。中国 CPI 与工业品 PPI 以及原材料、燃料和动力价格指数（RWFPPI）通货膨胀率的协整检验，揭示 1990~2009 年间长期均衡关系 $\pi^{CPI} = 0.8010951 \cdot \pi^{PPI} - 0.219014 \cdot (T+2) + 6.221351$ 与 $\pi^{CPI} = 0.658271 \cdot \pi^{RWFPPI} - 0.317252 \cdot (T+2) + 7.774349$；其中，1981年 T=1，2009年 T=29。20世纪90年代以来，中国 CPI 定态通货膨胀率逐渐缓和，对 PPI 与 RWFPPI 的成本感应是不完全的，并且对 RWFPPI 的成本感应弱于对 PPI 的成本感应。中国 CPI 与 PPI 以及基础产品价格指数通货膨胀率的相对分离，主要体现技术进步沿产业链方向对资源性产品成本的逐级吸收作用。中国通货膨胀已经并且将继续呈现从 PPI 到 GDP 平减指数到 CPI 递减的动态结构，保持较为温和的 CPI 定态通货膨胀率。

由货币工资率调整方程 W = W（C，ρ，y）、生活费用与价格指数联系方程 C = C（P，t）和国民收入分配系数定义方程 ρ = W/（P·y）组成的中国价格形成模型，其控制论图式如图 6 所示，受生产率时间函数 y = y（t）与国民收入分配系数时间函数 ρ = ρ（t）的共同驱使，包含从 W 到 P 到 C 闭合路径的成本推动型通货膨胀机制。依据结构方程 W = W（C，ρ，y）与 C = C（P，t）的对数线性近似方程 lnW = k_1·lnC + k_2·lnρ + k_3·lny 与 lnC = l_1·lnP + l_2·t，π = [（k_2 - 1）·gρ +（k_3 - 1）·gy + $k_1 l_2$] /（1 - $k_1 l_1$），从而价格稳定的充分必要条件为（k_2 - 1）·gρ +（k_3 - 1）·gy + $k_1 l_2$ = 0。使用 1985~2009 年间中国工业部门价格形成模型的可计算动态递归系统，简单外插中国工业部门劳动生产率与国民收入分配系数的时间趋势，动态预测 5 年期内中国工业 GDP 平减指数的通货膨胀率。在无外部需求和供给冲击的条件下，中国工业部门在预测期呈现温和的成本推动型通货膨胀：第 1 年，1.960%；第 2 年，1.917%；第 3 年，1.885%；第 4 年，1.966%；第 5 年，2.208%。

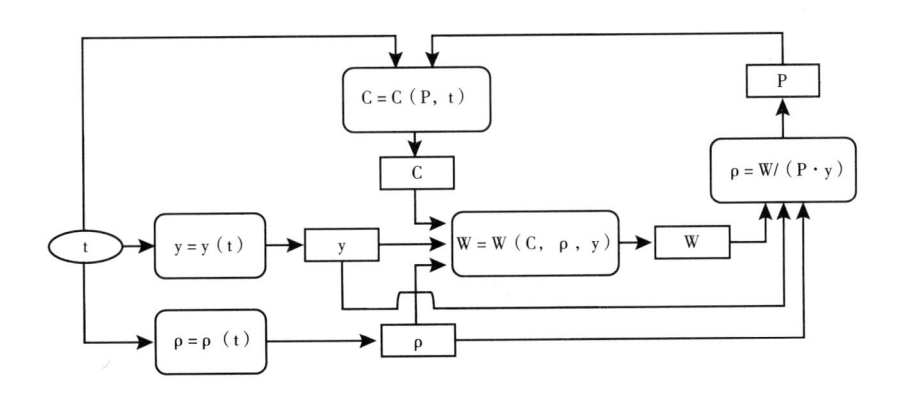

图 6　中国价格形成模型

南美洲国家经济发展的历史经验表明，在工业化初中期，由于农业剩余劳动力转移相对减少粮食供应，而工业化和城市化绝对增加粮食需求，最终形成粮食供应与需求缺口，产生由粮食产品价格推动的结构性通货膨胀，结构主义宏观经济学因而修正刘易斯二元经济模型。虽然英国发挥先发国家优势，苏联建立集体农庄制度，美国利用优越自然资源条件，均成功应对源于粮食产品价格上涨的结构性通货膨胀而完成初步工业化，但是中国受国际经济秩序、国内经济制度与自然资源条件限制，无法沿袭英国、苏联和美国模式，从而无法避免粮食产品价格持续上涨的历史趋势。中国经济发展只有借鉴日本经济发展的历史经验，在继续工业化过程中形成工资率与劳动生产率的良性互动机制，通过高工资率增加人力资本投资而通过高劳动生产率消化高工资成本，在高粮食产品价格与高货币工资率的历史背景下维持低单位劳动成本（ULC）、低核心通货膨胀率和比较劳动成本优势。

三 中国宏观经济政策评论

1. 需求管理的凯恩斯主义原则

中国国民收入的高储蓄倾向是能够依据年轻人口和高成长经济的生命周期模型来充分解释的。对于国民收入储蓄率 $S/Y = s \cdot (\eta + \delta - r)$，不仅节俭观念以及源于收入不确定性的预防型储蓄动机能提高（个体）储蓄率 s，而且年轻人口、高经济增长速度与低实际利率水平相配合，扩大人口增长率 η 和经济增长率 δ 与实际利率 r 的差距 $(\eta + \delta - r)$，从而共同提高总体储蓄率。在可预见的未来时期，虽然人口增长率和个体储蓄倾向逐渐下降，但是中国经济继续快速增长，继续保持年轻人口结构而劳动人口负担系数在临界值1以下，中国国民收入储蓄倾向因而仅有限下降。特别是由于全球储蓄过剩原因，国内利率被国际利率长期锁定在较低水平上而大幅度偏离净资本边际生产率。面对高储蓄倾向的国民收入分配结构，中国经济需要在以增加国内投资需求为轴心的需求管理政策体系支持下，实现高储蓄向高投资的有效转化，并且通过资本积累途径消除古典失业和支持即将来临的老龄社会。

以跨时移动的生存工资率假说修正传统刘易斯二元经济模型，建立中国经济的总量生产函数 $Y = \varphi(t) \cdot K$ 以及相应准 AK 增长模型，从而潜在国民收入 $y^* = L[y]$，并且在适应性通货膨胀预期假设下总供给函数 $y - L[y] = \lambda \cdot (\pi - L[\pi])$。当函数 $y = L[y]$ 具有多重不动点时，以二次型损失函数 $V = \theta \cdot (y - y^T)^2 + (\pi - \pi^T)^2$ 体现的保守型需求管理政策是自我实现预期性质的，导致依存于初始经济增长目标 y^T 的多重国民收入均衡状态。此时，以抛物线形损失函数 $V = -\theta \cdot y + (\pi -$

$\pi^T)^2$ 体现的积极需求管理政策,能够实现与潜在国民收入技术上限一致的最大可持续增长率目标(HSGR),其稳定均衡位置是唯一和确定的。在经济周期和经济结构的转折时期,面临实时未知的潜在总供给能力,积极需求管理采取微撞(fine-tapping)操作模式,通过间歇性增加总需求而探索潜在总供给前沿,能够避免保守型需求管理的低水平国民收入均衡陷阱。

中国经济的长期均衡状态是政策依存和预期依存的,在积极需求管理政策和乐观经济增长预期的必要配合下实现其最充分的资源利用状态。一方面,容纳滞后效应的中国菲利普斯曲线可以是长期正向倾斜的,在警示停滞膨胀危险的同时蕴涵经济增长目标与价格稳定目标的互补性,凯恩斯定理因而可以在长期成立;另一方面,中国经济发展的高储蓄—高投资—高增长模式,通过国民收入储蓄倾向 $S/Y = s \cdot (\eta + \delta - r)$,蕴涵国民收入高储蓄倾向与高经济增长速度间的正向反馈机制。

从长远的历史视角观察,上溯至20世纪50年代,中国经济实现罗斯托定义的经济起飞,从此进入库兹涅茨定义的现代经济增长阶段;进入21世纪以后,中国经济已经处于卢卡斯描述的所谓"富可收敛"(rich enough to convergence)的快速赶超阶段,连续超越德国和日本而成为世界第二大经济体。即使依据单纯的经济增长核算,大规模的农村剩余劳动力转移、巨额的人力资本积累与物力资本积累以及快速的体现型技术进步与模仿型技术进步,已经并且将在未来相对长时期促进中国经济持续快速增长,创造经济发展、体制改革和对外开放三重协同转型的中国经济奇迹。按谨慎乐观情景的周期和增长预测,"十二五"规划时期中国实际GDP年均增长率约为9.5%,2011~2020年间中国实际GDP年均增长率在8.5%以上,2021~2030年间中国实际GDP年均增长率在7.5%以上。中国经济将从2011年起在新增的GDP上超越美国经济,2020年左右在以购买力平价计算的GDP上超越美国经济,2025年左右在以名义汇率计算的GDP上超越美国经济。

2. 财政政策和货币政策的操作空间

对于国家债务跨时转移方程 $D_t = (1 + R_t) \cdot D_{t-1} + B_t$,定义财政赤字与国民收入比率 $d_t = D_t/Y_t$ 和国家债务余额与国民收入比率 $b_t = B_t/Y_t$,在名义国民收入增长率 G_t 和名义利率 R_t 背景下,$d_t = [(1 + R_t)/(1 + G_t)] \cdot d_{t-1} + b_t$。若 $R_t < G_t$,d_t 收敛。当 $t \to \infty$ 时,$(R_t, G_t, b_t) \to (R^*, G^*, B^*)$,$d^* = [(1 +$

G^*) / ($G^* - R^*$)] · b^*,从而 sgn [$\partial d^*/\partial$ (b^*, R^*, G^*)] = (+, +, -)。表3从当前三年期居民储蓄存款利率和2010年名义GDP增长率的现实环境出发,参考财政健全的国际标准 $b^* \leq 3\%$ 与 $d^* \leq 60\%$,情景模拟中国债务余额和财政赤字的可能稳态极限。

表3 中国政府债务负担动态分析

	债务负担:b^*				财政赤字:sup(d^*)		
	$d^*=2\%$	$d^*=3\%$	$d^*=4\%$	$d^*=5\%$	$b^*\leq60\%$	$b^*\leq100\%$	$b^*\leq150\%$
$G^* = G_{2010}$	18.55	27.82	37.10	46.37	6.47	10.78	16.17
$G^* = 0.75 \cdot G_{2010}$	27.40	41.10	54.80	68.50	4.38	7.30	10.95
$G^* = 0.50 \cdot G_{2010}$	56.62	84.92	113.23	141.54	2.12	3.53	5.30

$G_{2010} = 17.69\%$,$\pi_{2010} = 6.60\%$,$R^* = R_{2011} = 5.00\%$

如表3所示,中国经济高速增长的自然冲销能力,可以将财政赤字比率和国家债务余额控制在财政健全的合理范围内。以线性调整方程 R = R + θ · max {0, π - R'} 模拟利率政策规则,G = g + π。若 π ≤ R'或者 θ = 0,$\partial d^*/\partial \pi < 0$;若 π ≥ R'并且 θ ≠ 0,当 θ < 1/(1+g) 时,$\partial d^*/\partial \pi < 0$,当 θ > 1/(1+g) 时,$\partial d^*/\partial \pi > 0$。因此,在中国利率政策规则符合泰勒原理后,θ > 1,通货膨胀政策或者通货膨胀税收就是反财政健全性质的。

从2010年起,中国货币乘数和货币流通速度是非常不稳定的,短期内无法锚定任何货币主义性质的固定货币供应目标。由于汇率尚未自由化,中国货币政策与国外货币政策在相当范围内是相互独立的;由于利率尚未自由化,中国利率政策与信贷政策在相当范围内是相互独立的。中国货币政策具有较为广阔的自由操作空间,能够在工具变量不少于目标变量的丁伯根法则约束下,进行经济稳定目标与金融稳定目标以及内部平衡目标与外部平衡目标的同时调节。在治理通货膨胀而紧缩信贷规模时,仅有限上调利率水平,以抑制国际投机资本流入和缓解人民币升值压力。中国差别化的利率政策与信贷政策,不仅适合市场结构的不完全性和地区结构的不平衡性,而且有效阻隔资产价格与(实体)经济景气的交叉溢出效应。首先和主要是通过金融监管预防和处置资产价格泡沫问题,已经成为次贷危机以来的相关理论和政策研究的基本共识,在宏观审慎监管的框架下容许结构性的货币政策。

基于2009年世界发展指标（WDI）的人均国民收入指标Y与人均PPP国民收入指标Y^{PPP}，动态购买力平价（PPP）理论采取计量结构方程$Y_t/Y_t^{PPP} = c + \alpha \cdot \ln Y_t + \beta/\ln Y_t$；其中，中国相对汇率$Y/Y^{PPP} = 0.547528517$，已经接近国际相对汇率$Y/Y^{PPP}$。从2010年起，人民币汇率升值的主要驱动力量是中国经济持续快速增长，而不是人民币汇率（相对于动态PPP水平）低估而均衡调整。动态PPP理论情景预测，2010~2015年间人民币实际汇率将累计升值13.74%而年均升值2.17%。因此，根据与动态PPP理论一致的价格和汇率政策目标算，规定2011~2015年间中国需求管理的中性政策取向，符合：假设国际通货膨胀率$\pi^f = 2\%$，国内通货膨胀率目标$\pi = 2\%$，人民币名义汇率上涨率目标$gE = -2\%$，从而实现人民币实际汇率升值率2%（$= -gE - \pi^f + \pi$）。

参考文献

陈佳贵、李扬：《2011年中国经济形势分析与预测（经济蓝皮书）》，社会科学文献出版社，2010。

沃什：《货币理论与政策（第二版）》，上海财经大学出版社，2004。

韦尔：《经济增长（第二版）》，中国人民大学出版社，2011。

郑超愚：《中国宏观经济分析的理论体系》，中国人民大学出版社，2011。

中国人民大学经济学研究所：《中国宏观经济形势与政策：2010~2011年》，《金融发展评论》2011年第2期。

Bernanke, Ben S., 2011, "Lessons from Emerging Market Economies on the Sources of Sustainable Growth", http://www.federalreserve.gov/newsevents/speech/bernanke 20011092a.htm.

Mishkin, Frederic S., 2011, "Monetary Policy Strategy: Lessons form the Crisis", *NBER Working Paper Series*, No. 16755.

Rodrik, Dani, 2011, "The Future of Economic Convergence", *NBER Working Paper Series*, No. 17400.

Snowdon, Brain, and Howard R. Vane, 2005, *Modern Macroeconomics: Its Origins, Development and Current State*. Edward Elgar.

Stock, James H., and Mark W. Watson, 2010, "Modeling Inflation after the Crisis", *NBER Working Paper Series*, No. 16488.

China's Macroeconomic Situation and Policies: 2011-2012

Project Group

Abstract: In 2011, China's economy recovered continuously, removing inflation persistence while realizing rapid growth. In 2012, China's economy should sustain proactive fiscal policy and prudent monetary policy and, through accommodative demand management, promote the comprehensive normalization of economic condition, to achieve the final transition of business cycle from depression stage to prosperity one.

Key Words: China's Economy; Growth, Fluctuation and Inflation; Demand Management

B.13
"十二五"初期实际GDP增长率的实时预报与短期预测

刘金全 刘 汉*

摘 要：本文利用单频静态因子模型从大量月度指标中萃取因子变量用于评估混频数据模型的预测效果并将其应用到"十二五"初期实际GDP增长率的实时预报和短期预测。研究表明，2011年下半年的经济总体形势将会呈现"稳中有升"的格局，2011年全年GDP增长率将处于9.5%～10.5%的区间内，2012年第一季度与2011年第四季度相比将有轻微下滑，但基本稳定在10%左右。

关键词：混频数据 因子模型 GDP增长率 实时预报 短期预测

一 主要宏观经济指标的选取和处理

为了充分利用我国宏观经济中大量的月度指标萃取代表宏观经济走势的因子，并将其结合到混频数据模型中实现对我国实际GDP增长率的实时预报和短期预测，本文将选取10个先行指标，6个一致指标和4个滞后指标作为我国实际GDP增长率短期预测和实时预报的大量月度数据集。

（一）指标的选取

根据中国经济景气监测中心（以下简称CEMAC，http://www.cemac.org.cn）和高盛（亚洲）联合开发的监测系统中选取的先行指标和一致指标为基础（郭国峰、郑召锋，2010），参照国内主要研究机构（如国家信息中心、国家统计局

---

* 刘金全、刘汉，吉林大学数量经济研究中心。

和中国人民银行等）对指标的景气属性分类，并兼顾我国宏观经济月度指标的可获得性，本文选取了20个月度指标，无特殊说明，数据均来源于中经网统计数据库（http：//db.cei.gov.cn/）以及《中国经济景气月报》，并经过整理计算。

首先，参考CEMAC和国内主要研究机构选取的先行指标，兼顾数据的可获得性，及其重要程度，选取工业企业产品销售率（RSO）、消费者预期指数（CEI）、社会货运量（TFT）、沿海主要港口货物吞吐量（VFH）、固定资产投资本年新开工项目个数（NNP）、外商直接投资中实际利用外资（FDI）、货币供应量（M2）、银行间7天内同业拆借加权平均利率（IWLR7）、房地产开发投资指数（REDII）和粗钢产量（CSP）共十个变量作为预测实际GDP增长率的先行指标序列。先行指标的峰谷的走势先于经济周期波动走势，对判断经济走势、预测经济周期转折点具有非常重要的意义。

其次，本文选取六个一致指标作为预报和预测实际GDP增长率的一致指标，即工业企业增加值增速（VAI）、固定资产投资完成额（CIFA）、社会消费品零售总额（TRSCG）、进出口总额（TVIE）、国家财政收入中各项税收（TRGR）、工业企业利润总额（TPIE）、发电量产量（ETPE）作为预测实际GDP增长率的一致指标序列。一致指标是代表国民经济周期波动特征，其转折点大致与国民经济周期的转变同时发生，该类指标有利于判断当前经济的基本走势，可以用于确定预测对象的发展状况。

最后，本文选取如下四个指标，即财政支出（TGE）、居民消费价格指数（CPI）、工业品出厂价格指数（PPI）、工业企业产成品（OIE）作为预报和预测实际GDP增长率的滞后指标组。滞后指标在时间上落后于国民经济周期波动，可以用来判断经济周期运行发展的位置，确认前一个经济循环是否已经结束，可以对先行指标和一致指标的判断进行验证和补充。

（二）指标的处理

考虑Stock和Watson（2006）使用主成分分析方法估计单频静态月度因子模型时要求月度数据集合中不能含有缺失值，因此下文需要将样本区间的所有数据统一到样本中最短的样本变量（消费者预期指数从1999年1月开始公布），因此本文所有的月度数据指标均从1999年1月到2011年8月（本文写作时获取数据的时点为 2011 年 9 月 28 日），相应的季度实际 GDP 增长率的样本区间为 1999 年第一季度到 2011 年第二季度，共 50 个观测值。根据国家统计制度，某一时点获取的月度数据是边缘不齐的，不仅表现在数据开始期和结束期不同，还表现在个别或多个月份数据的缺失（常见的情况是 1 月份和 12 月份数据的缺失）。为了能应用主成分方法估计单频因子模型，本文将月度指标中的缺失数据进行处理，具体如附表所示。在缺失数据的处理上，本文采取以下步骤。

首先，推算并填充。如果变量的 12 月份数据缺失，且能获取到该变量的年度加总值，利用年度值减去前面 11 个月的总和，即可得到缺失数据的值，如国家财政收入中各项税收、财政支出等。若变量个别年份的 1 月（12 月）数据缺失但无法获得年度数据，我们采用上年 1 月（12 月）和当年 2 月（11 月）的平均值作为该值的替代，这一方面兼顾了变量强季节性的特点，另一方面也考虑到变量当年的实际情况，如工业企业产品销售率、工业企业增加值等。

其次，最小插值离差平方和。如果该序列所有年份的 1 月或 12 月份数据均缺失，此时无法获得填充和推断该序列的有效信息，本文将采用最小样条插值离差平方和的方法，即当变量 A 某个月份数据缺失，也无法获取其增长率和加总数据等直接信息时，选取一个与该变量走势和波动最接近的变量 B 作为参考变量，分别采用线性插值、三次样条插值和三次 B 样条插值的方法，根据变量 B 的走势和波动范围来获取变量 A 插值后的新变量 A1，A2 和 A3［具体算法可以参考 Schatzman（2002）］，在所获得三组变量中，选取与变量 A 差别最小的变量 Amin，最后利用 Amin 的值填补变量 A 中的缺失数据。

二 结合单频因子的混频数据预测模型的实证研究

通过选取与实际 GDP 增长率有关的 20 个宏观经济月度指标，借助 Stock 和 Watson（2006）的单频静态因子模型萃取的因子变量，分别结合两类混频数据模型对我国实际 GDP 增长率进行实时预报和短期预测，并与传统的自回归模型（以下简称 AR）预测的均方误差（以下简称 MFSE）进行比较获得 MFSE 的比值（以下简称 RMFSE），从而判断结合单频因子的混频数据模型的有效性和适用性，并利用这些模型进行样本外的实时预报和短期预测。

表1分别给出了两类混频数据模型［包括 MIDAS、MIDAS－AR 和 MFVAR 三种混频数据模型，模型介绍参见 Clements 和 Galvão（2008）］分别结合三个景气指数和三个因子变量对实际 GDP 增长率的实时预报和短期预测，并按数据类别进行了预测结果平均值的总结。首先，混频数据预测模型在总体上均优于传统的 AR 预测模型（MIDAS 类模型在较短预测期的预测结果例外），这说明混频数据模型在结合景气指数和因子变量对我国实际 GDP 的实时预报和短期预测是有效且适用的，尤其是利用景气指数的 MIDAS－AR 模型和利用因子变量的 MFVAR 类预测模型表现出了绝对的优势（如表1中预测平均值所示）。其次，混频数据模型利用因子变量对实际 GDP 的实时预报和短期预测要显著好于利用景气指数的预测结果（从预测结果的平均值可以看出，且每个预测期的最优预测结果均落在因子变量上），具体到混频数据模型，MIDAS 类模型利用因子变量对实际 GDP 的实时预报和短期预测虽然在个别预测期上并不一定比利用景气指数的预测结果好，但是总体上还具有比较优势，尤其是 MFVAR 模型利用因子变量的预报和预测结果绝对优于利用景气指数的预报和预测结果。最后，不同混频数据模型预测方法结合不同的变量在不同预测期的预测效果的比较中可以看出，MFVAR 预测效果总体最优，MIDAS－AR 次之，最后是 MIDAS，且最优预测结果多发生在 MFVAR 模型结合因子1和 MIDAS－AR 模型结合因子2的实时预报和短期预测中，但是具体到变量和因子上，不同混频数据方法的预测结果却存在一定的差异，且在不同预测方法上也存在一定的差异，例如 MIDAS－AR 模型在短期预报方面具有相对的比较优势，而 MFVAR 模型在较长期间的预测上具有比较优势。

从表1的分析结果可以看出，因子变量的预测效果相对于景气指数要好，然而因子变量是从大量月度指标中萃取出来的，其对实际 GDP 的实时预报和短期预测效果的评定还可以使用组合预测的方法进行比较分析，并与全部变量的组合预测结果进行比较分析，具体结果如表2所示。

表1 因子变量和景气指数对实际GDP增长率的实时预报和短期预测的比较分析

指标		预测方法 \ 预测期数	1	2	3	4	5	6	7	8	9
景气指数	先行指数	MIDAS	3.45	3.65	1.75	1.60	1.50	0.80	0.82	0.73	0.56
		MIDAS-AR	**0.78**	**0.56**	**0.43**	**0.43**	**0.46**	**0.38**	**0.44**	**0.53**	0.65
		MFVAR	0.91	0.84	0.72	0.82	0.91	0.48	0.62	0.65	**0.53**
	一致指数	MIDAS	2.13	2.59	1.28	1.47	2.38	1.08	0.74	1.10	0.71
		MIDAS-AR	**0.47**	0.75	0.77	**0.96**	**1.05**	**0.62**	**0.63**	**0.54**	0.70
		MFVAR	0.56	0.69	0.87	1.08	1.27	0.65	0.70	0.75	**0.61**
	滞后指数	MIDAS	2.99	3.28	1.53	1.65	1.77	0.73	0.75	0.67	
		MIDAS-AR	1.00	1.06	1.05	1.11	1.00	0.62	0.62	0.54	0.73
		MFVAR	**0.76**	**0.82**	**0.84**	**0.75**	**0.83**	**0.53**	**0.50**	**0.52**	**0.53**
	景气指数预测结果的平均值	MIDAS	2.74	3.11	1.50	1.57	1.82	0.84	0.76	0.83	0.64
		MIDAS-AR	**0.68**	**0.74**	**0.66**	**0.70**	**0.73**	**0.51**	**0.55**	**0.54**	0.69
		MFVAR	0.72	0.77	0.80	0.86	0.97	0.54	0.59	0.63	**0.55**
因子变量	因子1	MIDAS	0.98	0.90	1.43	0.86	1.25	2.05	0.98	0.66	0.97
		MIDAS-AR	**0.25**	**0.29**	0.55	0.76	1.56	1.35	1.08	0.62	0.87
		MFVAR	0.36	0.36	**0.45**	**0.46**	**0.50**	**0.60**	**0.47**	**0.47**	**0.50**
	因子2	MIDAS	2.41	2.10	2.53	1.18	1.55	1.28	**0.22**	0.54	0.44
		MIDAS-AR	1.32	0.97	1.01	0.71	0.39	0.51	0.45	0.44	0.43
		MFVAR	**0.55**	**0.58**	**0.53**	**0.32**	**0.31**	**0.34**	0.30	**0.35**	**0.40**
	因子3	MIDAS	3.77	4.77	3.15	1.55	2.34	2.74	1.10	1.55	0.86
		MIDAS-AR	**0.72**	**1.19**	**0.90**	**1.39**	**1.27**	**1.17**	**0.76**	0.87	0.87
		MFVAR	1.67	1.31	1.24	1.49	1.50	1.41	0.79	**0.70**	**0.65**
	因子变量预测结果的平均值	MIDAS	1.76	1.67	2.12	1.13	1.61	1.84	0.47	0.74	0.67
		MIDAS-AR	**0.48**	**0.57**	0.76	0.87	0.75	0.84	0.67	0.60	0.65
		MFVAR	0.58	**0.57**	**0.61**	**0.50**	**0.51**	**0.57**	**0.44**	**0.47**	**0.50**

注：表中的基准预测模型为AR预测模型，表中的数值均为混频数据预测的MFSE与AR预测模型的MFSE的比值RMFSE，图中加粗的数值表示每个变量中最好的预测结果，加粗且加有下划线表示预测期内最好的预测结果，如无特殊说明，以下表格的表示方法与表1一致。

表2　因子变量和全部月度指标组合预测的有效性分析

指标	预测期数 混频数据模型	组合预测方法	1	2	3	4	5	6	7	8	9
因子变量	MIDAS	均　值	1.21	**1.13**	**1.41**	**0.62**	**1.01**	**1.34**	0.55	**0.55**	**0.53**
		权重均值	1.13	1.17	1.43	0.71	1.13	1.50	0.49	0.56	0.57
		中位数	2.22	1.39	1.62	0.98	1.10	1.64	0.52	0.58	0.77
	MIDAS-AR	均　值	0.54	0.47	0.49	0.66	0.80	0.76	0.65	0.55	0.57
		权重均值	0.48	0.44	**0.46**	**0.64**	**0.71**	**0.66**	**0.61**	**0.54**	**0.56**
		中位数	**0.47**	**0.35**	0.54	0.83	1.10	1.09	0.70	0.58	0.63
	MFVAR	均　值	0.44	0.41	0.45	0.46	0.58	0.63	0.41	0.43	0.46
		权重均值	**0.40**	**0.37**	**0.42**	**0.42**	**0.54**	0.59	**0.40**	**0.42**	**0.45**
		中位数	0.46	0.48	0.50	0.49	**0.54**	**0.54**	0.42	0.44	**0.45**
全部月度指标	MIDAS	均　值	1.17	1.23	1.36	0.70	0.82	0.89	0.37	0.35	0.38
		权重均值	**1.04**	**1.06**	**1.24**	**0.69**	**0.81**	0.89	0.36	0.34	0.38
		中位数	1.38	1.54	1.56	0.86	0.92	**0.87**	**0.33**	**0.33**	**0.32**
	MIDAS-AR	均　值	0.68	0.73	0.80	0.82	0.90	**0.86**	**0.54**	**0.55**	0.56
		权重均值	**0.62**	**0.64**	**0.77**	**0.79**	**0.87**	0.88	**0.54**	**0.55**	**0.55**
		中位数	0.89	0.88	0.95	0.91	0.98	0.94	0.59	0.59	0.59
	MFVAR	均　值	0.48	0.53	0.64	0.64	0.70	0.74	0.39	0.40	0.41
		权重均值	**0.45**	**0.50**	**0.62**	**0.62**	**0.68**	0.73	0.38	0.39	0.40
		中位数	0.64	0.62	0.70	0.67	0.70	**0.72**	**0.38**	**0.38**	**0.38**

表2给出了因子变量和所有月度指标在不同混频数据模型和不同组合预测方法下对实际GDP的实时预报和短期预测。从表2中可以看出：首先，因子变量的组合预测结果进一步加强了表1中混频数据模型的预测效果相对于传统的AR预测模型要好的结论，除了MIDAS模型在较短期间内的组合预测结果外，其他模型在所有预测期内的组合预测均表现出显著的比较优势；其次，从因子变量的组合预测方法来看，MIDAS模型的均值组合预测效果最好，MIDAS-AR和MFVAR模型的权重均值组合预测效果占有比较优势，而从所有变量的组合预测方法来看，无论是哪种混频数据模型，权重均值组合预测在较短预测期内的预测效果具有比较优势，而较长预测期内，MIDAS和MFVAR模型的中位数组合预测效果具有比较优势，MIDAS-AR模型的均值组合预测效果相对较好，这说明组合预测效果没有绝对的优势，但总体上权重均值的预测效果相对较好；最后，从所有预测期的最优预测结果来看，结合因子变量的MFVAR模型的权重均值组合

预测在短期内具有比较优势，而结合所有变量的 MIDAS 模型的中位数组合预测在较长期的预测中具有比较优势，这说明采用单频静态因子模型所萃取的因子变量不仅具有代表性，而且显著地改善实时预报和短期预测的效果。

为了遴选最终用于实时预报和短期预测的变量和混频数据模型，下文在上述分析的基础上对两类混频数据模型的预测效果进行比较分析，因此表 3 中将以 MFVAR 模型的预测结果作为基准预测结果，将 MIDAS 类模型预测的 MFSE 同 MFVAR 模型预测的 MFSE 进行比较分析，得出的 RMFSE 结果如表 3 所示。

表 3　两类混频数据模型结合不同变量的组合预测的比较分析

指标	混频数据模型	组合预测方法	1	2	3	4	5	6	7	8	9
景气指数	MIDAS	均值	4.68	4.14	1.95	1.90	1.76	1.48	1.30	1.27	1.16
		权重均值	**4.03**	**3.44**	**1.71**	**1.94**	**1.74**	**1.46**	**1.28**	**1.19**	**1.13**
		中位数	5.21	4.37	2.09	1.96	2.07	1.60	1.45	1.52	1.32
	MIDAS-AR	均值	0.81	0.83	1.22	1.17	0.95	1.06	1.05	0.87	**1.36**
		权重均值	**0.76**	**0.64**	**0.97**	**1.09**	**0.84**	**1.05**	1.07	**0.86**	1.37
		中位数	0.92	0.91	1.19	1.27	1.12	1.18	1.11	0.94	1.40
因子变量	MIDAS	均值	2.76	2.75	3.13	1.35	1.73	2.12	1.34	1.27	1.17
		权重均值	2.84	3.14	3.42	1.68	2.08	2.53	1.23	1.32	1.27
		中位数	4.84	2.91	3.27	2.03	2.03	3.03	1.24	1.32	1.72
	MIDAS-AR	均值	1.24	1.15	**1.09**	**1.43**	1.38	1.21	1.58	1.27	1.25
		权重均值	1.19	1.18	1.10	1.50	1.32	1.12	1.54	1.27	1.24
		中位数	**1.04**	**0.75**	**1.09**	1.71	2.04	2.01	1.66	1.31	1.42
全部月度指标	MIDAS	均值	2.43	2.31	2.11	**1.10**	**1.16**	**1.20**	0.94	**0.86**	0.93
		权重均值	2.32	**2.13**	**1.99**	1.11	1.19	1.23	0.94	0.87	0.94
		中位数	**2.16**	2.48	2.23	1.28	1.31	1.21	**0.88**	**0.86**	**0.83**
	MIDAS-AR	均值	1.41	1.37	**1.24**	1.28	**1.28**	**1.16**	**1.37**	**1.37**	**1.36**
		权重均值	1.40	**1.28**	**1.24**	**1.27**	**1.28**	1.21	1.40	1.39	1.37
		中位数	**1.39**	1.42	1.35	1.35	1.31	1.31	1.54	1.55	1.53

注：表中的基准预测模型为 MFVAR 预测模型，表中的数值为 MIDAS 类混频数据预测的 MFSE 与 MFVAR 预测模型的 MFSE 的比值 RMFSE。

从表 3 中可以看出：第一，MFVAR 模型对实际 GDP 增长率的实时预报与短期预测的结果要显著优于 MIDAS 类模型的预测结果，且结合因子变量的 MFVAR 预测模型占有绝对优势，从而进一步证实了表 1 中 MFVAR 具有最好预测效果的结论；第二，从具体的变量和组合预测方法来看，MFVAR 模型预测效果的比较优势还存在一定的差异，尤其是结合景气指数的 MIDAS‐AR 模型的组合预测结果在实时预报和较短预测期内具有比较优势，结合所有变量的 MIDAS 模型的组合预测结果在较长期的预测中具有比较优势；第三，从所有预测期的最优预测结果来看，结合景气指数的 MIDAS‐AR 模型的权重均值组合预测在较短预测期内，结合所有变量的 MIDAS 模型的中位数组合预测在较长预测期内均优于相应的 MFVAR 模型的组合预测，这说明两类混频数据模型的实时预报和短期预测不存在绝对的替代关系，应该根据不同变量和不同的组合预测方法，以及不同的预测目的（预报，短期预测或较长期预测）将两类模型结合起来更好地用于实际 GDP 增长率的实时预报和短期预测[此处的结论同 Kuzin、Marcellino 和 Schumacher（2010）的结论类似]，因此，下文的"十二五"初期的实际 GDP 增长率的实时预报和短期预测将以 MFVAR 模型的组合预测为主，MIDAS 类模型的组合预测为辅，以期精确地预报和预测我国"十二五"初期的实际 GDP 增长率。

三 "十二五"初期实际 GDP 增长率的实时预报和短期预测

从以上预测结果的比较分析可以看出不同类别的月度指标选取，不同混频数据模型预测方法和组合预测方法的使用均对实际 GDP 增长的实时预报和短期预测产生重要的影响，虽然总体上 MFVAR 模型的预测效果较好，但是结合景气指数的 MIDAS‐AR 模型的权重均值组合预测在较短预测期内，结合所有变量的 MIDAS 模型的中位数组合预测在较长预测期内均具有比较优势。因此，下文将分别结合不同指标、不同的混频预测模型和不同组合预测方法实现对"十二五"初期的实际 GDP 增长率的实时预报和短期预测。具体地，本文根据已有混频数据，参照样本内评估的预测方法，进行向前 3 个季度的样本外预测，例如可以利用 2011 年 7 月和 8 月的数据对 2011 年第三季度的实际 GDP 进行实时预报和更新，对 2011 年第四季度和 2012 年第一季度进行样本外短期预测，而第一次获得 2011 年第三季度的预测值是 2011 年 1 月进行向前 3 个季度的短期预测所获得的，所以利用截止到 2011 年 8 月份的数据信息，能获得 8 个 2011 年第三季度实时预报和短期预测的预测结果，5 个 2011 年第四季度的实时预报和短期预测结果，

"十二五"初期实际 GDP 增长率的实时预报与短期预测

以及 2 个 2012 年第一季度的实时预报和短期预测结果①,为了使图形的预测值具有连贯性,图中还给出了样本内评估期的实时预报和短期预测结果。

(1) 结合景气指数的混频数据模型对"十二五"初期实际 GDP 增长率的实时预报和短期预测。

从表 1 中单个景气指数的预测结果和表 3 中所有景气指数的组合预测结果可以看出,结合景气指数的 MIDAS – AR 模型的权重均值组合预测在较短预测期内具有比较优势,而结合景气指数的 MFVAR 模型的权重均值组合预测在较长预测期内具有比较优势。因此,图 1 和图 2 分别给出了结合景气指数的 MIDAS – AR 模型的权重均值组合预测和结合景气指数的 MFVAR 模型的权重均值组合预测对"十二五"初期实际 GDP 增长率进行实时预报和短期预测。

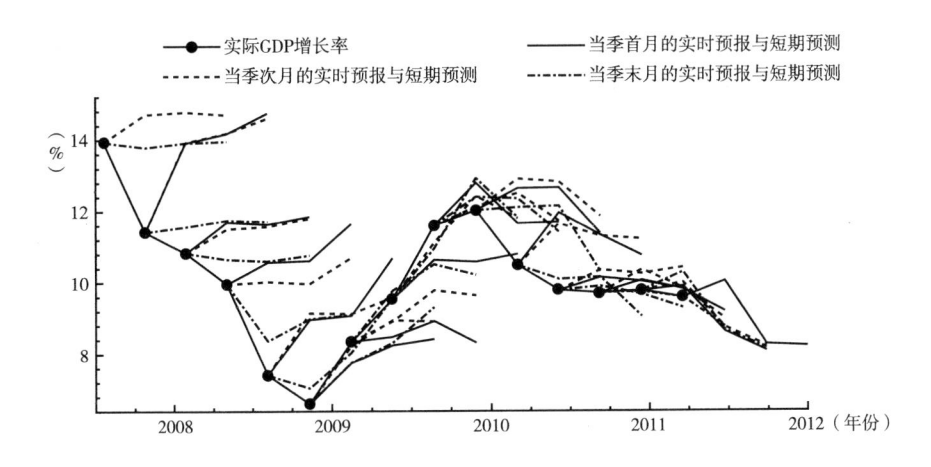

图 1 结合景气指数的 MIDAS – AR 混频数据模型对实际 GDP 增长率的实时预报与短期预测

从结合景气指数的 MIDAS – AR 模型的权重均值组合预测的短期预测结果来看,2011 年下半年的经济增长率有下行的风险,其值落在 8% ~ 10% 的区间内,预测结果的波动幅度较大;而结合景气指数的 MFVAR 模型的权重均值组合预测的较长期预测结果显示,2012 年第一季度实际 GDP 增长率的预测值为 9.8%。

---

① 由于在本文写作时,景气指数仅能获得截止到 2011 年 7 月份的数据。因此结合景气指数的混频数据模型仅能获得 7 个 2011 年第三季度实时预报和短期预测的预测结果,4 个 2011 年第四季度的实时预报和短期预测结果,以及 1 个 2012 年第一季度的实时预报和短期预测结果。

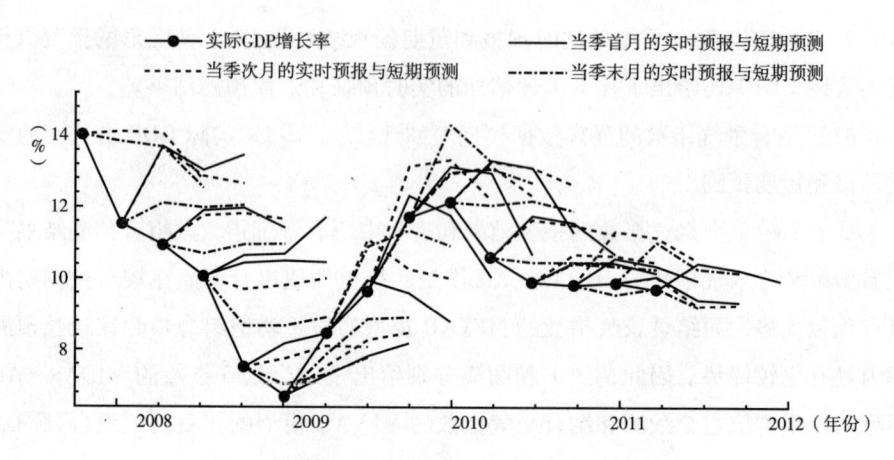

图2 结合景气指数的 MFVAR 混频数据模型对
实际 GDP 增长率的实时预报与短期预测

（2）结合因子变量的混频数据模型对"十二五"初期实际 GDP 增长率的实时预报和短期预测。

从表3中可以看出，结合因子变量的混频数据模型的组合预测中，MFVAR 模型占有绝对的优势，而在 MFVAR 的组合预测方法上，表2 显示出权重均值的组合预测方法相对其他的组合预测方法更为有效，因此，图3 将给出结合因子变量的 MFVAR 模型的权重均值组合预测来对"十二五"初期实际 GDP 增长率进行实时预报和短期预测。

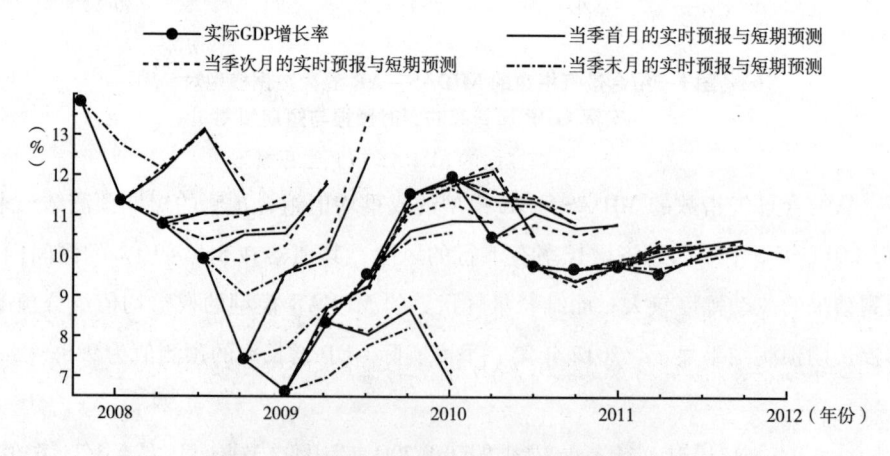

图3 结合因子变量的 MFVAR 混频数据模型对
实际 GDP 增长率的实时预报和短期预测

从图3中结合因子变量的MFVAR模型的权重均值组合预测的结果可以看出，实际GDP增长率在2011年下半年有轻微的上升，稳定在9.9%～10.4%区间内，而2012年第一季度的预测结果将有轻微的下降，但仍旧保持较高的增长水平，稳定在10%的增长率水平。

（3）结合所有变量的混频数据模型对"十二五"初期实际GDP增长率的实时预报和短期预测。

从表3中可以看出，结合全部月度指标的MIDAS模型的中位数组合预测在较长预测期内具有比较优势，而从表2和表3中可以看出，结合全部月度指标的MFVAR模型的权重组合预测在较短期的预测中具有比较优势，因此图4和图5将分别给出结合全部月度指标的MIDAS模型的中位数组合预测和结合全部月度指标的MFVAR模型的权重组合预测对"十二五"初期实际GDP增长率进行实时预报和短期预测。

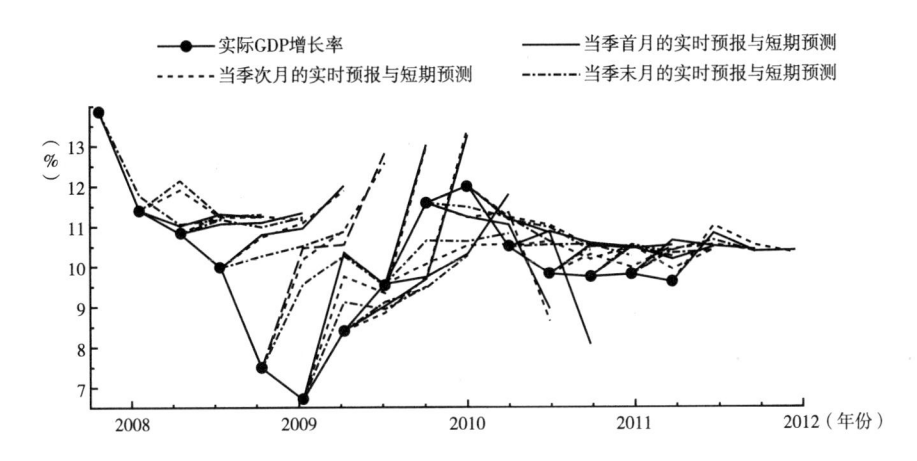

图4 结合所有变量的MIDAS混频数据模型对实际GDP增长率的实时预报和短期预测

从图4中结合全部月度指标的MIDAS模型的中位数组合预测的较长期的预测结果来看，2012年第一季度实际GDP增长率稳定在10.2%的增长率水平，而从图5中结合全部月度指标的MFVAR模型的权重组合预测的实时预报和较短预测期的结果来看，2011年下半年的实际GDP增长率有下降的趋势，处于9.1%～9.8%的区间内。

总之，从上述对"十二五"初期实际GDP增长率的实时预报和短期预测结

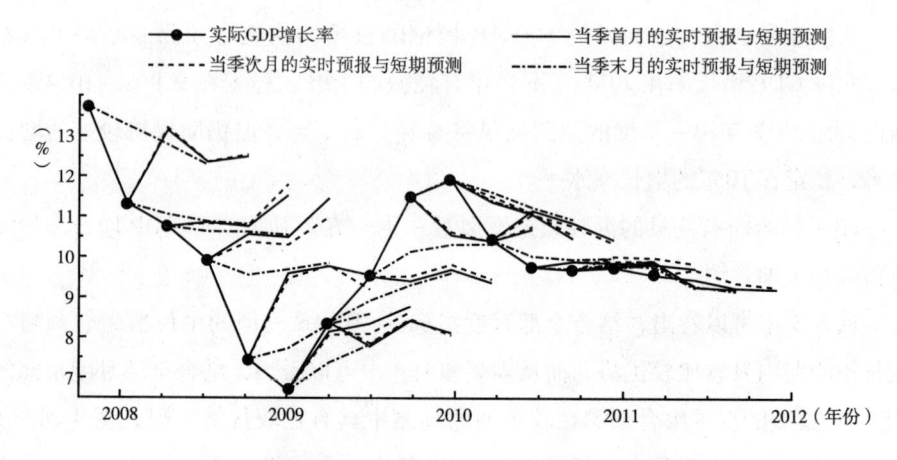

图5　结合所有变量的MFVAR混频数据模型对
实际GDP增长率的实时预报和短期预测

果可以看出，2011年下半年的经济预测结果存在较大的差异，不仅经济增长水平的具体数值，而且在经济波动幅度和波动方向上都存在一定的分歧，这说明2011年经济形势不是很明朗，但从当前宏观调控的首要任务为稳定物价总水平，宏观调控的取向没有进行较大改变，以及一些具有针对性、灵活性、前瞻性的宏观经济政策的出台，本文认为结合因子变量的MFVAR模型的权重均值组合预测具有较高的可信度。总体来说，本文认为2011年下半年宏观经济总体形势应该是"稳中有升"，全年的经济增长率将落在9.5%~10.5%的区间内，而2012年第一季度的经济增长率将不会有较大的调整，基本稳定在10%左右，但较上年第四季度将有小幅下降。

四　结合单频因子模型的混频数据预测模型的结论

本文利用单频静态因子模型从大量月度指标中萃取三个因子变量，然后将其与三个景气指数分别结合两类混频数据进行样本内的实时预报和短期预测分析，再结合大量月度指标进行不同混频数据的组合预测分析，得到利用不同数据的比较优势模型后，利用这些模型对"十二五"初期的实际GDP增长率进行实时预报和短期预测，得出了以下几点主要结论。

第一，混频数据模型相对于传统的AR预测模型，无论是结合何种变量或指数,也无论采用何种组合方法,其在实际 GDP 增长率的实时预报和短期预测中均表现出了适用性和有效性(MIDAS 类模型在个别变量上的实时预报和短期预测除外),这也印证了刘汉和刘金全(2011),刘金全等人(2010)的结果。因此在不同频的数据预测中应该考虑采取混频数据模型来提高预报和预测的精度。

第二,单频静态因子模型从大量月度指标中萃取的三个因子变量,无论是和景气指数的混频数据模型的预测结果,还是和所有变量的混频数据模型的预测结果相比,所萃取的因子模型都具有较好的代表性,混频数据在实时预报和较短期的单变量预测和组合预测的最优预测结果均发生在结合因子变量的混频数据模型(如表1和表2中加粗且带有下划线的数据),这说明结合因子变量的混频数据模型显著提升了实时预报和较短期预测的效果。

第三,对"十二五"初期实际 GDP 增长率的实时预报和短期预测结果显示,2011 年下半年的经济预测结果存在较大的差异,但是考虑到当前宏观经济调控的主要任务和调控措施,本文认为结合因子变量的 MFVAR 模型的权重均值组合预测具有较强的可信度,且以其他模型的短期预测和长期预测作为参考,结合当前经济运行态势,本文认为 2011 年下半年宏观经济总体形势应该是"稳中有升",全年的经济增长率将落在 9.5% ~ 10.5% 的区间,而 2012 年第一季度的经济增长率将不会有较大的调整,基本稳定在 10% 左右,但较上年第四季度将会有小幅下滑。

总之,本文证实了混频数据有效性和适用性的同时,还说明萃取的因子变量能够显著改善对实际 GDP 增长率的实时预报和短期预测,从样本内实时预报和短期预测选出的最优模型用于"十二五"初期实际 GDP 增长率的样本外实时预报和短期预测结果显示,2011 年下半年的经济总体形势将会呈现"稳中有升"的格局,且 2012 年第一季度将有轻微下滑,但总体经济形势基本保持稳定。

参考文献

Clements, M. P. and A. B. Galvão. (2008). Macroeconomic forecasting with mixed-frequency data: Forecasting US output growth, *Journal of Business and Economic Statistics*, 26, 4, 546 – 554.

Kuzin, V., Marcellino, M. and C. Schumacher. (2010). MIDAS vs. mixed-frequency

VAR：Nowcasting GDP in the Euro Area, *International Journal of Forecasting*, 27, 2, 529 - 542.

Schatzman, Michelle. (2002). *Numerical Analysis: a Mathematical Introduction*, Clarendon Press, Oxford, Chapters 4 and 6.

Stock, J. and M. Watson. (2006). Forecasting with Many Predictors, in Elliot G., Granger C. and Timmermann A. (eds), *Handbook of Economic Forecasting*, Vol. 1, Elsevier, Amsterdam, 515 - 554.

刘汉、刘金全：《中国宏观经济总量的实时预报与短期预测——基于混频数据预测模型的实证研究》,《经济研究》2011年第3期,第4~17页。

刘金全、刘汉、印重：《中国宏观经济混频数据模型应用——基于MIDAS模型的实证研究》,《经济科学》2010年第5期,第23~34页。

郭国峰、郑召锋：《中国宏观经济先行指数和一致指数应用效果检验与改进》,《数量经济技术经济研究》2010年第10期,第131~144页。

附表　宏观经济月度指标说明

属　性	序号	变量名及其缩写	缺失数据及平稳化处理
先行指标	1	工业企业产品销售率(RSO)	推算并填充;年度同比差分
	2	消费者预期指数(CEI)	无缺失数据;无须平稳化处理
	3	社会货运量(TFT)	推算并填充;年度同比差分
	4	沿海主要港口货物吞吐量(VFH)	推算并填充;年度同比差分
	5	固定资产投资本年新开工项目个数(NNP)	MSDS;年度同比差分
	6	外商直接投资中实际利用外资(FDI)	无缺失数据;年度同比差分
	7	货币供应量(M2)	无缺失数据;年度同比差分
	8	银行间7天内同业拆借加权平均利率(IWLR7)	无缺失数据;无须平稳化处理
	9	房地产开发投资指数(REDII)	推算并填充;无须平稳化处理
	10	粗钢产量(CSP)	无缺失数据;无须平稳化处理
一致指标	1	工业企业增加值增速(VAI)	推算并填充;无须平稳化处理
	2	固定资产投资完成额(CIFA)	无缺失数据;年度同比差分
	3	社会消费品零售总额(TRSCG)	无缺失数据;年度同比差分
	4	进出口总额(TVIE)	无缺失数据;年度同比差分
	5	国家财政收入中各项税收(TRGR)	推算并填充;年度同比差分
	6	发电量产量(ETPE)	无缺失数据;年度同比差分
滞后指标	1	财政支出(TGE)	MSDS;年度同比差分
	2	居民消费价格指数(CPI)	无缺失数据;无须平稳化处理
	3	工业品出厂价格指数(PPI)	无缺失数据;无须平稳化处理
	4	工业企业产成品(OIE)	MSDS;年度同比差分

Real-time Forecasts and Short-term Predictions of the Real GDP Growth Rate in the Early Period of Twelfth Five-year Plan

Liu Jinquan   Liu Han

Abstract: This paper assesses predictive effect of the mix frequency model, by using factor variables getting from the monophonic static factor model with a large number of monthly indicators, and then applies them into real-time forecast and short-term prediction of the real GDP growth rate in the early 12th Five-year Plan period. Results show that, the general economic situation will present stable growth pattern in the second half of 2011. In 2011, GDP growth rate will be in the interval of 9.5% to 10.5%, and the rate is stable at around 10% in the first quarter of 2012, slightly declined than the fourth quarter last year.

Key Words: Mixed Frequency Data; Factor Model; GDP Growth Rate; Real-time Forecast; Short-term Prediction

财政金融篇

Finance and Banking

B.14
稳健货币政策取向下的金融运行

王 毅　闫先东　李光磊*

> **摘　要**：2011年，我国实施了稳健的货币政策。货币供应量增速逐步回落，经济增长放缓，物价高位运行，工业生产增速回落、投资增长减缓，当前经济金融运行朝着宏观调控预期的方向发展。下一步应关注经济增长放缓程度、金融体系流动性、潜在金融风险和民间融资等问题。2012年我国仍将处于经济周期调整阶段，应该继续实施稳健的货币政策，并视具体情况适度预调、微调，着力用好用活信贷，优化信贷资源配置，增加价格型工具的运用。
>
> **关键词**：货币政策　金融运行　宏观调控

2011年以来，我国经济增长逐季放缓，CPI仍在高位运行。2011年前三个

---

* 王毅、闫先东、李光磊，中国人民银行调查统计司。本文仅反映作者自己的观点和看法，不代表所服务机构的意见。

季度，GDP当季同比增长分别为9.7%、9.5%、9.1%，分别比上年同期低1.2个、0.8个、0.5个百分点；前三季度GDP累计增长9.4%，增速比上年同期低1.2个百分点。从结构上看，消费保持较快增长，固定资产投资平稳增长，对外贸易增速回落，贸易顺差收窄。CPI保持高位运行。前9个月，CPI累计上涨5.7%，涨幅比上年同期高2.8个百分点，前三个季度CPI同比上涨分别为5.1%、5.7%、6.2%，呈现逐季上行态势。分月度看，1~7月，CPI月度同比涨幅总体上行，7月CPI同比涨幅达到6.5%，再创2008年7月以来的新高，也成为本轮CPI运行的拐点。8月和9月CPI同比涨幅有所回落，分别为6.2%和6.1%。

一 稳健的货币政策及运行效果

（一）货币供应量增速持续回落

2011年以来，各层次货币供应量持续回落。9月末，广义货币（M2）余额78.74万亿元，同比增长13.0%，增速分别比上月末和上年末低0.5个和6.7个百分点；狭义货币（M1）余额26.72万亿元，同比增长8.9%，增速分别比上月末和上年末低2.3个和12.3个百分点；目前，M2同比增速是2003年以来的最低值，M1增速已下行至10%以下，这在以往是不多见的（见图1）。

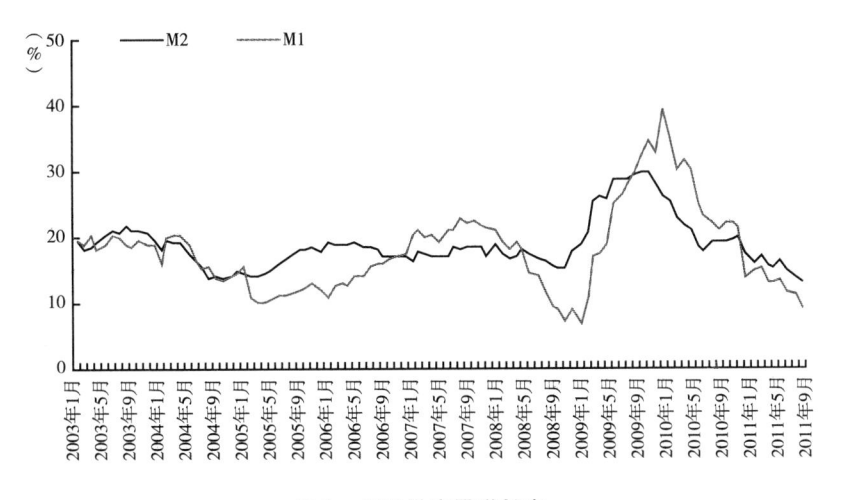

图1 货币供应量增长率

（二）社会融资规模少于上年同期

前三季度，社会融资规模为 9.80 万亿元，比上年同期少 1.26 万亿元。其中，人民币贷款增加 5.68 万亿元，同比少增 5977 亿元；外币贷款折合人民币增加 4770 亿元，同比多增 1849 亿元；委托贷款增加 1.07 万亿元，同比多增 5625 亿元；信托贷款增加 848 亿元，同比少增 3924 亿元；未贴现的银行承兑汇票增加 9825 亿元，同比少增 9843 亿元；企业债券净融资 8397 亿元，同比少增 1373 亿元；非金融企业境内股票融资 3515 亿元，同比少增 113 亿元。

从结构看，前三季度人民币贷款占社会融资规模的 58.0%，同比高 1.0 个百分点；外币贷款占比 4.9%，同比高 2.5 个百分点；委托贷款占比 10.9%，同比高 6.3 个百分点；信托贷款占比 0.9%，同比低 3.4 个百分点；未贴现的银行承兑汇票占比 10.0%，同比低 7.7 个百分点；企业债券占比 8.6%，同比低 0.3 个百分点；非金融企业境内股票融资占比 3.6%，同比高 0.3 个百分点。

（三）贷款投放额少于上年同期，中长期贷款少增较多

9 月末，人民币贷款余额 52.9 万亿元，同比增长 15.9%，分别比上月末和上年末低 0.5 个和 4.0 个百分点（见图 2）。前三季度人民币贷款增加 5.68 万亿元，同比少增 5977 亿元。其中，9 月份人民币贷款增加 4700 亿元，同比少增 1311 亿元。

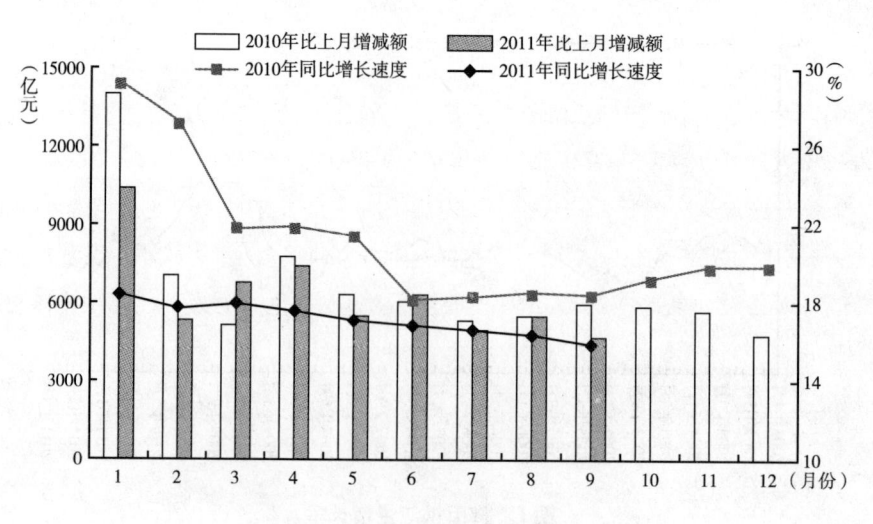

图 2　人民币各项贷款变化情况

稳健货币政策取向下的金融运行

分期限看，主要是中长期贷款少增较多。前三季度中长期贷款增加 2.88 万亿元，同比少增 2.34 万亿元；短期贷款增加 2.69 万亿元，同比多增 9072 亿元；票据融资减少 59 亿元，同比少减 8039 亿元。前三季度，新增人民币贷款与名义 GDP 的比值为 17.7%，比上半年低 2.6 个百分点，比第一季度低 5.4 个百分点，比 2003~2007 年同期平均值低 1 个百分点，货币投放处于稳健状态。

（四）人民币各项存款增速连续总体回落

9 月末，人民币存款余额 79.4 万亿元，同比增长 14.2%，分别比上月末和上年末低 1.3 个和 6.0 个百分点，自 3 月份以来总体呈回落态势（见图 3）。

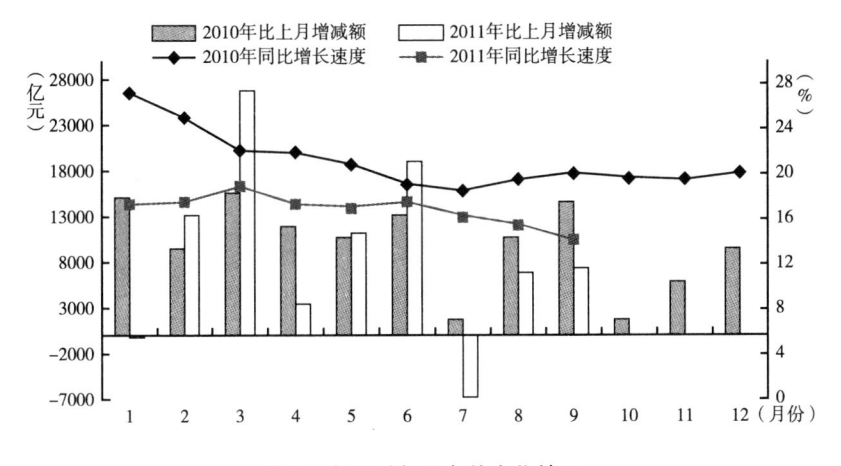

图 3 人民币各项存款变化情况

前三季度人民币存款增加 8.11 万亿元，同比少增 2.09 万亿元。其中，9 月份人民币存款增加 7303 亿元，同比少增 7259 亿元。

9 月末，非金融企业存款余额 29.09 万亿元，同比增长 10.9%，比上月末低 2.6 个百分点。前三季度非金融企业存款增加 1.30 万亿元。9 月末，储蓄存款余额 33.39 万亿元，同比增长 11.8%，比上月末低 1.5 个百分点。前三季度储蓄存款增加 3.19 万亿元，其中，9 月份增加 7044 亿元。

（五）基础货币较快增长，对冲压力有增无减

9 月末，基础货币余额为 21.2 万亿元，比年初增加 2.9 万亿元，同比多增 1.25 万亿元，同比增长 32.8%，增速比上年同期高 11.9 个百分点。

从基础货币的供给结构①看，自 2001 年以来，外汇占款在基础货币的投放中均占主导地位，对基础货币的影响也日益增大（见图4）。一方面，外汇占款较快增长。9 月末，外汇占款余额为 23.4 万亿元，比年初增加 2.7 万亿元，同比多增 7019 亿元，同比增长 17.4%，比上年同期高 2.6 个百分点。另一方面，在较高的利率环境下，央行票据发行成本增加，发行动力明显不足，余额也在萎缩。两种力量综合起来，使对冲基础货币的压力比过去有增无减。因此，人民银行在提高法定存款准备金率的同时，扩大了法定存款准备金范围，把相关保证金存款纳入，大概相当于提高了准备金率 1.2 个百分点。

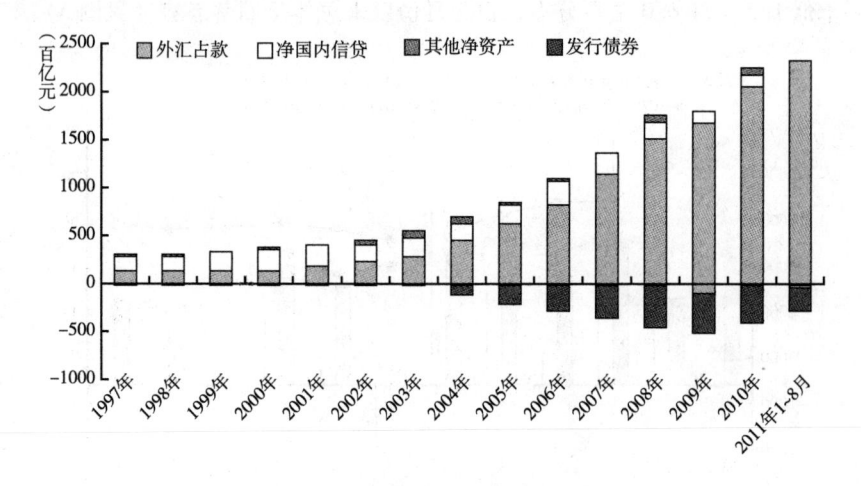

图4　基础货币规模的供应结构

（六）金融机构超储率先降后升

1~9 月份，金融机构超储率呈现 U 形走势，1 月末超储率为 1.63%，2 月末升至 1.98%，随着银行贷款投放不断增加，金融机构超储率持续走低，6 月末降至 0.76%，7 月份后，随着商业银行贷款投放力度减弱，金融机构超储率开始回

---

① 基础货币的供给结构可以划分为外汇占款、净国内信贷、其他净资产和发行债券四项，前三项引致基础货币同方向变动，第四项引致基础货币反方向变动。按照央行资产负债表，净国内信贷等于对政府债券 + 对其他存款性公司债权 + 对其他金融性公司债权 + 对非金融部门债权 - 不计入储备货币的金融性公司存款 - 政府存款；其他净资产 = 货币黄金 + 其他国外资产 + 其他资产 - 国外负债 - 自有资金 - 其他负债。

升,9月末,金融机构超储率为1.4%,比上月末高0.4个百分点,比6月末高0.63个百分点,商业银行资金相对充足。分结构看,9月末,各类机构超储率普遍上升,其中外资银行、中资大型银行和中资小型银行超储率回升明显,分别比上月末高1.25个、0.59个和0.49个百分点。

(七) 市场利率有所回升

从2010年11月首次明确提出执行稳健的货币政策以来,人民银行连续5次上调人民币存贷款基准利率、8次提高法定存款准备金率共4.5个百分点,此外保证金计提准备金也相当于提高1.2个百分点。在这些政策的综合作用下,同业拆借率经历了两波起落,2011年1月,银行间同业拆借利率为3.7%,比2010年10月高2个百分点,之后快速降至3月的1.93%,4月后又开始新一轮上行趋势,6月份骤升至4.56%,创2004年以来新高。7月后总体回落,9月末,同业拆借加权平均利率为3.74%,比6月末低0.82个百分点(见图5)。

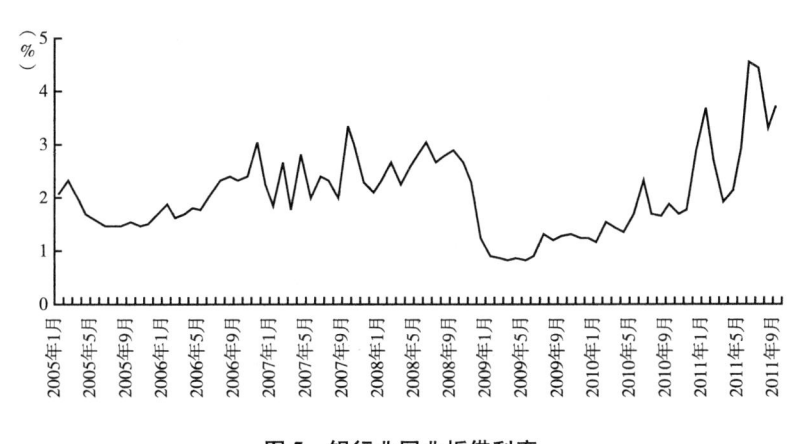

图5 银行业同业拆借利率

(八) 人民币继续保持稳步升值态势

2010年6月19日,人民币汇率形成机制改革重新启动,人民币汇率弹性进一步增强。截至2011年10月26日,人民币对美元汇率中间价为6.3477元/美元,比年初升值4.3%,比上年同期升值5.4%。从外汇即期市场看,在前三季度184个交易日中,人民币对美元交易中间价有111个交易日升值,73个交易日贬值；日均波幅约为39个基点，比上年全年日均波幅扩大3个基点。从海外远期市场看，香港无本金交割远期外汇（NDF）美元对人民币一年期合约数据显示，自年初以来，人民币总体处于升值预期状态，但进入8月中下旬后，NDF美元对人民币一年期合约汇率开始下行，预期由升值转为贬值（见图6）。9月末，海外市场（买入价）升水点数为781个基点，而上月末和上年末分别为贴水1057个和1767个基点。

图6 人民币对美元汇率月度均值和一年期NDF

二 值得关注的几个问题

（一）货币信贷增速大幅回落，夸大了货币政策的紧缩程度

稳健货币政策实施以来，货币信贷增速持续回落。9月末，广义货币（M2）同比增长13.0%，增速分别比上月末和上年末低0.5个和6.7个百分点；人民币贷款同比增长15.9%，分别比上月末和上年末低0.5个和4.0个百分点，基于此，部分业界人士认为，货币政策过于紧缩，放松货币政策的呼声渐涨。

但应该看到，一方面，金融机构通过调整表内资金结构加快发展包括理财业务在内的表外业务的金融活动，对银行体系货币的分流、派生能力和传统测算的货币流通速度都有很大的影响。以表外理财为例，表外理财业务发展在满足了社会融资需求的同时并不派生存款，导致现行货币供应量的低估，也导致货币乘数的低估。由于表外理财资金不计入银行资产负债表,通过表外理财向实体部门提供融资,只是实现了存款的转移,而未派生存款,所以表外理财不会带来存款的增加,从而导致存款以及货币供应量增速低于真实情况。2011 年 8 月末,M2 余额 78.1 万亿元,同比增长 13.5%,基础货币余额 20.5 万亿元,货币乘数为 3.81。如果将表外理财资金来源计入广义货币,广义货币余额达到 81.9 万亿元,货币乘数则提高至 3.97,现行货币乘数水平低估了商业银行的货币创造能力。

另一方面,现有的货币供应量统计口径滞后于金融创新,已不能准确、全面反映社会流动性和购买力,货币供应量的增长率往往低于实际流动性的变化,经济金融环境变化会导致货币供应量对实体经济变量的解释力出现阶段性下降。因此,货币信贷增速持续回落,夸大了货币政策的紧缩程度和市场资金紧张状况。

(二) 金融体系流动性保持合理适度

2011 年以来,货币信贷增速持续回落,但金融机构主动调整表内资金结构调整,发展表外资产业务,支撑了金融体系适度流动性水平。

一是金融机构资金来源结构的调整,降低了各项存款进而货币供应量的增量,M2 增速回落,但金融机构资金来源同比多增、新增存款占新增资金来源比例下降的事实说明金融机构依旧在一定程度上绕开货币调控,较多扩充了资金来源。1~9 月份累计,各项存款增加 8.11 万亿元,比上年同期少增 2.09 万亿元;资金来源增加 10.4 万亿元,比上年同期多增 6840 亿元。前 9 个月累计,新增存款占比为 78%,比上年同期低 27 个百分点。新增资金来源中,金融债券、应付及暂付款、其他项目占比增加。

二是从资金运用看,银行业存款类金融机构贷款减少幅度有限,但由于有价证券投资明显放缓,货币创造减速。前 9 个月,新增准备金存款占新增资金运用的比例大幅提高,新增有价证券占比大幅下降。商业银行新增资金的 20.4% 被用来缴纳准备金,比上年同期高 11.3 个百分点;但准备金的提高并未明显降低新增贷款占比,新增贷款占比依然高达 42.6%,比上年同期仅低 3.9 个百分点,商业银行通过减少有价证券以及外汇等资金运用,维系了新增贷款规模,特别是新增有价证券占比回落较快,新增有价证券占新增资金的比例仅为 3%,比上年同期大幅回落 8.6 个百分点。说明在当前稳健货币政策下,商业银行通过调整其自身的资金运用结构,依然保持了贷款的较快增长。

（三）不宜过度夸大民间融资问题

2011年以来，民间融资问题引起了社会各界的高度关注。从我们测算的全国民间融资规模来看，其与当前56万亿元本外币贷款的正规金融相比，不可同日而语，撼动不了正规金融，不能将其过分夸大。但民间融资活动确实更趋活跃，民间借贷利率上升很快（见图7），资金链条更为脆弱。5月份全国调查加权平均为15.6%，人民银行民间借贷温州市监测点9月份年利率已升至25.4%，对此应高度关注。

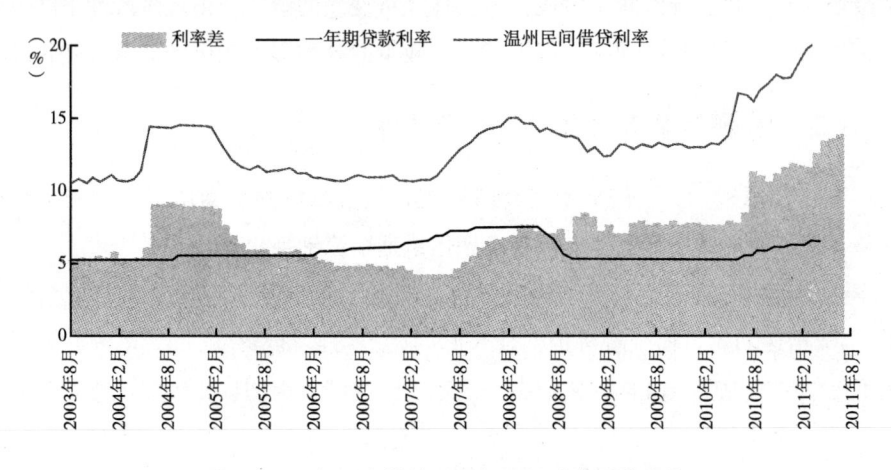

图7　2003年以来贷款利率与民间融资利率变化

近期，针对以温州为代表的民间资金链的问题，政府出台了一系列措施。主要包括以下三个方面：一是宣传教育打击。宣传民间融资的危害，教育一般性社会公众不要从事民间借贷，打击民间高利率行为中的非法行为。二是推进信贷投放进行结构性调整，加大对中小企业信贷融资的支持力度，要求中小企业贷款占比高于所有企业的贷款占比，增速高于同期增速。这也正是2011年以来货币信贷投放结构性调整既成事实的延续。在信贷额度有限的情况下，中小企业上调利率比大企业高，商业银行更倾向于投放中小企业贷款，占比也在不断提升。三是减免小微企业部分税费。

目前出台的政策措施与中小企业和部分地方政府要求放松货币政策，实行定向宽松的期望相比，有较大的差距。对此，应该认识到，导致目前中小企业流动性紧张、民间融资盛行的根本原因，除了利率扭曲以外，主要在于过去两年过度膨胀的投资需求导致的超量货币投放，促使当时投资规模过大，投资冲动、投资饥渴依然是左右中国经济波动的主要力量。在当前强调经济结构调整转型，解决前两年需求膨胀的背景下，用宽松的货币政策不但无助于解决中小企业的资金困境，反而是饮鸩止渴，导致问题的积累和扩大，更无助于解决宏观经济的结构性问题。

民间融资、高利贷各国皆有，新兴市场国家更为常见，不可能杜绝它，只能是尽量地通过挤压它的盈利空间去减少它。化解民间融资的困境，从长期看，需要减少政府各种逐利性行为；从短期看，一是要控制需求，压缩资金需求，特别是对中小企业有挤出效应的政府需求，二是改变目前利率扭曲且双规化的状态，加快推进利率市场化，发挥利率的需求调节功能。

（四）潜在金融风险不可忽视

当前，潜在金融风险主要体现在以下两个方面。

1. 地方性债务存在偿还压力，会对银行系统造成影响

根据国家审计署公布的全国地方政府性债务审计结果，截至2010年底，全国地方政府性债务余额107174.91亿元，约占2010年全国GDP的25%，约为2010年财政收入的1.3倍。如此大规模的地方政府性债务存在偿债风险。一是个别地方政府负有偿还责任的债务负担较重。2010年底，有78个市级和99个县级政府负有偿还责任债务的债务率高于100%，分别占两级政府总数的19.9%和3.56%。二是偿债年度集中，近两年偿债压力大。2010年底地方政府性债务余额中，2011、2012年到期偿还的分别占24.49%和17.17%，两年地方债务偿还压力高达4.5万亿元，2011年地方政府面临2.6万亿元的偿债压力。三是部分地方的债务偿还对土地出让收入的依赖较大。2010年底，地方政府负有偿还责任的债务余额中，承诺用土地出让收入作为偿债来源的债务余额为25474亿元。在当前房地产调控的背景下，土地出让收入增长受到限制，这部分债务的偿还可能存在风险。

2. 虽然房地产贷款风险总体可控，但对房价下行的担忧增加

当前房地产类贷款质量较高，不良贷款余额、不良贷款率总体下降。在实施房产限购政策和利率逐步提高的环境下，房地产销售受到严重影响，越来越多的开发商面临资金困境。若房地产价格大幅下滑，开发商资金更加紧张，房地产开发贷款将面临较大的坏账风险。由于房地产贷款占银行全部贷款的比重不高，而且房地产按揭贷款都有抵押品，因此风险相对可控。而对于个人购房贷款来说，随着房价上涨首付比例也在提高，购房者的首付款占比已经超过30%，终止供款的可能性较低，因此大规模坏账的风险并不大。监管部门表示，银行在应对成交量萎缩和价格下跌方面做了充足的准备，银行业现在的拨备已经有1.3万亿元，足以抵挡房价理性回归带来的风险。但这种评估结果没有考虑房地产贷款的传染效应，如果房价发生持续大幅下跌，整个金融体系会产生系统性风险，对银行的资产质量影响也会更为严重。

三 对2012年货币政策取向的思考

（一）继续实施积极的财政政策

2011年前9个月，全国财政收入同比增长29.5%；全国财政支出同比增长27.5%，收入增长快于支出增长，前9个月累计财政收入大于支出1.22万亿元，比上年同期增长42.7%。面对国际经济的不确定性，面对国内经济放缓的趋势，考虑到我国财政债务、财政赤字比重均明显低于国际水平，建议2012年继续实施积极的财政政策，并进一步优化财政政策支出结构，加大对民生、"三农"、中小企业、保障性住房等国民经济薄弱环节的支持，加大结构性减税力度，清理取消和减免部分涉企收费，降低中小企业负担。通过资源税改革、完善分税制体制等措施，完善中央、地方的收入分配关系，提高地方的收入分配比例。

（二）继续实施稳健的货币政策，并视具体情况适度微调

我国实施稳健的货币政策以来取得了显著效果。2010年11月首次明确提出执行稳健的货币政策，至今已有11个月；2010年1月开始本轮法定准备金率上调周期，至今已经21个月，共12次提高法定准备金率合计6个百分点，此外保证金计提法定准备金也相当于提高1.2个百分点，造成货币供应量增速明显下降；自2010年6月重启人民币汇率改革至今已有16个月，截至10月20日，人民币汇率已经升值7.97%。当前经济运行又进入一个值得关注的阶段，我国物

价已经出现拐点，企业融资成本较高，目前不是提高利率的最佳时期，短期内应适当增加贷款，增加整体流动性。同时中期内可以考虑积极推进利率市场化，扩大贷款利率下浮区间，允许存款利率向上有一定浮动幅度（如20%），缓解负利率状况，防止资金脱媒现象进一步加剧。

（三）用好用活信贷，优化信贷资源配置

在保持信贷总体适度增长的同时，要优化信贷资源配置的结构，加强对经济中薄弱环节的资金支持，防止总量调控对部分微观主体的伤害。在保持必要总量调控力度的同时，要引导更多的资金投向中小企业，促进中小企业的健康发展，并对符合条件的保障性住房建设项目及时发放贷款，切实发挥保障性住房建设对解决人民住房问题以及支持经济发展的积极作用。通过充分发挥银行和直接融资市场等正规金融的主渠道作用，优化信贷资源配置，优化信贷结构，着力解决实体经济尤其是中小企业的融资问题，是中央银行下一步宏观货币信贷调控政策的着力点。

另一方面，也要关注金融系统的风险，发现问题及时处置，防止金融风险的传染蔓延。要继续加强对地方融资平台公司贷款、表外资产和房地产金融的风险管理，并持续关注中小企业和民间融资等最近集中爆发的风险点。

（四）适当增加价格型工具的运用

自2010年第四季度以来，货币政策工具运用总体上偏重于存款准备金率、公开市场操作、信贷规划等数量型工具。这些工具对于当前流动性控制功不可没，但由于缺乏价格型工具的有力配合，目前货币信贷市场上也出现一些失衡现象：一是受持续负利率影响，存款搬家现象严重，金融机构存款增长乏力；二是信贷规划在限制银行表内融资的同时，反而促使银行表外融资的快速发展；三是民间融资等非正规金融活动增长迅速；四是金融机构贷款利率普遍上浮，存贷息差扩大推动银行利润猛增。银监会数据显示，前8个月银行业金融机构净利润同比增长36.3%，增幅比上年同期高9.8个百分点，与规模以上工业企业1~8月同比增长28.2%，增速比上年同期大幅回落26.8个百分点的情况形成了鲜明对比。

2011年以来货币信贷市场出现的失衡现象，既增加了决策者对宏观形势判

断的难度,也在一定程度上抵消了货币政策调控的效果,因此有必要通过综合运用货币政策工具以及金融改革措施对这些现象加以调节。在2012年货币政策工具的运用上,可考虑在继续运用数量型工具的同时,适当增加价格型工具特别是利率工具的运用。在条件具备的前提下,可适当提高存贷款利率,纠正负利率,以吸引存款或民间资金回流银行、表外资金重回到表内,并使企业贷款成本显性化,同时可实施不对称加息,缩小存贷息差,制约银行放贷冲动,调节银行利润的过快增长。

Financial Operation Under the Stable Monetary Policy

Wang Yi   Yan Xiandong   Li Guanglei

Abstract: In 2011, China's prudent monetary policy is implemented. Money supply growth come down gradually, the economy slowdown, prices continue to run high, the investment growth rate slows down with a drop of industrial production growth rate, and the current economic and financial operation is expected to direction of macroeconomic regulation and control. Problems which we should focus on next are how much the economic growth slow down, liquidity of the financial system, potential financial risks and private financing. In 2012, China is still in the round of economic cycle adjustment phase, we should continue carrying out the prudent monetary policy, preset and small adjust the policy based on the specific situation, make good use of the credit, optimize the credit allocation of resources, and increase the use of price tool.

Key Words: Monetary Policy; Financial Operation; Macroeconomic Regulatory

B.15 2011～2012年中国经济税收形势的分析预测

张培森*

摘　要：2010年世界经济形势进入激烈变动时期，国与国之间和经济体之间合作与利益博弈并存。发达国家经济复苏缓慢，欧洲一些国家又相继出现债务危机，使得经济增长前景暗淡。虽然中国经济增长受到世界经济形势的影响有限，但是中国经济增长仍存在内生动力不足及政策的缺陷。因此，在中国经济"十二五"新的发展阶段，要想实现既定目标，就必须对财税政策与金融政策进行宏观把握、协调配套、灵活实施。

关键词：税收形势　分析预测　宏观调控

一　对目前世界经济形势的看法

（1）世界经济形势尚不乐观。美国等经济体还没有走出经济复苏缓慢的阴影，而且充满更多更复杂的矛盾，给世界经济带来的负面影响已经远远超过历史上1929～1933年经济大萧条和20世纪70年代日本等国经济衰退最坏时期。目前应当充分认识到，世界经济状况是金融危机、经济危机和债务危机（政府信誉危机）三者的叠加。其根源是美国信用危机引发金融危机，再传导至全球经济危机。2010年至今全球经济变得愈加错综复杂，形势动荡，充满严重的不确定性。如果未来几年处理不好，很有可能引发全球性经济衰退，并带来严重的社会动荡。

（2）欧洲债务危机呈现扩大的趋势。财政入不敷出，政府信誉下降，欧盟

---

* 张培森，国家税务总局科研所。

有些国家债务严重超出警戒线，经济动荡引发了社会、政治不稳定，也波及他国，这是当今世界经济出现的新现象、新问题。

（3）在市场新经济条件下，经济增长因素恶化。世界各国出现新的资源结构性矛盾及部分短缺，加之实施贸易保护主义，不能有效支撑经济增长的需求条件。通货膨胀已成为经济增长中新的严重挑战，输入性通胀波及大多数国家经济正常运行。美国连续实施的宽松量化货币政策将经济危机造成的负担不断转嫁给他国，尤其是购买美国国债较多的中国。

（4）新兴市场经济国家拥有较大的市场份额，为发达国家提供了投资、贸易条件，但是，美国等发达经济体往往从自身利益出发，不顾国际规则，将一些经济问题政治化，采取不正当手段限制中国等新兴市场经济体外贸出口和本国技术出口，同时还不遗余力地鼓噪人民币升值，制造新的贸易摩擦，企图转移国内矛盾等，中国应当积极应对。

二 对目前中国经济形势分析

在世界经济错综复杂的局面下，中国经济虽然已较快恢复增长并逐步进入平稳增长时期，但仍然受世界经济许多不确定因素的影响，尤其是出现出口贸易条件下降，外需疲软，成本上升，资源及能源价格高企，通货膨胀高位不下，人民币升值压力较大等。这对中国在"十二五"时期实现既定经济目标无疑将增加较大的困难，需要深入分析面临的形势和影响我国近期经济运行的主要问题，积极研究应对之策。

1. 中国处于新的经济发展时期，应抓住拥有世界较大市场空间的投资机遇，加快发展自己

目前中国市场空间较大，应发挥优势，积极引进先进技术。同时必须注意积极解决深层次的矛盾与问题。加快经济结构调整、转变经济增长方式，缩短与发达国家之间的技术差距。目前投资结构扭曲，房地产投资规模偏大，国有垄断企业控制市场及价格的份额过大，大多数中小企业特别是中小民营企业融资难，生存发展条件困难，如不采取有效改革及政策措施加以突破，必将影响经济增长目标的完成，增加就业压力。

2. 政策不协调，配合不科学，已成为目前经济增长和长期发展的掣肘

主要表现在金融货币政策与财政税收政策衔接配套不及时，针对性较差。如在对中小企业信贷与税收优惠政策支持方面；在投资结构调整方面，信贷存在偏重大型垄断企业及房地产企业等问题。

3. 地方政府急功近利，在现行体制下承担着过多、过大的经济社会事务，财权与事权不匹配

近年来中央代地方政府发债过多、增加过快与地方政府承担过多、过大的经济社会事务直接相关。据有关部门审计公布数据，2010年约20个地方政府举债约14.3万元。2011年10月国务院又决定在上海、广东等四省市试点发行地方债券。在目前我国中央与地方财权、税权、责权与事权尚未完全理顺的体制下，允许地方政府发债，必须慎之再慎。政府虽还未出现债务风险，但如此做，类似希腊、西班牙等欧洲债务危机的风险不得不引起警惕。财政赤字、举债最终要由纳税人负担，否则只能通过削减政府支出或增加税收来解决。这是我国政府不得不加以严重关注的问题。

4. 通货膨胀率连续30多个月上涨，负面影响很大

2011年7、8月两个月通胀率已超过6%，无疑我国已经进入高通胀期（5%以上的通胀率为高通胀）。突出的问题是2011年物价全面上升。房价只涨不降。成交量在下降，价格基本未降。新的全面涨价因素持续出现，2011年已成为物价全面上涨年。在高通胀下，居民消费支出大增，储蓄存款3年负利率，民生保护受到严重影响，社会安定出现新的问题，很值得注意。

5. 继续实施积极的财政税收政策和稳健灵活的货币政策，关键是结合国际经济形势的影响，研判我国相配套的宏观经济政策运用及应当采取的措施

在当前复杂的国际经济形势下，为防止我国经济下降过快，积极的财政政策尚不宜退出。应继续将支出重点放在保障民生及"三农"方面。税收的政策重点是继续实行对企业结构性减税。要降低增值税税负，调整税率结构，减轻税负层层转嫁程度。

二 2011年我国经济税收形势分析和 2012年经济税收主要指标预测

（一）2011年经济总体走势分析

1. 前三季度经济税收形势发展，态势比较平稳、运行速度及质量尚好

上半年规模以上各类企业工业生产增长14.3%。其中，私营企业和股份制企业增长快于其他企业，分别达到19.7%和16.1%。1～9月份基本延续了增长态势。但是由于中小企业特别是私营企业融资困难，其生产销售形势堪忧。如处理得当，预计全年增速可维持在13%左右的水平。出口贸易增长困难，可能对经济增长出现负贡献。在居民和社会消费受到通胀影响较大的情况下，要保持全年经济增长9%以上的速度，维持投资规模，调整投资方向尤为重要。由此可为税收增长奠定基础。

2. 社会及居民对经济形势关注程度提高，经济税收热点问题对居民收入消费预期影响较大

从前三季度我国经济发展趋势看，2011年经济运行质量、增长速度基本面较好。但高通胀率、储蓄低利息率，以及个人所得税、房产税改革和高房价状况，成为社会和百姓关注的热点。这些问题都与居民收入、消费支出关系密切。政府提出的"十二五"时期实现"两个提高"（提高国民收入初次分配中劳动者报酬的比重，提高收入分配在GDP中的比重，下同）的任务，集中反映了民生民意。2011、2012年两年应当在抑制高通胀，增加居民收入方面取得成效。

3. 经济税收改革进展，事关经济发展大局和"十二五"目标的实现

根据我国"十二五"规划提出的经济目标及改革任务，其中，经济增长速度和财税体制改革任务的实现，是社会各个方面最为关心的热点话题。经济增长五年平均7%是稳妥的保守目标。2011年增速可达9%以上，能够提供较多的就业机会和消费领域，以推动经济持续增长。2011年的房产税试点、个人所得税改革提高费用减除标准，是居民参与意识最强、人数最多、反映问题最为激烈的两个问题。表明人们已将经济体制改革大局与自身利益紧密联系，这是振兴经济、强国富民的重要措施。应当注意保护人民群众根本利益和调动企业的积极性，这是完成经济发展目标的根本所在。

4. 抑制高通胀，积极解决政府部门高浪费和急功近利的问题

高通胀现象已经成为我国经济增长的严重障碍。目前的实践表明，我国经济增长还主要依赖投资拉动。2011年1～6月城镇固定资产投资增长25.6%，其中房地产开发投资增长32.9%。近三年经济增长的出口条件下降，需求锐减，对经济增长贡献微弱。前半年进口增长27.6%，出口增长24%，贸易净值减少至222.73亿美元，对经济增长的贡献度降低。在高通胀条件下，居民消费压力较大，消费增长缓慢。下半年以来居民消费价格上涨率维持在5%以上，7、8月份超过6%，高通胀问题严重。社会商品零售总额扣除物价上涨率，仅为10%左右。可见，要保持经济持续增长、调整投资结构，扩大居民消费十分重要。另一个值得关注的问题是政府支出数额逐年加大，浪费严重。据国家审计部门要求公布的"三公"消费数据看，政府部门浪费腐败问题不可小视。2010年我国财政收入超过8万亿元人民币，有多少是用于政府各类消费性支出呢？值得研究和关注。

（二）2011年和2012年经济税收主要指标分析预测

1. 2011年经济税收主要指标分析

2011年是我国"十二五"规划实施的第一年。从上半年的经济税收形势看，经济实现较快增长，第一季度增速为9.7%（不变价，下同），第二季度达9.5%。预计全年通货膨胀率5.5%。预计全年固定资产投资、工业生产与销售、国内贸易及货币信贷均可保持较快增长局面。上半年煤炭、电力、石油及天然气和有色金属等资源、能源等上游产业产品价格上升快，经济效益较好，带动了国内第二、三产业发展。国内增值税、营业税等税收收入增加较多。增值税、营业税收入增加多，同比分别增长18.5%和24.3%；企业所得税收入增长41.8%，资源税收入增长45.5%。房地产开发和交易活跃，土地增值税及契税分别增长90.9%和107%。汇总统计，我国税收总收入（含进口环节税和出口退税，不含关税，全文口径相同）上半年累计完成5.2万亿元，同比增长30.1%。月均收入8700亿元。前三季度税收总收入累计完成7.5万亿元，增长27.6%，月均收入8300亿元，比上半年略有下降。从2011年前半年及第三季度的税收增长走势分析，虽然下半年税收增加会减弱，但全年税收总收入增长还较为乐观。下半年因税收优惠政策到位，例如个人所得税起征点提高、出口退税增加等，税收收入将发生部分减少，但对全年税收总收入不会有太大影响。

根据以上分析，预测2011年全年税收总收入将实现9.5万亿元以上，接近10万亿元，增长28%左右；宏观税负（税收收入占GDP比重，文中按同一口径计算）24%左右；税收弹性约为1.86。

但是值得关注的一个问题是经济运行当中的负面影响不可低估。主要是高通货膨胀增加的部分，财政虚收虚高因素应当剔除，不能作为分配支出来计算。

2. 2012年经济税收主要指标预测

从我国2011年全年经济走势分析,以及考虑世界经济某些不利因素对我国2012年经济运行的影响,2012年的经济税收主要指标初步预测如下:

GDP增长8.5%左右;

通货膨胀率5%左右;

全社会固定资产投资增长27%左右;

规模以上工业企业增加值增长12%;

全年税收总收入增长25.0%左右;

宏观税负水平24.5%左右;

税收弹性约为1.85。

需要说明的是,自20世纪90年代以来税收收入增速多数年份出现超经济增长现象,这种情况"十二五"时期仍将继续存在。但应当了解,税收经济这种不同步增长现象的产生,主要是由于物价水平的无规则波动和某些难于确定的经济税源增加变动因素而使得税收收入增加,不能简单地认为税收收入超经济增长一定会加重企业纳税人的负担。但是近年来企业货物劳务税税负较高且不平衡、不合理的问题的确存在,值得深入研究,并需要通过改革适时加以调整解决。

三 政策建议

1. 控制通胀的着眼点应当放在社会、居民关注的一些商品长时间的高物价

2011年以来高物价成为社会和百姓关注的热点问题。这一轮的高通胀除了国外输入型因素外,与国内货币发行量较多不无直接关系。另外,物价持续高位运行的主要原因之一是近年来运输、流通费用居高不下。生产者获微利,流通商得大利,百姓受损失。因此较长时期内控制通胀的主要任务是坚决取消公路、铁路等运输高收费,打击流通领域哄抬物价行为。还有就是我国成品油市场价格垄断,升多降少,不与国际同步。往往是国际油价下降时,国内油价不降;反之,国际油价上升时,国内油价迅速上升,且延续时间长。严重侵害了企业和个人消费者的利益,很值得深思。

2. 解决居民存款利息长期负利率,严重偏离居民消费价格上涨率的问题

据统计的媒体公布数据,上半年四大国有商业银行盈利大增。其中,中国工商银行每天的税后净利润达 85.85 亿元。其他三大商业银行每天净利润均超过 10 亿元。解决负利率问题，为什么就不能短期内实行单向提息（只提高存款利率，而不提高贷款利率）政策措施呢？

3. 调控房地产市场及高房价，需要综合治理

目前媒体报道许多地方房价下降，其实是对以前畸高房价的回归。成交量的确下降不少，但是房价其实没有下降多少或根本未降，总体看未来下降的空间较小。只有在城镇居民最基本住房需求相对满足后，高房价才有可能降下来。然而从根本上分析中国的高房价现象，主要的问题是需要进行国有土地、财税制度的改革，规范国有土地的管理和拍卖。如何使地方政府不随意卖地，基本消除地方政府土地财政，相关的另一个重要问题是制定、实行科学的财政转移支付制度。

4. 在外贸条件持续降低的条件下，商贸信息披露十分重要

商贸部门 2011 年已为我国企业走出去提供了主要出口国别的经济、投资、价格、进出口商品变化，以及汇率信息，以帮助企业消除贸易风险。今后应每年调整信息。税务信息也需在原有基础上进一步完善，扩大信息量。

5. 落实转变经济增长方式，保持经济稳定较快增长的近期重要措施，是调整投资结构

国家综合部门每年应当加强投资规划。将一定数量的信贷资金投向符合产业发展方向、科技创新好的高新技术中小企业及产品。"十二五"时期应继续实行符合国家产业政策发展方向的有利于中小企业技术进步、节能、环保、安全生产，以及资源综合利用等方面的税收减免优惠政策。金融信贷政策应配套实施。

6. 警惕和防止美国政府向我国转嫁更多经济危机及风险

美国政府及议会习惯于损人利己，将经济问题政治化。美国在经济危机条件下实行量化宽松货币政策，转嫁经济危机。近年又一直不厌其烦地迫使人民币升值。最近又将人民币升值提交为法案，干涉中国内政，明显是以强盗的逻辑和手段转嫁经济危机，中国应当采取长期策略和强有力的应对措施。截至 2011 年 9 月我国外汇储备已达 3.2 万亿美元。而其中 70% 左右为持有美国国债和少量企业债券。中国要实行外汇储备多元化，绝不是减少美国国债而增加美国企业债券，而是应当有选择地持有除美国外其他国家的多种外资产品，以化解美国国债风险。

Analyses and Forecasts on China's Economic Tax Situation in 2011 - 2012

Zhang Peisen

Abstract: In 2010, the world economic situation turns into a fierce changing period, and there is a trend of cooperation and benefit gambling among countries and economic organizations. Economies of developed countries expect slow recoveries, and some European countries appear debt crisis, which make prospects of their economies had gray futures. Although the impact of China's economic growth by the global economic situations is limited, there is still some problems in China's economy, such as insufficient internal impetus driving economic growth and some policy shortcomings. Therefore, in the 12th Five-year Plan Period, the finance and tax policies must be macro controlled, coordinated and flexible implemented.

Key Words: Tax Situation; Analysis and Prediction; Macroeconomic Regulatory

B.16
2011年上海证券市场回顾与2012年展望

吴谦 朱平芳*

摘 要：2011年前三季度，在美国经济复苏停滞、欧债主权危机恶化、我国经济增速下滑和央行紧缩政策不放松的复杂宏观背景下，我国出现了"股债双跌"的局面。中国A股市场整体呈现震荡下行态势，上证综合指数下跌了16%，市场整体已经进入估值历史底部区域，但中小市值股票的估值水平仍较高，存在一定的结构性估值压力。展望2011年第四季度和2012年，A股市场难以出现持续上涨行情，将呈现宽幅震荡的特征，存在结构性投资机会，建议投资者关注消费行业和新兴产业中具有优良成长性的上市公司，以及前期调整充分的基本面良好的低估值行业中的蓝筹股。

关键词：证券市场 通胀 货币政策 欧债危机

一 2011年上海证券市场回顾

2011年前三季度，中国经济可谓"内忧通胀、外忧衰退"。自2010年第三季度以来，我国经济持续处于政策刺激自主增长的平稳减速过程之中：增长速度放缓，通胀形势居高不下，货币调控政策不断加码。同时，中国也面临着复杂的外部环境，诸如美国经济复苏低于预期并且失业率反弹，欧元区外围国家主权债务危机依然严峻，通货膨胀开始从新兴市场国家向发达国家蔓延，日本经济遭受大地震和海啸及核泄漏事故的严重打击等。在各种复杂的内外市场因素的交错影响下，中国A股市场整体呈现震荡下行的走势。

---

* 吴谦，国海富兰克林基金管理公司；朱平芳，上海社会科学院数量经济研究中心。

（一）影响证券市场的宏观面和政策面因素分析

1. 美国信用评级遭调降，欧债危机继续恶化，世界经济复苏之路充满荆棘

美欧主权债务危机使世界经济复苏进程一波三折。美国、日本、欧元区2011年经济复苏步伐均出现不同程度的放缓，生产、需求指标出现走弱态势，失业率居高不下，经济增长缺乏动力，复苏进程显著低于市场当初的预期，世界经济复苏的长期性、艰巨性和复杂性凸显。

2011年8月标普取消美国长期主权信用AAA评级，降为AA+，美国信用评级遭调降。随着希腊、爱尔兰、葡萄牙主权债务危机的升温，债务危机开始从欧元区外围国家向核心国家蔓延。9月欧债危机再度临近爆发点，希腊债券收益率最高达到117%，创下国家级债券收益率飙升速度的历史纪录。而日本经济由于受到地震、海啸和核泄漏灾难的沉重打击表现也比较疲弱，第一、二季度GDP环比分别下降0.9%和0.5%，已连续3个季度环比负增长。

2. 中国经济通胀高企，货币调控政策不断加码

2010年下半年我国通胀形势超预期，房价和物价指标连续上扬，CPI指标于2011年7月份创下了6.5%的本轮新高。为抑制国内日益高涨的通胀预期，国家货币政策持续收紧。中国人民银行自2010年10月份首次加息以来，至2011年第三季度末，央行已连续5次加息，9次提高存款准备金率，大型存款类金融机构的存款准备金率已达到21.5%的历史新高，中小型存款机构达到19.5%新高，同时人民币对美元汇率自2010年6月份以来累计升值幅度超过6%。加上一系列楼市定向调控措施，各项紧缩措施全面叠加，力度不亚于2007年下半年政策紧度（见图1），但通胀势头仍未得到有效减缓。中国人民银行于2011年8月26日下发的《关于将商业银行的保证金存款纳入存款准备金的缴存范围的通知》，影响回笼资金将近9000亿元，使市场资金面进一步紧张。

3. 中国宏观经济：转型期的增速下行

控通胀、调结构依然是当前国内政策调控的首要任务。2011年前三个季度，受央行紧缩货币政策的影响，货币信贷增速大幅回落，国内经济明显放缓，第一季度经济增长9.7%，第二季度增长9.5%，上半年增长9.6%，呈现季度间的逐步降低态势。

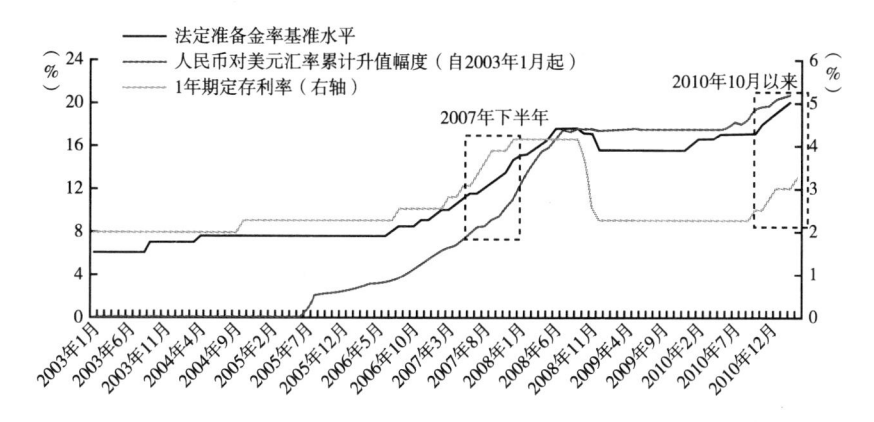

图1 加息、提高准备金率及升值的综合叠加对比

（二）前三季度A股市场震荡下行，估值水平处于历史底部区域

2011年前三季度A股市场在货币政策紧缩、经济增长速度预期下降、市场投资情绪不振、外部市场震荡加剧等因素的综合作用下，第一季度小幅反弹冲高至3000点附近后，第二、三季度呈现震荡下行走势。截至9月30日，上证综合指数收于2359点，前三季度下跌幅度为16%。

近两年市场投资者对中国经济潜在增速放缓、传统重化工行业增长空间受限达成了较高的一致预期，加之蓝筹股流通市值膨胀过快，A股市场出现了消费股、小盘股大幅跑赢指数，传统蓝筹股弹性缺失的分化行情。2011年前三季度A股市场表现居前的板块是食品饮料、基础化工、煤炭、银行、纺织服装和房地产，电力设备、计算机、电子、非银行金融等板块跌幅较大。

（三）市场整体已经进入估值的历史底部区域，但仍存在结构性估值压力

根据WIND统计，截至2011年9月30日，按照TTM整体法计算，上证综指的市盈率为12.7倍，低于2005年大盘998点时对应的16.7倍PE以及2008年大盘1664时对应的13.1倍PE（见图2）。上证A股的整体估值水平已经低于上述两个低点，表明市场已经整体进入估值历史底部区域，但小盘股的估值水平还较高，存在结构性估值压力。

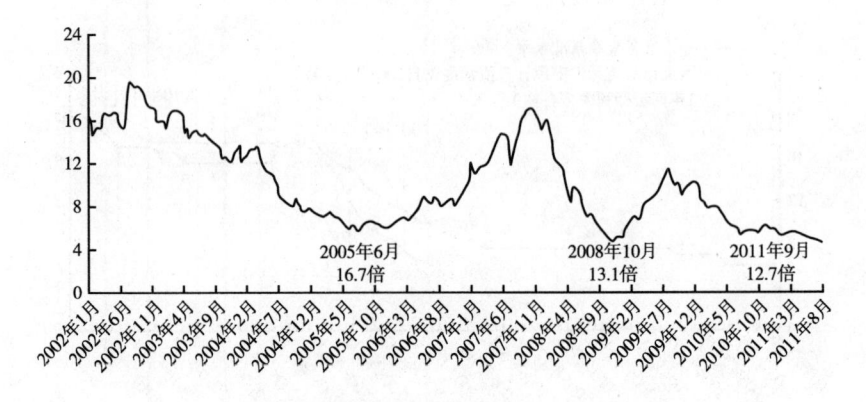

图 2　上证综指 TTM 市盈率已经达到历史新低

虽然从市盈率的角度看，上证综指的市盈率已处于历史最低水平，但市净率为 2.03 倍，略高于 2008 年的 1.97 倍，高于 2005 年的 1.57 倍（见图 3）。

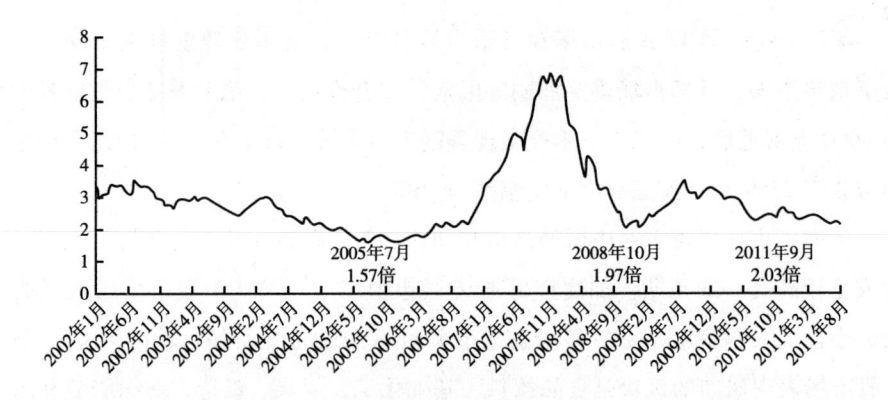

图 3　上证综指市净率接近 2008 年低点

中小市值股票处于高估值状态，例如中小板的平均市盈率为 35.4 倍，处于历史平均水平附近，远高于市场处于历史低点 2005 年 12 月的 20.8 倍和 2008 年 10 月的 16.2 倍（见图 4）。

尽管当前 A 股整体市盈率接近历史最低水平，但我们认为这并不能作为 A 股市场已经见底的有效信号来看待。经济增速目前才刚刚开始放缓，盈利增速的下滑也仅刚刚开始。目前仅大盘蓝筹股的市盈率水平创了历史新低，而剔除高盈利和低估值的银行业之后，A 股市场与历史低点仍有距离，市场的结构性压力显现。中小盘股和很多行业板块市盈率水平依然远高于各自历史最低水平。而从市

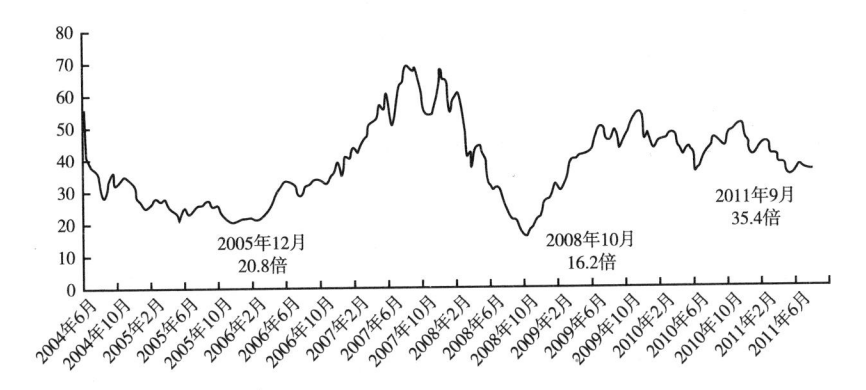

图4 中小板 TTM 市盈率仍在高点

净率水平看，市场整体也未达到历史最低水平。各行业板块市净率水平快速收敛这一市场底部特征也未出现（见图5）。因此我们认为目前整体市场的"估值底"，并不代表"市场底"。

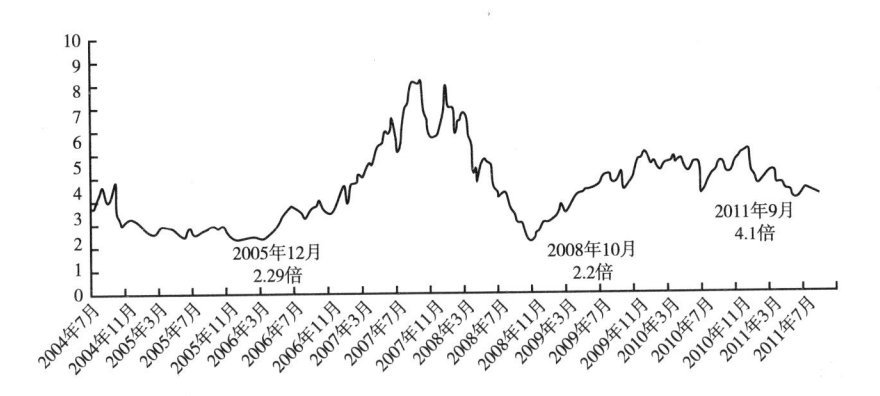

图5 中小板市净率仍在高点

我们认为从长期看，A股市场的估值水平中枢不断下行很可能将是一个长期现象。首先，这是因为A股的股票供给增速持续大于货币供给增速，更重要的是，当前A股市场博弈主体的改变使估值水平对于判断市场底部的有效性不断降低，因为全流通和高速扩容使市场博弈从2008年以前二级市场投资者之间的博弈向现在的一级市场与二级市场投资者之间的博弈转变。而二级市场投资者在信息、持股比例、对上市公司的控制能力等各方面都处于绝对劣势。因此，虽然当前市场整体的估值水平已经接近历史低点，估值的整体下行空间有限，但仍还存在结构性的压力，尤其是盈利预期下调的中小市值股票。

（四）新股出现"破发潮"，发行市盈率逐步降低

根据 WIND 数据统计，前三季度沪深两市 IPO 融资总额合计 2296.36 亿元，较上年同比下降 40%（见图6）。共有 228 家上市公司在前三季度发行了新股，较上年减少 31 家。受股市走势影响，市场资金对新股的追捧热情明显降温，超募现象得到缓解，新股发行市盈率逐步降低。在发行节奏上，由于目前发行人尤其是融资额较大的公司，具有自主选择发行时间的权利，因此在市场低位时，更多公司可能会选择向后拖延发行。

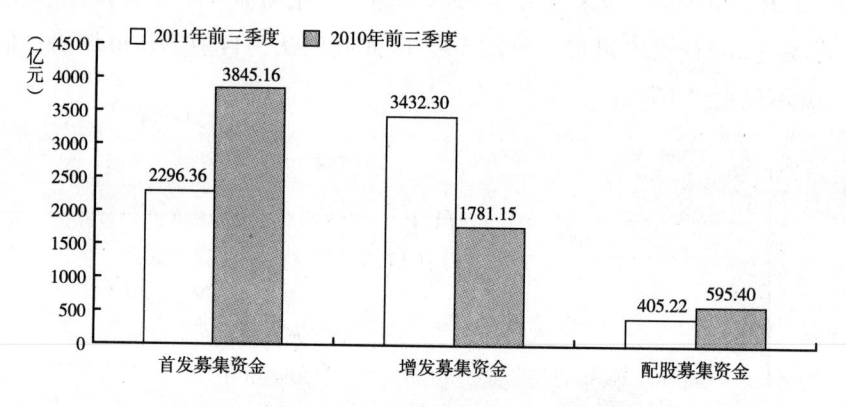

图6 2011年前三季度与2010年同期融资规模对比

2011年，A股市场出现1995年以来最严重、最密集的新股"破发潮"。截至9月30日，A股市场2011年以来共有234只新股上市，其中71只新股首日上市即跌破发行价，占比达三成；其中146只上市以来至第三季度末跌破发行价，占比超过六成。据统计，2003年以前每年新股破发都不超过10只，破发最严重的两个阶段也是大盘的最"熊"时期——2004年32只、2008年30只。

（五）债券市场情况

1. 债券市场收益率曲线呈现平坦化

2011年前三季度，在我国经济增速下滑和央行紧缩政策不放松的宏观背景下，债市收益率总体震荡上行，短端收益率由于受资金面波动影响较大，上行幅

度大于长端,整体债市收益率曲线处于显著平坦化状态。

目前国债收益率曲线基本处于完全平坦化状态(见图7)。截至2011年第三季度末,银行间1年期国债在前三季度上行147bp至3.70%,5年期国债收益率上行至3.75%,相比年初上行56.76bp。相比国债,信用产品收益率上行幅度更大,截至2011年9月30日,银行间5年期AAA企业债收益率上行至5.60%,相比年初上行123bp。金融债以及中短期票据收益率曲线也呈平坦化状态,其中短端主要受资金面冲击抬升,中长端则主要受基本面预期压制。

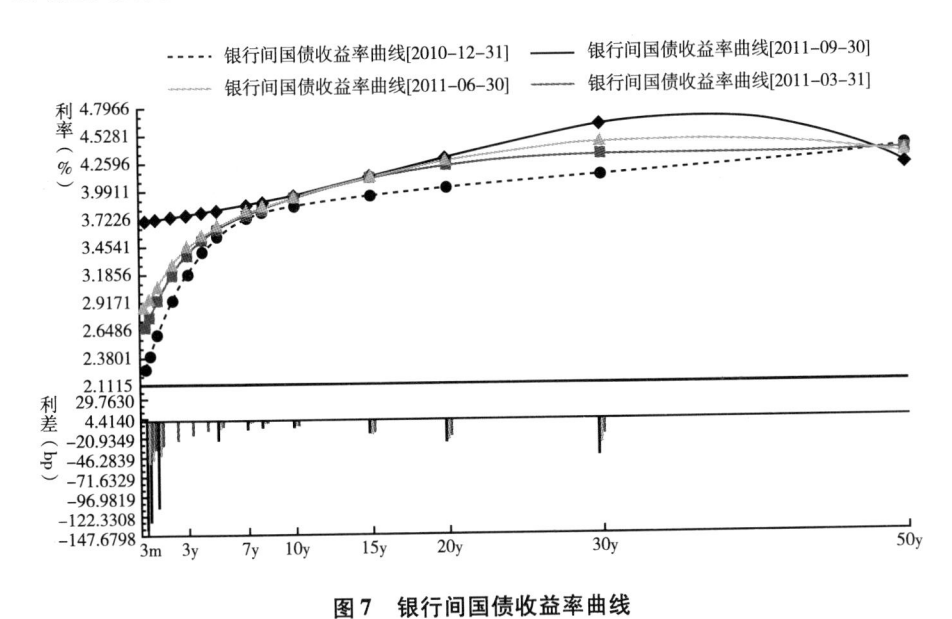

图7 银行间国债收益率曲线

2011年前三季度中国债券总指数、银行间国债指数、金融债指数和企业债指数分别下跌0.70%、0.12%、1.66%和3.69%;相对于利率产品,信用债受供给和资金面波动冲击的影响较大,信用利差扩大,其表现弱于利率产品。

2. 债市黑天鹅事件造成信用债和可转债深度调整

从2011年6月底开始,债市"黑天鹅"开始起飞。首先是6月底城投债风波引发市场恐慌性下跌,7月份信用风险蔓延至铁路债,并最终引发整个企业债市场的调整,而且,6月底7月初流动性异常紧张,中短期限的利率债、信用债也陷入调整。8月份,本已企稳的债市受到央行扩大准备金缴存范围政策的影响,出现了大幅下跌。市场因担心再次出现流动性紧张,流动性最佳的转债品种遭到恐慌性杀跌，中信标普可转债指数在8月下跌了5.52%，9月份以来再度大跌5.44%，可转债估值体系完全混乱。国债市场收益率曲线平坦化上移，中长期平均上移10个基点。

可转债大幅下跌的直接原因是双重"黑天鹅"事件的叠加（中央银行扩大准备金缴存范围以及中石化转债2.0的发行计划），更深层次的原因则是在流动性紧缩的环境下，资金利率高企，提高了任何一种资产持有的机会成本，可转债这种溢价较高且转股预期不明确的资产，持有的机会成本显得尤其高。

（六）基金市场运行情况

1. 新基金发行遭遇冰点

在股市和债市齐跌、证券市场缺乏财富效应的背景下，公募基金的发行遭遇发行冰点。自2010年证监会允许基金公司多通道上报新基金以来，新基金发行连创新高，2011年前三季度总共发行了170只新基金（见表1），超过了以往各年度全年发行的总数。在证监会颁布的新的《关于保本基金的指导意见》拓宽了保证人的担保条件、允许投资股指期货及放宽权益类资产投资范围后，保本型基金获得大扩容，仅2011年前三季度就成立了14只保本基金（见表2），而2010年以前，基金市场上仅有5只保本型基金。

表1 各年度新基金发行情况

年 份	总数(只)	发行份额(亿份)	平均发行份额(亿份)
2005	55	1018.21	18.51
2006	88	4026.26	45.75
2007	58	4073.04	70.22
2008	102	1767.63	17.33
2009	118	3722.31	31.55
2010	154	3169.21	20.58
2011年前三季度	170	2149.72	12.65

虽然新基金发行数量增多，但面临着首发规模较小的尴尬局面，2011年前三季度平均发行规模仅为13.87亿元，少数新基金甚至由于发行后无法达到2亿元最低募集规模的要求而延期发行。

表2 2011年前三季度各类型基金的发行情况

类 型	总数(只)	发行份额(亿份)	占比(%)	平均发行份额(亿份)
股票型	90	896.36	41.70	9.96
混合型	5	52.86	2.46	10.57
债券型	29	578.28	26.90	19.94
货币型	4	96.30	4.48	24.10
保本型	14	297.00	13.82	21.21
封闭型	8	86.48	4.02	10.81
QDII	20	142.43	6.63	7.12

在股市和债券齐跌的情况下，老基金面临净赎回现象。在新基金发行异常艰难、发行新基金并不能帮助基金公司实现规模有效增长的情况下，基金公司陷入了囚徒困境，尤其是占据一定优势的大基金公司依然热衷于新基金的发行，基金市场呈现"赎老买新"的局面，公募基金的"存量争夺战"已经演化为一场内耗，大中型基金公司显然占据优势，行业集中度进一步提升。2011年以来多次出现一家基金公司同时发售基金数量达到3只的情况，深圳一家大型基金公司甚至同时发行过4只基金。此外，包括诺安、易方达、南方、嘉实、汇添富、广发等多家基金公司2011年来的新基金发行数量也都达到6只，而2010年全年，新基金发行数量最多的鹏华基金，也仅仅发了6只产品。与此同时，4家基金公司无缘新基金发行，19家基金公司仅发行了1只新基金。

2. "黑天鹅事件"使债券基金遭遇前所未有的巨大波动

新股破发潮、通胀节节走高、货币政策持续收紧引发流动性危机、城投债风波、可转债狂跌，2011年以来不断涌现的"黑天鹅事件"一次次将债券基金推向亏损的深渊，前三季度债券型基金平均亏损已达到近6%。在创出债券基金史上最大亏损的同时，也终结了债券基金2005年到2010年连续六年取得超越一年定存正收益的骄人纪录。2005年到2010年的6年时间里，债券型基金平均收益率分别为9.21%、19.79%、18.55%、5.23%、5.26%和7.2%。债券基金仅在2004年出现下跌，但下跌幅度仅为1.51%。2011年前三季度债基下跌幅度已经远远超过了2004年。

155只成立满1年以上的债券基金中（按单只基金计算），有25只基金跌幅超10%，可转债和信用债基金为净值下跌幅度最大的基金品种，其中跌幅最深的一只可转债基金前三季度单位净值跌幅高达14.49%。可转债的暴跌已经成为债基最大杀手，多数跌幅居前的债基配置可转债的比例均超过30%，打新破发也对债券基金造成了较大损失。债市的深幅调整使分级债基的B级（杠杆级）成为了重灾区，甚至出现了上市当日跌停的现象，投资者对原本偏好的分级债券的B级纷纷回避。

二 2012年上海证券市场展望

（一）影响证券市场走势的主要因素分析

对于2011年第四季度和2012年证券市场走势的判断，我们主要从国内宏观经济趋势、政策层面、海外经济形势和市场估值这四个方面展开分析。

1. 国内经济下滑风险增大，企业盈利增速面临下调

我们认为，2011年第四季度和2012年上半年，中国经济将延续减速格局。外需方面，欧美债务危机将可能造成外围经济增速出现趋势性下降，从而导致中国出口增速减缓，考虑升值因素后，实际下滑情况可能更差；内需方面，虽然制造业投资平稳，但是地产与基建投资增速处于扩张拐点期，预计中国内需将平稳增长；从经济周期角度考虑，总需求和通胀将出现双回落，因此，2011年第四季度中国面临转型期的小衰退。2012年经济增速探底后，重新回升需要释放改革红利进行刺激。

2. 紧缩政策依然难以放松

我们预计2011年第四季度通胀形势将得到缓解，2012年将继续回落，考虑到美国QE3、"欧债救助"投放流动性的不确定性，虽然通胀高峰已过，但是回落过程依然曲折。美联储如果采用代替刺激的经济手段，QE3或者其他变相手段会大概率出台，届时全球会引发新一轮流动性泛滥，国内的输入型通胀压力有可能会在2011年第四季度有所加大。

3. 世界经济复苏的长期性、艰巨性和复杂性

（1）美国经济再次面临衰退。美国正步入流动性陷阱，2007年次贷危机后，美国开始采取大规模的宽松货币政策，基准利率降到零并连续两年报出了接近两位数的财政赤字，这使美国政府的负债占GDP比重也相应从65%左右的水平膨胀到了接近100%，该宽松政策在实体经济层面上未见显著建树，美国经济呈现

"无就业"复苏,未来美国可能面临着货币、财政政策工具双重失效的局面,经济复苏的过程可能停滞。美国经济复苏的停滞将对中国的出口增长和实体经济增长造成阻力。

(2)欧债危机向全球输出风险。欧元区高负债国家试图通过削减赤字来改善财政状况,但是增加税收、削减社会福利支出等措施的实施将遇到较大阻力,而且可能加剧经济衰退程度,边缘国家经济放缓必然会波及欧盟核心国,例如可能会影响到德法两国的出口及其财政的稳定性。目前来看欧债问题短期内难以改善,欧洲债务危机不断出现新问题并不断向全球资本市场输出危机,欧债问题可能会出现长期化的倾向,欧元区的出路在于经济内生增长机制的重建以及必要的制度变革,在此之前,不确定性犹在,这为中国近期疲弱的资本市场带来了不可忽视的外源性冲击。

4. 国际板和新三板的可能推出将对 A 股市场形成估值压力

国际板和创业板的推出条件都已经"基本具备"。国际板是全球开放的资本市场、配置全球资源的重要载体和能力体现;而缓解中小企业融资难问题,构建多层次资本市场架构,需要新三板扩容。若国际板推出或新三板扩容,将不可避免地对原本紧张的市场资金面构成压力,并将分别对 A 股主板市场和中小板、创业板形成估值压力。

此外,中小板和创业板的解禁压力也不容小视。随着 2012 年解禁高峰的到来(见图 8),未来中小板股票和创业板股票的流通市值将步主板后尘出现由限售股大小非解禁带来的大幅内生性扩容,在这种情况下,中小板和创业板整体估值水平下降所造成的风险不能忽视。

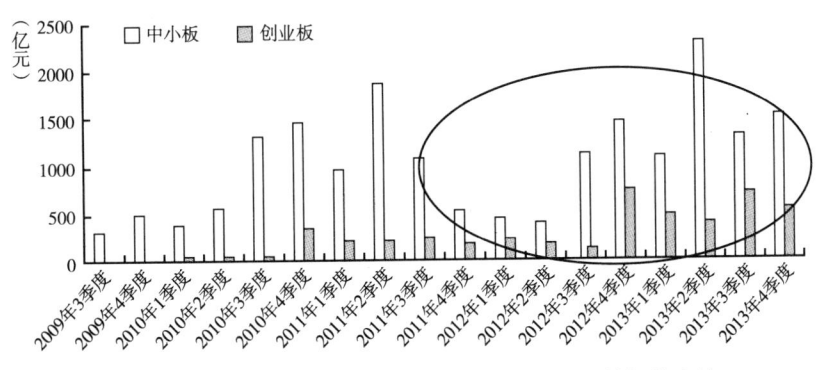

图 8 2012 年将迎来中小板和创业板限售流通股的解禁高峰

（二）A 股市场 2011 年第四季度及 2012 年行情展望

在国内经济继续面临增速下滑、通胀缓慢下行、政策中短期难以放松、美国经济复苏出现停滞、欧债危机恶化并向全球资本市场输出危机等多重复杂因素的交织影响下，我们认为 2011 年第四季度构筑大级别市场底的条件还不成熟，预计将以弱势盘整和超跌反弹为主。展望 2012 年，在世界经济复苏缓慢和中国中长期经济高速发展趋势弱化的背景下，国内经济将经历长期的产业结构再调整以及金融体制优化的过程，在此情况下，代表整体经济状况的 A 股市场难以出现持续上涨行情，将呈现宽幅震荡的特征，我们判断上证综指的运行中枢为 2200～3200 点，存在结构性投资机会。

我们提出的投资逻辑是：追踪近期经济发展和政策调控的趋势，发掘相关受益板块，重点关注符合新兴产业群、大消费主线所涉及的相关产业；可关注低估值的大盘蓝筹股可能出现的阶段性行情。在我国产业结构调整及紧缩政策可能持续、外源性危机概率上升的宏观背景下，稳定增长且估值低的相关行业将提供较好的投资安全边际。

（1）新兴产业群主题。向新兴产业格局转型是中国未来经济发展的必经之路。新兴产业基于其未来的经济支柱地位，有望获得国家的持续扶助。从中国目前新技术产业的生命周期看，大量的新型产业子行业处于增长繁荣期，其收益/风险水平处于整个产业生命周期最有利的阶段；同时，国内大量的新技术产业的 PEG 在 1 附近，具备显著估值优势，建议投资者关注七大战略性新兴产业中市场稳定、财务状况良好且具有核心技术的优质企业。

（2）消费稳定增长主线。消费升级的动力有两个：一个是经济增长模式由投资积累型向消费需求型转变；另一个是收入上升和财富分化带来的消费扩张。随着新增劳动力和青壮年劳动力占比的下降，中国的经济发展模式已经逐步开始向消费需求型转变，收入提高和财富分化带来可选消费、高端消费市场的膨胀，尤其是品牌消费和高端消费，是上游资源品之外另一个可以跑赢货币增速的行业。

（3）基本面良好的低估值行业中的蓝筹股。流通市值大幅膨胀和紧缩调控导致的流动性全面紧张是导致 A 股估值不断下移的主要原因，在我国经济和上市公司盈利下滑预期加剧的紧缩调控后期，前期调整较为充分的低估值板块具备了一定的防御功能，建议关注前期调整充分的低估值板块中具有稳定业绩增长和良好基本面的上市公司。

（三）债券市场展望

1. 经济增长与通胀的"双落"趋势将有利于债券市场

由于2011年第三季度通胀总体处于高位，短期内央行仍会执行偏紧的货币政策，在持续紧缩货币政策及外围经济不确定性增加的背景下，国内经济增速会继续下滑，2011年第四季度和2012年上半年经济放缓速度会更加明显。

2011年7月份CPI达到历史高位6.5%，考虑到8月份虽有所回落，但仍处于6.2%的高位，在此背景下政策短期内仍会维持紧缩方向，但紧缩力度可能会有所放缓，不排除如果经济下滑过快，政策或许会由紧转向中性，这主要取决于经济下滑的幅度。目前银行存款准备金率已经处于高位，继续上调会对银行流动性带来较大的冲击，央行会更多地使用公开市场操作来平滑到期资金。加息方面，我们认为本轮加息周期已进入收尾阶段，但如果通胀出现明显反弹，不排除央行再次加息。因此，随着2011年第四季度经济增长与通胀"双落"态势更趋明朗，宏观环境将进一步有利于债券市场。

基于对宏观经济和债券市场的判断，我们对第四季度债券市场持较乐观的看法，建议将投资组合久期维持在基准水平，并随着通胀水平下降趋势的明朗而逐步拉长久期。

2. 利率产品

由于受通胀走高以及资金面紧张影响，2011年第三季度利率产品收益率显著走高，特别是短端收益率已经处于历史高位，整条收益率曲线异常平坦。展望2011年第四季度，随着经济增速和通胀的双回落，央行回笼资金的力度会有所减缓，更多是通过公开市场操作平滑到期资金，相比第三季度资金面紧张的背景下大幅波动，第四季度资金面预期平稳在合适水平，总体资金成本低于第二、三季度。考虑第三季度通胀虽有所回落但仍维持在高位，利率产品短期内难以有趋势性机会；预计进入第四季度，随着通胀回落趋势明朗化以及回落幅度较大，利率产品会迎来较好的投资机会，展望后市，我们对利率市场持偏乐观的看法。就具体利率产品的配置而言，相比国债，我们更看好金融债，建议关注前期受供给冲击较大从而导致收益率快速走高的政策性金融债。

3. 信用产品

2011年第三季度受市场流动性持续紧张以及城投债信用风波冲击，信用产品收益率大幅上升，整体表现弱于利率产品，信用利差逐步扩大，目前银行间信用债相对于国债的信用利差处于历史高位。

从供给角度分析，持续的信贷控制促使企业寻求通过资本市场直接融资，债券作为便利的融资工具得到越来越多企业的认可。从之前发改委公告的通知看，债券将成为为保障性住房项目提供融资的重要工具，这意味着经过前期整理，满足条件的地方融资平台将被允许继续通过债券市场融资，城投债的潜在供应量不可小觑。目前股市低迷，上市公司通过股市再融资难度增大，而公司债发行流程简化、审批时间缩短都将极大鼓舞上市公司的发债热情；从需求角度分析，第四季度我们预计央行紧缩力度有所减轻，银行间资金面紧张程度会有所缓解，但在通胀绝对水平仍较高的背景下，信贷投放规模仍将是政策控制的重点，银行配置债券的资金会逐步增加。

总体来看，结合经济基本面和信用债供需情况，我们认为信用债表现最差的时刻已经过去。目前信用债的收益率水平对投资者来说具备较强的吸引力，但充足的后续供应可能抑制信用债收益率大幅下行。投资策略方面，我们建议标配信用债，优先配置中高等评级且在交易所可质押的非城投公司债，回避城投债，减持交易所不可质押的公司债，关注低评级债券的信用风险。

4. 可转债

2011年第三季度可转债市场在潜在供给冲击下经历大幅下跌，目前整体估值已具备投资价值，不仅转股溢价率处于较低位置、股性突出，而且大部分转债具备良好的债性保护。从目前股市的估值水平来看，大盘蓝筹股的估值已经处于历史底部，其业绩增长确定性较强，随着政策进入观察期，第四季度业绩增长确定的公司投资机会大于风险。

基于对股市走势以及当前转债整体估值的分析，我们建议标配可转债。从具体配置品种看，可选择正股估值安全且业绩增长稳定、转债转股溢价率较低的标的作为配置品种。

Review and Analysis of Shanghai Securities Market in 2011 and Prospects for 2012

Wu Qian   Zhu Pingfang

Abstract: During the past three quarters in 2011, both China's A share market and bond market slumped under the complicated economic background of stagnant American economy, deteriorating European debt crisis, domestic economic growth slowdown and consistent stringent monetary policy. The Shanghai Composite Index went down with fluctuation, dropping by 16% and the average PE of the listed companies in the whole stock market has been rather low while the average PE of small-and-mid companies is still high, so there exists structural valuation pressure. Looking forward into the fourth quarter of 2011 and 2012, We expect the stock market will show great fluctuations with structural investment opportunities, suggesting investors pay attention to those companies with good growth prospects and valuation advantage in the consumption sector or emerging industries, and the blue chip companies with good fundamentals in those sectors that have valuation advantage due to their previous large price drop.

Key Words: Security Market; Inflation; Monetary Policy; European Debt Crisis

专题研究篇
Special Study

B.17
2011～2012年中国对外贸易与吸引外商直接投资分析与展望

裴长洪 彭 磊*

> **摘 要**：2011年前8个月，我国对外贸易与吸引外资保持较快增长，市场结构持续优化，贸易平衡不断改善，区域结构更加平衡。但由于全球经济复苏缓慢、欧洲债务危机风险较大、我国宏观环境持续偏紧等，2012年出口企业仍将面临国际市场需求萎缩、原材料价格上涨、劳动力成本增加、融资困难等一系列问题。为稳定贸易和投资，避免经济落入"超调陷阱"，对外经济政策要在稳定基础上，作用关口适当前移，实现内外经济政策的良性互动。
>
> **关键词**：外贸增长　宏观环境风险　内外经济政策联动

---

* 裴长洪，中国社会科学院经济研究所所长，研究员，主要研究国际贸易与投资、国际金融与服务经济；彭磊，商务部办公厅，副研究员，主要研究国际贸易投资与金融、流通产业。

2011年1～8月份,我国外贸实现进出口总额23525.3亿美元,同比增长25.4%。其中,出口12226.3亿美元,增长23.6%;进口11299.0亿美元,增长27.5%。1～8月份累计贸易顺差927.3亿美元,下降10.2%。1～8月,外商投资新设企业18006家,增长7.7%;实际使用外资金额776.34亿美元,增长17.7%。

一 2011年1～8月我国对外贸易、吸引外资特点及基本判断[①]

(一)对外贸易特点及基本判断

1. 市场结构持续优化,贸易平衡不断改善

从出口情况来看,1～8月份,前6位主要出口市场分别为欧盟、美国、中国香港、东盟、日本、韩国,同比增幅分别为18.5%、15.1%、31.2%、24.3%、25.0%、24.4%。其中,对欧盟、美国出口占出口总额比重分别为19.1%、16.8%。与2010年全年出口占比相比,分别减少了0.6个、1.2个百分点。新兴市场中,对印度、俄罗斯、巴西、南非出口增速分别为26.3%、39.3%、38.1%、24%。从进口情况来看,1～8月份,前6位主要进口来源市场分别为欧盟、日本、东盟、韩国、中国台湾、美国,同比增幅分别为27.7%、14.6%、28.6%、18.1%、9.5%、25.1%。其中,从欧盟进口占进口总额比重为12.3%;与2010年全年进口占比相比,提高了0.2个百分点。新兴市场中,从印度、俄罗斯、巴西、南非进口增速分别为7.3%、48.1%、40.3%、138.0%。2011年,欧盟预计将超过日本成为我国第一大进口来源国。尽管贸易结构持续优化,但整体上仍处在分工低端,仍未摆脱由日本、韩国、中国台湾主导的亚洲分工模式束缚,即依靠澳大利亚、巴西等国初级产品供应,与日本、韩国生产设备、中间产品相结合进行组装加工,销往欧美市场。这种"贸易三角"模式的固化,将给我国外贸发展方式转变带来巨大挑战。

---

① 数据来源:商务部、海关总署。

2. 主要商品贸易增速趋稳，中西部地区外贸增长迅速

出口方面，1~8月份，累计出口机电产品6916.05亿美元，同比增长19.0%，回落16.9个百分点。出口高新技术产品3495.95亿美元，增长15.7%，回落22.3个百分点。进口方面，1~8月份，累计进口机电产品4925.52亿美元，增长17.5%，回落24.8个百分点。进口高新技术产品3021.15亿美元，增长15.1%，回落27.3个百分点。增幅回落的一个主要原因在于2010年同期出口基数较大。从出口地区格局看，中西部地区省份增长迅猛，而传统沿海出口省份，则增长速度明显低于平均水平。1~8月份，上海、江苏、浙江出口额分别增长18.5%、20.0%、22.2%，进口额分别增长24.5%、18.6%、27.8%。而中部省份如安徽、江西、河南、湖北、湖南等外贸快速增长，普遍高于全国平均水平。出口地区格局微妙变化，反映了我国实施产业转移政策取得的初步成效。同时也表明，中西部是未来我国外贸数量持续扩张的潜力所在。

3. 贸易方式仍待转型，一般贸易竞争优势有待提高

按照贸易方式分，1~8月份，一般贸易逆差573.5亿美元，同比增长79.1%；加工贸易顺差2299.3亿美元，增长18%；其他贸易逆差798.5亿美元，增长33.4%。总体而言，一般贸易继续快速增长，但一般贸易竞争优势仍有待提高。加工贸易比重下降，但在出口领域所占比重仍然较高，贸易方式转型任务仍然较重。按照企业性质分，1~8月份，国有企业出口1772.1亿美元，占出口总额比重14.5%，逆差1485.1亿美元。外商投资企业出口6401.8亿美元，占比52.4%，顺差775.9亿美元。其他企业（以民营企业为主）出口4052.4亿美元，占比33.1%，顺差1636.5亿美元。民营企业出口快于整体，外资企业和国有企业的出口进一步放缓。结合2011年以来我国利用外资快速增长来看，可以初步判断，外资企业新增投资外向型比重逐步下降，多转向以利用我国市场为主要投资目标。而存量外资企业也在积极谋划由出口导向向兼顾出口与国内市场方向转变，这是值得持续关注和政策引导的重点领域。

（二）吸引外资特点及基本判断

1. 按吸引外资地区分，中西部利用外资增速快于东部地区

1~8月，东部地区实际使用外资金额663.22亿美元，同比增长16.1%，增速低于全国平均水平。而中西部地区实际使用外资金额分别为55.7亿、57.4亿美元,分别增长 31.8%、24.2%,均高于全国平均水平。

2. 按吸引外资行业分,服务业尤其是高端服务业利用外资增速最快

1~8月,农林牧渔业及制造业实际使用外资分别为 12.8 亿、361.47 亿美元,同比分别增长 16.9%、14.8%,均低于全国平均水平。而服务业实际使用外资 356.63 亿美元,增长 19.9%,高于全国平均水平 2.2 个百分点。高端服务业如分销服务业增长 41.25%。

3. 按外资来源地分,新兴市场国家投资大幅增长,欧美主要国家对华投资减速

1~8月,亚洲 10 国/地区(中国香港、澳门、台湾、日本、菲律宾、泰国、马来西亚、新加坡、印尼、韩国)对大陆实际投资 669.72 亿美元,同比增长 23.1%。而欧盟 27 国对华实际投资 45.62 亿美元,增长 3.3%。美国对华实际投资 21.78 亿美元,下降 14.4%。

二 2012 年我国对外贸易与吸引外资面临的宏观环境

(一)国内宏观环境依然偏紧

2011 年以来,我国通胀率居高不下,虽然 8 月份 CPI 下降到 6.2%,但仍然维持在高位,控制物价过快上涨仍是今明两年宏观调控的首要任务。为控制流动性,央行至 2010 年底开始频繁上调存款准备金率和存贷款基本利率。信贷政策"急刹车"虽然在控制通胀的货币因素方面起到积极作用,但同时给宏观经济带来负面影响。尤其是信贷政策对中小企业的"误伤",给实现经济平稳回落带来困难。8 月份,中国制造业采购经理指数(PMI)为 50.9,环比上升 0.2 个百分点,连续 4 个月回落后开始回升,表明我国经济发展态势趋稳。但分类指标中,新出口订单指数较 7 月 50.4 回落 2.1 个百分点,降至 48.3,首次回落到 50 以下。由于出口交货期一般为 3~5 个月,出口回落可能表现在 2012 年初。此外,9 月 20 日,IMF 发布最新《世界经济展望》,分别调低今明两年中国经济为 9.5%、9.0%。纵观国内形势,2012 年出口企业仍将面临以下巨大挑战。

1. 原材料及生产资料价格上涨导致成本持续上升

1~7月份,我国工业生产者购进价格指数、流通环节生产资料价格指数、农业生产资料价格指数、进口价格指数分别同比增长10.4%、11.6%、10.1%、14.8%。由于全球主要经济体为防止"二次衰退"极有可能实施新一轮的货币宽松政策，推动大宗商品价格上涨的可能性极大。

2. 劳动力成本上升趋势已不可逆转

越来越多迹象显示，我国人口红利将逐渐消失，劳动力供求的结构性短缺成为常态，工资上涨不可逆转。据媒体报道，2011年以来，又先后有北京、重庆、江苏等18个省份再度上调最低工资标准，涨幅在20%~25%之间。此轮劳动力成本上升并非短期、阶段性的，而是我国经济发展到一定阶段，贸易部门与非贸易部门之间的巨大劳动生产率差异、劳动力相对短缺矛盾、城镇化与工业化进程不一致等综合因素导致的。

3. 中小企业融资成本持续上升

2011年以来，广大外向型中小企业一方面承受原材料价格上涨、劳动力成本提高、电力供应短缺的影响，另一方面承受信贷总量控制下的流动资金紧张压力，生存空间不断受到挤压。目前，由于信贷总量收缩，加之国有商业银行普遍"保大压小"、"保国挤民"，中小企业融资困境日益凸显。为摆脱流动资金困境，中小企业不惜从民间借贷市场借入年率甚至高达50%的融通资金，无异于饮鸩止渴。

4. 人民币升值导致的外贸风险加大，企业利润下降

截至2011年9月16日，人民币对美元汇率中间价已升至6.3797。汇率快速上涨导致企业经营出现"长单不敢接、短单量不足"的情况。同时，由于中小企业以劳动密集型行业为主，行业利润率普遍较低，对外议价能力普遍较弱，通过利润消化汇率上涨的空间有限，汇率持续上涨正不断侵蚀中小企业利润。据中国纺织品进出口商会测算，人民币每升值1%，纺织企业利润将下降1个百分点。

（二）国际经济环境动荡方向未明

从7月份开始，以希腊为代表的欧洲主权债务风险敞口暴露，加之8月美国国债信用评级下调对市场信心的打击，全球宏观环境急转直下。由主权债务危机所引发的对全球金融系统稳定性的质疑很有可能再次将全球经济带入动荡。

1. 欧美日经济可能陷入长期低迷

美国经济方面，8月29日，IMF下调了美国经济增长预期，分别将2011、

2012年美国GDP增长下调至1.6%、2.0%。9月1日，美国白宫发表年中经济报告，预计2011年经济增速将放缓至1.7%~2.1%。市场担忧主要来自其巨额财政赤字和宽松货币政策。从2008年金融危机全面爆发以来，美国财政赤字达到天文数字。2009财年，财政赤字达到1.42万亿美元，2010财年达到1.29万亿美元，2011财年预计达到1.65万亿美元。虽然美国国会最终提高公共债务上限，但同时要求未来10年内削减2.1万亿美元赤字。也就是说，未来美国依靠财政赤字来刺激经济的可能性较小。而面对国会财政减赤压力，美国宏观政策似乎走进了死胡同，除了量化宽松货币政策，似乎再也找不出其他更好的工具刺激经济，而两轮的量化宽松政策似乎已将美国经济拖入了"流动性陷阱"泥潭。美国8月份非农就业数据显示，8月失业率仍高达9.1%，就业岗位"零增长"。此外，美国8月份制造业指数跌至50.6，引发市场对美国经济"二次衰退"的担心。鉴于目前美国通胀压力仍然较小，美联储决定维持联邦基金基准利率0~0.25%至少到2013年中期，未来推出新一轮量化宽松货币政策的可能性极大。但综合来看，由于美国金融系统及企业资产负债表较次贷危机期间要稳健得多，较低通胀环境和宽松货币政策也有利于美国经济缓慢恢复。欧洲经济方面，欧元区制造业两年来首度出现萎缩，8月份制造业PMI值由7月份50.4降至49.0。而欧元区三大经济体中，德国、法国、意大利8月份制造业采购经理人指数分别下降为50.9、49.1、47.0。此外，作为欧债危机发源地的希腊，其8月份PMI连续第24个月低于50。总体来看，欧洲经济龙头英德法经济减速迹象明显，市场普遍认为欧元区陷入衰退的风险正在加大。日本经济方面，用"没有最差，只有更差"来形容并不过分。第二季度，日本实际GDP环比年率下降1.3%，连续三个季度出现负增长。而同时，债务高企、日元升值等问题以及挥之不去的"通缩"困扰，使得日本当局对经济的驾驭能力受到质疑。虽然野田内阁上台伊始表示要采取扩张性货币和财政政策防止日本产业空洞化，并实施积极外汇干预措施稳定出口，但考虑到日本震后供应链断裂、零部件供应短缺等原因，加上电力紧缺可能长期存在，无疑增大了日本经济复苏的阻力。

2. 欧洲主权债务危机可能引发新一轮全球金融风暴

市场对欧债危机引发全球金融动荡的担心主要来自危机向欧元区核心国家蔓延的担忧。第二轮救助希腊方案迟迟未能实施，加上进入10月份，希腊、意大利、西班牙总共超过 2000 亿欧元的债务到期，希腊很可能面临债务违约。① 一旦希腊违约，危机的"多米诺骨牌"效应比想象的要严重得多。首先，希腊违约将会增加意大利、西班牙长期国债融资成本，使得市场投资者做空欧元区的可能性增大，而麻烦不断的欧洲银行业极有可能成为做空目标。9月14日，穆迪下调法国农业信贷银行和法国兴业银行债信评级，指出两家银行持有大量希腊公共债务，一旦希腊国债违约，进行债务重组，那么法国银行业将陷入新一轮的信贷紧缩危机。届时，欧洲债务危机、银行业经营恶化、经济增长停滞等多重负面因素共同作用，相互影响，极有可能导致新一轮金融危机爆发并引发全球系统性下行风险。其次，虽然美国持有的欧洲五国债务较少，直接的风险敞口不大。但据国际清算银行预计，加上大量的金融衍生产品、信贷资产等，欧洲债务危机将引发大约 5000 亿美元的金融资产风险。这对于刚刚企稳的美国金融市场而言，破坏作用是不言而喻的。再次，欧元区作为美国、中国的最主要出口市场，其金融系统的动荡，将持续传导到实体经济，投资消费下滑以及欧元贬值导致出口减少将会拖累本已羸弱的欧元区经济，这对全球经济复苏无疑是致命打击。总体来看，2011年底2012年初形势较为严峻，欧洲银行体系、信贷供应和金融市场始终承受巨大压力。2012年第二季度以后，通过核心国家对金融系统流动性的注入效果显现，欧洲债务危机将止步于外围国家。

3. 全球宏观政策的无序性侵蚀全球复苏基础

首先表现为发达国家宏观政策的不负责任。在应对金融危机中，欧美发达国家不顾经济结构及其金融体系状况，盲目扩大财政赤字，并在宽松货币基础上"创新"出"量化宽松"政策，增加了全球宏观经济环境的不确定性。7月底8月初，围绕美国国债上限问题，美国民主、共和两党政治秀，给全球金融市场造成巨大损害，严重影响了全球企业和消费者的信心和预期，而美联储极有可能在2011年底出台第三轮量化宽松货币政策，将极大地增加2012年全球经济复苏的困难。其次表现为区域经济组织的宏观政策协调功能性缺失。欧债危机暴露出欧

---

① 2011年7月21日，欧盟首脑峰会后宣布了对希腊提供新一轮总额达1090亿欧元的救助方案以及扩大欧洲金融稳定工具的使用范围等决定，但这些决定还有待各成员国议会的批准。欧元区国家财长9月15~16日在波兰弗罗茨瓦夫举行财长会议，以完成针对希腊的第二轮援助计划的遗留细节讨论。从目前的进展来看，情况非常不乐观。

元区内在的功能性缺陷。货币一体化由于缺乏财政一体化的制约,导致欧元区成员国普遍采取财政政策"欺骗"策略,导致财政失控。而债务危机发生后,由于缺乏政治意愿,富国为穷国埋单遭到富国国内民众极大反对,导致救助一次次失去时机。再次表现为全球经济组织政策影响力日益衰弱。全球金融危机以来,IMF、WTO等国际经济组织越来越难以在金融政策协调、维护贸易投资秩序等方面发挥作用。以IMF为例,基金份额的改革进展缓慢,全球金融体系的再平衡依然曙光难现。再以WTO为例,2011年"多哈回合"机会之窗已宣告关闭,全球失去利用贸易"发动机"加速全球经济复苏的机会。而且,贸易争端解决机制也未能有效阻止世界各国对贸易救济措施的滥用。此外,在全球宏观经济协调中,财政、投资等方面协调严重不足。《与贸易有关投资协议》由于存在功能性缺陷,使得全球实体经济投资被大大遏制。而财政政策,则长期处于监管协调的真空。

三 2012年我国对外贸易及吸引外资的初步展望

考虑到2011年底欧美圣诞节市场是传统的需求旺盛期,2011年我国全年对外贸易将维持在较快增长水平,预计2011年全年出口将保持在20%~25%的增长区间。而进口方面,由于主要进口来源国进口增速下滑较大,预计2011年全年进口增速将保持在25%左右。2012年,情况可能较为严峻。尤其是上半年,进出口及吸引外资增速将有较大幅度的回落。如果能够出台有力的综合政策进行中和,可能会缓解进出口的压力。下半年由于全球经济增长潜在不利因素基本被市场消化,全球经济再次步入缓慢增长复苏通道,进出口及吸引外资将重回较快增长轨道。预计2012年上半年对外贸易增长在15%左右,下半年保持在20%~25%,全年将在20%左右的水平。全年吸引外资将保持在15%~20%的增长区间。

四 政策要点

1. 调整宏观经济增长目标,实施内外经济政策联动

目前,全球一些私营机构纷纷预测中国经济走弱,甚至可能出现"硬着陆",做空中国经济的力量正在积聚。①此外,境外市场对人民币升值预期正在减弱,海外机构开始做空人民币。②面对境外机构做空中国经济,如无万全之策对应,中国经济很可能落入"超调"陷阱,即由于资本"抽逃"引致的资产价格、金融价格的全面下跌,直至波及实体经济。③对于这一情况,我们应保持高度重视,及时修正宏观经济增长目标,采取有力措施进行反向操作。要重新评估和稳定2012年全年经济增长预期,至少保持在9.5%以上,并通过2011年中央经济工作会议权威平台向外发布,以释放宏观积极的信号,给予做空中国经济的境外机构以有力回击。但要做到在转变发展方式、调整经济结构的前提下保持较快经济增长,必须高度重视对外贸易、外商投资等对外经济活动对保持经济较快增长的重要作用。一方面,对外经济政策,关口应适当前移和后推,不仅要盯住外贸出口环节,更应向上游生产环节、下游营销售后环节延伸。财政政策、货币政策、产业政策等应通过鼓励创新和减税等方式降低民营企业生存成本、拓展融资渠道、提升产业层次。另一方面,适度宽松的财政政策重点在结构调整。财政收入政策方面,实施对特定对象减税为手段的收入转移机制,减轻中小企业经营负担,增加人民实际可支配收入。财政支出政策方面,实现向公共财政支出结构转变,减少生产性投资支出,加大消费性投资支出比重,通过对教育、医疗卫生、社会保障、就业、住房等公共服务均等化持续投入,积极扩大和培育国内居民消费的制度环境。

2. 建立与人民币国际化战略相适应的生产分工循环体系

目前,人民币国际化战略推进过程中遇到一些障碍和阻力,主要表现为出口人民币结算量远不及进口人民币结算量,人民币回流渠道单一使境外机构持有人

---

① 7月份,新增外汇占款2196.26亿元,出现至5月份起连续两个月环比下降。用外汇占款与7月份贸易顺差和实际使用外资的差额作为衡量热钱标准,差额为-680多亿元,一定程度上显示热钱放缓流入甚至净流出迹象。

② 近一段时间人民币境内远期与境外无本金交割远期(NDF)价格倒挂现象也值得注意。海外投资机构对人民币升值或贬值预期,可以通过人民币无本金交割远期(NDF)升值预期与即期汇率的对比来判断。从一年期NDF走势看,从2011年初起,NDF一直震荡下行,至5月2日达到最低点6.301后在震荡中持续上行。详见郭宇靖、任峰《该如何保卫人民币?》,2011年8月5日《国际商报》A7版。

③ 在全球经济繁荣时期,进行结构调整,主动降低经济增长速度对经济体系的危害较小;而在全球经济衰退时期进行的任何调整都有可能陷入"超调"陷阱,这不得不引起我们的高度重视。

民币意愿不足等。人民币国际化是一项长期而艰巨的任务，战略实施要与汇率改革、国际资本账户开放有机协调起来。而战略首要目标是确定人民币在区域内的强势地位。因此，要在东亚经济圈内做好人民币区域化文章。当前，我国对亚洲主要国家贸易均为逆差，这是人民币区域化的有利条件。但从贸易结构来看，我国仍处于日本、韩国主导的亚洲生产分工循环体系的低端，这是与人民币区域化不相符合的分工模式，应着手建立东亚经济圈新的生产分工循环体系。新生产分工模式的基本特征是以国内市场为依托，实现以中国企业为主导的对亚洲生产价值链的有效控制，对外输出品牌、资本与技术，普遍在亚洲国家形成生产外包体系。而形成东亚新的生产分工体系的举措和手段包括鼓励企业"走出去"、发展境外加工贸易、建设境外经济合作区等。要尽快制定与这些举措相适应的政策配套措施，逐步形成东亚国家对中国主导的生产体系的依赖，使人民币在国际化进程中迈出坚实一步。

3. 协调好人民币国际化与美元离岸化的关系

目前，由于市场主体不愿持有美元外汇而竞相结汇，导致外汇储备增长过快。排除其他原因，国民持有美元外汇的收益低是主要原因，活期美元存款的年利率为1.15%，一年期存款年利率也仅为3%。因此，要有相应的制度安排来解决这一问题。离岸美元市场建设是一种有效路径。首先，伴随全球经济步入缓慢增长，货币当局的货币宽松与全球金融市场的流动性紧缺将同时出现，而且二者的背离趋势更为明显，此时推出离岸美元市场时机恰当。其次，对于当前人民币国际化进程中出现的问题，或多或少与人民币汇率形成机制有关。而人民币汇率市场价格的形成必然需要资本项目的开放，这对于当下经济环境风险相当大。因此，推出离岸美元市场形成一个独立于本国金融体系之外的交易体系，可以与银行间外汇市场一起，对人民币市场价格发现具有积极意义。再次，通过离岸美元市场建设，丰富美元交易品种，将有利于扩大美元的投资收益，老百姓真正愿意持有美元，也就解决了本质上"藏汇于民"问题，货币政策的腾挪空间就此打开。

4. 处理好出口与进口平衡增长、"引进来"与"走出去"协调发展的关系

要大力促进进口尤其是消费品进口，发挥进口对宏观经济平衡和结构调整的重要作用。长期以来，我国投资和出口相互促进，共同推动经济快速增长。投资扩大有效地增大社会总供给能力，而当国内总需求无法满足社会总供给时，出口成为平衡宏观经济的重要通道。在出口导向增长战略下，进口被制度固化为投资服务，形成以投资品、中间产品、原材料为主的进口商品结构。进口的作用在于进一步放大国内总供给，最终导致对出口依赖越来越深，形成"增长瓶颈或悖论"。① 因此，要重新审视进口的独立作用，要从注重"生产福利"向更加注重"消费福利"转变，通过贸易提高整体国民福利。② 当前，我国人均国民收入已跨入4000美元的中等收入阶段，③ 居民消费面临消费升级的关键点，之前政策界定的很多中高档商品已降格为一般消费品，这是实事求是的。而存在内外巨大价差的结果，只能导致"商品套购"等规避监管的各种"创新"行为。要加快实施"走出去"战略，适应由商品单项输出向商品、资本输出，再向商品、资本、劳务、品牌、技术、标准综合输出转变，全面提升利用两个市场、两种资源的能力。要按照有助于企业提升全球竞争力和产业链控制力的原则制定"走出去"便利化措施，切实做好各种配套政策的跟踪和服务。应尽快建立完善适应企业全球跨国经营的管理体制，规范跨国经营企业母子公司间、子公司之间的关联交易行为、财务处理办法，以及税收征管、优惠政策适用等。

5. 稳定外贸政策预期，加快加工贸易转型

进一步提高贸易便利化水平，完善海关企业分类管理机制；规范出口商品检验检疫标准，推动出口产品检验互认，避免重复检验。改革出口信用保险和担保市场，引导商业保险企业有序进入出口信用保险市场。发挥中国出口信用保险公司政策性优势，为中小企业出口保险提供再保险业务。结合中国人民银行扩大中小企业信贷资产证券化试点，利用海关特殊监管区的聚集优势，率先在出口企业集群开展出口信贷资产证券化，多渠道解决中小出口企业融资难问题。要稳定现有出口产品退税目录和税率，逐步实现出口退税由中央财政全额负担，提高传统

---

① 当全球经济一片繁荣时，这种经济循环矛盾并不突出，而一旦遇到金融危机等外部冲击，此种增长逻辑或链条就难以为继。

② 消费品为主的进口商品结构，首先，有效抑制国内投资冲动。改变进口服务于出口的简单线性关系，有利于出口结构的调整和发展方式的转变。其次，促进国内消费品生产与消费生态环境的整体改进和提高。国内消费品市场出现的"零供关系"紧张、"内外差价"过大等问题，与我国零售业已经逐步固化的商业赢利模式有关，以开放促改革、以改革促发展，引入外部商品竞争是有效手段之一。再次，培养理性、挑剔消费者。除了消费者收入等约束条件外，消费者素质是促进消费市场高质量增长的高端要素之一。目前，我们强调培育中国的世界名牌，这个问题的另一面，即我们需要培育能够与中国世界名牌相匹配的消费群体。但这个群体是理性、挑剔甚至苛刻的消费者。而只有具备广泛选择性的消费者才能真正促进生产者进行商品、服务改进。

③ 按照世界银行的分类标准，人均GDP在3255美元到10064美元之间的国家，属于中等收入国家。

出口大省扩大出口的积极性。应加快加工贸易转型升级和梯度转移。考虑在中西部地区选取适当区域建设全国加工贸易承接转移示范区,以与珠江三角洲地区全国加工贸易转型升级示范区相呼应,逐步形成转型升级示范区与承接转移示范区的政策对接、产业配套、外包加工、跨关区深加工结转等相互衔接、相互配合、共同发展的加工贸易新格局。要在内销便利化上继续做文章,积极引导加工贸易产品内销,探索创新内销模式。鼓励加工贸易企业为国内品牌厂商、国内渠道厂商贴牌配套,制定鼓励企业生产发包的政策措施。

6. 利用好现有国际经济组织,适时提出新议题

积极参与全球经济治理与区域合作,增强我国在国际经济组织中议题设置和推动的能力。继续推动多边自由贸易体系,坚决反对任何形式的贸易保护主义。积极与主要国家沟通,倡导建立与现行贸易体制相对应的全球多边投资体系,并着手可行性研究。推动国际货币基金组织改革,完善国际金融体制,努力提高我国话语权。积极参与二十国集团全球经济治理机制合作,适时提出全球财政监管方案。加快实施自由贸易区战略,提升和丰富自贸区合作水平和合作内容,不断深化与新兴市场国家和发展中国家的务实合作。

7. 深化外商直接投资体制改革,营造优势投资环境

着手改革外商投资管理模式,适时对外资"三法"进行修订和衔接,根据新情况、新问题、新特点完善法律法规。推动存量外商投资转移升级。调整完善《中西部地区外商投资优势产业目录》,形成引导转移的特殊接续政策体系,在严格能耗、物耗、水耗、环保、土地、工艺等产业准入门槛的基础上,鼓励劳动密集型项目向中西部海关特殊监管区、边境经济合作区转移。鼓励外商投资企业作为龙头,引导产业链整体转移和关联产业协同转移。

Analysis and Outlook: 2011-2012 China's Foreign Trade and FDI

Pei Changhong Peng Lei

Abstract: For the first 8 months of 2011, China's foreign trade and FDI have kept quick growth. The market structure optimizes persistently, trade balance improves continuously, regional growth becomes more harmonious. Whereas, with a view to sluggish recovery of global economy and gradual exposure of European debt crisis, with our macro-environment tightening, the export-oriented enterprises would be confronted with a series of problem such as rise in original material price, increment in the labor force cost, difficulty in financing etc. For the sake of trade and FDI stable growth, we should coordinate domestic and foreign economic policy on the condition with policy stability to avoid economy fall into "beyond adjustment trap".

Key Words: Foreign Trade Growth; Microeconomic Crisis; Domestic and Foreign Economic Policy Linkage

B.18
2011年外贸发展分析及2012年展望

丁维顺*

摘　要：2011年1~9月由于价格因素的影响，我国对外贸易从高点回落；同时累计进口增速超过累计出口，贸易顺差得到改善。从出口结构来看，一般贸易出口增速快于加工贸易出口增速，加工贸易出口比重进一步降低。并且与新兴市场贸易加快，中西部地区外贸得到发展，民营企业成为外贸的重要力量。展望2012年对外贸易形势，我国外贸将面临外需低位徘徊、国际竞争增大、国内企业成本上升、人民币升值以及进口制约因素有待改善等影响。

关键词：外贸　分析　展望　发展

2011年以来，世界经济继续缓慢复苏，但国际金融危机的深层次影响远未消除，美债、欧债危机进一步深化，全球经济发展的不确定、不稳定因素增多。与此同时，我国经济持续较快增长，但资源环境压力加大、通货膨胀率走高等问题也进一步突出。在复杂多变的国内外环境的严峻挑战下，对外贸易领域继续推进"稳外需、调结构、促平衡"，外贸发展实现平稳较快增长，并出现一些积极变化。2012年，外贸发展面临的国内外环境将更加复杂，新问题和新挑战将继续出现，保持外贸平稳较快增长的难度将增大。

一　2011年外贸发展情况分析

据海关统计，1~9月，全国进出口26774.4亿美元，同比增长24.6%。其

---

* 丁维顺，商务部政策研究室。

中，出口 13922.7 亿美元，增长 22.7%；进口 12851.7 亿美元，增长 26.7%；顺差 1071 亿美元，下降 10.6%。9 月当月，全国进出口 3248.3 亿美元，同比增长 18.9%；出口 1696.7 亿美元，增长 17.1%；进口 1551.6 亿美元，增长 20.9%；顺差 145.1 亿美元，下降 12.4%。外贸在继续保持增长的同时，也呈现以下几个方面的特点。

（一）外贸增速从高点逐步回落，价格上涨因素较明显

累计外贸总额、出口额和进口额增长速度总体呈回落态势，1 月份分别同比增长 44.1%、37.6%、51.6%，此后增速缓慢下降。同时，受国际市场上原油、铁矿砂等大宗资源性和原材料商品价格大幅上涨，以及国内劳动力、原材料、土地等综合要素成本上升等因素影响，我国进出口价格普遍上涨，对进出口金额的增长作用明显。据海关统计，1~9 月我国外贸出口价格平均上涨 9.9%，进口价格平均上涨 14.8%，分别相当于同期出口、进口金额增幅的 44%、55%。

从主要外贸商品看，1~9 月我国主要出口商品煤、生丝、活猪、原油、集装箱、钢材、成品油等价格分别上涨了 61.9%、44%、38%、36.8%、34.1%、25.6%、24.7%；主要进口商品天然橡胶、原油、铁矿砂、成品油、大豆、铜材、铝材等价格分别上涨了 61.9%、37.7%、35.4%、34.1%、30.6%、27.8%、23.8%。

（二）累计进口增速持续快于出口，贸易顺差状况改善

自 2011 年 1 月以来，累计进口增速持续高于累计出口增速，到 9 月份高出 4 个百分点，其中，1 月和 2 月累计进口增速分别高于累计出口增速 14 个百分点和 15.2 个百分点。进口的较快增长促进了贸易平衡状况的改善，前 9 个月中，2 月和 3 月的累计贸易差额均为逆差，其余月份累计贸易差额为顺差，但同比均下降。从地方情况看，全国有 18 个省区市的进口增幅超过出口，9 个省区市出现了贸易逆差。

进口实现快速增长，主要原因有以下几个方面：一是国内经济增长势头好于其他主要国家，同时受益于我国扩大内需战略的深入实施，进口需求较为强劲。从第二季度情况看，我国 GDP 同比增长达 9.5%，美国、欧元区 GDP 分别增长 1.3% 和 1.7%。二是进口价格增幅高于出口价格增幅。1~9 月我国进口平均价

格高于出口价格增幅4.9个百分点。三是人民币升值。2011年以来，人民币升值进程持续，目前美元兑人民币已进入1∶6.3区间。同时，随着国家大力发展新能源等战略性新兴产业，太阳能电池等相关设备和产品引进增长较快。

（三）一般贸易增速较快，加工贸易占比降低

前9个月，一般贸易呈现明显高于加工贸易的增长速度，在外贸总额中所占的比重也相应提高。从出口方面看，1~9月一般贸易出口同比增长29.9%，高出全国出口增速7.2个百分点，比加工贸易出口增速高出14.6个百分点，占出口总额的比重同比提高了2.7个百分点，而加工贸易占比则下降了2.8个百分点。从进口方面看，一般贸易进口增长33.3%，高出全国进口增速6.6个百分点，同期加工贸易进口增速为14.1%，不及一般贸易增速的一半。一般贸易进口占进口总额的比重提高了2.8个百分点，加工贸易进口占比则下降了3个百分点。从贡献率看，一般贸易增长对全国出口、进口额增长的贡献率分别达到60.2%、68.4%，而同期加工贸易的贡献率分别为31.6%、15.9%。

一般贸易实现更快增长，主要源于两方面因素：一是需求因素。加工贸易是产业内分工的重要形式，其市场以发达国家为主，占2/3以上，企业以外资为主，占80%以上，产品则以机电设备和高新技术为主，占比约80%。由于世界经济"双速"复苏，发达国家复苏势头逊于发展中国家，导致加工贸易增速低于一般贸易。二是价格因素。我国一般贸易以原材料和劳动密集型产品为主，原油、铁矿石、大豆等一般贸易大宗商品进出口价格上涨幅度大。而加工贸易的主体商品为机电产品和高新技术产品，价格相对稳定。

（四）与新兴市场贸易快速增长，中西部外贸发展提速

新兴市场经济较快复苏有助于我国拓展出口的市场空间和市场多元化。1~9月，我国对东盟、印度、俄罗斯、巴西和南非等新兴经济体的出口增长较快，增速分别为24.7%、26%、35.8%、35.5%和24.8%，均高于同期全国出口总额增速。同期，我国与南非、俄罗斯、巴西、东盟等贸易额增速分别为88.2%、43.8%、37.2%、26.4%，在我国贸易伙伴中名列前茅。同时，受欧债危机、美国经济增长乏力等因素影响，1~9月我国对欧盟、美国出口增长疲软，增速分别为17.4%、14.7%，合计占出口总额的比重为36%，较上年同期下降了2个

百分点。

中西部地区加快承接东部地区产业转移、努力引进外资大项目、充分发掘自身出口潜力，对出口的带动效应逐步显现。1~9月，重庆、江西、西藏、河南、青海、贵州、内蒙古等地出口增速分别为145.8%、61.4%、61.2%、61.1%、60.1%、56.2%、54%，列各省份增幅前茅。同时，在进口方面，中西部地区也总体呈现较快的增长态势。西藏、重庆、海南、河南、新疆、贵州、湖南、内蒙古进口分别增长了120.4%、93.4%、88.9%、75.4%、73.7%、48.6%、45.7%、39.7%，进入了各省份进口增幅的前十位行列。

（五）民营企业成为重要力量，外资企业增速低于整体

民营企业继续发挥其活力强的特点，体现出较好的增长性。1~9月，民营企业进出口7393.8亿美元，占同期我国外贸总额的28%，增长39%，比国有企业和外资企业同期外贸增幅分别高出4个和10个百分点。在出口方面，民营企业出口增长34.8%，比同期国有企业和外资企业出口增速分别高出18.5个和17个百分点，民营企业出口占比同比提高了2.9个百分点。在进口方面，民营企业进口增长45.8%，比同期国有企业和外资企业进口增速分别高出17.4个和26.8个百分点，民营企业进口占比提高了2.8个百分点。

外资企业仍是我国对外贸易的主体，1~9月进出口合计占全国外贸总额的51%，但比上年同期下降了3个百分点。同时，外资企业出口、进口增长速度分别为17.8%、19%，均低于全国出口、进口总额增速。

二 2012年外贸形势展望

2011年前9个月外贸保持较快增长，既源于我国出口产品继续保持较强的竞争力和国内经济的稳步增长拉动了进口需求，也得益于外贸相关政策保持较好的稳定性和连续性，以及市场多元化战略等继续取得成效。展望2011年第四季度和2012年，受世界经济增长乏力、需求放缓和国内经营环境趋紧等多种因素影响，制约外贸发展的不确定因素仍然较多，2011年全年外贸同比增速可能较上年回落，2012年外贸发展面临的国内外形势也更加复杂。

（一）外需低速徘徊将持续较长一段时期

当今世界仍处于大调整、大变革时期，国际金融危机的影响仍将持续，全球经济面临二次探底的危险，世界贸易未来发展的不确定性增强。2011年上半年，美国经济增速低于预期；9月份，失业率连续第三个月保持在9.1%，消费信贷同比下降4.6%，为连续10个月上升之后的首次下降。欧债危机悬而未决，并向核心大国波及，多国经济放缓或陷于停滞，对我国与欧盟贸易的潜在影响仍有待评估。1~9月，对美、欧出口占我国出口总额的比重分别为16.9%、19.1%，美、欧作为我国前两大贸易伙伴，其经济不振将对我国出口产生重要影响。此外，日本震后经济走势不明，新政府上台后刺激政策未出，日元升值挤压经济活力，对我国产品吸纳能力有待观察。主要发展中国家通胀压力上升，如应对不力，经济"硬着陆"风险加大。西亚、北非局势动荡，给全球经济增加不确定性。在制约全球经济增长的深层次矛盾未得到有效解决的背景下，2011年世界经济形势难言乐观。

（二）全球对国际市场的竞争将进一步加剧

当前，在全球经济复苏乏力、结构性调整缓慢的形势下，世界性产能过剩矛盾突出，有效需求不足成为各国发展的瓶颈，市场成为更加稀缺的资源，各国对全球贸易市场的争夺加剧，保护主义升温。发达国家加快调整科技和产业发展战略，推进"再工业化"进程，同时依然在高端制造业、科技创新等方面占有优势，我国将面临持续的竞争压力。新兴国家对矿产资源的需求逐步增大，主要资源价格可能重现危机前大幅上涨的局面。随着国际产业转移在更大范围、更大规模和更深层次上推进，我国与其他新兴市场之间吸引国际投资和产业转移的竞争也将进一步加剧。这些都将对我国外贸的发展带来更大的竞争压力。

（三）国内企业经营成本上升压力仍较大

我国外贸发展仍主要依靠资源、能源、环境等有形要素和劳动力投入，随着资源环境等约束的增强，企业面临的经营压力也在上升。一是国际原材料等大宗商品价格上涨加大了企业成本。2011年以来，国内原油、棉花等原材料价格和铁矿砂、氧化铝等大宗原材料进口价格平均上涨幅度超过30%，并持续维持高位震荡。二是劳动成本上升。2011年以来,沿海地区劳动力成本平均上调20%以上,同时一些企业仍然工人短缺,这两种压力已开始向中西部企业蔓延。随着人口结构和劳动力供需形势的深刻变化,我国的低成本劳动力优势正在逐步削弱,周边国家,如越南、柬埔寨、孟加拉国等劳动力成本优势正进一步显现。同时,企业融资成本也在上升,外贸企业尤其是中小企业面临资金面偏紧、贷款利率走高、融资成本增加的压力。中西部地区由于地处内陆,物流基础设施建设还有待完善,目前物流成本仍较高,如江西等省份物流成本约占出口总成本的25%,削弱了出口产品的竞争力。

(四)人民币可能面临持续的升值压力

随着我国综合经济实力的逐步提升,人民币升值预期也在增强。当前,国际金融市场动荡,欧债和美债危机加剧,导致国际投机资本加快流入我国等新兴市场。我国为应对国内通货膨胀问题,采取提高利率、紧缩银根等货币政策调整,以及对外贸易长期顺差的状态,也增大了人民币升值预期。同时,以美国为代表的西方发达国家要求人民币升值的声音越来越激烈,并有情绪化和政治化的倾向,这种压力在向常态化发展。美国指责中国通过人民币汇率低估使出口产品得到不正当的竞争优势,试图像当年压迫日元升值一样,压迫人民币大幅升值为其债务经济"埋单"。2011年以来,人民币延续升值态势,波动也在加剧,下一阶段面临的压力甚至可能加大,这将抑制我国外贸出口增长的空间。

(五)制约进口的主要因素有待改观

1~9月,进口增速较上年同期回落15.8个百分点,高于出口增速回落幅度4.5个百分点。进口加快回落,既有国内原因,也有国际原因:一是国内宏观调控政策效应逐步释放,工业生产增速连续3个月下滑,抑制国内进口需求过快增长。二是近期国际大宗商品价格下跌。截至9月13日,纽交所原油、LME现铝、ICE棉花价格较年中高位分别下跌了29%、9.1%和88.6%。同时,我国外贸仍总体呈现"宽出严进"的格局,进口便利化水平有待进一步提高,进口扶持政策也需进一步加强。

总体看,2012年我国外贸发展虽仍面临不少机遇和积极因素,但形势仍不容乐观,进出口在继续保持增长的情况下,增速均可能出现回落。下一步应继续密切跟踪国内外经济形势的发展变化，采取切实措施帮助企业解决实际困难，努力营造外贸发展的良好环境，促进外贸发展方式加快转变，提升外贸核心竞争力，更好地发挥出外贸对国民经济发展的重要作用。

Analysis of Foreign Trade of China in 2011 and Outlook of 2012

Ding Weishun

Abstract: Due to the price changes, China's foreign trade has been decreased from January to September in 2011. At the same time, the accumulative import growth rate excesses the export and the condition of trade surplus has been improved. The export structure indicates that the general exports trade grew faster than the processing trade and the proportion of which gets further reduced. The emerging markets trade and trade in central-western regions has been developed, and foreign trade of private enterprises has become an important part. In the future of 2012, China's foreign trade will face several effects including low levels of external demand, increased international competition, improve of domestic business costs, RMB appreciation and improvement of constraints affecting imports.

Key Words: Foreign Trade; Analysis; Outlook; Development

B.19
如何进一步转移农村剩余劳动力?

蔡昉*

摘 要: 2011年劳动力市场上的热点话题,无疑是各地频传的民工荒,招工难不仅发生在沿海地区,而且在中西部地区也广泛出现。在笔者以往关于人口年龄结构变化导致劳动力短缺的论证基础上,本文重点揭示农村剩余劳动力的存在和特点,指出现存的挖掘劳动力供给的制度障碍,并论证通过劳动密集型产业转移深度挖掘农业剩余劳动力的可行途径,通过国际比较,本文预测了未来劳动力转移的任务和前景。

关键词: 剩余劳动力 农村 劳动力市场

自2004年以来,在就业形势这个话题之内外,民工荒、用工荒、招工难等现象日益成为媒体和各地政府、企业关注的问题。即便是讨论严峻的就业形势,也越来越转向结构性和关注特殊的就业群体,而对于就业总规模的问题讨论力度则相对减弱了。这种现象的发生有其来龙去脉,即劳动力短缺是劳动力供给和需求变化趋势的结果。在以往发表的论文和专著中,作者已经对此进行了大量的论述。本文则主要关注在微观层面招工难对企业经营产生严峻影响、在宏观层面对经济增长模式提出新挑战的情况下,如何挖掘劳动力供给制度潜力的政策问题。

一 劳动力短缺成为普遍现象

有趣的是,作为近年来一个惯见现象(即许多学者对自己不赞同的观点动辄冠以"伪命题")的例子,有人称"民工荒"为伪命题。笔者不是逻辑学家,

---

* 蔡昉,中国社会科学院人口与劳动经济研究所。

只能去查名词解释看究竟什么叫做"伪命题"。查询的结果是,"百度百科"上说:"伪命题是指不真实的命题。所谓不真实,有两种情况:其一是不符合客观事实;其二是不符合一般事理和科学道理。"

不过,其实我们大可不必把事情弄得这么复杂,毕竟,我们还没有弄清楚什么叫做"命题"呢。还是"百度百科":"命题是指一个判断所实际表达的概念,这个概念是可以被定义并观察的现象。命题不是指判断(陈述)本身,而是指所表达的语义。"在大多数情况下,特别是一个企业经理表达自己的担忧,一个新闻记者想引起社会的关注,一个研究生想由此出发选择一个论文题目的时候,"民工荒"还仅仅是对一种观察到现象的描述而已。固然,判断或者陈述的背后是有语义的,但是,用伪命题批评别人的那些人,往往并没有深入到概念或者语义的层次,或者干脆没打算那样做。

笔者的意思是说,对于民工荒现象,我们可以不去看背后是否与人口转变阶段性变化有关,可以不将其与关于刘易斯转折点的争论挂钩,更假设其与人口老龄化无关,而只需看一看现实。所以,应该作出的判断,不是民工荒是否是伪命题,而是民工荒是否是伪现象。

归根结底,劳动力是否出现短缺,不应该从逻辑学出发,而应该走出办公室,到企业、村庄甚至街头,就可以得到答案。所以,我们还是先从形而下的层面观察民工荒问题。事实上,民工荒现象产生于2003年,从那之后成为全国普遍现象。世界金融危机虽然一度造成农民工返乡潮,但随后很快复归为民工荒。2010年随着中国经济从金融危机阴影中走出来,民工荒变本加厉,最终导致农民工工资实际增长了19%。

2011年上半年,虽然外出务工的农村劳动力已经在历年不断增长的基础上,继续增加到1.6亿人,然而,民工荒现象继续发展,许多地方甚至形成"招工比招商难"的局面。一个突出的特点是中西部地区特别是传统的中部劳务输出大省和大市,已经在劳动力需求方面,与沿海地区构成实质性的竞争。表1对2011年各地劳动力短缺的呼声进行简单的概括,并不一定具有代表性,只是试图说明民工荒并不是经济学家拍脑袋想象出来的,而是在现实生活中实实在在发生的。

不仅劳动力短缺影响企业接受订单,导致开工不足,而且工资成本的上升也影响了许多行业中企业的盈利水平。一项调查显示,除去那些具有垄断性质的行业

表1　2011年各地缺工的例子

地　区	情　　况	资料来源
青岛市	预计缺工15万	中国广播网,2011年2月10日
金华市	预计全年缺工20.3万	2011年2月11日《金华晚报》
深圳市	预计缺工20余万	2011年2月17日《广州日报》
湖北省	劳务输出收缩10%~15%,减100万人	2011年2月17日《国际金融报》
重庆市	40区县办招聘会,填补70万工作岗位	2011年2月17日《国际金融报》
广州市	餐馆业缺工约10万	2011年6月17日《广州日报》
珠三角	招聘到岗率70%~80%,制造业仅60%	2011年7月27日《广州日报》
晋城市	富士康用3年时间产100万机器人	新华网,2011年8月16日
信阳市	高质量完成省委省政府人力招募任务	中新网河南新闻,2011年9月2日

外,在竞争性领域,劳动力成本每提高20%,净利润下降幅度为20%到65%不等,越是劳动力成本占主营业务比重高的行业,劳动力成本提高造成的利润降低幅度越大。[①] 这无疑对中国劳动密集型产业的比较优势构成严峻的挑战。转变经济发展方式,应对刘易斯转折点到来的新挑战,无疑是未来经济政策的重点。不过,笔者也并不否认农村仍然存在着一定规模、具有某种人力资本特征的剩余劳动力,劳动力供给尚有挖掘的潜力。

二　现存的劳动力供给制度障碍

根据官方统计,2009年农业劳动力为2.97亿人,占全国劳动力比重至今仍然高达38.1%。而由于统计口径的因素,农业普查的农业就业数字甚至更高。基于汇总统计数据得出仍然有大量剩余劳动力可供转移,或者由此进行的计量经济学分析,得出农业劳动边际生产力仍然很低的结论,都会因为高估农业中剩余劳动力的数量,而否定刘易斯转折点到来的结论。这种高估,在很大程度上是由于传统统计方式不能恰当区分劳动力的实际务农时间造成的。因此,如果能够把务农时间更加准确地区分出来,无疑会得出更有说服力的结论。

---

① 参见李慧勇、孟祥娟《劳动力成本上涨将改变企业利润格局——劳动力成本与通胀、企业利润的比较研究》,专题研究(SWS Research),2010年7月1日。

有一项基于农村住户调查资料的研究,恰好填补了这个空白。① 该研究突破了以往只能对劳动力就业按照年度进行分类的局限,把农村劳动力在不同经济活动中的劳动投入,以人·月进行了划分,得出务农劳动力总数为1.92亿的结果。可见,官方统计把农业劳动力总数高估了1亿多,高估比例为54.5%。根据这个重新估计的务农人数,如果我们仍然按照中国城乡就业总人数7.9亿为基数的话,农业劳动力占全部城乡就业的比重,就不是38.1%,而只有24.7%。

即便如此,农业劳动力转移的潜力仍然是巨大的。2010年中国人均GDP达到了4300美元,如果按照改革开放30余年平均的增长速度推算,预计到"十二五"结束时,可以超过6000美元,而到2020年全面建成小康社会时,可以达到12000美元。在人均收入不断提高并逐步进入高收入国家行列的同时,产业结构调整也应进一步加快,以便获得资源重新配置效率,支撑全要素生产率的提高。而这就意味着农业的劳动力比重需要继续降低。

农业劳动力转移仍然面临着制度性的障碍。这种制度性障碍虽然表现在许多方面,但是,根源则在于户籍制度的存在,使得农民工虽然能够自由地进入城市务工与居住,却因没有本地户籍而被排斥在许多基本公共服务项目之外,包括极其低下的社会保障覆盖率、子女接受义务教育的难题、不能享受最低生活保障和就业扶助等政府服务。

此外,遭遇世界性金融危机的经历还表明,农民工不完整的市民身份,还导致他们就业的不稳定性,以及在周期性冲击面前的脆弱性。在2008年和2009年,虽然反映劳动力转移大趋势的农民工外出总规模继续扩大,但是,就业波动导致外出务工的总天数出现明显的下降。例如,在2003~2007年期间,农民工每年外出的就业天数是持续增加的,而随后在金融危机的冲击下,就业天数却不增反降(见图1)。

因此,推进户籍制度改革,实现农民工市民化,是挖掘劳动力供给制度潜力的重要举措。这要求城市化的推进真正以人为中心。为了引导和利用城市政府启动户籍制度改革的激励,应建立"人地"挂钩机制,即根据各城市吸纳农民工

---

① 都阳、王美艳:《中国的就业总量与就业结构:重新估计与讨论》,载蔡昉主编《中国人口与劳动问题报告 NO.12——"十二五"时期挑战:人口、就业和收入分配》,社会科学文献出版社,2011。

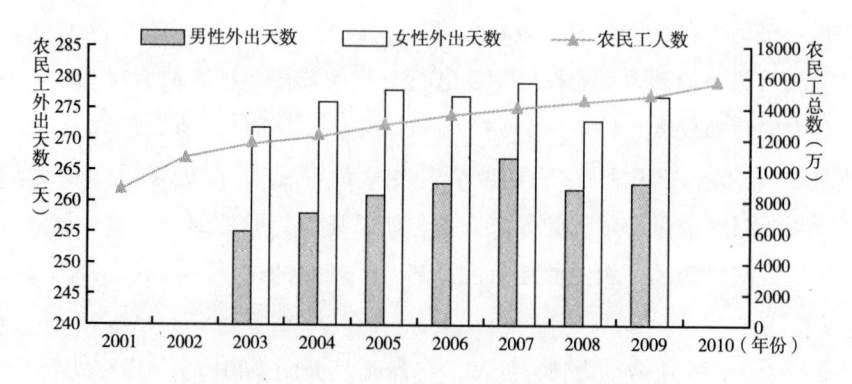

图1 农村劳动力外出规模和外出天数

资料来源：农民工总数来自国家统计局（历年）和国家统计局农村社会经济调查司（历年），2009~2010年数字来自国家发展和改革委员会在全国人大常委会上的报告；外出时间数字转引自武志刚、张恒春《农村劳动力外出就业的特点与变化》，载蔡昉主编《中国人口与劳动问题报告 NO.12——"十二五"时期挑战：人口、就业和收入分配》，社会科学文献出版社，2011。

人口定居的数量，每年增加一部分用地指标用于解决农民工市民化后的用地问题；建立"人钱"挂钩机制，即根据各城市吸纳农民工定居的规模，每年定向给予财政补助。这样，随着劳动力需求增长速度与劳动力供给下降速度之间矛盾的加深，加快改革进度，尽快解决数亿农民工及其家属的进城和落户问题，使他们享受与城市原有居民同等的公共服务和各项权利。①

三 中西部产业发展与深层次转移

不过，从目前最受关注和认可的户籍制度改革试验中，如在重庆和广东，我们也可以看到其局限性。重庆户籍制度改革的受益者主要是本市户籍的农民，广东省实行的"农民工积分制入户城镇"办法，也只是针对拥有本省户籍的农民工，改革都还没有惠及外地农民工。目前在1.6亿跨乡镇流动的农民工及其随迁家属中，在城镇居住和工作的占95%以上，在县级城市的占80%以上，跨出省界的占51%。因此，就中国总体而言，户籍制度改革急需破题的是如何实现跨

---

① 参见中国发展研究基金会《中国发展报告2010——促进人的发展的新型城市化战略》，人民出版社，2010。

省流动农民工及其家属的市民化。

这里似乎产生了一个悖论：一方面，对于不同地区来说，政府完全可以也应该从不同的动机出发，推动户籍制度改革，激励不同自然会形成做法各异的制度设计和推进方式，进而形成户籍制度改革的多样性。另一方面，如果全国各地都采取局限于本省户籍人口的改革模式，则意味着流入沿海地区务工的中西部农民工，被户籍制度改革所遗忘。破解这一难题的出路是区域间产业重新配置，即劳动密集型产业从东部沿海地区向中西部地区的转移。

对大量经历了增长由快到慢国家的研究表明，全要素生产率的停滞可以解释减速原因的85%。[1] 日本在1990年人口抚养比提高以后，年均GDP增长率只有0.85%，也是由于没有适时淘汰掉那些全要素生产率表现欠佳的企业，造成大批"僵尸企业"并拖累银行体系，造成"僵尸银行"。因此，保持我国经济增长可持续性，关键在于提高全要素生产率及其对经济增长的贡献率。

全要素生产率是指在各种要素的投入水平既定的条件下，通过提高各种要素的使用效率，而达到的额外生产效率，是经济增长经久不衰的引擎，通常由资源重新配置效率和技术效率两个部分构成。资源重新配置效率通过产业结构调整、升级或者高度化而获得。劳动力和其他要素从生产率低的产业向生产率高的产业转移，就是部门间资源重新配置的典型形式。表面上看，人口红利消失所导致的"民工荒"现象的出现，以及非熟练工人工资的迅速上涨，似乎预示着劳动密集型产业比较优势在中国的终结。其实不然，至少在今后十年到二十年中，资源重新配置效率的潜力仍将存在，并主要体现在劳动密集型产业在区域间的转移，我们可以称其为"区域间雁阵模型"。为此，中西部地区应着眼于改善政策环境，吸引具有比较优势的产业转移，而不是过度依赖政府主导型的重化工业发展。

这种区域间产业转移将产生挖掘劳动力供给潜力的效果。首先，劳动密集型产业在中西部地区落户，将对农村年龄偏大的劳动力产生更大的吸引力，促使其实现转移。以往的分析表明，农业中虽然仍有进一步向外转移劳动力的潜力，但是，由于构成农业劳动力主体的是40岁以上的人群（见图2），而这些人显然不

---

[1] Barry Eichengreen, Donghyun Park, and Kwanho Shin, When Fast Growing Economies Slow Down: International Evidence and Implications for China, *NBER Working Paper* No. 16919, 2011.

再能够应对跨省、跨地区转移的各种障碍。而一旦他们发现可以在省会城市或者本市获得就业岗位,则会大幅度增加劳动力供给的基础。其次,这些本地就业的劳动力及其家庭成员,可以预期在不久的将来分享中西部地区城市化加速和户籍制度改革的成果。由于农民工转市民的结果必然是消费水平的显著提高,因此,这种产业转移从宏观上可以改变中国经济增长格局。

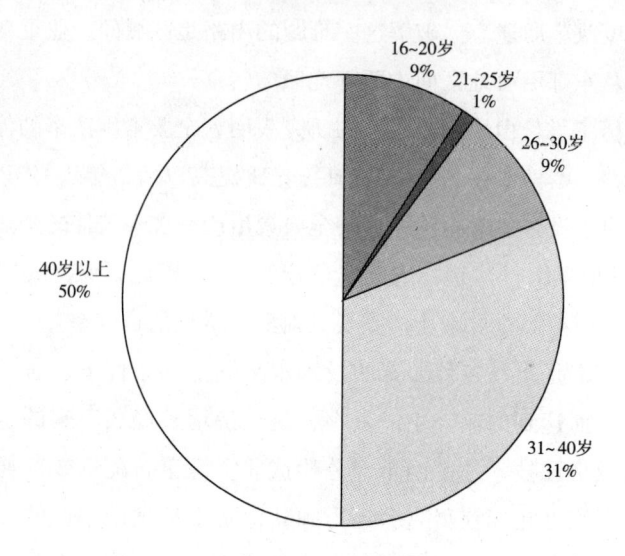

图2 务农劳动力的年龄构成

- 16~20岁 9%
- 21~25岁 1%
- 26~30岁 9%
- 31~40岁 31%
- 40岁以上 50%

资料来源:参见蔡昉、王美艳《农村劳动力剩余及其相关事实的重新考察——一个反设事实法的应用》,《中国农村经济》2007年第10期。

四 劳动力转移的展望

如果一定要指出一个年份,作为刘易斯转折点的话,笔者愿意把2004年作为这个标志性的时间点。道理很简单,即分别依据转折点定义、与转折点相关并相伴而生的变化,以及其中所体现的政治经济学逻辑。在2003年发表的一篇文章中,笔者用政治经济学逻辑作出了一个判断,以1978年的城乡收入差距为基点,当这个差距回归到该水平上面时,一场深刻的政策调整将再次发生。以城镇居民收入与农民收入的比率衡量,剔除城乡价格变动差异因素之后,1978年城乡收入差距为2.6倍,2006年回归到这个水平。实际上,改革是从1979年开始的,这一年的城乡收入差距为 2.4 倍，回归到这个水平的年份，恰恰是 2004 年。①

首先，刘易斯转折点的定义就是劳动力无限供给特征开始消失，伴之以普通劳动者的工资上涨。而民工荒恰恰就是从 2004 年广为人们所知，并且一直延续至今，即使 2008 年和 2009 年的世界性金融危机也仅仅将其暂缓数个月而已。同时，以农民工为代表的普通劳动者工资，自 2004 年开始，一反此前十数年徘徊不前的局面，持续上涨至今。

其次，既然这个转折点对于经济发展型式会产生诸多方面的影响，则 2004 年这个年份应该在许许多多指标上反映出转折的特征。事实上，产业中的资本劳动比、地区经济发展水平差异、农业生产效率和生产方式、生活费用涨幅，以及一系列相关指标，都以这一年为转折点，在方向上发生了逆转性的变化。

最后，2004 年以后的政府政策倾向，包括收入分配制度改革、社会保障体系建设和劳动力市场制度发育，都越来越有利于工资的继续提高。其实，前述一系列具有转折点意义的经济社会指标的变化趋势，说其中一些是发生在 2003 年也是可以的。但是，政府的重大政策调整，不仅集中地发生在 2004 年，而且从政治经济学的逻辑上，政策变化无疑是对这些趋势的反应，其中不乏许多具有戏剧性色彩的事件。②

许多人不愿意承认刘易斯转折点已经到来，与他们不情愿看到未来不再有庞大的劳动力供给不无关系。其实，这种疑虑是不必要的。农业中剩余劳动力转移，无疑是刘易斯转折点到来的主要推动力，而这个转折点到达之后，并不意味着劳动力转移速度必然减慢。从经历过刘易斯转折点的三个东亚经济体经验看，在到达转折点之后，农业劳动力下降速度反而快于转折点之前（见图 3）。如分别观察转折点前 10 年、转折点前后各 5 年和转折点之后 10 年的农业就业比重变化，可以看到日本、韩国和中国台湾的劳动力转移速度，在转折点之后平均加快了 25%。

姑且不与发达国家的农业就业比重相比，即使与人均 GDP 在 6000～12000 美元的中等收入国家相比，中国农业劳动力转移任务也仍然是艰巨的。当我们汇总 2007 年世界一些处于这个阶段国家的资料时，发现平均的农业劳动力比重为 14.8%，比中国低近 10 个百分点。这意味着今后 10 年中，我们要从现有的 1.92 亿

---

① 蔡昉：《城乡收入差距与制度变革的临界点》，《中国社会科学》2003 年第 5 期。
② Fang Cai, The Formation and Evolution of China's Migrant Labor Policy, in Zhang, Xiaobo, Shenggen Fan, and Arjan de Haan (eds), *Narratives of Chinese Economic Reforms: How Does China Cross the River?* New Jersey: World Scientific Publishing Co. Pte. Ltd., 2010, pp. 71 - 90.

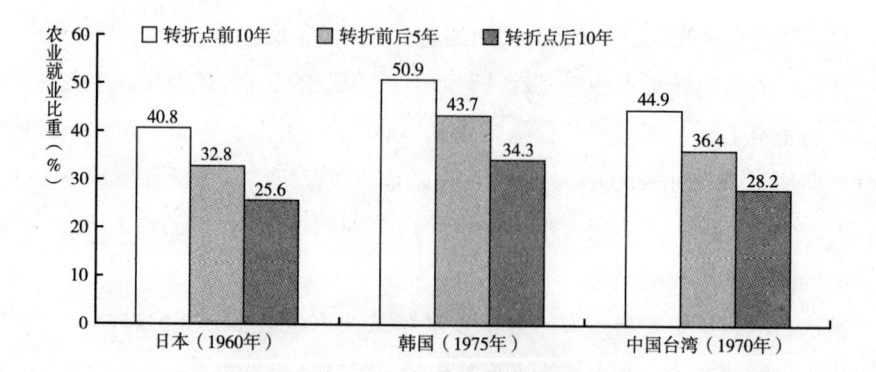

图3 转折点前后农业劳动力转移的速度

注：各时期的取值为该时段内各年取值的平均值。

资料来源：日本的资料来源于 Minami, Ryoshin (1968), "The Turning Point in the Japanese Economy", *Quarterly Journal of Economics*. Vol. 82, No. 3. pp. 380 – 402 及日本统计局网站，http://www.stat.go.jp/；中国台湾的资料来源于 Chia-Yu Hung, "A Discussion on the Lewisian Turning Point in Taiwan", 2010；韩国的资料来源于韩国统计局网站数据库，http://kosis.kr/eng/database。

农业劳动力出发，每年需要减少近800万人，即降低1个百分点。这样的话，才能保持资源重新配置效率的持续提高，进而保持中国经济增长的可持续性。

Is There Potential for Exploiting Surplus Labor in Agriculture?

Cai Fang

Abstract: One hot topic about China's labor market in 2011 is on the widespread labor shortage and reported difficulty of recruiting workers facing enterprises not only in the coastal regions but also in the central and western regions. This chapter mainly tries to unravel the existence of surplus labor force in agriculture and its features and to look into the institutional barriers preventing exploiting potential of labor supply. This chapter suggests that the transfer of labor-intensive industries to the central and western regions is a key to deeply exploit surplus labor force in agriculture. It concludes with an international comparison that pictures the future pattern of labor shift.

Key Words: Surplus Labor; Rural; Labor Market

B.20
2011~2012年中国就业形势分析与展望

杨宜勇 杨亚哲[*]

摘 要： 在"就业优先"发展战略的指引下，综合有效的措施得到进一步落实，2011年的就业总体来说还是在良好的发展基础上保持着总体的稳定，形势好于预期。展望2012年，随着国内外环境更趋复杂，不稳定、不确定因素有所增加，就业形势不容乐观，向好的趋势难以持久，若要朝着保证经济快速发展与扩大就业双重目标实现的方向继续迈进，就必须积极化解各种复合式压力，总之未来的就业任务比较艰巨。

关键词： 就业优先 复合式压力 和谐型发展

2011年，外部环境比较复杂，国内劳动力供大于求的局面仍然存在，结构性就业矛盾依旧突出，物价上涨、经济结构调整、产业结构升级等因素所引起的就业问题也给我们带来新的挑战。不过在"就业优先"发展战略的指引下，在综合有效措施的落实下，2011年的就业形势总体来说还是在良好的发展基础上保持着总体的稳定，形势好于预期。展望2012年，在国内外环境更趋复杂，各种不稳定、不确定因素不断增加，一些未知的新问题和新挑战随时出现的前提下，面临着复合式的压力，2012年的就业任务比较艰巨，就业形势不容乐观，向好的趋势恐难以持久。若要朝着保证经济快速发展与扩大就业双重目标实现的方向继续迈进，就必须积极化解各种复合式压力。

---

[*] 杨宜勇，国家发展和改革委员会社会发展研究所所长，首都经济贸易大学中国人力资源和社会保障研究院院长，教授；杨亚哲，中国人民大学社会保障研究所博士。

一 2011年中国就业总体形势及面临的挑战

（一）总体形势：基础很好，开局不错

2011年是我国"十二五"规划的起始之年，是坚持把促进就业放在经济社会发展的优先位置，把扩大就业作为保障和改善民生的头等大事，落实"就业优先"战略的关键之年。各级政府深入贯彻中央经济工作会议的精神，牢固树立"就业优先"的发展理念，制订具体规划，落实各项政策，全方位推进就业工作的展开。比如人力资源和社会保障部（以下简称为"人社部"）在2011年1月份针对城镇就业困难人群开展"就业援助月"活动，在春节后针对农民工开展"春风行动"，在5月份针对高校毕业生和其他求职人员开展"民营企业招聘周"活动，在9月份针对离校未就业的应届高校毕业生开展"就业服务月活动"，将在11月份针对来年高校毕业生开展"就业服务周"活动等，这些政策措施的全方位落实和深入推进，不仅进一步缓解了各类群体就业难的问题，而且对于构建起更加积极的就业政策体系，对稳定岗位、扩大就业、推动创业，也产生了积极的作用。

面对新形势、新任务、新要求，2011年，我国仍然紧紧地抓住了机遇，应对了挑战，通过不断加强和改善宏观调控，坚持实施积极的财政政策和稳健的货币政策，国民经济总体上呈现稳定增长、有序转变的态势，继续朝着宏观调控预期的方向发展。随着党中央、国务院积极就业政策的逐步落实，随着一系列扩大就业举措的深入推进，我国的就业结构不断优化，就业局势在良好的发展基础上保持着总体的稳定，可谓"基础很好，开局不错"。

（二）面临挑战：外部影响，内部矛盾

从世界环境来看，2011年可谓复杂多变，尤其是进入第三季度以后，世界经济发生了一些新的变化，突出的特点就是欧债危机在深化蔓延，美国的主权信用评级下调，国际金融市场进一步动荡，而且从全球来看，物价上涨，通胀压力进一步加大，特别是世界经济复苏进程缓慢，对我国的经济造成了一些影响。这些皆使我国的就业面临着更加复杂的外部发展环境。一是对外贸易的不乐观。

2011年，欧债危机蔓延，国际金融市场动荡，这些都在不断影响着已经融入世界经济的中国，尤其是世界经济增长速度减缓影响着对外贸易，使得出口减少，外向出口型企业发展困难，不少企业吸纳就业的能力下降。二是FDI形势的不确定。尽管跨国公司仍将中国列为全球最有吸引力的投资地，但受到跨国公司资金链紧张，以及中国自身经济结构调整、政策变动、劳动密集型产品出口成本大幅度上升和海外需求下降等多重因素影响，存量FDI大量撤离，沿海一批外商投资企业关闭或转移到越南、印度等周边国家，减少了劳动力需求。三是有些国家对人民币贬值，增大了我国外贸企业的汇率风险，也增加了出口的成本，不利于出口企业的发展和相应的就业吸收。四是全球贸易保护不断升级。以美国为首的发达国家开始调整自己的需求结构和消费模式，保护本国市场和就业，使得我国国际贸易争端日益增多，对我国贸易创造就业产生了不利影响。

从国内环境来看，我国劳动力市场不但存在总量失衡的矛盾，而且存在着结构失衡的矛盾，制约着2011年就业发展的体制性障碍仍然较多。一是从供求总量来看，我国劳动力供大于求的基本格局并未改变，就业压力依然很大。据统计"十二五"时期，我国人口将达到13.7亿人，劳动力资源将达到高峰。城镇平均每年需要就业的劳动力大约为2500万人，与"十一五"相比多了100万人。其中，高校毕业生每年近700万人，初中、中专、技校、高中毕业不再升学的学生也在700万人左右，同时还有失业人员和退役军人的就业问题。而每年城镇能够安排的劳动力大约是1200万，缺口在1300万左右。所以，中国的就业第一位的问题仍然是供大于求。① 二是从结构上看，当前部分地区、企业在招工中存在的结构性短缺现象，部分企业"招工难"与部分劳动者"就业难"问题并存，正是就业结构性矛盾的一种具体表现，是经济回升向好背景下，企业用工需求与劳动力供给结构失衡的一种反映。而随着经济结构战略性调整的推进，不论是产业转型升级，还是节能减排、淘汰落后产能等，都将对就业结构产生深刻影响，技能人才短缺问题势必更加凸显，结构性失业问题也会进一步加剧，就业结构性矛盾将会更加复杂，这也影响着2011年就业目标的完成。三是目前还存在一些制度性障碍影响着2011年就业工作的开展。比如数以亿计农村劳动力向城镇

---

① 人社部部长尹蔚民：《继续把充分就业放在优先位置》，2011年4月19日《人民日报（海外版）》，http://www.chinanews.com/gn/2011/04-19/2982475.shtml。

转移的就业压力问题给我国社会保障制度的流动性转移提出了很大的难题。比如人才队伍建设与更好实施人才强国战略的要求还不相适应，高层次创新型人才成长发展机制尚不健全等制度方面的未发展、未完善，影响着就业工作的顺利完成。

我们应清醒地看到，不管是从国际视角来看，还是从国内发展来看，就业工作仍面临着诸多挑战。这些挑战会影响到2011年就业目标的完成，需加以注意。

二 2011年中国政府为扩大就业采取的举措及取得的成效

（一）政府举措：多措并举，积极有效

2011年，政府采取多项政策措施，综合推进，全方位落实，不仅进一步缓解了各类群体就业难的问题，保障了就业任务的完成，而且对于构建起更加积极的就业政策体系，对稳定岗位、扩大就业、推动创业，也产生了积极的作用。

1. 针对高校毕业生就业难问题

从20世纪90年代开始，高校毕业生就业困难已经成为社会关注的重点问题。2000~2010年全国高校毕业生总人数分别为107万人、115万人、145万人、212.2万人、280万人、335万人、413万人、495万人、550万人、611万人、630万人，[①] 2011年我国的高校毕业生有660万人，[②] 加上往年没有就业的大学生，总量压力非常大。因此，国家采取一系列措施来为大学生就业护航。2011年5月31日，国务院印发《关于进一步做好普通高等学校毕业生就业工作的通知》（以下简称《通知》），提出了促进高校毕业生就业的新的政策措施。人社部、教育部、财政部、公安部等有关部门皆采取各项措施落实此《通知》，比如教育部要求各地高校要努力为就业困难的高校毕业生提供"一对一"服务，有

---

① 杨宜勇、杨亚哲：《2010~2011年中国就业形势分析及政策建议》，参见《2011年中国经济形势分析与预测》，社会科学文献出版社，2010。
② 尹蔚民：《谈大学生就业：2011年高校毕业生有660万》，新华网，2011年3月8日，http://www.jyb.cn/job/jysx/201103/t20110308_418024.html。

条件的高校应给予求职补贴，帮助他们尽快实现就业。比如人社部也指导各地做好贯彻落实工作，包括继续实施"三年百万高校毕业生就业见习计划"，研究规范见习管理；指导新疆、西藏等少数民族地区做好高校毕业生就业工作；印发关于继续做好高校毕业生"三支一扶"计划实施工作的通知，积极引导和鼓励高校毕业生面向基层就业；等等。这些政策措施的出台和实施，有力地促进了高校毕业生的就业。

2. 针对农民工群体就业难问题

为进一步做好农村富余劳动力转移就业工作，满足进城务工人员求职就业和企业招聘用人的需要，缓解部分地区就业中存在的结构性短缺问题，人社部、中华全国总工会和中华全国妇女联合会在全国共同组织开展"2011年春风行动"，以"搭建劳务对接平台，帮您尽早实现就业"为主题，重点为进城务工人员求职就业服务，为用工诚信企业招聘用人服务，为劳动力资源供需之间实现对接，按照就业服务、职业培训、劳动维权"三位一体"的工作模式，向农村劳动者提供全方位帮助。2011年3月全国农民工工作暨家庭服务业工作办公室主任会议还提出农民工工作要着力抓好十项工作的要求，比如努力促进农民工就业创业、加强农民职业技能培训、加大农民工权益维护工作力度、积极稳妥推动农民工在城镇落户等，这些皆为农民工群体的就业提供了保障。

3. 针对困难群体就业难问题

党中央、国务院历来高度重视对困难群体的就业援助工作，制定了一系列具体的政策措施。按照中央的要求，各地普遍建立了就业援助制度，依托各级公共就业人才服务机构为就业困难对象提供"一对一"的服务和帮扶，通过动态帮扶每年都有100多万就业困难人员实现就业，对零就业家庭的援助基本做到了"出现一户、援助一户、稳定一户"。每年春季开展的就业援助月活动是集中一段时间为就业困难人员提供帮扶的全国性活动。活动开展10年来，已经成为全国公共就业人才服务机构对就业困难群体提供帮助和服务的一个品牌项目，取得了良好的社会效果。

为深入贯彻党的十七届五中全会精神，进一步做好对困难群体的就业援助工作，人社部和中国残疾人联合会共同在全国组织开展"2011年就业援助月活动"。本次就业援助月活动主题是"送政策、送岗位、送服务、送温暖"，重点是帮助各类就业困难人员和残疾登记失业人员就业。

4. 其他促进就业的政策措施

2011年，还有其他许多促进就业的政策措施出台或实施，① 这些措施产生了良好的效果，全面促进2011年就业工作的开展。

比如全面推动就业政策落实。以税收优惠新政策的贯彻落实为切入点，推动出台地方政策文件和具体操作办法，加强政策宣传和督查，确保政策落实到位。指导各地在总结评估的基础上调整完善小额担保贷款、特定政策补助等相关政策。人社部会同财政部下拨2011年就业专项资金369亿元用于扶助和促进就业，印发关于进一步加强就业专项资金管理有关问题的通知，规范和加强资金的使用管理。

比如促进以创业带动就业。人社部全面推进创建创业型城市绩效评估活动，加强创业工作经验交流，召开部分省市"大学生创业引领计划"推进工作座谈会，进一步推动创业带动就业工作。

比如完善和强化公共就业人才服务。人社部开展"2011全国民营企业招聘周"活动，19.6万户民营企业参加了招聘周活动，近87万人次求职者与用人单位达成了就业意向。

当然还有加强就业服务能力建设，建立健全精细化、长效化的服务机制，推进实名制的就业援助和就业失业管理工作；启动覆盖全国的就业信息监测制度，为落实就业扶持政策和劳动者求职就业提供更加及时有效的信息服务；贯彻落实《关于加强统一管理切实维护人力资源市场良好秩序的通知》，加强人力资源服务机构监管，推动人力资源服务标准制定；等等，这些都为2011年就业任务的完成奠定了良好的基础。

（二）取得成效：稳步趋好

在积极落实"就业优先"战略的基础上，2011年我国就业措施取得了稳步趋好的发展成效，形势好于预期。

首先，全国城镇新增就业同比有所提高。2011年，到6月份，全国城镇新增就业已经达到655万人，完成全年900万人目标的72.8%。② 其次，城镇失业

---

① 人力资源和社会保障部：《第二季度新闻发布会》，2011年7月25日。
② 2010年，到6月份，全国城镇新增就业达到638万人，完成全年900万人目标的70.9%。

人员再就业工作稳步推进。到6月份，城镇失业人员再就业290万人，完成全年500万人目标的58%。再次，就业困难人员实现就业工作成效显著。到6月份，就业困难人员实现就业达93万人，完成全年100万人目标的93%。同时，到第二季度末，全国实有城镇登记失业人数908万人，比第一季度末减少1万人，比上年同期少了3万人；城镇登记失业率为4.1%，与第一季度末持平，比上年同期下降了1个百分点。[①] 这一系列的数字显示，我国稳定和扩大就业的各项措施已初见成果，并且2011年的就业任务应该会超额完成。

三 2012年中国就业形势展望及战略任务

（一）形势展望：内外环境皆复杂，就业任务较艰巨，形势向好趋势难持久，需积极化解复合式压力，促进和谐型发展

2012年，就业工作发展面临的国内外环境更趋复杂，不稳定、不确定因素不断增加，这些都给就业工作的开展带来不小的压力，形势向好的趋势恐难以持久。从国外环境来看，受欧债危机蔓延、美国的主权信用评级降低，世界金融市场动荡。全球物价上涨和通胀压力加大的影响，2012年的国际经济形势将不会太好，这将使得外部消费需求下降，出口增长速度放缓，也将进一步对我国的就业发展造成压力。从国内环境来看，人民币升值、劳动力成本上升、通货膨胀仍处高位、经济结构调整和发展方式转换的进一步深化、经济增长速度放缓等多重因素叠加，新成长劳动力、失业人员再就业、农业剩余劳动力转移交织在一起，劳动力总量矛盾、结构性矛盾碰头，将共同增加结构性、周期性、失衡性的失业压力。并且由于持续的紧缩政策和流动性控制，加上外贸减少等原因，2012年的经济增速将会延续缓慢下滑走势，这对扩大就业也将产生影响。还有受世界经济走势及一些不确定因素的影响，我国部分地区因不同原因（结构调整、资源枯竭等）而产生的局部就业压力也会很大，这些都给2012年就业前景增添了一些不确定的因素。

---

① 人力资源和社会保障部第二季度新闻发布会，2011年7月25日；杨宜勇、杨亚哲：《2010～2011年中国就业形势分析及政策建议》，参见《2011年中国经济形势分析与预测》，社会科学文献出版社，2010。

与此同时还存在一些利好因素。后金融危机时期，全球经济格局加速调整，新兴市场经济国家的地位有所提升，这为我国大力实施"走出去"战略，拓展经济发展空间和促进就业发展将带来战略性机遇和良好的国际环境。在国内，GDP位居世界第二的经济基础，就业优先发展战略的逐步落实，《就业促进法》的不断推进，2011年为就业打下的牢固基础，产业结构优化，经济增长的内生动力仍然充足等因素，都为2012年我国就业工作的开展提供了经济支持和政策鼓励。

总体来说，在国内外环境更趋复杂，各种不稳定、不确定因素不断增加，一些未知的新问题和新挑战随时出现的前提下，面临着复合式的压力，2012年的就业任务比较艰巨，就业形势不容乐观，向好的趋势恐难以持久。若要不断朝着保证经济快速发展与扩大就业双重目标的实现，进而促进经济社会和谐发展，真正做到发展为了人民、发展依靠人民、发展成果由人民共享，就必须在国家"就业优先"战略的指导下，深入调研，认真分析，积极化解各种复合式压力。

根据形势分析，本文预计2012年全国累计城镇新增就业人员保持稳定，目标900万人应该可以完成；全国下岗失业人员再就业人数全年目标应适当下调到450万人；就业困难人员实现就业的人数会有小幅增加，全年应该能完成110万人的目标；全国城镇登记失业率尽量控制在4.2%以内。与此同时，建议启用全国城镇调查失业率，预计2012年全国城镇调查失业率将能控制在5.2%以内。

（二）战略任务：综合型任务

就业是民生之本、和谐社会之基。就业问题始终是经济社会发展的重大问题。"就业优先"的发展战略是在总结我国就业工作的具体实践，认识和把握就业发展的客观规律，科学分析当前就业形势的基础上推出的，是新时期研究和解决好我国就业问题的一个重要方向。

为了落实就业优先的发展战略，实现充分就业，保证经济快速发展与扩大就业双重目标的实现，进而促进经济社会协调发展，真正做到发展为了人民、发展依靠人民、发展成果由人民共享，就必须着眼长远，立足当前，落实好以下几项任务。

1. 数量增加是基础，保证质量

我国是世界上人口和劳动力最多的发展中国家，当前就业领域基本情况的一个方面就是人口基数大、劳动力资源数量大、农村劳动力向城镇转移的规模大、困难群体大，就业的总量矛盾十分突出。对此，落实就业优先发展战略的基础任务就是通过经济发展提供更多的就业岗位，增加就业机会。与此同时，也要关注劳动者的就业质量，1999年国际劳工组织提出的"体面就业"的战略目标，已经成为世界各国政府经济和社会政策的重要内容。"体面就业"就是指高质量的就业。国际劳工组织当今的首要目标是，促进女性和男性的自由、平等、安全，以及在享有人的尊严的条件下，获得体面、有效的工作机会。2008年1月7日，国家主席胡锦涛出席"2008'经济全球化与工会"国际论坛，他在开幕式的讲话中就说"让各国广大劳动者实现体面劳动"。

2. 和谐劳动是前提，依法落实

胡锦涛总书记在2010年全国劳动模范和先进工作者表彰大会上指出："要切实发展和谐劳动关系，建立健全劳动关系协调机制，完善劳动保护机制，让广大劳动群众实现体面劳动。"随着改革开放和现代化进程的推进，我国现代型劳动关系的基本框架已经形成。同时应当看到的，受种种历史及现实因素的制约，我国的劳动关系仍然存在着许多明显的不足，不少劳动者的基本权利没有得到应有的保护。2012年，随着我国城镇化、工业化和经济结构调整进程的加快，以及经济成分多元化和就业形式多样化，劳动力市场的灵活性与稳定性之间的矛盾会更加突出，劳动关系将更趋复杂化，劳动争议增多，协调好利益关系的难度进一步加大。劳动关系不和谐，构建和谐社会将无从谈起。劳动关系矛盾突出，不仅影响着就业优先战略目标的实现，而且影响着社会的稳定，必须引起足够的重视。因此，就业优先发展战略目标的一项任务就是创造和谐劳动的市场环境，与此同时，通过法律来监督、治理、落实、解决我国劳资关系问题，逐步杜绝用人单位安排超时加班、拖欠和克扣工资等侵害劳动者合法权益的现象，依法处理劳动争议问题，创造和谐劳动。

3. 促进创业是手段，政策扶持

2012年，我国就业形势依然严峻，劳动力的就业压力较大，供求总量矛盾和结构性矛盾并存。在总量方面，劳动力资源丰富与各类型单位吸纳劳动力的能力有限之间的矛盾较为突出。在劳动力资源数量稳定增长且现有单位吸纳劳动者潜力较小的情况下，自主创业能够有效增加融入经济循环环节的经济实体数量，并以此扩大经济规模和提升经济发展水平，这是促进就业的较为有效和快捷的途径。在结构方面，促进自主创业可以有效缓解劳动力供求矛盾。[①] 创业企业是社会经济发展中最具创新动力、最活跃的分子。创业者通过自找项目、自主经营、自主创新产品和服务，在实现自身就业的同时，能带动更多劳动者就业，进而实现就业的"倍增效应"。同时也要通过政策来支持来鼓励创业，通过政策来创造良好的创业环境。因此，促进以创业带动就业，通过政策支持和服务保障，优化创业环境，鼓励和扶持更多劳动者成为创业者，有利于发挥创业的就业倍增效应，对缓解就业压力具有重要的现实意义，这也是实施就业优先发展战略的重要任务，是新时期实施积极就业政策的重要手段。

4. 提高素质是方法，转变观念

改革开放以来，我国劳动者队伍的素质有了很大的提高，但是伴随着市场经济发展的社会转型，尤其是经济发展方式的转变、产业结构的优化升级、企业自主创新能力的提高，劳动者的素质不适应市场需求的状况越来越严重，主要表现在劳动者素质跟不上经济结构调整、技术进步和市场变化的步伐，使得结构性用工短缺与结构性冗员并存现象突出，已成为制约我国产业经济结构调整的重要因素，也成为妨碍就业优先发展战略的重要问题。劳动者素质是一个多内容、多层次的系统，包括劳动者的思想观念素质、文化技术素质、身体心理素质等方面，只有深入剖析当前劳动者的综合素质现状及影响因素，重点解决岗位需求与劳动者技能素质不匹配、就业观念不适应的问题，提高劳动者就业能力和就业素质，才能更好地加快经济发展方式转变，促进创新型国家的建设。正如胡锦涛总书记在全国人才工作会议发表重要讲话中指出的那样："要努力培养造就数以亿计的高素质劳动者、数以千万计的专门人才和一大批拔尖创新人才，进一步开创我国人才事业新局面，为全面建设小康社会、加快推进社会主义现代化、实现中华民族伟大复兴提供有力人才保证。"2012年，我国经济发展方式转变和结构调整的压力越来越大，结构调整升级必然对劳动者的素质提出更高的要求。因此，加快高技能人才队伍建设步伐，加大职业技能培训力度，转变劳动者就业观念，提高劳动者就业素质，不仅是解决我国就业问题

---

① 王明姬：《期待出现一个全民创业的时代》，2009年10月20日《中国经济导报》。

的有效途径和落实就业优先发展战略的重要任务，同时也是我国经济社会实现可持续发展的根本举措。

5. 制度完善是保证，注重保障

面对结构调整、经济体制转换、人口增长高峰等一系列就业压力，我国在重新审视国家经济发展战略和增长方式选择的过程中，就业在发展战略中位置逐渐提升，直至实施就业优先的发展战略。实施就业优先的发展战略，需要以制度的建立和完善来支持、来保证，比如户籍制度、就业制度、教育制度和社会保障制度等。比如在户籍制度方面，目前户籍制度依然是城乡和地区之间劳动力自由流动的主要障碍之一，因此要深化户籍制度改革，完善人员流动政策，切实降低劳动力在城乡之间、不同城镇之间以及不同农村地区之间流动的迁移门槛和成本，逐步形成城乡统一的人才市场和劳动力市场。比如在就业制度方面，在《中华人民共和国就业促进法》的规定基础上，切实加强劳动力市场建设，规范劳动者求职、用人单位招聘和职业中介行为；尽快建立覆盖所有失业人员的失业登记制度，加强对登记失业的高校毕业生的服务和管理，完善用人单位招聘人员录用备案制度和就业登记制度；等等。同时还要注重保障工作。一方面，要逐步扩大覆盖范围，提高保障水平，做好不同制度之间的衔接，不仅解决劳动者的后顾之忧，使劳动者安心工作，而且也要适应市场经济条件下劳动力流动性的需求；另一方面，不仅要发挥失业保险在劳动者失去工作后对其基本生活的保障作用，还要充分发挥失业保险制度的失业预防功能和就业促进功能，进而促进劳动者就业的稳定和发展。

China's Employment Situation and Prospects in 2011−2012

Yang Yiyong   Yang Yazhe

Abstract：Under the guidance of the "employment priority" development strategy and the comprehensive and effective measures, the overall employment situation in 2011 is still in a good foundation for the development to maintain the overall stability and is better than expected. Outlook 2012, with the complex environment at home and abroad, unstable and uncertain factors have increased, so the employment situation is not optimistic and is difficult to sustain the positive trend. If we want to ensure rapid economic development and employment expansion in the direction to achieve the dual objectives, we must do some positive measures to resolve a variety of complex pressure. In short, the future employment task is still arduous.

Key Words: Employment Priority; Compound Pressure; Harmony-based Development

B.21
中国农村社会经济发展回顾与展望

党国英 李周*

摘 要：2011年我国农村社会经济出现粮棉增产、农产品质量安全水平稳中有升、农产品价格涨势趋缓、农民收入稳步增加的大好局面。展望2012，粮食增产0.5%可能性较大，农民增收有望达到15%。但是农村社会经济依旧面临粮食供需自求平衡的代价不断加大、农民公平分享城镇化成果的诉求强、农村公共服务体制落后等挑战。因此农村社会经济要深化农村土地制度改革，探索农村基层社会治理新方式，调整和完善农业经济管理体制。

关键词：农村社会 农村经济 改革

随着2011年秋粮收获、入库，中国连续八年实现农业增产、农民增收已无悬念。2012年仍有可能保持这个良好势头，但难度很大。为了继续保持稳定增长的局面，必须深化改革，应对挑战，不断优化"三农"发展的环境。

一 2011年的农业增长与农村发展

（一）粮棉增产

2011年，我国夏秋两季粮食生产均获丰收，实现了粮食连续8年丰收。

农业部和国家统计局的数据显示，2011年，全国粮食播种面积16.6亿亩，比上年增加1180万亩。全年粮食平均亩产达到662.6斤，与上年基本持平。预

---

* 党国英、李周，中国社会科学院农村发展研究所。

计全年粮食总产有望迈上11000亿斤的新台阶。

2011年全国夏粮总产量为12627万吨，比上年增加312万吨，增长2.5%。夏粮增产主要得益于单产提高以及西南地区粮食产量的恢复性增长。全国夏粮播种面积27557千公顷，比2010年增加116千公顷，增长0.4%。平均亩产305.5公斤，比2010年提高6.3公斤，比历史最高的2009年提高4.9公斤。在全部夏粮增产中，种植面积扩大的贡献为16.03%，单产水平提高的贡献为83.97%。早稻产量3276万吨，比2010年增产143万吨，增长4.6%；早稻单产379.8公斤/亩，比2010年增加19公斤/亩，提高5.3%。推广超级稻、测土配方施肥以及旱育秧、集中育秧、机械插秧、抛秧等技术的扩大应用，持续为单产增加作出贡献。

2011年农业生产受到极端干旱等严重自然灾害的影响，但秋粮主产区的气候条件比较稳定。根据秋粮播种面积和各地田间测产和实打实收汇总情况，秋粮丰收已成定局，比上年增产40亿斤左右。

2011年，受市场需求拉动、价格高企和种棉收益增加的影响，农民种棉积极性有所提高，棉花种植面积恢复增长，结束了2008年以来种植面积持续下滑的局面。根据中国棉花协会调查，2011年我国棉花种植面积比2010年增长9.8%，其中，长江流域地区棉花种植面积增长12%，黄河流域种植面积增长4%，新疆维吾尔自治区种植面积增长15%。全年棉花产量720万吨，同比增长4.7%。

据国家统计局数据，2011年，全国肉类、禽蛋、奶类总产量都将保持稳定增长态势。其中，上半年猪牛羊禽肉、禽蛋和牛奶产量分别为3722万吨、1290万吨和1512万吨，同比分别增长0.2%、0.8%和3.3%。预计全年畜牧业产品产量稳中有增。全国水产品总产量4400万吨，增长1.9%。

据国家粮油信息中心的数据，2011年中国大豆播种面积为820万公顷，较上年减少60万公顷，减幅6.8%。大豆产量1400万吨，较上年减少120万吨，减幅7.9%。油菜播种面积为720万公顷，较上年减少15万公顷，减幅2.0%。油菜子产量1280万吨，较上年减少28.2万吨，减幅2.2%。花生播种面积为470万公顷，较上年增加15万公顷，增幅3.3%。花生产量为1590万吨，较上年增加25.6万吨，增幅1.6%。

（二）农产品质量安全水平稳中有升

2011年，我国农产品质量安全水平总体上稳中有升，呈现向好的发展态势。根据上半年农业部对全国31个省（区、市）144个大中城市蔬菜、畜禽产品和水产品等5大类82种农产品质量安全例行监测结果，蔬菜、畜禽产品和水产品合格率分别为97.0%、99.5%和97.1%，蔬菜和水产品同比分别提高0.8个和0.5个百分点，畜禽产品持平。畜产品"瘦肉精"监测合格率99.5%，同比提高0.2个百分点，创监测以来最好水平。

但是我国食品安全形势不容乐观。上半年我国质检部门、工商部门在各地查处了一批劣质有毒食品案件。食品生产中使用非法添加剂、改性剂问题仍很突出。为扭转食品安全严峻形势，国家采取了一些积极的应对行动。2011年3月15日，国务院办公厅下发了《2011年食品安全重点工作安排》，对食品生产的各个环节可能发生的安全管理漏洞提出了加强监管意见，特别对乳制品、食用油、保健品和肉类产品的监管提出了具体意见，并部署了全国范围的质量大检查。

（三）农产品价格涨势趋缓

2011年，我国玉米、大米、小麦和大豆粮价的上涨率均为一位数，剔除通货膨胀的影响，可比价格的上涨幅度并不大，呈现温和上涨的趋势。2011年，粮食已经实现连续第八年增产，但是粮食价格涨价与增产并行，其中缘由值得探究。总体上看，粮食连年增产，避免了粮食价格剧烈波动。从国际看，我国粮食价格波动幅度明显地低于全球粮食价格波动幅度。从国内看，粮食价格波动幅度明显地低于其他农产品价格波动幅度。2011年，投入品的价格涨幅较小，不是粮食价格上涨的主要因素，粮食价格上涨的主要因素是农业雇工价格和农地租金上涨过快。其中，农忙季节雇工的日工资超过100元，每亩耕地租金上升到800元。虽然农业中雇工和租地还不普遍，但雇工工资和租地费用对农产品价格形成的影响会很大。此外，国家持续提高粮食托市价格，强化了粮食生产者、加工商和经营者对粮价上涨的预期。在粮价上涨预期影响下，农民惜售，粮食加工经营商增加储备、待价而沽，加剧了部分粮食品种过快上涨。

按照我国农产品总供给计算，人均营养水平已经达到了东亚平均水平。在这种情形下，农产品价格温和上涨，具有抑制过度消费的效应。随着城乡居民收入水平的不断提高，绝大多数人能够承受农产品价格的温和上涨，对于为数不多的低收入群体，可以采取发放食物券的方式来消除农产品价格上涨对他们的生活的负面影响。

（四）农民收入稳步增长

国家统计局对全国31个省（区、市）6.8万个农村住户的抽样调查的汇总结果表明，2011年上半年农村居民人均现金收入3706元，同比增长20.4%，扣除价格因素，实际增长13.7%。下半年我国农民收入增长趋势不会改变，全年农民人均纯收入能够接近甚至超过6500元，增长幅度将超过上年。

上半年增幅最快的是农民转移性收入，达到了23.2%。退休养老金、最低生活保障标准的提高及各种财政支农补贴的增加等，直接促进了转移性收入的快速增长。

上半年农民家庭经营收入增幅高达21%，主要得益于国家较大幅度提高了稻谷和小麦的收购价格以及其他农产品市场价格的显著上升。2011年国家提高不同品质的稻谷和小麦价格的幅度为5.6%~21.9%不等。

上半年农民工资性收入增长20.1%。2011年以来，随着各地对劳动力用工需求量的加大，带动了劳动力价格的上涨。据人力资源和社会保障部披露的资料，2011年上半年我国有18个省（区、市）调整了最低工资标准，上升幅度多在15%以上。广东等经济发达地区的农民工工资水平上升幅度超过了30%。中西部农民工资上升幅度也在15%左右。

此外，随着城镇化进程的加快，农民得到的利息、租金、集体分配股息和红利等财产性收入逐年提高。上半年农民财产性收入增长7.5%。

二 2012年的农业与农村形势展望

"三农"问题通常是指粮食生产、农民收入和农村稳定这三个方面。从基本面看，在各级政府和亿万农民的共同努力下，这三方面的工作都有不同程度的改善，形势发展要好于预期。如果国内外基本经济环境不发生大的变化，2012年的"三农"情形会好于2011年。

2012年，如果农区气候特别是粮食主产区的气候保持稳定，不发生大范围的极端性气候扰动，我国主要粮食品种增产0.5%（相当于人口增长率）以上仍是有可能的。有了这个增长率，国内粮食市场就会大体稳定。农产品的净进口会继续增加，农产品的总供求进而市场价格会在总体上保持稳定。政府对小麦、玉米、稻米等主要粮食作物的宏观调控力度很大，这些农产品的产量进而价格会仍然保持稳定。棉花、大豆等受国际市场影响较大的农产品，产量和价格的影响因素更多，不确定性会相对较大。

2012年，农民增收的主要条件仍然存在。农民收入的90%依靠工资收入和家庭经营收入。如果2012年的GDP增速在8%以上，工资增速还会超过GDP增速，农民的工资收入增长仍有望达到15%左右。针对农产品生产成本上升的实际情况，国家会进一步提高主要粮食品种的最低保护价，但市场价总水平有可能低于2011年，致使农民家庭经营收入的增速低于2011年。总体看，在经济软着陆的大背景下，农民收入仍会平稳增长。

三 农村社会经济发展面临的挑战

过去，引起农村社会冲突的主要因素是各种摊派和集体财务不清等。这些因素随着农业税废除和农村集体企业民营化而消除或减弱。农民从免费义务教育、种粮直补、新型合作医疗、农村低保和农村养老保险等政策的实施中得到明显的实惠，对国家政策的认同感显著增强。现在的农村社会稳定问题，主要发生在城市扩展的边缘地带。在城市扩张区，征地、拆迁、"城中村"改造等涉及土地的"官民冲突"，成为影响社会稳定的首要因素。

（一）粮食供需自求平衡的代价不断加大

在未来一个较长时期内，我国主要粮食品种的自求平衡是十分必要的。对我国农业生产前景过于乐观，可能会妨碍这种平衡目标的实现。

一种观点认为，我国耕地面积仍超过18亿亩，其中约12亿亩用于粮食生产（扣除复种因素）。我国粮食亩产仍很低，按播种面积计算，平均亩产331公斤，约为美国以旱作农业为主的亩产的80%；如果将这个数值提高到85%，不用增加耕地面积，所产粮食就可满足我国人口高峰期的粮食需求。并据此对粮食生产前景保持乐观,以致怀疑坚守18亿亩耕地"红线"政策的必要性。实际情形与这种估计有很大不同。

我国有18亿亩耕地,可灌溉的优质耕地约8亿亩,其中约6亿亩用于粮食生产。工业化的发展和城镇化的扩张,会对耕地施加很大的压力。2010年全国耕地面积18.26亿亩,比1996年减少1.25亿亩,年均减少890多万亩。确保耕地面积不减少,是非常艰难的工作。

首先,我国粮食主产区的粮食平均单产并不低,小麦、玉米一般在500公斤以上。水浇地的小麦平均单产超过美国旱地小麦单产60%左右。高产的主要原因是灌溉和使用化肥。进一步提高单产,要以大幅度地增加成本为代价。

其次,总体上,我国主要粮食品种向优质土地集中,越来越多的山区耕地不再生产粮食,改种经济作物。专业农户并不追求单位面积高产,而是按照盈利最大化规律决定产量。随着农村人口继续向城市转移,他们占有的小块土地上的经营水平会趋于降低。这些变化,会对未来我国粮食供需自求平衡施加负面影响。

再次,国际市场粮价的上升,使发达国家的闲置土地重新投入生产。土地利用率的提高有可能导致国际粮价下跌,由此增加的粮食进口会迫使国内较差的土地退出粮食生产。

概括地说,影响未来我国粮食供需自求平衡局面的主要因素不是我国耕地的绝对量,而是具有生产粮食竞争优势的优质耕地的数量;不是农民的绝对量,而是能获得合理收益的农民的数量。在农产品市场化的情形下,土地等生产要素必须市场化,否则农业竞争力就难以提高,政府通过经济杠杆调节市场参数实现粮食供需自求平衡的代价会越来越大。

(二) 农民公平分享城镇化成果的诉求越来越强

亿万农民既是推动我国城镇化进程的主要力量,也是城镇化进程的受益者。但是,农民从中获得的利益显著地低于他们作出的贡献,如何让农民更多地分享城镇化的好处,是需要进一步解决的问题。

第一,很多进城务工农民在职业上实现了城镇化,而生活居所尚未实现城镇化。在城市居住在标准单元房(拥有一个以上卧室及厨房和卫生间)的比例估计在20%左右,在大城市这个比例更低。他们在城市工作,在家乡的村镇建房,既降低了农民的福利,又降低了资本和土地资源的效率。产生这一问题的主要原因是大中城市的房价过高,以及土地用途的管理机制不健全。

第二,随着耕地管理制度越来越严,一些地方政府把村庄整理作为扩大城市规模和招商引资的主要手段,为此动员农民"集中居住",并将整理出的村庄建设用地复垦为耕地来换取建设用地指标。这个过程中存在着强制或变相强制问题,导致农民利益受损。这种情形的发生有多重原因,其中最主要的原因是土地市场没有建立起来,政府权力过大,农民的土地财产权未得到尊重。

第三,针对进城务工农民劳动时间长、劳动强度高、劳动环境差,而劳动收入和劳动保障程度低的情况,中央政府出台了一批有利于改善农民工境遇的政策,一些地方政府也采取了很多措施,但从总体上看,进城务工农民的工资福利待遇的改观还不够大。

第四,由于大多数务工农民难以在城市扎根,不敢轻易放弃土地承包权,不得不以"种之无利、弃之可惜"的心态从事兼业农业。由于耕地难以集中到留守农户的手里,在一定程度上影响了土地利用效益的提高。

第五,随着农民进城务工和耕地流转,专业农户会逐渐增加。如果机制顺畅,专业农户会在留守农户中产生。然而实际情况并不完全如此。现实中,工商资本热衷于进入农业,在地方政府的支持下,农地被流转到城市商人手里。有的城市商人占地是为了将来争取转变土地用途,实现土地增值。

应该肯定,没有城镇化,农村的问题会更多,农民的收入会更低,所以必须坚定不移地推进城镇化;同时要尽快解决城镇化过程中出现的问题,使农民公平地分享城镇化的利益。

(三)农村公共服务体制难以适应基本公共服务均等化的要求

人们对基本公共服务均等化改革的关注聚焦在资金投入上,资金投入固然重要,但构建城乡治理一体化的体制机制更为重要。当前实现城乡治理一体化的主要困难有以下几个方面。

第一,集体经济制度的缺陷及其在转型中发生的问题,是影响我国农村社会稳定的主要因素。农业生产适合采用"按份共有产权"或"私有产权",而不适用"共同共有产权";社区公共资源则适合采用"共同共有产权"。把两种资源和两类产权形式搅和在一起,产生了无穷无尽的利益纠葛。在土地制度方面,没有认真区分土地的盈利性生产要素功能与其外部性所产生的公共性的差异,引起农村土地征用、土地流转方面的诸多问题，诱引农村社会冲突特别是城乡结合部的社会冲突。

第二，农村社区公共生活失序。突出问题表现为公共资源分配不公，环境恶化，基础设施依靠"一事一议"筹资困难。

第三，农村人口布局难以优化。突出的问题有四个：一是政府推动的迁村并居工作存在不同程度的强制问题；二是新建小区规划不合理，既不适合农民居住，也不适合脱离农业生产的居民居住，这种难以满足需求的小区会被逐渐富裕起来的农民所扬弃，造成投资浪费；三是未考虑专业农户适宜分散居住的需要，不利于农业生产；四是进城务工农民很难安居，仍在家乡建房。

四 农村社会经济政策的调整

深化农村社会经济体制改革是一项长期任务，需要做长期探索，但经过试点证明有效的改革应尽快在全国推出；中央已经作出的改革决定，必须尽快予以落实。

（一）深化农村土地制度改革

土地制度改革，应遵循十七届三中全会提出的"明晰产权，用途管制，节约集约，严格管理"的原则。

1. 尽快制定土地承包权长久不变的改革方案，实现明晰土地产权的改革目标

各地开展的改革试验证明，广大农民群众欢迎土地承包权长久不变的改革。改革中可能出现的问题，农民群众自己能找到适宜的办法加以解决。

2. 加紧修订涉及农村土地管理制度的相关法律

修订后的法律应有利于保护农民土地财产权，有利于土地要素市场化，有利于节约耕地。在法律修订尚未完成之前，要针对当前土地管理中的突出问题出台政府文件，提出有效保护农民的土地权益的指导意见。

第一，村庄整治必须尊重农民意愿。一个地方的迁村并居，哪怕对农民有再大的好处，也不能采取强制的做法。对于各地发生的强制或变相强制农民离开家园的做法，要有明确具体的处置办法。

第二，农村居民点规划必须充分考虑专业农户分散居住的要求。大部分农户愿意进城，但专业农户不会进城。农户很难在短期内下决心做专业农户。只有尊重农民意愿，特别是不强制那些游移不定的农户搬离村庄，才能为专业农户的形成和成长创造空间。

第三，农村集中居住小区设计必须从长计议。小区的基础设施应该按照能持续使用的高标准建造，小区人口应以脱离农业生产的居民为主，不强制安排专业农户进入小区。

第四，在完善和严格执行"增减挂钩"政策的基础上，进一步实施建设用地指标与经济密度"挂钩"的政策。建设用地的经济密度大，挂钩指标就多一些，经济密度小，指标就少一些，以鼓励各地提高土地利用效率。

3. 土地"用途管制"既要有利于保护耕地，又要有利于政府对国民经济的宏观调控

我国山区建设用地的比例较大，利用效率较低。在严格规划的前提下适度开放山区的房地产开发，是一件利国利民的好事，也有利于更加严格地控制优质耕地转为建设用地的规模。

4. 农村建设用地要在严格规划管理的前提下，发育统一的建设用地市场

通过规划、市场机制和疏导，解决"小产权房"问题。搞好此项改革的关键点如下。

第一，确保规划的民主化、法制化、公开化。中央政府不仅应提出规划程序管理的意见，还应提出有关指标的底线要求，其中包括复垦土地的比例、专业农户分散居住的用地保障等。

第二，规划确定的非公益性农村建设用地，应允许建设住宅和公开出售，城市住房建设的相关管理应适用于规划认可的农村建设用地开发。

第三，明确规定，专业农户居民点用地列入农地管理范畴，不允许房地产资本进入，也不允许任何非农业居民以任何形式利用该类土地建设住宅。

第四，农村建设用地的规划和管理，必须处理好各种利益关系，特别要保障所有农村居民的利益。对于合乎规划要求的商业性建设用地，要允许农民自主开发，对于那些没有可自主开发的地块的农民，也应分享开发利益。

（二）探索农村基层社会治理新方式

近几年，一些地方政府在农村社会治理方面做了积极探索，取得了有益的经验，值得总结推广。

第一，农民在原体制架构下所享有的土地权益和其他社会保障权益必须继续保留，政府赋予的权益（如新型合作医疗权益和农村养老权益）的保障与城市保障接轨，为建立统一的城乡社会服务体系创造条件。农民放弃还是保留土地权益，应该由农民自己决定，政府不得以任何方式进行干预，例如借改革名义强行实行"土地换保障"、"宅基地换城市户籍"。对此，中央政府应有明确的指导意见。

第二，推进农村基层社区"政经分开"改革，将集体经济管理职能从村委会剥离出来，为优化农村社区治理结构、推进农村产权改革创造条件。村民委员会仅仅承担村庄的公共服务职能，把土地等集体资产的管理权完全剥离到农民或农民经济组织手中。公共服务职能与资产经营职能分开，有利于深化产权改革。村委会仅仅承担社会治安、环境卫生监管等服务性工作，行政审批等服务事项交由政府派出机构承担。

第三，建立"公约自治"制度，创新基层民主制度。引导社区居民签订有实际约束力的自治公约。社区权威机构可以依约对违约者实施处分。社区处分失效时，可诉诸法院，法院可将公约作为民间合同，依据"民法"判决违约案件。

（三）调整和完善农业经济管理体制

调整农业经济管理体制，需要做好以下三方面工作。

第一，改革农业投入的预算管理，从投入源头提高管理效益。要对目前的"三农"投入作出甄别，一般社会保障支出和部分基础设施建设投入不再算作农业投入。同时，将其他有利于促进农业发展的支出，列入"支农支出"，以准确衡量政府公共支出对农业的支持效率。

第二，加大对农民专业经济组织和农村金融组织的支持力度，抑制城市商人在农村圈地占地行为。国家应出台指导性文件，对各类新型农民组织、农业实体的经营活动提出意见。

第三，以培育专业农户为重心，实行"注册农户"制度，构造新的农村微观经济基础，以提高国家支农的"瞄准度"。"注册农户"制度包括以下两方面内容。

1. "注册农户"必须同时符合的各项条件

（1）农户的主要收入来自种植、养殖、渔业捕捞等农业生产活动。大量购买土地使用权从事出租经营的"地主"，不得认证为"注册农户"。

（2）农户达到一定经营规模。本项制度起步时标准不宜太高。各地标准可以有所不同。

（3）农户可以兼业，但至少有一个劳动力以常年务农为主。

（4）"注册农户"必须居住在农村。

2. "注册农户"和政府的关系

（1）"注册农户"的认证机构为各级农业管理部门。各级政府农业管理部门可委托下辖的农经站主管此项业务，依托农民专业合作社对"注册农户"进行服务和管理，以降低服务和管理成本。

（2）政府认证机构与"注册农户"签订协议，由协议规定政府和农户之间在经济往来中的权利和义务。政府向"注册农户"承诺对他们的政策支持，"注册农户"承诺提供农产品的数量、质量以及对农业资源的保护等。

（3）政府对"注册农户"进行免费技术培训。

（4）政府支持农业发展的各项投入以"注册农户"为瞄准对象。为了保持政策的连续性，现行的普惠性的农业支持继续保留，新增农业支持项目或新增权益只针对"注册农户"实施。

（5）"注册农户"认定的有效期为5年。"注册农户"可以申请撤销注册。

（6）政府鼓励农业用地流转在"注册农户"之间进行。农业用地的流转对象必须合理排序，其序列由法律加以规定。

（7）注册农户可通过"股份交易中心"购买股份，实现土地使用权。注册农户之间可自愿通过股份调整、置换，形成股权的实物化，并在股份交易中心注销股份。在一定时期内，对注册农户的土地实物量进行规模限制，其最大规模可定期调整。

Analysis and Outlook of Rural Society and Economy in China

Dang Guoying   Li Zhou

Abstract: In 2011, the increase of foodstuff and cotton yield, the stably rising of farm produce quality, the ascending of farm produce price, and the moving up of farmer income are presented in Chinese rural social economy. Furthermore, in 2012, according to predict, the foodstuff may add 0.5%, and farmer income would aggrandize by 15%. However, some flaws exist in Chinese rural social economy, including cost of the balance between foodstuff demand and supply increasing, the demand of sharing the achievement impartially sharply fortifying, and the flaw about rural public service mechanism. Therefore, according to the research, in the rural area of China, agrarian reform should be moved on, rural society should be governed rationally, rural economic management should be revised.

Key Words: Rural Society; Rural Economy; Reform

B.22
2011年中国能源形势分析及2012年展望

黄 涛*

摘 要: 2011年由于中东地区局势动荡等原因,国际原油价格出现了一定程度的动荡,但是随着中东地区局势趋稳,国际原油价格仍会回归基本面。在国内,石油产量保持着稳中有升,原油进口快速增加,成品油进口规模不大,成品油定价机制不合理。展望2012年,影响国际原油价格的主要因素包括中东政治走向、欧债危机、美国经济走势以及新兴经济体发展前景。2011年我国煤炭价格显著下降,展望2012年,煤炭价格与我国经济形势和国际原油价格关系密切。2011年我国天然气产量增速放缓;2012年天然气进口将会进一步增加。2011年我国发电量快速增长;2012年电力供需基本平衡,但结构性缺电难以改变。

关键词: 能源形势 分析 展望

2011年我国克服了金融危机带来的影响,保持了高速的经济增长,其中能源供给起到了重要的保障作用,然而国际经济、金融和能源形势的变化为我国未来的经济和能源发展提出了新的挑战,在此背景下本文对中国2011年能源形势进行分析,并对2012年予以展望。

一 石油

(一)2011年形势回顾

1. 国际原油价格

国际原油价格经过20世纪90年代以来一个长周期持续上涨之后,在2008

---

* 黄涛,教授,北京大学光华管理学院管理科学与信息系统系。

年7月达到顶峰，而后由于金融危机的爆发而进入了一个新的历史时期。图1显示了美国纽约证券交易所（NYMEX）原油期货 contract 1（下月交货）在2008年1月至2011年9月的价格走势。从图1中可以看到，金融危机爆发之后，国际原油价格首先大幅跳水，经历了石油历史上戏剧性的一幕，直到2009年初达到35美元左右的最低点。随后随着世界经济逐步从危机中恢复，原油价格很快回升，到了2009年年中实际上已经趋稳。之后的2010年全年在70~90美元的区间内振荡，这也是全球经济复苏、走出危机谷底的一种表现，如果不出新的意外，原油处于该波动区间应该是一个相对比较长期的现象。然而，国际政治经济的风云变幻使得2011年国际原油价格又出现了一次小高峰。

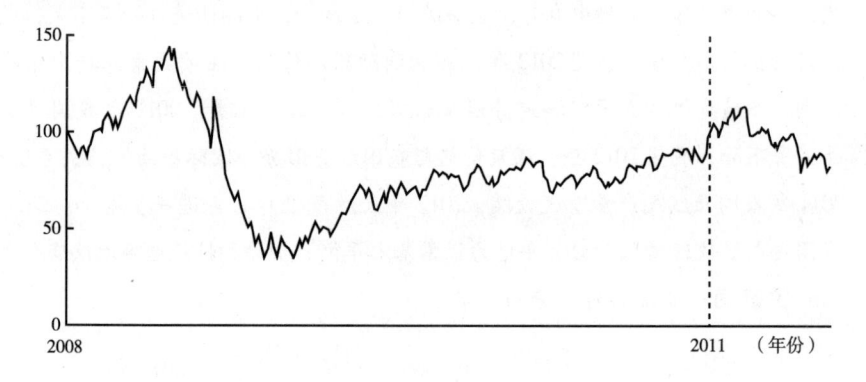

图1　NYMEX 原油期货 contract 1 价格

注：单位为美元/桶，日数据，2008年1月1日~2011年9月30日。

2010年12月17日突尼斯发生了骚乱，从而拉开了西方所谓"阿拉伯之春"的动荡时代序幕，随后埃及、也门、巴林、叙利亚相继发生了大规模动乱，一些国家的领导人被赶下台。尤为甚者，2011年3月19日，美军向利比亚发射的战斧导弹开始了一场强弱不对称却又持续时间相当长的战争。国际油价对于石油输出国政治动荡的反应是迅速的，在2011年12月21日 NYMEX 的 Contract 1 原油价格即突破了90美元，一路上行，在2011年4月达到了110美元之上。不过，随着利比亚战争局势的逐步明朗化，原油价格逐渐回落，到2011年8月和9月回到了70~90美元波动区间。

利比亚战争及阿拉伯动荡对于欧洲影响更大，图2显示了2010~2011年9月美国 WTI 和英国 Brent 原油现货市场价格。美国的基准主要是 WTI 原油，代表着世界原油供给的40%～50%份额，欧洲的基准主要是英国北海Brent原油，代表着世界原油供给50%～60%份额，两地原油都是轻质低硫原油，适于对比。

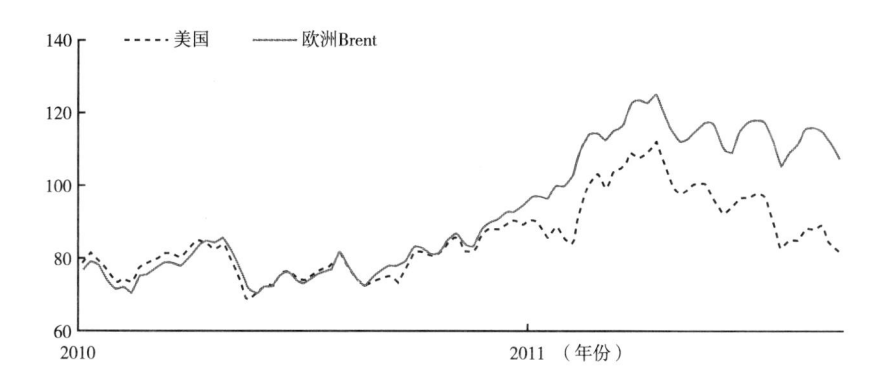

图2　美国和英国原油现货价格

注：两者都是FOB现货价格，数据来自于美国能源署EIA，单位为美元/桶，周数据，从2010年1月到2011年9月。

从图2中可以看到，美国和欧洲之间的原油价差明显放宽，现货价格价差从2010年初正常的Brent低出2～3美元上升到2011年9月Brent高出20～30美元，这表明美欧在原油供应保障的政治面和技术面上有着非常明显的差异，中东危机实际上对欧洲影响更大，造成了其在原油供给上的很大问题。当美国原油现货价格在2011年9月底已经降到80美元左右时，欧洲原油价格仍然在110美元上下，这对处于债务危机之中的欧洲来说更是雪上加霜。对于我国而言，Brent油价是我国成品油定价机制所依据的国际原油价格之一，价差的放宽也使我国调整成品油价格时所依赖的加权价格更不容易达到降价的要求。

总的来说，2011年影响国际原油价格的最主要因素是国际政治，尽管利比亚石油出口本身仅占国际石油产量的2%，但和阿拉伯世界的动荡一起造成了国际油价的又一次大幅震荡。而这方面局势明朗稳定后，国际原油价格仍会回归基本面。

美国和欧洲经济增长乏力，一直没有摆脱"二次探底"的危险，但态势比较稳定。起源于希腊的"欧债危机"愈演愈烈，国际金融风险增加，但尚未造成对于实体经济的剧烈冲击。因此，在2011年前三个季度中，国际经济的基本面并没有发生剧烈的变化，一旦利比亚战争造成的冲击过去，剩下的一个季度中国际油价（WTI）大致还是会在70～90美元区间波动，不过由于金融和政治的消息面上仍然存在着强烈的不确定性，波动会放大，正如图2中2011年第二、三季度所展现的一样。

2. 我国石油形势

石油占我国能源消耗的比重比煤炭要小，但其比重和影响力越来越大。尤其是煤炭主要是我国自产，原油却相当大一部分来自进口，这导致石油供应对我国能源安全越来越重要。2008年1月至2011年8月我国原油产量和进口量如图3所示。

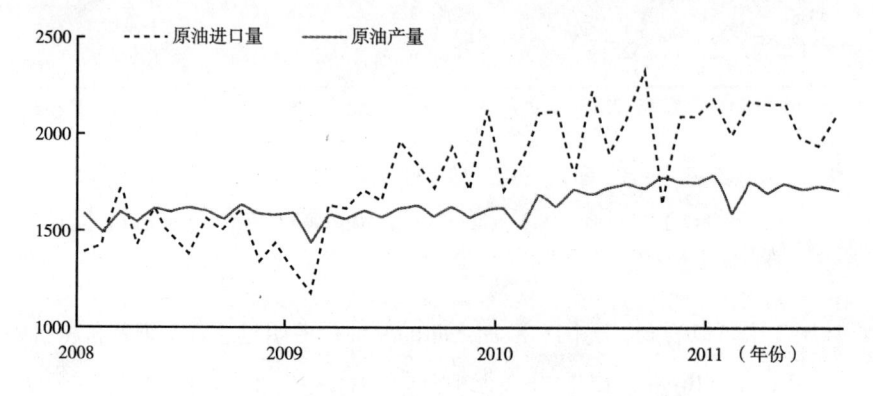

图3　中国2008年1月~2011年8月原油月度产量

从图3中可以看到，这几年我国原油产量基本上保持了稳中略升的局面，只是其中每年2月由于天数少而有明显的波动。2010年我国原油总产量首次突破了2亿吨，达到2.02亿吨，2011年1~8月生产原油1.36亿吨，同比增长2.6%。我国石油生产这种慢速增长甚至停滞的态势应该会持续相当长时间。

相比之下，我国蓬勃发展的经济、居民对汽车需求的快速增长导致了我国原油进口量的快速增长。从图3中可以看到，2008年原油进口量基本上低于自产量。随后进口量快速增长，2009年全年原油对外依存度就超过了50%。2010年继续快速增加，全年原油对外依存度达到了54.6%。2011年1~8月仍维持在高位，对外依存度达到54.8%，全年预计会超过55%。

此外，和原油生产不同，我国原油月进口量的波动是比较大的，这表明原油进口的计划性并不是那么强，当然量的波动并不能完全说明问题，关键在于进口价格，图4将我国海关统计的月度进口平均价格和美国WTI、欧洲Brent现货价格进行了对比。

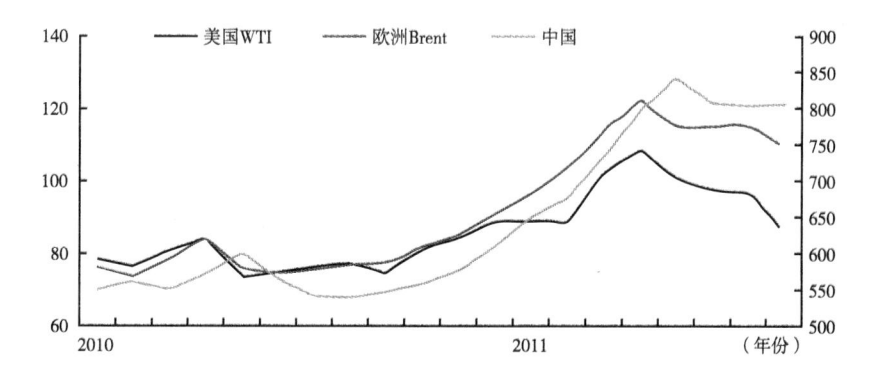

图 4 中国月度进口平均价格和美国 WTI、欧洲 Brent 现货价格的对比

注：其中美国、欧洲现货价格为图 2 所示数据的月度平均，单位为美元/桶，中国数据为中国海关统计月度平均价格（原油进口金额和进口量之比），单位为美元/吨。

图 4 中美国和英国现货价格按左坐标标示，中国进口价格按右坐标标示，单位不同，同时由于运输费用及时间等原因，并不能将数据直接对比。但我们可以从趋势中看出一些问题。我国原油进口到岸价格表现出和国际现货市场价格之间存在着明显的滞后 1 个月趋势，这显然与采用期货进行大宗采购以及运输时间长短有关。然而这也说明当美国的到岸现货价格已经下降时，我国的原油到岸价格可能仍在上升，对国际油价的波动会反应比较慢。同时还存在着国际油价上涨时我国价格上涨会更为显著，下降时却不如国际油价回落得快的现象。如何更好地利用国际原油期货现货市场进行价格管理是我国石油相关部门和企业需要考虑的重要问题。

与原油进口相比，成品油的进出口规模并不大，2011 年 1~8 月我国进口成品油 2753 万吨，同比增长 15.2%，累计平均单价同比上涨 34.2%；出口成品油 1758 万吨，同比下降 7.3%，累计平均单价同比上涨 23.4%。和这几年发展的总体趋势相同，进口量增加，出口量下降。

在我国成品油价格方面，争议依然非常大，成为社会热议的话题。在 2011 年 2 月 20 日汽油、柴油零售最高限价每吨均提高 350 元，4 月 7 日则分别提高 500 元和 400 元，到 10 月 9 日在历经 2010 年以来多次上涨后才第一次下调价格，汽、柴油均下调 300 元。

尽管国家发改委提出过调整思路，但成品油定价机制一直没有调整，2011 年暴露出的最大问题是，成品油定价的国际基准以英国 Brent、迪拜和辛塔三地，让人费解的是没有包括代表性非常强的美国 WTI 原油价格。这导致我国成品油定价主要盯住的是 Brent 油价。然而正如图 2 所显示的，Brent 油价和 WTI 油价之间的价差在 2011 年显著放大，当 WTI 现货价格从 4 月的高点到 9 月下降 20% 以上时，Brent 现货价格仅下降 10% 强，这使成品油定价机制中 22 日滑动平均价格需要满足的 4% 下降阈值迟迟难以达到，降价窗口难以打开。

美欧油价之间的价差主要体现为原油来源和运输上的差异，利比亚战争对油价产生了冲击，但其石油主要供应欧洲，这也是导致美欧价差扩大的重要原因。我国原油进口在利比亚石油中所占份额很小，图 4 却显示我国原油进口价格在此期间上涨得比 Brent 价格更猛，下降却更慢，更不用说与 WTI 油价之间的差异了。这从一个侧面反映了我国在国际原油市场的脆弱地位和对原油国际价格形成机制的陌生，如何增强原油价格形成上的话语权和企业对原油期货现货市场的把握运用能力都是需要引起重视的问题。

对此，2011 年 10 月发改委提出了进一步调整成品油定价机制的思路。其中调整成品油定价基准的思路显然是正确的，应该将 WTI 油价列入参考基准，以使定价机制更具有代表性。至于缩短 22 日滑动平均期限、降低 4% 阈值等只是治标不治本，意义不大，更快地和国际油价接轨并不一定是好主意，会进一步加剧国内油价的波动，加重社会舆论对涨快跌慢的忧虑。

目前，国内成品油定价机制的主要问题仍然在于市场化改革不够快。中石油、中石化对资源的把持产生了一系列问题。在成品油价格方面，我国和世界各国价格之间的差异成为人们热议的话题，成品油走私现象的加剧、外资和民营加油站的率先促销降价都表明，目前我国原油炼化乃至整个石油产销体系存在着很大问题。在政府管制制度方面，成本加利润的现行定价方式必然会导致成本的失控，近些年石化系统内天价吊灯和天价酒、购买商品房低价内部折卖、为员工高标配车、高利润同时高补贴等社会热议事件只是冰山一角，表现出在现行体制下相关企业并没有动力去控制成本和提高效率。在市场化改革方面，近些年原油进口权不但没有放开反而有所收紧，即便是针对国有控股企业也是如此。所有这些问题都说明有必要进行系统性改革的重新设计，产炼分离、放宽原油进口权、社会资本的准入应该是未来的发展方向。

（二）2012 年形势展望

决定 2012 年国际原油价格走势的主要影响因素有以下几个方面。

1. 中东政治走向

中东呈现了纷乱的政治格局，利比亚战争收尾并不意味着由突尼斯开始的中东乱局的结束。也门、埃及局势依然混乱，叙利亚正滑向危险的战争边缘，伊朗仍是不稳定因素。更重要的是，由民众自下而上发起的动荡是否还会向其他国家蔓延，是否会导致新的内战，中东动乱的多米诺骨牌效应是否会就此结束，这些都是未知之数。

利比亚石油出口在世界上所占比重不高，如果动乱冲击沙特这样的石油输出大国，那对国际原油供给的影响就会非常大，原油价格将再次经历过山车似的波动。这种政治格局的变化很难预测，更何况还有国际势力的插手。原油供给面的这种不确定性将会导致原油价格的更剧烈波动，我国相关部门和企业应密切关注相关局势的变化，未雨绸缪，做更充分的准备，如加速原油储备、调整原油进口计划等。

2. 欧债危机

世界经济从2008年金融危机中复苏的步伐蹒跚，第一波影响虽已过去，第二波冲击又将来临。欧债危机和美国金融危机是有关联的。欧洲国家债务并不是一个新问题，是一个长期存在的老问题，欧洲也早已认识到其中的风险，统一货币政策和分散财政政策之间的矛盾是欧元推出后经济学界一直关注的重要问题，最初设计的解决方案是推动欧洲的财政统一进而政治统一的进程。然而，这种统一原本就是一个漫长而艰难的过程，需要良好的国际环境。美国金融危机的突然爆发让欧洲措手不及，一下子使得问题严重起来，财政状况差的欧洲国家抵御金融风险的能力差，债务恶化，例如希腊。状况好的国家却难以承担一次次救助的代价。目前，希腊等国的财政状况岌岌可危，欧元区的前途和走向暧昧不明，欧债危机是否会促发新一轮经济危机将成为2012年世界最为关注的经济主题。

对于国际原油价格来说，欧债危机意味着需求面受到很大考验。如果金融领域的风险蔓延到实体经济，导致欧洲经济下滑，从而拖累全球经济复苏步伐，那么国际原油价格将会出现进一步下探的趋势，这对于我国原油进口来说是一个好消息。但世界经济不景气时对我国出口会造成负面影响，出口拉动是我国经济增长的重要动力，出口受挫又会对整体经济不利。

3. 美国经济走势

美国仍然是世界上最强的经济体，原油以美元计价更导致国际原油价格受到美国经济形势和政策的强烈影响。经济形势不佳，失业率居高不下，债务上限和评级下调事件显示了美国同样存在着严重的债务问题。然而从当前形势来看，美国的自我调解能力远高于欧洲，其财政债务也未如欧洲一些国家那么严重。从历史上看，美国调整财政赤字的能力还是相当强的，一旦下决心控制赤字和债务，往往能够通过各种手段达到目的。困扰美国的关键问题还是如何提振信心，刺激经济。美联储在2012年可能还会出台新的类似量化宽松的政策，进一步放大货币流动性。

从金融危机之后的发展过程来看，美元作为国际储备货币的地位并没有受到根本性的冲击，反而由于欧债危机、日本核事故等因素形成美元避风港效应，仍然是世界性的货币基准。尽管美国在次贷危机后采取了非常宽松的货币政策，但美国国内的通货膨胀率依然不算高，作为对比，2011年8月我国CPI同比增长6.2%，美国则是同比增长3.8%，因此美元贬值的压力并不算严重。从目前迹象来看，美国经济还是有向好的趋向的，但很难在2012年有强力的增长，美元地位也不太会大幅减弱。在这种背景下，美国经济和美元走势在2012年应该不会对国际油价产生很大冲击。

4. 新兴经济体发展前景

新兴经济体在2011年面对通胀压力仍然表现出不错的经济走势，尤其中印两国保持了相当高的经济增速，成为国际经济增长的重要支撑力量。然而国际形势的变幻使得新兴经济体受到了严重的考验，未来是否能保持高速增长成为这些国家面临的重大挑战。从目前来看，中印等国内生经济增长的惯性仍然是比较强的，能够在2012年保持较高速度增长，只是增速会放缓。发达国家经济体面临的危机从某种程度上来看也是新兴经济体的一次机会，对世界能源和资源的争夺会有所缓和，高速增长带来对国内社会环境和国际经济格局变化的压力也能有所减弱。从国际油价来看，新兴经济体对原油的旺盛需求会构成需求面上的支撑力量，原油价格复现2009年初低位的可能性很小。

综合以上因素，2012年仍将会是原油价格波动剧烈的一年，波动性会高于比较平稳的2010年，政治和经济的不确定性成为影响油价上下的驱动因素。是否会像2011年那样经历正高峰冲击或者2008~2009年的负波谷冲击，就取决于国际政治经济形势中是否会有爆发性事件发生，例如中东新战争的爆发或欧元区的重大变化。无论如何，70~90美元仍会是国际油价的基准波动带，如果是一次性冲击，油价往往还会回到这个区间,除非世界经济政治格局发生永久性的重大变化。

不过,金融危机的第一波影响虽然已经过去,但暴露出来的国际经济政治秩序之中的问题仍然没有得到解决,世界进入了多事之秋,又迎来了一个动荡时代。这对于我国经济发展的外部环境来说并不是一个好消息,会影响到进入21世纪后我国经济发展的第二个"黄金十年"是否能够延续下去。对于原油价格来说,如果欧债和美债的危机进一步爆发,冲击到实体经济,原油供求的基本面就可能被破坏,又或者阿拉伯动乱进一步蔓延,类似于图1所示的2008～2009年之间的大幅度波动在近期重现并非不可能。

对于我国而言,石油生产应继续保持比较稳定的水平,略有增长。在原油进口方面,由于经济增长的放缓,进口增速可能会有所放慢,2012年原油进口量应在2.5亿吨之上,进口依存度还会继续上升到56%左右。在成品油方面,定价机制的调整势在必行,但由于多方利益纠结及问题的复杂,石油产销体制的核心矛盾难以在短期内得到解决,在2012年很可能仍然处于争议和政策研究阶段。

二 煤炭

(一) 2011年形势回顾

煤炭是我国使用的主要能源,2011年煤炭生产依然强劲增长,2011年上半年全国原煤产量达17.1亿吨,同比增长12.7%,月度产量如图5所示。

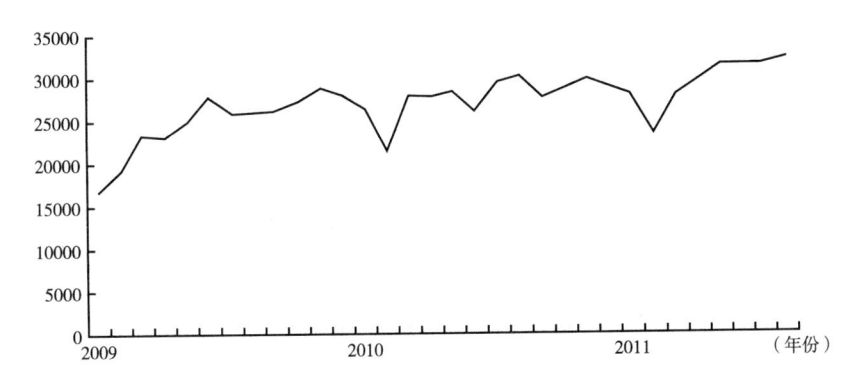

图5 中国2009年至2011年8月煤炭月度产量

从图5中可以看到，扣除2月季度因素，我国原煤生产呈现直线上升趋势。整体上，煤炭生产态势正常，市场需求旺盛，主要耗煤行业钢铁、水泥、电力发展迅速，导致用煤快速增长。第二季度后电煤出现局部紧张的态势，但总体上而言市场供求尚处于较为平衡的状态。

在价格方面，煤炭价格种类丰富，缺乏公认的代表性统一价格指数，我们用煤炭生产及炼焦工业品出厂价格指数作为代表加以表现。

从图6中可以看到，煤炭相关价格存在着周期性的剧烈波动，在2009年中由于美国金融危机的影响逐渐传导到我国能源市场，煤炭价格有着非常显著的下降，但很快回升。在2010年至2011年8月此指数一直处于高位。需要说明的是，由于此指数为月度同比指数，因此2011年后实际上价格是比较稳定的，甚至在第一季度环比指数还有所回落。

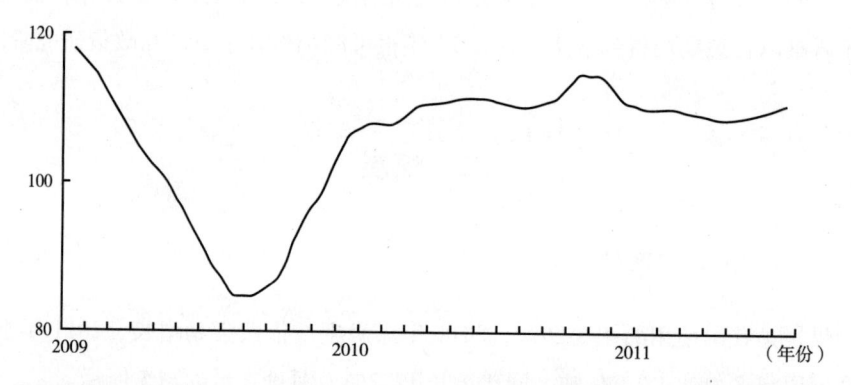

图6 2009年至2011年8年煤炭及炼焦工业品出厂价格指数（上年同期=100）

值得说明的是，尽管我国煤炭是能源消耗中主要成分，2010年煤炭占能源消费总量的68%，但煤炭价格却很大程度上受到国际原油价格的影响，实际上国际原油价格可以视为我国煤炭价格的一种先行指数。之所以如此，是因为煤炭和原油之间存在一定替代关系，同时经济增长对于能源的需求会同时作用于煤炭和原油。然而我国在全球能源定价中的话语权很小，往往是被动的接受者，这是我国能源价格体系中存在的一个重要问题。

此外，由于2011年初国际煤炭价格快速上升，国内和国外煤炭差价迅速缩小，进口煤炭价格优势不在，因此进口煤数量同比下降，不过其数量和我国产量相比本来就极小，对于整体煤炭形势影响微弱。

在2011年下半年，随着秋冬季到来，煤炭需求更趋旺盛，可能会导致煤炭价格进一步上扬，在我国CPI超过6%的背景下，政府会对煤炭价格有所限制，供需矛盾会有所上升，造成结构性电煤供应紧张。

（二）2012年形势展望

决定2012年煤炭供求局面的主要影响因素有以下几个方面。

1. 我国经济增长形势和经济结构

对煤炭的需求主要决定于我国的经济增长速度和经济结构调整。煤炭需求主要来自于电力、建材、冶金、化工四大行业，四行业耗煤量约占国内煤炭总需求的80%以上。其中建材、冶金受到基础设施建设和房地产投资的影响较大。目前来看房地产调控并没有达到预期的目标，供需双方仍在博弈过程之中，因此政府关于房地产调控的严厉政策很可能在2012年中会延续甚至扩大范围。这导致房地产业的未来走势处于十字路口，是否会出现房价实质性下跌将会影响到房地产未来的发展态势。尽管有经济适用房和廉租房政策作为一定支撑，但房地产业投资如出现萎缩仍会导致相关行业的需求下降进而传导到煤炭需求之上。在基础设施建设方面，由于CPI居高不下，同时四万亿投资导致地方债务规模猛增，外汇储备快速增加导致外汇占款不断释放流动性，这几方面因素综合起来会导致政府不会轻易放松银根。

另外，电力、化工行业的发展取决于我国经济增长速度，从目前来看，我国经济增长速度放缓的态势比较明显，在2012年后很难维持21世纪前十年持续10%以上速度的增长。问题的关键在于增长速度会保持在什么样的水平，如果能够保持9%以上的增长速度，则对于电力、化工乃至建材、冶金行业的发展影响不大，煤炭需求将仍然保持较高的增长速度，价格也会维持在较高水平。如果增长速度降低到7%以下，从历史上看，对煤炭的需求增长就会显著放缓，煤炭价格将会进入下降周期。

2. 国际油价走势

国际油价作为我国煤炭价格的先行指数，会产生较强的带动作用。国际原油价格低迷则会导致进口原油成本下降，煤炭价格会应声回落，国际原油价格高企则煤炭价格会随风而涨。总体来看，国际政治经济形势的变化对煤炭价格的影响将通过国际原油价格的中介发挥作用，前文对国际油价影响因素的分析也会随之影响我国煤炭价格。

总的来说，我国煤炭供给能力应对当前的能源需求是足够的，能够保证我国对能源的基本要求。在2012年最大可能仍然是煤炭生产具有比较稳定的增长，延续图5所表现的直线上升态势，增速会有所下降。煤炭价格则取决于国际经济政治格局的变化和国内经济增长速度的高低，需要警惕可能会出现的重大冲击。

三 天然气

天然气作为一种较为清洁的能源，在我国的应用增长迅速。图7表现了2010年至2011年8月我国天然气生产情况。2011年1~8月天然气总产量为678.9亿立方米，同比增长7.5%，与前些年相比增长速度有所放缓，全年产量预计会在1000亿立方米左右。

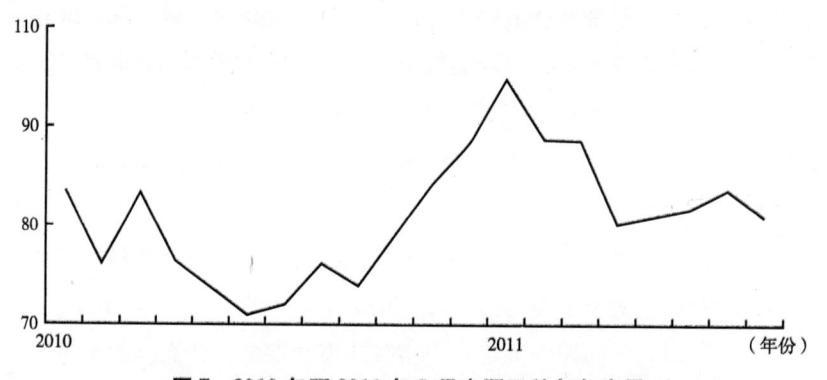

图7 2010年至2011年8月中国天然气年产量

从图7来看，我国自行生产的天然气存在着资源限制，很难维持持续高速的增长，生产跟不上旺盛的需求。这使得天然气进口增加迅速，2011年1~8月进口天然气202亿立方米，同比增长将近1倍。同时，我国在天然气供给上也存在一定问题，地下储气库建设相对滞后，无法满足调峰需求，导致华中和西南地区出现了气荒现象，而且短期内难以解决，需要在2012年中加大建设力度，才能适应需求强劲增长的现状。

从趋势来看，天然气在能源消耗中所占比重必然会进一步增大，后续几年中，天然气生产量难以快速增长的情况下天然气进口量预计仍会保持高速的增长态势，2012年天然气生产应在1100亿立方米左右，而进口量则会进一步攀升，天然气日益成为我国能源全球布局中更为重要的一环。

四 电力

电力是反映经济活动规模的一个重要指标。2010年我国全年累计发电量达到4.14亿千瓦时，达到世界第一，超过了保持此头衔一百多年的美国，这可以视为我国经济发展阶段性成就的一个象征，显示了我国改革开放以来的伟大成就。

2011年我国发电量继续快速增长，1~8月全国规模以上发电企业累计完成发电量3.07亿千瓦时，同比增长13%。预计全年用电量会达到4.7亿千瓦时以上。在电力供需形势方面，整体运行平稳，南方电网电力供需持续偏紧，局部地区局部时段拉闸限电现象严重。

2010年到2011年8月的月度发电量如图8所示。从图8中可以看到，扣除明显存在的季节波动影响，我国发电量存在着相当稳定的快速增长态势，给国民经济发展提供了有力的支持。在比重方面，2011年1~8月火电发电量所占比重为82.65%，一支独大局面依然严重。水电方面，由于2011年主要流域第二季度以来缺水现象严重，水电发电量所占比重为13.86%，比2010年同期下降了2.11个百分点。核电发电量比重为1.86%，风电发电量占比为1.51%。

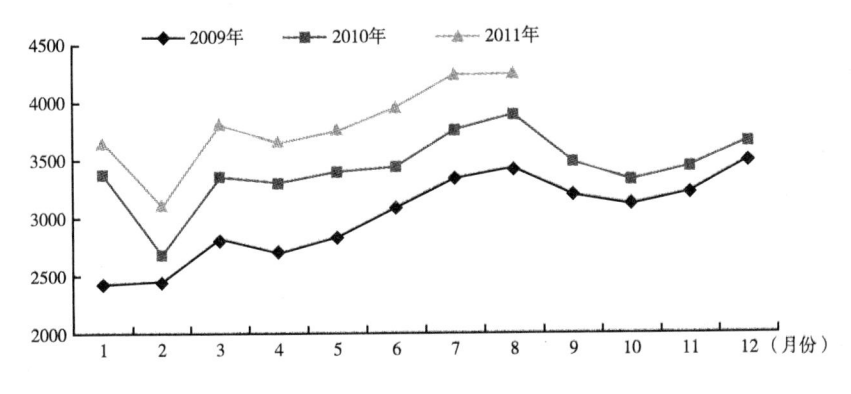

图8 中国2009~2011年月度发电量

电力行业自身也得到了稳步发展,截至2011年8月底,全国6000千瓦及以上电厂发电设备容量达到97346万千瓦,同比增长了10.5%。其中火电73185万千瓦,同比增长9.1%,占总容量的75.18%,占比下降;水电19107万千瓦,同比增长7.6%,占总容量的19.63%,占比有所下降;风电3800万千瓦,同比迅速增长65.4%,占总容量的3.9%;核电1191万千瓦,同比增长31.1%,占总容量的1.22%。这几年风电、核能等新能源发展迅速,表明了我国能源结构调整的成效。但风电容量比重和发电量比重的差异表明风电应用上存在的障碍,如何更有效地发展和应用有待进一步探索解决。此外,电网基本建设投资稳步增加,通过特高压等方案进行了大量跨区送电,有效改善了全国电力传输结构。

关于2012年电力形势,电力总体上供需基本平衡但存在结构性缺电现象的基本状况应该仍然难以改变,总装机容量、总发电量仍然会保持较高速度的增长。在需求方面,电力存在着四大用电重点行业——化工、建材、黑色金属冶炼、有色金属冶炼,其发展取决于我国经济发展态势的变化,如果我国经济增长及投资增速放缓,则这些行业对电力的需求增长速度将会从前些年的高位回落,电力供需状况将得到进一步改善。这样,第三产业对电力需求的增长将成为用电量增长的重要源泉。

Analysis and Outlook of Energy Condition in China (2011-2012)

Huang Tao

Abstract: For the unrest in the Middle East and other reasons, the international crude oil prices to a certain degree of turbulence in 2011, while it will return to fundament with the stabilization of the situation in the Middle East. In China, oil production steadily maintained with an increase and the imports of crude oil goes up. The refined oil import holds a little part with an unreasonable pricing mechanism. In 2012, the main factors affecting international crude oil prices include Middle East politics, the European debt crisis, the U.S. economic trends and prospects of emerging economies. Chinese coal price dropped significantly in 2011. The coal price has a close relationship with Chinese economic and international crude oil prices. The natural gas production rate of growth slowed down in China, and the gas imports will increase in 2012. In 2011, the generation of electricity grows rapidly. The electricity supply and demand will keep in balance in 2012, with a structural power shortage which is difficult to change.

Key Words: Energy Conditition; Analysis; Outlook

B.23
2011年中国大宗商品市场分析及新一年展望

陈克新*

> **摘　要**：2011年我国大宗商品高位运行，虽然宏观经济减速，但难改需求旺盛。由于需求旺盛的拉动作用，新增资源增长较大。同时在各种因素的综合作用下，价格创新高。展望2012年将会出现以下三种趋势：消费需求继续增长的同时，消费结构发生调整；资源供应难以宽松，进口比重提升；经济减速与货币贬值两大因素博弈，市场价格先抑后扬。
>
> **关键词**：大宗商品　市场分析　展望　需求

2011年，尽管遭遇经济减速，但中国大宗商品需求依然旺盛，拉动国内产量大幅增长，同期市场价格高位运行，一些品种创下新高。展望新一年市场形势，受到全球经济复苏乏力，甚至再次陷入衰退，以及各国货币竞相贬值影响，消费动力更多来自国内需求，整体价格水平先抑后扬，资源供应趋向偏紧。

一　2011年中国大宗商品市场高位运行

承接上年显著升温态势，2011年中国大宗商品市场保持高位运行局面。

（一）宏观经济减速，不改需求旺盛增长局面

2011年，预计中国GDP增速由2010年的10.4%，回落到9.3%左右，

---

* 陈克新，中商流通生产力促进中心。

大体回落1.1个百分点。主要经济指标也出现全面减速。权威机构预测，2011年全社会固定资产投资名义增长率为23.8%，与上年大体持平，但如果剔除显著升高的投资品价格因素，则实际增速至少回落了6个百分点；同期外贸出口增幅预计为21.8%，比上年同期回落近10个百分点。尤其值得注意的是，基本不存在投机泡沫的最终消费品需求也出现了显著回落。预计2011年全国商品零售总额名义增长率为17%，比上年增幅回落1.4个百分点，低于过去5年的平均增长水平，而扣除物价上涨因素后，其实际增长率回落了6个多百分点。

三大指标的回落，直接抑制了工业生产增长水平。2011年以来全国工业增加值同比增幅逐月下滑，已从2010年12月份的18.5%一直回落到2011年8月份的13.5%。支柱产业中，汽车产量增速急剧下滑。2011年1~8月累计，全国汽车产量同比仅增长4.7%，较上年同期增速回落27个百分点。建筑业（住宅）产销形势更是糟糕。

尽管整体经济减速，一些消费受到抑制，但中国大宗商品需求依然旺盛。据中商流通生产力促进中心测算，2011年1~8月累计，全国8种重要大宗商品的表观消费量约为42亿吨，比上年增长13.9%。重要大宗商品品种中，全国铁矿石表观消费量12.7亿吨，增长18.1%；煤炭表观消费量25.5亿吨，增长13.6%；石油表观消费量3亿吨，增长4.9%；大豆表观消费量4618万吨，下降7.5%；铜的表观消费量也出现下降（见表1）。

表1 2011年1~8月中国大宗商品表观消费情况

品种	表观消费量（万吨）	同比（%）	品种	表观消费量（万吨）	同比（%）
煤炭	255347.0	13.6	铝	1145.3	8.4
石油	30361.0	4.9	锌	368.0	4.5
铁矿石	126649.7	18.1	大豆	4618.0	-7.5
橡胶	482.0	7.9	合计	419501.0	13.9
铜	530.0	-2.6			

预计2011年上述8种大宗商品表观消费量接近63亿吨，增幅在12%左右。其中煤炭表观消费量向40亿吨靠拢，增长14%左右；铁矿石表观消费量18亿吨以上，增幅超过15%；石油表观消费量大约4.5亿吨，增长5%左右。

（二）旺盛需求拉动，新增资源以较高水平增长

旺盛消费需求，拉动了新增资源较大幅度增长。据中商流通生产力促进中心测算，2011年1~8月累计，全国8种重要大宗商品新增资源量为42.1亿吨，同比增长13.8%，超出国民经济增长水平，与消费需求基本同步。重要大宗商品中，仍以煤炭为首，新增资源量接近26亿吨，同比增长13.4%；其次为铁矿石，新增资源量12.7亿吨，增长18.1%；橡胶与铝的增幅也较大，在8%以上。受到汽车产销大幅回落影响，石油与有色金属资源增速放缓，石油仅增长4.9%，铜增速还出现了负增长。预计2011年全国8种大宗商品新增资源增长12%左右。

整体来看，2011年中国经济发展高能耗、高物耗特征依然明显，不利于可持续、健康发展。

新增资源构成中，国内产量提高成为主要拉动力量。据中商流通生产力促进中心测算，2011年1~8月份累计，全国8种重要大宗商品国内产量同比增幅为15.4%，大大高出同期6.9%的进口增幅。重要大宗商品中，煤炭、铁矿石、铜产量增幅较大，都在14%以上，高的达到了22.7%（见表2）。

表2　2011年1~8月中国大宗商品新增资源情况

单位：万吨

品种	生产量	同比(%)	进口量	同比(%)	资源	同比(%)
煤炭	246000	14.1	10438.0	-1.4	256438.0	13.4
石油	13731	3.1	16792.0	6.4	30523.0	4.9
铁矿石	81893	22.7	44757.0	10.6	126650.0	18.1
橡胶	287	16.2	218.0	0.0	505.0	8.6
铜	364	16.3	181.0	-22.4	545.0	-0.2
铝	1174	8.9	20.3	-22.6	1194.3	8.2
锌	341	5.4	31.0	-2.6	372.0	4.7
大豆	1350	-10.5	3357.0	-5.5	4707.0	-7.0
合计	345140	15.4	75794.3	6.9	420934.3	13.8

重要商品中，除石油与铁矿石之外，其他品种进口水平普遍回落，尤其是有色金属与大豆下降幅度较大。这反映了国内紧缩内需的政策效应。

(三) 多重因素推动,市场价格再次创出新高

2011年以来,受美元等各国货币竞相贬值,中东及北非政局动荡,严重自然灾害,以及新兴经济体需求旺盛、供求关系偏紧等多重因素影响,国际市场大宗商品价格震荡上行,由此导致中国大宗商品价格总指数(CCPI)再次创出新高。据中商流通生产力促进中心测算,2011年1~9月份累计,全国大宗商品价格指数(CCPI)同比上涨25.7%。从各月价格环比情况来看,基本呈现震荡上行态势。到2011年9月份,全国大宗商品价格总指数(CCPI)比年初上涨9.6%。

重要大宗商品中,矿产品和部分食品类产品涨幅较大,金属类产品涨幅较小。测算数据显示,2011年9月份,全国牲畜类价格同比上涨42.9%,橡胶类上涨36.9%,能源类上涨33.8%,食糖类上涨17.6%,矿产类上涨17%(见表3)。

表3 2011年9月中国大宗商品价格指数(CCPI)

类 别	2011年9月	比上月(%)	比上年同期(%)	比年初(%)
总指数	157.0	-0.5	25.4	9.6
油料油脂类	219.2	2.6	15.8	-3.1
农产品类	165.3	1.9	16.1	5.4
牲畜类	253.5	1.3	42.9	31.1
矿产类	174.5	-0.4	17.0	1.4
能源类	142.9	-0.5	33.8	12.7
钢铁类	137.3	-1.1	8.8	0.2
橡胶类	153.1	-3.2	36.9	-0.6
食糖类	142.8	-3.5	17.6	6.5
有色类	89.7	-4.5	7.3	-4.4

二 2012年大宗商品市场三大趋势

展望2012年中国大宗商品市场形势,经济增长的不确定因素显著增多。供求关系与价格行情,主要受全球经济减速与货币贬值两大因素影响,呈现先抑后扬、宽幅震荡格局。

（一）消费需求继续增长同时，消费结构发生调整

2012年，中国经济继续以较快速度增长，如果不发生大的意外，全年经济增长能够在9%左右。从名义增长率来看，全国固定资产投资保持20%以上增幅，工业增长10%左右，居民消费16%左右，外贸出口回落到20%以下，甚至有可能更低。受其影响，全年8种重要大宗商品表观消费量达到69亿吨，比上年增长10%左右，需求增长水平有所回落。其中煤炭表观消费量达到或超过42亿吨，铁矿石表观消费量约为20亿吨，增幅均在8%以上。石油表观消费量向5亿吨关口靠近，增长5%左右。

2011年中国经济发展，将面对内部转型与外部债务危机冲击，由此产生大宗商品消费结构的明显调整。这种结构调整，主要体现在两个方面：首先是中国内部需求的增长明显高于出口需求（含间接出口）的增长。一段时间以来，中国经济增长中外贸出口依存度很高，大宗商品需求中有很大部分用于加工出口，其实是境外需求。近些年来这种状况正在发生转变。权威机构测算，2011年中国出口对于经济增长的贡献，可能转为负数。预计随着出口水平的进一步回落，2012年，净出口对于中国经济增长贡献依然为负值，国内需求对于经济增长的贡献率还会上升。这就导致中国大宗商品消费结构中，国内消费的比重进一步提高。比如在铁矿石的消费比重中（按含铁量测算），2012年提升至95%以上。如果考虑到机电产品等钢材间接出口，国内需求的比重也会占据80%以上。

其次是大宗商品需求，更多地向内陆省份尤其是欠发达地区倾斜。从2008年开始，随着加工制造业的梯次转移，中国内陆省份经济发展明显提速，超出沿海发达地区。2011年上半年，青海、内蒙古、新疆等地经济增速逐步靠前，而北京、上海经济增速落后，分别为倒数第1、2名。2012年中国经济增长地区差异继续保持，并且会有所扩大。这也使得中国大宗商品消费结构中，沿海发达地区消费比重继续下降，而内陆省份消费比重继续提升。

这种消费结构性调整，是中国产业升级、经济转型的必然结果，也是中国宏观调控的目标之一，有利于中国经济的可持续健康发展。在以后一段时间内，还会持续下去。

如果2012年各国货币竞相严重贬值，尤其是欧元区崩溃，将会刺激一些国家将纸币形式的外汇储备，部分转化为大宗商品等实物形式，由此增加全球大宗

商品实物性避险需求,也会成为中国大宗商品需求的组成部分。

还有一种情况,即欧美债务危机严重恶化,甚至出现超过2008年的世界经济危机。受其影响,全球大宗商品实体经济需求萎缩,价格行情出现深幅跌落,将会引发中国一些部门与企业的"抄底"行为,从而导致总需求结构中,"抄底储备需求"的明显增多。

(二) 资源供应难以宽松,进口比重提升

中国较高水平的大宗商品需求,为全球资源供应提供了强大动力。预计2012年内全国大宗商品新增资源量接近70亿吨,增长10%以上。其中煤炭新增资源量在42亿吨以上,增幅也在10%以上;铁矿石新增资源量有可能跃上20亿吨关口,增幅都不会低于8%;石油新增资源量4.8亿吨左右,继续保持5%左右的小幅增长态势。

受到资源储备及其开采成本不断提高影响,新增资源结构中,国内产量较为平稳,增长幅度有限。节能减排、环境保护和淘汰落后的巨大压力,亦约束了产能的更多释放。其中钢铁、煤炭、水泥、焦炭、矿石等产品所受约束较为明显。比如粗钢产量难以超过10%,由此使得矿石、焦炭等冶炼材料产量增速相对平稳。

国内产量的相对平稳,使得中国需求增长所要求的资源供应,更多地向进口倾斜。预计全年8种大宗商品(不含谷物、棉花、食糖)进口量将达到或超过12亿吨,增长8%以上,明显高出上年增幅。其中石油、铁矿石、煤炭、有色金属、橡胶等产品进口增幅都会有不同程度提升。

资源进口总量中,中国企业走出去,所获得的铁矿石、天然橡胶、石油、有色金属等权益资源比重提高,同时一些大宗商品进口来源地区多元化。比如进口铁矿石中,来自澳大利亚、巴西、南非、印度的进口比重下降,而来自其他地区的比重上升。

影响2012年中国大宗商品进口的不确定因素,主要有两个方面:一是经济危机可能引发新的地缘政治动荡,以及一些国家的资源保护措施,由此引发大宗商品的供应干扰。比如印度对于出口会进一步收紧,净出口量有较大幅度下降;一些国家相继提高了资源税收;等等。二是出现新的严重自然灾害。过去连续两年,世界一些地区均出现严重的自然灾害,使得全球谷物、油料、棉花等农产品产量受到很大影响。如果2012年继续遭遇极端气候影响,全球农产品市场风险

势必加大。联合国及其他国家组织,接连发出警告,担忧2008年粮价飞涨在全球引发骚乱一幕重演。

由此可见,2012年全球范围内大宗商品、资源供应依然趋紧,不要指望出现所谓"宽松拐点"。

(三) 经济减速与货币贬值两大因素博弈,市场价格先抑后扬

2011年以来,欧美国家"双债危机"愈演愈烈,世界经济二次衰退,甚至是更严重衰退风险明显提高。在这个大背景之下,全球大宗商品市场走势如何?总体看来,今后大宗商品价格行情主要受到经济减速与美元贬值两大因素博弈制约,呈现先抑后扬、近弱远强格局。

1. "双债危机"下全球经济共同减速,拖累实体需求

美欧国家"双债危机"问题之所以瞩目,主要在于全球金融体系会因此遭遇重大冲击,甚至引发世界经济新的更加衰退。尤其是如果希腊、意大利债务违约,引发多米诺骨牌效应,导致欧元区解体,那么,世界经济所遭遇的冲击将无法想象。另外,虽然目前美债违约风险暂时解除,世界各国金融机构松了一口气,但巨额公共债务问题并未消失,反而因为"借债天花板"提高而规模更加庞大。欧元区国家与日本同样负债累累,有些国家甚至达到了破产程度。

庞大债务的持续增长,势必加重政府财政利息负担,导致其他方面支付能力被迫缩减。一些国家在提高债务上限,或者接受债务救助的同时,必须在未来削减相当规模财政赤字。而在政府收入(加税与经济提升)不能显著增加的前景下,任何削减赤字计划都意味着紧缩开支,这对于因为需求不足而乏力的经济复苏来说,无异于雪上加霜。

由此可见,欧美国家债务庞大问题依然存在,住房和就业疲软问题依然存在。投资者与生产者信心不足、消费者"捂紧钱袋"以及政府被迫削减开支,几大效应叠加,将使得全球需求形势恶化,世界经济复苏也因此更为乏力,甚至出现更严重的经济衰退。如果这种局面真的出现,市场恐慌情绪蔓延,几乎所有大宗商品价格都会再次暴跌,甚至接近2008年金融危机时的水平。

2. 美欧国家非常规减债,成为推高大宗商品价格新因素

一方面,由于西方国家所欠天文数字债务,无法通过正常增收节支解决;另一方面,沉重的债务负担,严重抑制了西方国家的消费能力,导致经济复苏乏

力，因此只能通过货币贬值等方式，特别是美国借助于美元霸权，实现其"非常规减债"，由此引发了发达经济体货币，尤其是美元的持续贬值趋势。受此影响，大量货币再次进入市场，势必引发国际市场包括矿石、焦炭、石油在内的大宗商品价格飙升，成为推高全球钢材价格上涨的新因素。对此，要予以高度关注。

3. 两大因素博弈，引发钢材市场近弱远强格局

总体而言，全球大宗商品价格行情处于上述两大因素的博弈之中。经济减速，甚至经济衰退力量大于美元等货币贬值力量，大宗商品价格跌落；反之价格就会上涨。

近期来看，全球经济减速甚至二次衰退的可能性增加，使得大宗商品市场面临很大风险，处于相对弱势。石油、铁矿石、有色金属等都不排除价格跌落的可能性。从中远期来看，因为多种因素引发的美元贬值将占据上风。与此同时，一些国家的各种"救市"措施陆续出台，抄底资金的大量涌入，加之中国等新兴国家的经济基本面情况依然良好，进而共同推动上述商品价格谷底反弹，而且是较为强劲的反弹。前段时期跌落越是猛烈，其后的反弹力度越是强劲，呈现近弱远强格局，先抑后扬，宽幅震荡格局。

Analysis of China Commodities Market in 2011 and Outlook of that in 2012

Chen Kexin

Abstract：In 2011, China commodity is at a high price. Although the rate of macro-economic slows down, the demand is still on a high level. Stimulating effect due to strong demand makes the larger growth of new resources. On the same time, the price goes to the newest crank point for the effects of various factors. There will be the following three trends in 2012. The consumption continues to grow, while the structure will be changed. The supply of resources retain the same condition and the imports improves. There is a conflict between economic slowdown and currency depreciation, which makes the market price goes down and then moves up.

Key Words：Commodity；Market Analysis；Outlook；Demand

区域经济篇
Regional Economy

B.24
2011～2012：上海经济增长分析与发展预测

朱平芳　韩　清　姜国麟*

摘　要：本文从国内外经济形势的变化、波动与冲击出发，对2011年上海宏观经济运行态势进行了分析，根据主要经济领先指标及其合成指数的走势，工业和金融、房地产的运行特征，以及消费、投资和商品与服务净流出等方面进行展开。探讨了2011年上海经济可能遇到的有利和不利因素，运用贡献率分解法结合时间序列分析和计量经济模拟等方法预测了2011年与2012年上海主要宏观经济指标。

关键词：经济领先指标　经济形势　分析预测

在复杂多变的国内外环境下，2010年我国经济保持了平稳较快发展的良好

---

* 朱平芳、韩清、姜国麟，上海社会科学院数量经济研究中心。

态势，上海的经济增长虽慢于全国，但总体呈现平稳发展的良好态势。伴随着一系列宏观经济调控政策的实施，经济运行开始回归正常增长轨道。虽然，2010年中国经济增长保持了10.4%的较高水平，但支撑中国经济保持快速增长的动力将逐步有所变化，2011年出现回落已经较为确定，经济运行的复杂性明显增强，在这样的背景下探索未来上海经济增长的路径是很有意义的。

一 趋紧的宏观调控和对通胀的重点管控，将减缓我国经济增速

2011年是"十二五"的开局年，虽是一个平稳发展年，但政治与经济形势异常复杂。我国面对着由于应对国际金融危机采取空前力度的经济刺激政策所带来的一些后遗症，如结构性矛盾突出、房地产价格高位攀升、通货膨胀压力不断增强、贸易摩擦增多、人民币升值压力加大、就业形势未见改观、节能减排的形势相当严峻、地方融资平台风险加大，2009年实施的4万亿元财政刺激性投入以及配套的10万亿元信贷投放已经逐渐进入偿还高峰期等，都将造成资金面的高度紧张。同时，为抑制房价的过快上涨，政府又出台了一系列严厉的调控措施；为抵御通胀压力，央行通过连续上调存款准备金率、加息，以收缩流动性。我国确定的"十二五"期间GDP增速只有7%，说明国家早就做好了准备，面对世界经济缓慢的复苏，中国经济将走向紧缩，通过转型清理经济发展过程中有待解决的各种问题。我们认为，在这样的国家战略以及当前趋紧的宏观调控政策和对通胀的重点管理与控制的背景下，2011年及其未来几年我国的经济增速将逐步减缓，投资将保持平稳增长，但继续回升的可能性不大；消费需求扩大缺乏明显支撑，虽然国家扩大内需、刺激消费、增加居民可支配收入等政策措施的实施，有可能支持消费的增长，但这些效应释放需在较长时间以后才能逐渐显现，预计力度不会太大；由于国内通货膨胀和劳动力成本上升、人民币不断升值的压力和国际经济复苏的不确定性等因素的影响，预计外部经济的发展态势将难以支撑我国未来一段时间的出口需求，预计我国出口表现出波动下行态势；由于2009年积极的财政政策和适度宽松的货币政策的效应持续作用以及规模巨大信贷的投放，由此所集聚的通货膨胀能量未能及时释放，这就加重了2011年通货膨胀的压力。到目前为止CPI的增长已远远超出市场的预期，7月、8月CPI分

别增长6.5%、6.2%,说明当前通胀水平还在高位,通胀压力仍然较大;货币政策和财政政策收紧趋势将持续,基于短期物价上升压力加大以及国际经济环境的最新变化,预计货币政策的紧缩趋势仍将持续,流动性偏紧的状况将会延续。未来央行将会继续使用差别存款准备金率、公开市场操作等手段动态、适度与灵活地调控流动性,从而控制信贷规模。社会融资总量成为2011年央行调控目标,这就意味着货币政策调控范围将会从基础货币及银行信贷扩大至股市、债市等其他融资领域,这意味着将会更精准地调控流动性,加强控制社会融资规模总量。

二 2011年以来上海市宏观经济运行情况

1. 上海宏观经济运行开局平稳,增长的不确定性加大

2011年上半年,上海在第一季度经济保持平稳增长,增幅在比上年同期明显下降的态势下,继续保持着缓缓下降的趋势。地区生产总值为9164.10亿元,同比增长8.4%,增幅依然比上年同期明显下降。这与2010年第四季度上海市主要经济领先指标的合成指数的增幅下滑是一致的。其中,第二产业增加值同比增长8.0%,大幅下滑了近12.5个百分点;第三产业得益于地震诱发的日本电子和汽车企业停产,令我国国内过去价格长期下跌的交通和电子产品价格止跌反弹,使交通运输、仓储和邮政业,信息传输、计算机服务和软件业都出现快速增长,金融业同比增长也出现9%的良好态势,由此导致上半年上海第三产业增加值同比增长了8.8%,上升了2.6个百分点。其中,第二季度第三产业较上年同期增长10.4%,大幅上升了5.7个百分点。第三产业增加值在GDP中的占比约为58%,继续显现出第三产业主导的态势。

(1)三大需求增速均呈现高位回落态势。

首先,2011年上半年消费增速明显放缓。由于世博效应的逐渐消退和上年底小排量汽车购置税优惠政策的终止,上海社会零售消费增速持续回落,物价大幅上涨、相关消费市场低迷导致相应商品的消费量出现下滑;与此同时,房地产市场年初继续遭受新一轮房地产调控政策实施的影响,维持着价高无交易量的局面。交易量不见回升导致由住房购买而派生的家电、家具、建筑装潢等商品的消费量也持续下降。上半年上海社会消费品零售总额3256.14亿元,同比增长11.5%,较上年同期大幅下降了6个百分点,增速明显放缓,世博效应消退显著。

其次,投资总量明显下降,所有制结构有所改善。与全国投资增速平稳,继续回升的可能性不大的预期不同的是,2011年上半年上海全社会固定资产投资总额为1975.94亿元,在第一季度下降8.1%的高位收窄至第二季度下降5.8%,截至8月底,全市全社会固定资产投资总额的负增长继续收窄至4.2%,投资形势依然较严峻。投资的负增长主要是由于城市基础设施投资出现较大幅度的负增长所致。1~8月,上海城市基础设施投资大幅下降了26.7%。需要引起注意的是基础设施投资项目所吸纳的大量劳动力的文化水平很低,其数量的大幅下降将会使这些人失去就业机会,虽然这些人大都为外来农民工,但他们无所事事,会影响社会治安与稳定,需要引起重视。从投资的产业构成看,下降幅度虽有所收窄,但并不乐观,第二、三产业投资分别下降了2.0%、5.0%;投资的所有制构成显露非国有经济的投资力度明显加强,1~8月国有经济投资大幅下降22.1%,股份制经济投资提高了10.7%,民间投资大幅增长了37.5%。高耗能行业投资也得到有效控制,呈现了下降的态势。

再次,出口增速将继续有较大幅度的回落。1~8月上海市外贸进出口总额同比增长24.6%,较上年大幅下滑了14.7个百分点。其中,第一季度和第二季度出口增长率分别为19.9%和16.2%,较上年同期增幅分别下滑了6.3个和21个百分点。1~8月,出口增长率为18.4%,较上年同期增幅下滑了14.7个百分点;进口增长率分别为29.4%和19.8%,较上年分别大幅下滑了34.2个和24个百分点;进口增长率为24.6%,较上年同期增幅下滑了21.2个百分点。根据进口增长是出口增长的先行指标以及贸易方式的变化特征,可以判断,全市的出口未来还有较大的下滑空间。

(2) 工业增长的颓势已经确定。

2011年上半年上海市工业总产值增长速度为9.4%,规模以上工业增加值同比增速为9.5%,均比2010年同期的增速有明显的降幅。上半年全市工业增加值和规模以上工业增加值分别增长9.5%和9.7%,较上年同期增长幅度分别大幅下滑了13.8个和11个百分点。尤其是第一季度和第二季度工业增加值的增速分别较上年大幅下降了15.5个和12.1个百分点,工业增长的颓势已经确定。由于4月上海制造业PMI微微下降,5月大幅下降3个点至50.3,6月继续下降1个点至49.3,创10个月以来的新低,7月才回升至50.7,在临界点上下波动,而8月和9月上海制造业PMI持续下降至49.2和48.4，创下了2009年3月以来的新低。所以，我们对未来工业增长的形势比较担忧，预计第三季度走平的概率很大；第四季度继续回落的可能性更大。

（3）金融增长平稳、房地产的发展不容乐观，第三产业增长有限。

由于货币紧缩与房地产调控的政策取向已经非常明显，在外围环境和基本面均无明显改善，资金面不断趋紧的形势下，股市持续低位徘徊，房地产市场量缩价稳。上半年，上海金融业增加值同比增长9.0%，较上年同期上升了5个百分点，继续表现出平稳增长的态势；房地产业由第一季度出现12.1%的较大幅度负增长收窄至上半年负增长5.4%。第三产业增长的结构已经由依靠金融与房地产支撑上海市经济增长发生了一定的变化。上年同期经济增长主要依靠工业、出口等因素拉动，上半年这些因素对经济增长的贡献程度明显转弱，第三产业中交通运输、仓储和邮政业，信息传输、计算机服务和软件业出现了快速增长，支撑了经济增长，但它们的快速增长并没有持续性，我们难以判断是否转型已显端倪。2011年金融增长平稳，房地产的发展不容乐观，第三产业的增长也相对有限，不能有过高预期。

2. 2011年上半年上海宏观经济主要领先指标及其合成指数走势的分析

根据上海社会科学院数量经济研究中心开发的由8个经济领先指标组成的上海宏观经济先行指标体系的运行情况，2011年第二季度上海市8个经济领先指标中，虽然制造业产成品库存季度同比持续下降，第一季度下降3.22%，第二季度下降2.41%，降幅有所收窄；但其季度环比增长却连续回升，第一季度增长1.54%，第二季度增长加快至4.3%，预计第三季度还可能进一步回升，表明2011年逐个季度的库存开始出现明显增长，制造业增长伴随着存货的增加，必须注意产能过剩可能对未来工业增长的制约影响。第二季度集装箱吞吐量同比增长率在第一季度下滑3.2个百分点的前提下，大幅下降了12.7个百分点，增长率只有8.98%；虽然，第一季度集装箱吞吐量环比增长率大幅上升了20.6%，但第二季度其环比增长率大幅下降了27.0%，表明进出口运行态势处于下降通道，外需形势严峻；沪市股票市场价格指数由2011年第一季度5.82%的同比负涨幅转为第二季度14.39%的同比正涨幅。外贸进口同比增速基本平稳，从2011年第一季度29.4%的增幅降至第二季度的19.8%，显示外贸出口短期内增长幅度也将减小。第二季度累计新增就业岗位达39.83万个，较上年同期增加了19.4万个；第二季度PMI虽维持在50左右的水平上下波动，但已经处在了临界的景气范围，相比上年同期依然下降了3.71%，较2011年第一季度下降2.44%的速度有所加快。企业家信心指数继第一季度同比增速出现负增长0.45%，第二季度进一步扩大至下降2.22%，表明企业家对未来经济发展的信心越来越谨慎。

由于上海市宏观经济先行指标体系中8个经济领先指标中的绝大多数指标2011年第一季度的运行态势保持良好，经济领先指标合成指数出现反弹，其数值由2010年第四季度的4.61升至2011年第一季度的7.27，根据上海市经济领先指标的走势时间超前的基本规律，我们已经判定2011年第三季度上海市的经济增长速度很可能出现缓慢回升。而2011年第二季度上海市主要经济领先指标的走势不尽如人意，我们很难继续维持第三季度上海经济增长出现回升拐点的判断。

根据上海市经济领先指标的走势时间超前的基本规律，我们判断2011年上海市经济增长上半年和全年的速度将低于2010年同期的水平。由于2011年第一季度上海市宏观经济主要领先指标的运行态势保持良好，经济领先指标合成指数出现反弹，其数值由2010年第四季度的4.61升至2011年第一季度的7.27，而2011年第二季度经济领先指标合成指数出现较大幅度的回落，下降至 -0.19%；与此同时，8月和9月上海制造业PMI持续下降至49.2和48.4，创下了2009年3月以来的新低，使得我们不得不修正原来的判断，预计上海经济增长的轨迹不太可能出现前低后高的态势，但波动幅度不会太大，全年增长水平维持在8%左右，说明在"十二五"上海"调整产业结构，促进经济转型"的发展主基调下，上海的经济增长将在低位维持较长的一段时间，转型的作用将慢慢显现。

三 2011年上海宏观经济运行态势的总体判断

2008年下半年国际金融危机对上海经济转型形成的倒逼机制，由于当时积极的财政政策和宽松的货币政策刺激下的4万亿元投资、10万亿元新增贷款使得经济恢复远超世界其他国家而延迟，一些该倒闭、淘汰的高能耗、高污染企业继续残存着，消耗着短缺的资源。现在是上海真正到了传统外需推动模式难以维

持、外部需求难有明显增加的时候了。投资储备已显不足，产业发展外延支撑力度弱化，而消费增长不足以支撑经济的平稳较快发展，这些因素将在2011年的一段较长的时间内难以得到根本性扭转，需要引起高度关注，思考如何积极推进和形成转型倒逼机制。

1. 上海市投资负增长，幅度渐窄，制约经济增长

2011年第二季度上海市固定资产投资增速在第一季度出现8.1%大幅负增长的情况下，逐步收窄至1～8月4.2%的负增长。虽然，上海城市化建设的新一轮高潮以及城市化所需各种配套服务设施的建设，服务业的升级，旧区改造的进一步开展，制造业不断向高端价值链升级以及大项目的实施，都将在一定程度上带动投资。但是，由于上海市固定资产投资规模的基数已经很大，并且上述投资并非2011年就能完成，能给上海市带来的投资增量相对有限。因此，从长期来看，未来上海的固定资产投资进入一个中低速增长阶段已经很难避免。我们判断2011年上海市固定资产投资总量与上年大致相当，考虑投资品价格水平的高位运行，预计其全年的同比增长速度将达到3.8%左右。

投资严重制约着上海市2011年的经济增长速度，我们从消费、地区净流入等运行趋势相对平稳的角度整体考虑，通过测算分析，如果2011年上海市固定资产投资总量实际增长率处在3%～4%的范围内，全年经济增长有望达到8%以上的水平；如果固定资产投资总量实际增长率明显低于这一范围，全年经济增长超过8%的难度较大。

我们还必须关注劳动力成本上升所造成的业务增加、利润不增的现象正在出现，这对民营企业投资的积极性可能带来负面影响。当然，对上海市来讲，也为"调整产业结构，转变经济发展方式和推动经济进入创新驱动、内生增长的发展"，提供了很好的机会。

2. 消费增速开始放缓，规模出现明显回落

虽然2011年第一季度上海市社会消费品零售总额同比增长低于上年2.6个百分点，但考虑到由于上年的世博效应促使上海的消费规模扩大，"世博"期间带来的住宿、餐饮、食品、游览、购物、休闲娱乐、交通运输、信息传输等服务行业的繁荣，显著提高了2010年第二季度起上海市消费规模的基数，因此2011年第二季度起上海市社会消费品零售总额同比增长幅度出现了明显的回落，由上年上半年17.5%的增长率降至2011年上半年的11.5%，我们预计2011年上海的消费增幅将出现一定程度的回落。此外,世博后效应还没有完全释放,消费增速放缓的趋势将持续一段时间后其走势才能回归常态路径。

3. 第二产业与工业将处于增长缓慢、动力不足的态势

2011年主要发达国家所面临的如银行资产负债的调整、金融业的整合、结构性失业、结构性公共债务和居民债务等结构性问题,都需要经过很长时间,才能得到修复。诸如钢铁、成套设备、机电和有些高新技术产业等重工业产品的外部需求不会有明显增长,其出口将受到影响。同时,由于世博后余留的重工业过剩产能与增加的库存会造成开工率不足,直接影响经济增长的速度。我们发现,2011年8月份上海完成工业(规模以上口径,下同)总产值2738.42亿元,比上年同月增长7.0%。1~8月,全市完成工业总产值20908.46亿元,比上年同期增长8.7%,远低于1~5月10%的增长率。从工业生产的主要结构看:一是重点发展工业行业增长平稳。1~8月,六个重点发展工业行业完成产值13932.77亿元,比上年同期增长8.2%,增幅不仅低于全市工业0.5个百分点,更远低于1~5月9.3%的增长率。上海六大重点发展制造行业和工业的产值增长速度都明显放缓。另外,轻工业中食品、饮料、服装与鞋帽,文化娱乐,都市工业与旅游品制造等行业的增长率相比2010年增幅也大幅下降。因此,2011年上海的工业增长速度将明显放缓。而制造业的升级需要一个较长期的过程,中短期内难以形成规模。因此,未来上海的工业发展将逐渐面临增长缓慢、动力不足的态势。

2011年4月以来上海工业增长出现了明显的下滑,除了2010年工业增加值基数高的缘故外,国内外经济发展的不确定性和经济形势复杂性的加大,央行收紧银根以及资金面的趋紧,都是造成工业快速增长不可持续的原因。预计2011年上海市工业增加值增长率为8.3%左右;第二产业的运行将随着工业呈现同样的增幅降低的态势,预计2011年第二产业增长率将达7.8%左右。

4. 金融稳中有增、房地产负增长,预计第三产业增速低于上年

2011年由于受宏观货币政策和房地产调控政策的影响,金融业增长幅度将受到限制,房地产业持续出现负增长,它们对上海经济增长的贡献作用将越来越有限,其带动经济增长的动力短期内已显不足。金融与房地产业目前依然是支撑第三产业的最重要的因素,它的大幅波动直接影响着上海市第三产业在整个经济中的地位,必须予以高度重视。

上海房地产业已经存在价格上涨速度过快、价格相对偏高的现象，导致政府持续出台地产调控措施，表明政府对资产泡沫风险的担忧远大于经济二次探底的可能。由于过高的房价需要一定时间的消化，因此，房地产业上升的空间将被大大压缩。

2011年上半年上海市房地产业继续呈现负增长，但幅度有所收窄；金融业有所增长，达到了9%的水平，预计全年将维持9%左右的增长率，偏差幅度不会太大。根据上海第三产业中交通运输、仓储和邮政业，信息传输、计算机服务和软件业快速增长的惯性短期内仍将持续以及2011年国内外经济形势变化的新特点与相关的数据所作的分析判断，预计上海市2011年第三产业的增速约为8.4%。

四 2011年上海市宏观经济增长预测

虽然新兴市场经济体普遍增速较高，但面临资产价格泡沫和通胀压力加大的风险，各国政府普遍收紧了宏观货币政策。目前，发达国家经济复苏缓慢，欧元区主权债务危机远未结束。美国受高失业率、低收入增长率、房产贬值以及信贷紧缩等制约，国内需求持续疲软，债务规模持续上升，被标准普尔调低了主权债务信用评级。此外，美国政府放宽了债务上限，并准备推出QE3量化宽松计划，美联储承诺至2013年维持目前的低利率水平，这些都将对世界经济和中国经济带来较大的冲击与影响。日本经济由于大地震的影响更不容乐观，其经济长期低迷，主权信用评级再次被穆迪调低。各国贸易保护主义层出不穷，针对我国出口商品的贸易摩擦日益频繁，人民币升值以及产品成本的上升使得我国的出口竞争力下降等诸多因素，使得我国2011年的出口形势不甚乐观。

2011年上海市宏观经济形势将在紧缩的宏观经济政策环境中运行，但国内外政治与经济形势的复杂性和不确定性都将不利于上海经济的发展。固定资产投资增速出现负增长，工业增长速度放缓，金融业难以出现快速增长，房地产业持续出现小幅度的负增长。我们预计2011年上海最终消费支出增长率在10.4%左右的水平；固定资产投资增速将依然保持低速增长，预计全年在2.8%左右；全年货物与服务净流出将呈现1.2%左右的增长。我们运用贡献率分解法结合时间序列分析和计量经济模拟等方法预测了2011年上海主要宏观经济指标的实际增长率，结果如下：

2011年上海GDP增长率（实际）	8.2%
GDP（现价，亿元）	19828.96
第二产业增加值增长率（实际）	7.8%
第二产业增加值总量（现价，亿元）	8328.56
其中：工业增加值增长率（实际）	8.3%
工业增加值总量（现价，亿元）	7822.50
第三产业增加值增长率（实际）	8.4%
第三产业增加值总量（现价，亿元）	11385.84
其中：金融业增加值增长率（实际）	9.2%
房地产业增加值增长率（实际）	-1.0%
最终消费支出增长率	10.4%
固定资产投资增长率	2.8%
固定资产投资总量（现价，亿元）	5760.10
货物与服务净流出增率	1.2%

五 2012年上海宏观经济形势预测

2012年影响上海宏观经济运行的因素主要来自国内增长的基本动力的转型、世界经济与政治复杂环境的进一步明朗，以及宏观调控的政策效应如何显现这三个方面。

金融危机后，我国内需驱动增长的模式虽然得到了一定程度的强化，但投资依赖的增长路径没有明显改变，并且东部的投资吸引力依然很强。虽然上海正试图逐步摆脱不同于全国的投资依赖的增长路径，这从2010年和2011年上海全社会固定资产投资的增速都远远低于GDP增速可以得到证实。但上海确实面临着经济增长动力转型的压力，如何培育新的增长动力源，如何形成下一波经济增长的持续驱动力，早已摆在2012年上海发展的面前。2012年全球经济复苏的复杂性、曲折性还将进一步显现，我国外贸出口面临的不确定性将继续放大。

从2011年在博鳌经济论坛上周小川说提准无上限，戴相龙说人民币国际化还需要15～20年，楼继伟说2011年前三季度政策不变，在第四季度会变，2012

年全球经济可能大幅减速等来自政府的话语以及我国确定的"十二五"期间GDP增速只有7%，说明我国政府对国际上各种不利于我国经济健康发展的环境、战略与措施已经做好了充分的准备。中国将独立地走自己健康、可持续的发展道路。中央政府调控房地产市场的一系列政策，虽然对房地产下游制造业投资产生了广泛的影响，短期对经济产生下行压力，但对抑制房地产投机泡沫、保持经济持续健康发展有着非常积极的意义。

2012年又是2009年初4万亿元财政刺激贷款和宽松货币政策下10万亿元新增贷款的还款高峰年，伴随着清理地方融资平台、降低地方政府偿债风险的实施，资金面将持续紧张。因此，放缓固定资产投资节奏，实现节能减排目标都会在2012年对我国经济增长产生一定的抑制作用。

同时，由于2011年8月初美国又推出了量化宽松的货币政策和提高了债务上限，我国与世界其他主要经济体都存在货币大量超发、流动性泛滥进一步加剧的风险，通胀的预期将持续提升。2012年是国际经济环境错综复杂，对中国发展很不利的一年。我国如何在2012年保持经济平稳增长将面临各种难以想象的困难。上海经济发展与全国一样，都将在世界性紧缩的环境中艰难地运行。预计2012年上海工业增速将保持平稳，微幅升降的可能都存在；金融业增长不会加快；房地产业很可能转为低速增长；投资增长依然在低位徘徊，不会明显加快；消费增长回归常态，有所提升；进口与出口的增长将继续有所减慢；货物与服务净流出将出现低增长或小幅负增长。

我们假定2012年货币政策持续趋于收紧，积极的财政政策保持适度稳定，但其效应逐步减弱；国际政治与经济形势的复杂性和不确定性不见弱化，美国经济运行继续复苏回暖，但其推出的量化宽松的货币政策可能动摇有关发达国家宽松货币政策退出的行动与态度，欧洲主权债务危机虽然严重，但不再恶化；我国通胀得到较为有效的控制；各类突发性疫情不再发生；国内没有巨大的自然灾害出现；上海较为严厉的房地产调控政策继续实施；工业增长平稳，升降幅度不大，平均增速在7%左右；金融业继续平稳增长，房地产业增长由负转正，处于低增长状态；消费规模回归常态，出现回升，固定资产投资低位增长，全年货物与服务净流出呈现接近于零的低增长或小幅负增长。在这样的条件下，我们预计2012年上海最终消费支出增长率在11.2%左右的水平；固定资产投资低位增长，预计全年达到4.0%左右的水平；全年货物与服务净流出将呈现0.1%左右的增长。我们运用贡献率分解法结合时间序列分析和计量经济模拟等方法预测了2012年上海主要宏观经济指标的实际增长率,结果如下:

2012年上海GDP增长率(实际)	7.8%
GDP(现价,亿元)	22168.8
第二产业增加值增长率(实际)	7.4%
第二产业增加值总量(现价,亿元)	9286.3
其中:工业增加值增长率(实际)	7.9%
第三产业增加值增长率(实际)	8.3%
第三产业增加值总量(现价,亿元)	12743.4
其中:金融业增加值增长率(实际)	9.5%
房地产业增加值增长率(实际)	3.0%
最终消费支出增长率	11.2%
固定资产投资增长率	4.0%
固定资产投资总量(现价,亿元)	6232.4
货物与服务净流出增率	0.1%

2012年是"十二五"规划中的调整经济结构、转变经济发展方式的重要一年,也是中国政治换届的特殊年份,强调平稳发展,减少过度激进的改革与转型将贯穿全年的各项政治与经济活动之中。2012年上海在保持经济平稳发展的同时,梳理与缓解社会与经济发展过程长期存在的各种旧问题,逐步深化经济结构调整,促进经济发展方式转变是重要的任务。

参考文献

《中国经济形势分析与预测——2011年秋季报告》(2011年10月),中国社会科学院"中国经济形势分析与预测"课题组。

《2011年上海经济形势研判与跟踪研究》,2011年上海市政府发展研究中心委托,朱平芳主持。

〔美〕格里高利·曼昆著《宏观经济学》,梁小民译,中国人民大学出版社,2000。

《上海市统计年鉴2010》和《上海市统计年鉴2011》,中国统计出版社,2010、2011。

《上海市统计月报》(2009年1月至2011年8月),上海统计局。

Economic Growth Analysis in Shanghai and Development Prediction (2011–2012)

Zhu Pingfang Han Qing Jiang Guolin

Abstract: Based on changes, fluctuations, and the impacts of domestic and international economic situation, the paper analyzes the macroeconomic situation of Shanghai in 2011. According to the trend of leading economic indicators and synthetic index, characteristics of industrial and financial, real estate, consumption, investment and net outflow of goods and services and so on, favorable and unfavorable factors of economy of Shanghai in 2011 are discussed. Using the decomposition method of contribution rate combined with time series analysis and econometric modeling, the actual growth of Shanghai's main macroeconomic indicators during 2011 and 2012 are predicted.

Key Words: Leading Economic Indicators; Economic Condition; Analysis Prediction

B.25
基于CASS指数的2011年重庆经济形势分析与2012年展望

王崇举　黄应绘　陈新力[*]

摘　要：在全球经济复苏势头减弱、国内经济增速放缓与通胀压力不断加大的大背景下，在上年的高增长基础上，2011年上半年重庆经济增长仍处于一个相对较快阶段，投资拉动经济增长发挥了比较重要的作用，内生动力增强；与此同时，重庆经济运行质量持续提升。当前重庆经济发展中存在着经济偏热、物价持续高涨、通胀压力不断加大、经济结构有待进一步优化、节能降耗压力突出等问题。预计在有效控制物价的前提下，2011年下半年及2012年重庆经济仍将保持高位运行态势。

关键词：重庆经济　控制物价　高位运行

在全球经济复苏势头减弱、国内经济增速放缓与通胀压力不断加大的大背景下，在"两江新区"、"五个重庆"以及内陆开放高地建设的依托下，CASS指数所显示的重庆季度经济运行速度、质量及总体运行情况如何，经济发展中存在哪些问题，未来发展趋势如何，我们将在本文中一一解答。

一　2007年至2011年上半年总体情况

表1、图1显示，2007年至2011年上半年重庆CASS指数总体呈上升趋势，但有明显波动，呈现先上升后下降，后又企稳回升的态势。从近一年的情况看，

---

[*] 王崇举、黄应绘、陈新力，重庆工商大学长江上游经济研究中心。

表 1 2007 年第一季度至 2011 年第二季度重庆 CASS 经济指数

时间	I11 生产子系统	I12 投资子系统	I13 外贸子系统	增长速度子系统	I21 增长结构子系统	I22 增长效益子系统	I23 增长潜力子系统	I24 价格子系统	增长质量子系统	CASS 指标
2007年第一季度	89.18	80.08	84.44	84.57	66.21	90.61	88.43	93.69	84.73	84.65
2007年第二季度	100.59	101.72	83.53	95.28	59.2	90.61	93.15	87.27	82.55	88.92
2007年第三季度	106.92	101.16	84.08	97.37	60.92	90.61	85.32	76.59	78.36	87.87
2007年第四季度	108.24	100.86	87.64	98.91	57.25	90.61	93.02	67.5	77.09	88.00
2008年第一季度	98.13	73.37	94.76	88.75	56.23	98.02	91.59	26.69	68.13	78.44
2008年第二季度	134.39	95.05	91.27	106.91	54.23	98.02	89.88	34.23	69.09	88.00
2008年第三季度	132.83	101.14	89.24	107.74	58.32	94.99	81.14	64.77	74.81	91.27
2008年第四季度	121.83	100.97	83.65	102.15	60.32	94.99	78.26	74.93	77.13	89.64
2009年第一季度	44.14	103.63	54.73	67.58	74.32	97.62	88.18	80.25	85.09	76.30
2009年第二季度	65.30	112.61	57.29	78.40	68.32	97.62	84.23	56.21	76.59	77.50
2009年第三季度	68.74	113.39	58.37	80.16	72.72	105.1	73.5	84.62	83.98	82.07
2009年第四季度	79.84	106.56	61.8	82.73	70.72	105.1	69.77	77.41	80.75	81.74
2010年第一季度	138.8	95.06	95.28	109.7	50.72	105.1	101.02	69.52	81.59	95.64
2010年第二季度	120.1	100.64	93.11	104.6	58.72	105.1	97.86	79.63	85.33	94.96
2010年第三季度	120.8	103.47	94.04	106.12	57.47	97.73	106.24	62.92	81.09	93.6
2010年第四季度	121.2	108.21	98.55	109.31	61.47	97.73	149.86	45.75	88.7	99
2011年第一季度	111.7	84.84	104.64	100.4	63.47	97.73	281.75	15.44	114.6	107.5
2011年第二季度	117.1	98.31	107.58	107.67	63.47	97.73	287.6	27.35	119.04	113.35

注：①利用历年重庆统计年鉴及重庆统计信息网上的原始数据，根据中国社科院数量经济与技术经济研究所设计编制的 CASS 经济指数计算而得表中数据。

②因缺乏季度数据，增长效益子系统中社会劳动生产率增长率、扩改建投资额增长率，万元 GDP 能耗、工业固体废物综合利用率和价格子系统中的投资品价格指数等 5 个指标的值均是年度数据；2008 年第三季度开始的非政府投资占全部投资比重年度数据。故相邻时间的增长效益子系统的功效系数的值一样。

③因数据公布和获取原因，从 2008 年第二季度开始，重工业增加值增长率和轻工业增加值增长率分别用相应的总产值增长率代替。

基于CASS指数的2011年重庆经济形势分析与2012年展望

自2010年下半年以来CASS指数上升态势明显，2010年第四季度CASS指数为99，经济运行达到最优；2011年第一季度CASS指数为107.5，经济出现偏热迹象；但2011年第二季度的CASS指数达113.35，重庆经济已经偏热。在世界经济复苏态势有所放缓、国内经济"需求动力减弱，通胀压力不断加大"的背景下，经济发展中的不确定性因素依然较多，如何保持经济的良性运行，防止疲软和过热都是值得关注的问题。

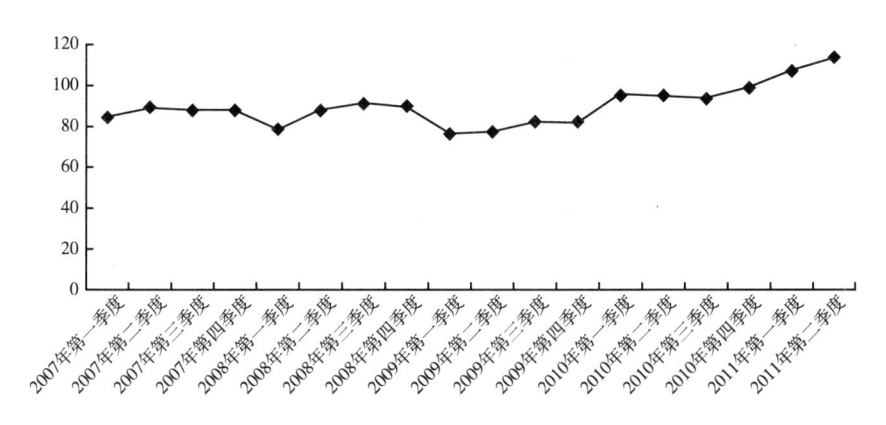

图1　2007年至2011年上半年重庆CASS指数变化

二　经济运行速度和经济运行质量分析

1. 经济运行速度分析

表1、图2显示，2007年以来，重庆经济增长速度的功效系数值经历了多轮波动，2009年第一季度达到最低（67.58），一年后的2010年第一季度达到历史最高值（109.7），2010年第四季度达到历史次高点（109.31）。从近半年的情况看，2011年第一季度和第二季度增长速度子系统的功效系数值均大于100，这表明，在上年的高增长基础上，当前重庆经济增长仍处于一个相对较快阶段。

从增长速度系统内部看，表1显示，2007年以来，生产子系统的变化与增长速度系统的变化轨迹基本一致，说明生产子系统对增长速度系统的影响相当大；2011年第一、二季度投资子系统的功效系数值比前几个季度略有下降，但第二季度的值为98.31，接近最优值100，这表明2011年上半年投资拉动经济增

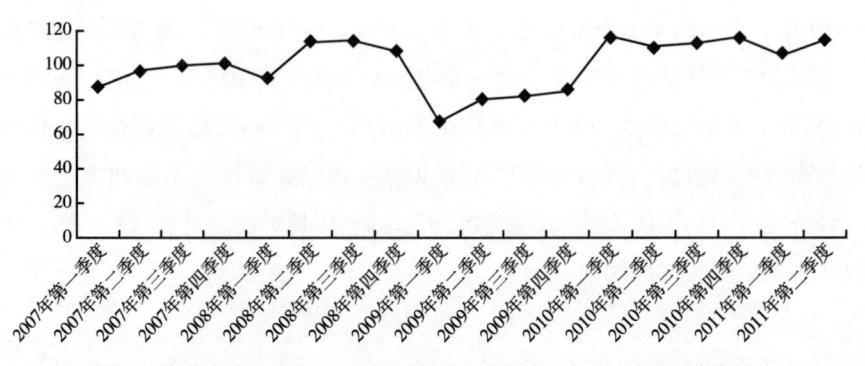

图2　2007年至2011年上半年重庆经济增长速度子系统运行趋势

长发挥了比较重要的作用，内生动力增强；外贸子系统的功效系数值2009年前三个季度一直低于60，但2010年以来的值持续上升，而且均位于"优"的区间，2011年第二季度达到了107.58，这显示自2010年对外经济呈现持续恢复性增长以来，2011年对外经济增长再创新高。

2. 经济运行质量分析

表1、图3显示，自2007年以来，重庆经济运行质量总体呈先下滑后上升的态势，功效系数的值从2007年第一季度的84.73下降到2008年第一季度的68.13，然后上升到2009年第一季度的85.09，之后有轻微波动，2010年第二季度又重回85以上，为85.33，2010年第三季度略有下降，为81.09，此后开始持续上升，2011年第一季度首次突破100，2011年第二季度更是达到了历史最高点，为119.04。这说明重庆经济运行质量持续提升。

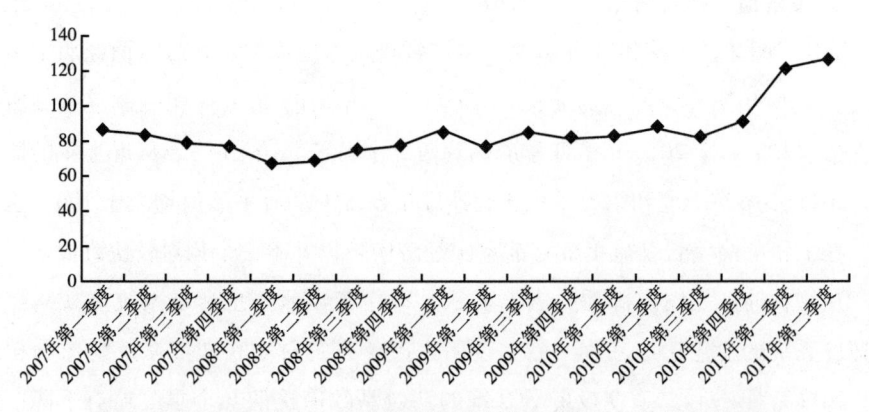

图3　2007年至2011年上半年重庆经济增长质量子系统运行趋势图

从增长质量系统内部看，表1显示，增长结构子系统的功效系数一直处于较低水平，有7个季度的值还下降到60以下，2011年前两个季度的值也都不到65，这表明重庆经济运行结构的合理性不够，还需要加快产业结构调整的步伐，促进产业结构向合理化、高级化的方向发展；价格子系统的功效系数值波动很大，但整体呈下降趋势，2011年第一季度达到历史最低点，2011年第二季度虽有所增加，但仍为历史次低点，这说明目前重庆价格水平仍旧处于高位运行的态势，通胀压力犹存，流动过剩对经济协调性、企业生产及效益、居民增收、消费水平及预期均会产生重要影响，值得高度关注。

三 当前重庆经济发展中存在的问题

1. 经济偏热

2011年上半年，全市地区生产总值同比增长16.5%，比第一季度上升0.2个百分点，增速排名全国第2位，西部第1位。经济的快速发展是好事，而又快又好才是最好。但表1显示，重庆2011年第一季度CASS指数为107.5，经济出现偏热迹象，第二季度CASS指数达113.35，重庆经济已经偏热。因此，必须要高度关注经济偏热所带来的问题，防止经济偏热向经济过热的转变。当前，重庆经济发展中的不确定性因素依然较多，经济发展中还存在工农不平衡、城乡不平衡、内外部不平衡等许多不平衡，如何保持经济的良性运行是值得关注的问题。

2. 物价持续高涨，通胀压力不断加大

上半年重庆物价同比上涨5.1%，涨幅低于全国5.4%的平均水平，位列全国第23位、西部第9位，涨幅居近11年以来同期第2位。价格总水平偏高，通胀压力较大。CASS指数也反映出了这一状况。价格子系统的值在2011年第一、二季度是历史最低的两个季度，分别只有15.44、27.35。这说明目前重庆价格水平仍旧处于高位运行的态势，通胀压力犹存，流动过剩对经济协调性、企业生产及效益、居民增收、消费水平及预期均会产生重要影响，值得高度关注。

对价格的内部分析表明，食品价格是价格总水平上涨第一推手，猪肉价格又是食品价格上涨的第一推手。与2010年上半年相比，2011年上涨的品种主要是：食品价格上涨了14%，居住价格上涨了4.6%，烟酒及用品价格上涨了3.1%，医疗保健和个人用品价格上涨了1.9%，家庭设备用品及维修服务价格上涨了1.5%。2011年上半年猪肉价格同比涨了37.5%，在上涨类别中对价格总水平的拉动影响率约为23.3%。所以，遏制食品价格的上涨，特别是遏制猪肉价格的上涨将是下一步的重点。

3. 经济结构有待进一步优化，节能降耗压力突出

表1显示，增长结构子系统的功效系数一直处于较低水平，有7个季度的值还下降到60以下，2011年前两个季度的值也都不到65，这表明重庆经济运行结构的合理性不够，还需要加快产业结构调整的步伐。六大高耗能行业已经成为重庆2011年上半年工业增长的主要拉动力。但它们在带来经济效益的同时，给资源、环境、节能降耗也带来了很大的压力。如何在确保经济增长的同时促进产业结构和布局的进一步优化，是当前不容忽视的主要问题。

四　未来经济发展展望

2011年第一季度重庆市经济实现开门红，全市地区生产总值同比增长16.3%，随后的第二季度继续保持了这种良好态势，使得上半年地区生产总值同比增长16.5%，增速排名全国第2位，西部第1位。上半年，重庆各经济板块呈现协调发展的良好局面。六大区域中心城市地区生产总值同比增长19.0%，支撑作用持续增强；县域经济快速发展，增速超过19区。这为后续经济的发展打下了良好基础。

从控制物价看，下半年物价涨幅将趋于放缓，CPI有望回落。原因有二：一是连续6次上调存款准备金率，3次加息等一系列已经采取的控制物价的政策措施的效应将在下半年逐步显现；二是重庆开展的一系列打黑除恶活动，打掉了一批不法商贩，为稳定物价创造了有利条件。

从发展环境看，目前，国外媒体及跨国公司高度关注重庆，重庆内陆开放高地建设面临千载难逢的机遇。国家五大中心城市建设，西部大开发新十年，两江新区开发开放，重庆产业结构战略性调整，培育电子、材料、航空、物流等新兴战略产业，打黑除恶，"五个重庆"进程加速，投资发展环境大为改善。

综上所述，预计下半年及2012年，在有效控制物价的前提下，重庆经济仍将保持高位运行态势。未来经济发展中的不确定性因素依然较多，如何保持经济的良性运行，防止疲软和过热都是值得关注的重点问题。

Analysis and Outlook of Chongqing Economic Condition Based on CASS Index (2011−2012)

Wang Chongju Huang Yinghui Chen Xinli

Abstract: For the reasons of deceasing trends of global economic recovery, low domestic economic growth, and increasing inflation pressure, in the first half of 2011, Chonqing economy increased with high rate. Investment played important role in economic growth, and the endogenous dynamics of economy were enhanced. Meanwhile, the quality of Chongqing economic growth ascended. However, in the present economic growth condition, overheated economic growth, increasing inflation, un-optimized economic structure, increasing energy-saving pressure, and other problems are existed. According to the prediction, economic condition of Chongqing in the last half of 2011 and the whole year of 2012, will develop at high rate, if the relation carry out.

Key Words: Chongqing' Economy; Reflation; High Rate

B.26
2011～2012年中部六省经济运行分析与展望
——基于CASS指数

陈年红 张焕明 石绍炳*

摘 要：2011年上半年，中部六省经济运行、增长速度及增长质量CASS指数呈"较好"态势。经济运行出现的主要问题是经济增长速度放缓、投资剧烈波动、出口贸易形势严峻、物价上涨过快、经济效益波动大以及财政收入增长过快。做好2012年中部六省的经济工作应注意控制物价过快增长，保持投资的适当增长速度，防范国际经济风险对中部地区的影响。

关键词：中部地区 经济运行 CASS指数

2011年上半年，中部安徽省、河南省、湖北省、湖南省、江西省与山西省六省地区生产总值达46688.7亿元，比上年同期增长12.9%，高出同期全国增速3.3个百分点；固定资产投资总额为29181.6亿元，同比增长32.3%，高于同期全国增速6.7个百分点；财政收入总额达4393.8亿元，同比增长37.8%，比同期全国增速高出6.6个百分点；外贸出口总额达392.3亿美元，同比增长42.6%，比同期全国外贸出口增速高21.8个百分点。

一 2010～2011年上半年中部六省经济运行特征分析

1. 中部六省经济运行总体分析

图1中的CASS经济指数显示，从2010年第一季度的74.41开始不断上升，

---

* 陈年红、张焕明、石绍炳，中国社会科学院安徽财经大学中国经济分析与预测中心调研基地。

到 2010 年第四季度达到了 84.51，然后迅速下降到 2011 年第一季度的 73.18，略低于上年同期水平，2011 年第二季度有所回升，但仍低于 2010 年第二季度。表明在此期间，中部地区经济运行先经过三个季度的不断上升后再下降，然后呈回升态势，具有较明显的季度波动特征。2010～2011 年上半年期间，中部地区经济运行总体情况"良好"，与 2010 年上半年相比，2011 年上半年中部地区经济运行情况虽有所回落，但仍处于"较好"状态。

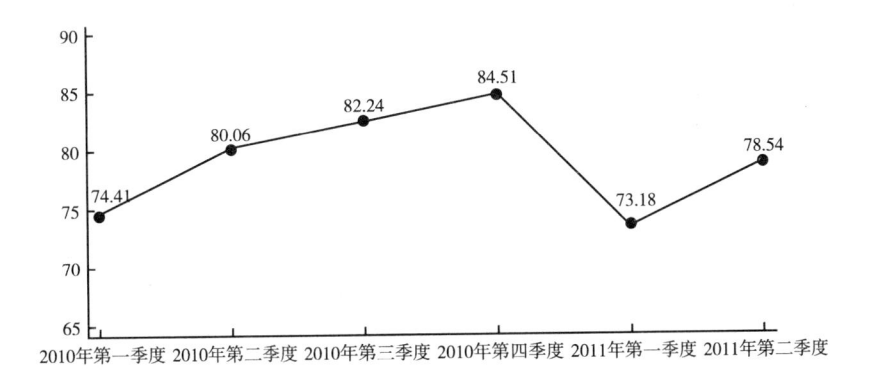

图 1　中部地区经济运行 CASS 指数

从图 2 中各省的 CASS 经济指数看，中部六省经济运行变动基本相似，大致呈先升后降，后又企稳回升，季度特征明显；各省经济运行总体情况均处于"良好"状态。除河南省外，各省 2011 年第一季度、第二季度的经济运行指数与上年同期相比均有所下降，经济下行压力增大。

根据表 1 中各省 CASS 指数在此期间的变异系数可以发现，中部六省中江西省和山西省的经济运行波动相对较大，湖南省则相对平稳。

2. 中部六省经济增长速度分析

图 3 的经济增长速度 CASS 类指数显示，中部地区经济增长速度具有明显的季度波动特征。在 2010 年，中部地区经济增长速度总体处于"良好"水平，且呈不断增长的趋势，但 2011 年上半年，经济增长速度总体下调，处于"较好"状态，且第一季度及第二季度增长速度均低于 2010 年的同期增速。

根据表 1 中经济增长速度内部各子系统的子 CASS 指数来看，生产子系统的子 CASS 指数从 2010 年第一季度的 86.23 经各季度的不断下调，2011 年第一季

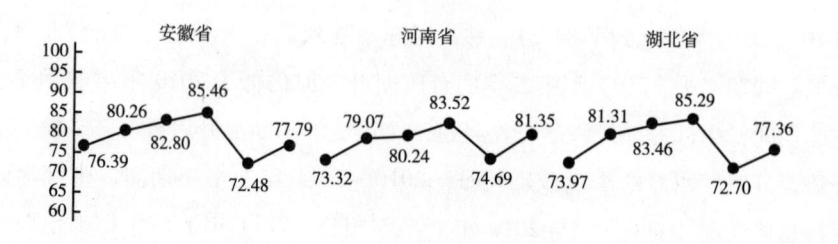

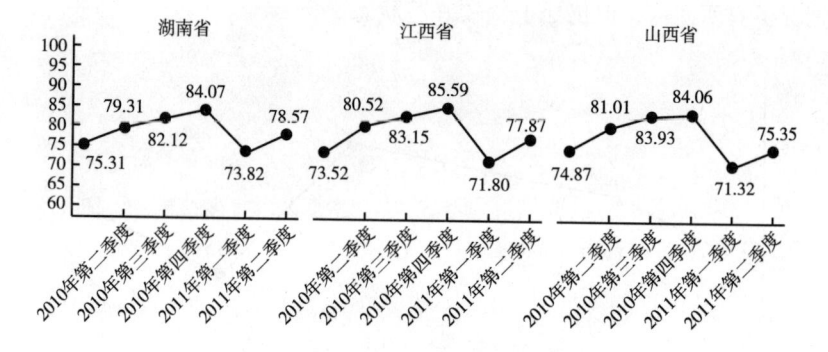

图 2 中部各省经济运行 CASS 指数

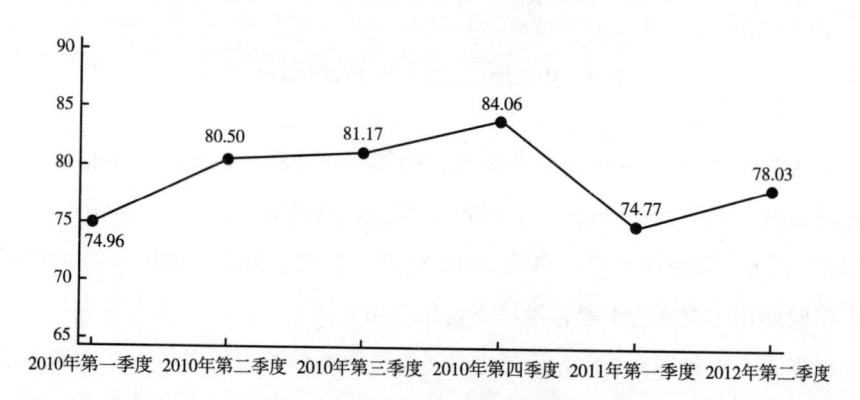

图 3 中部地区经济增长速度 CASS 类指数

度下降到 76.15，2011 年第二季度轻微上升，达到 76.19。投资子系统中，2010年和 2011 年第一季度的子 CASS 指数分别为 64.91 和 67.34，其余各季度的子CASS 指数均处在 77 以上，其中 2010 年第四季度达到了 92.26，表明投资的季度波动较大，但 2011 年上半年与上年同期相比六省投资形势趋好。从外贸子系统看，从 2010 年第一季度起直到 2011 年第一季度，对外经济形势总体趋好，但到了 2011 年第二季度，对外贸易形势逆转。

表1 中部地区经济运行CASS指数

地区	CASS指数	2010年第一季度	2010年第二季度	2010年第三季度	2010年第四季度	2011年第一季度	2011年第二季度	变异系数
中部六省	I 经济增长系统	74.41	80.06	82.24	84.51	73.18	78.54	0.0510
	I1 增长速度子系统	74.96	80.50	81.17	84.06	74.77	78.03	0.0426
	I11 生产子系统	86.23	83.90	80.56	79.48	76.15	76.19	0.0462
	I12 投资子系统	64.91	77.45	84.00	92.26	67.34	80.80	0.1211
	I13 外贸子系统	73.74	80.17	78.96	80.44	80.81	77.11	0.0315
	I2 增长质量子系统	73.86	79.62	83.31	84.96	71.59	79.05	0.0603
	I21 价格子系统	82.89	82.42	82.19	81.69	80.89	80.76	0.0095
	I22 增长结构子系统	88.79	82.16	79.40	77.45	76.29	75.02	0.0577
	I23 增长效益子系统	44.96	76.34	92.31	100.96	44.97	76.05	0.2947
	I24 增长潜力子系统	78.79	77.58	79.32	79.76	84.21	84.37	0.0328
安徽省	I 经济增长系统	76.39	80.26	82.80	85.46	72.48	77.79	0.0536
	I1 增长速度子系统	76.58	82.28	82.90	84.86	73.87	76.53	0.0506
	I2 增长质量子系统	76.20	78.25	82.70	86.06	71.08	79.05	0.0600
河南省	I 经济增长系统	73.32	79.07	80.24	83.52	74.69	81.35	0.0458
	I1 增长速度子系统	72.81	77.91	78.65	82.11	77.12	82.30	0.0410
	I2 增长质量子系统	73.82	80.23	81.84	84.93	72.26	80.40	0.0564
湖北省	I 经济增长系统	73.97	81.31	83.46	85.29	72.70	77.36	0.0595
	I1 增长速度子系统	76.85	82.84	82.56	84.18	72.75	76.28	0.0528
	I2 增长质量子系统	71.10	79.79	84.37	86.41	72.66	78.44	0.0709
湖南省	I 经济增长系统	75.31	79.31	82.12	84.07	73.82	78.57	0.0451
	I1 增长速度子系统	73.37	79.29	81.32	84.86	77.52	79.24	0.0441
	I2 增长质量子系统	77.26	79.33	82.91	83.28	70.12	77.90	0.0558
江西省	经济增长系统	73.52	80.52	83.15	85.59	71.80	77.87	0.0626
	I1 增长速度子系统	75.51	80.57	82.11	86.27	72.91	76.87	0.0563
	I2 增长质量子系统	71.54	80.48	84.20	84.91	70.68	78.87	0.0712
山西省	I 经济增长系统	74.87	81.01	83.93	84.06	71.32	75.35	0.0619
	I1 增长速度子系统	77.57	82.73	81.89	84.05	70.49	71.75	0.0681
	I2 增长质量子系统	72.18	79.28	85.97	84.07	72.15	78.95	0.0671

注：①本表数据根据中国社会科学院数量经济与技术经济研究所编制的CASS经济指数计算而得。原始数据来自安徽省、河南省、湖北省、湖南省、江西省与山西省各省的统计年鉴、统计信息网（或统计局网站），以及安徽信息网、国家统计局网站。②最后一列的变异系数为各季度指数的标准差变异系数。

分省来看，如图4中各省的经济增长速度CASS类指数所示，2010年各季度，中部各省的增长速度均呈增加趋势，但到了2011年第一季度，各省经济增长速度明显减缓，其中以江西省和山西省最为明显，CASS类指数分别从86.27下降到72.91和从84.05下降到70.49，第二季度后企稳回升，各省的经济增长速度CASS类指数均高于第一季度，经济增长季度性波动明显。在中部六省中，河南省在2011年第一季度与第二季度的增长速度CASS类指数均高于2010年同期，湖南省在2011年第一季度的增长速度高于2010年同期，2011年第二季度则比2010年同期略低，而安徽省、湖北省、江西省和山西省在2011年第一季度与第二季度的增长速度CASS类指数都低于上年同期。

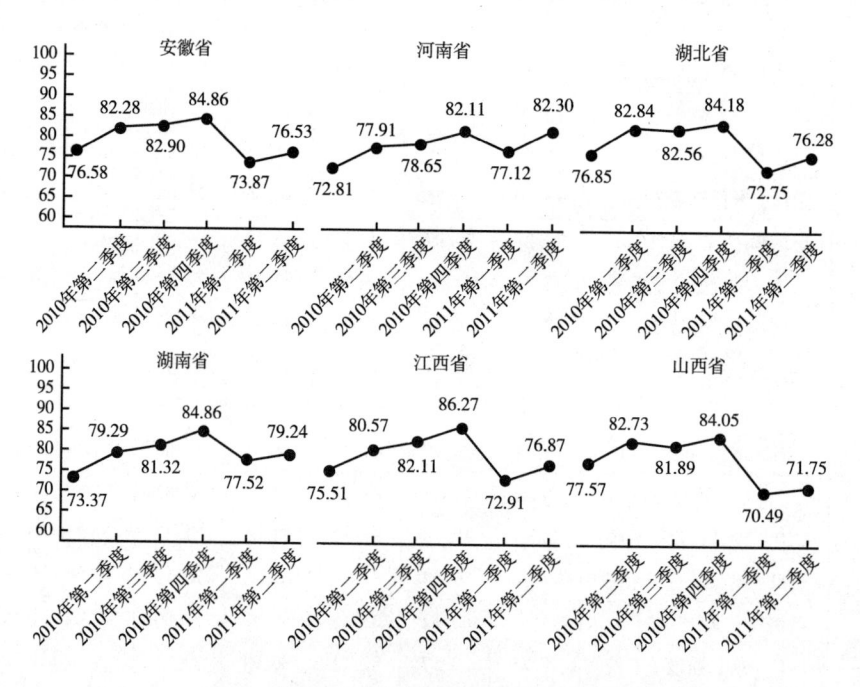

图4　中部各省经济增长速度CASS类指数

根据表1中经济增长速度CASS各指数的变异系数可以发现，在中部地区经济增长速度的各子系统中，投资子系统波动最大，生产子系统次之，外贸子系统的波动则相对较小。六省中，以山西省的总体经济增长速度波动较大，河南省最小。

3. 中部六省经济增长质量分析

中部六省的经济增长质量CASS类指数如图5所示，中部地区的经济增长质量从2010年第一季度的73.86，经过三个季度的上升，到2010年第四季度达到84.96。2011年第一季度又开始回落且低于上年同期水平，CASS类指数仅为71.59。2011年第二季度虽有所回升，达到79.05，但仍略低于2010年第二季度的水平，这表明中部地区经济增长质量在2010年提升势头良好，但到了2011年，经济增长质量提高的压力增大。

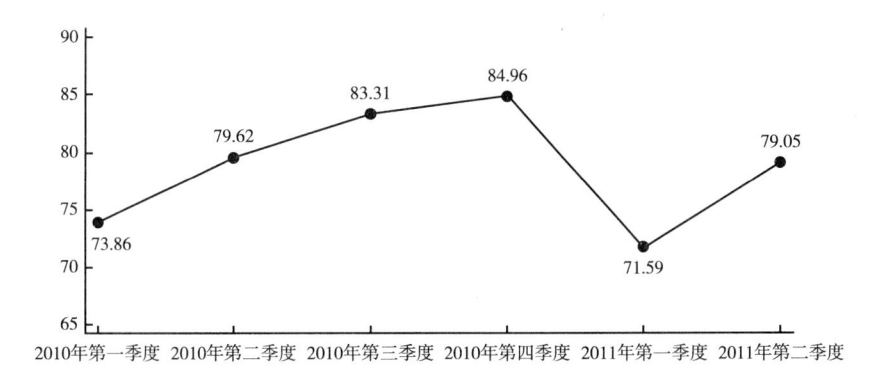

图5　中部地区经济增长质量CASS类指数

从表1中经济增长质量内部各子系统的子CASS指数来看，在2010年第一季度到2010年第二季度期间，价格子系统的子CASS指数稳中趋降，由2010年第1季度的82.89下降到2011年第二季度的80.76，表明物价的不断上涨对六省经济增长质量产生一定的负面影响。增长结构子系统中，子CASS指数从2010年第一季度的88.79，经过5个季度的不断下降，在2011年第二季度达75.02，表明中部六省的产业结构不尽合理，影响经济增长质量，亟须优化调整。增长效益子系统中，2010年第一季度的子CASS指数为44.96，处于"极差"状态，虽然经过三个季度的不断提升，到2010年第四季度达到了"极好"的100.96，但在2011年第一季度又遽然下降到44.97，返回"极差"水平，表明中部六省经济效益呈现大起大伏的季度性波动，第一季度的经济效益相对较低。在2010年第一季度到2011年第二季度期间，增长潜力子系统的子CASS指数虽在2010年第二季度稍有下降，但总体上呈不断上升的趋势，表明中部六省经济增长潜力不断提升，这对提高经济增长质量具有重要作用。

从图6中各省的经济增长质量CASS类指数看，2010年第一季度到2011年第2季度，中部各省的经济增长质量从第一季度开始不断提高，到了2010年第三季度，山西省的增长质量率先开始下滑，其余各省则在2010年第四季度也迅速下降，到了2011年第一季度，除湖北省外，各省经济增长质量均低于上年同期的水平，后又在2011年第二季度企稳回升，但与2010年第二季度相比，只有安徽省和河南省回升到上年同期水平之上。

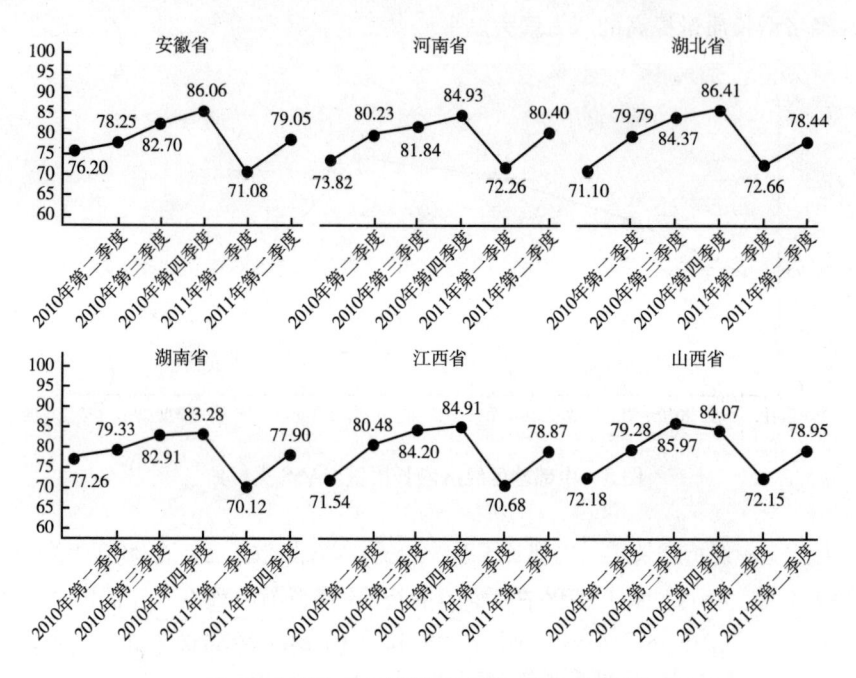

图6 中部各省经济增长质量CASS类指数

根据表1中经济增长质量CASS各指数的变异系数可以发现，经济增长质量的各子系统中，增长效益子系统的波动相对较大，价格子系统的波动相对较小。在中部六省中，江西省的总体经济增长质量差异较大，湖南省的经济运行质量则相对平稳。

从以上分析可见，不管是从经济运行总体情况看，还是从经济增长速度以及经济增长质量看，季度性波动是当前中部六省经济运行的主要特征，体现为先升后降再企稳回升的变化过程。从波动程度看，中部地区经济增长速度的波动程度远大于经济增长质量的波动程度。从各省的经济运行波动程度看，江西省的波动程度最大，山西省次之，湖南省的经济运行相对比其他五省平稳。

二 当前中部六省经济运行中存在的问题

自从2004年政府工作报告明确提出了"促进中部地区崛起"的概念后,中部经历了7年的发展,7年以来中部地区承接产业转移的步伐明显加快,生产总值、投资、消费、出口、利用外资等主要经济指标增速都高于全国平均水平,中部经济呈现全面、协调、可持续发展势头。然而,在当前中部六省经济运行过程中仍存在以下主要问题。

1. 经济增长速度放缓,经济下行压力增大

在世界经济复苏乏力,对外经济形势严峻,国内物价持续过快上涨,经济增长潜力下降,货币政策转向稳健以及消费刺激政策逐渐淡出等综合因素的影响下,中部六省经济增长速度放缓,经济下行压力增大。2011年上半年中部六省的GDP增长速度均比2010年上半年的GDP增速有所下降,其中以山西省的降幅最大,达4.2个百分点,以江西省最小,降幅也达到了1.4个百分点。

表2 2010年与2011年中部各省GDP增速

地 区	安徽省	河南省	湖北省	湖南省	江西省	山西省
2010年上半年增速(%)	15.4	13.5	15.7	15.1	14.4	17.5
2011年上半年增速(%)	13.4	11.2	14.1	13.4	13.0	13.3
增减幅(个百分点)	-2.0	-2.3	-1.6	-1.7	-1.4	-4.2

注:根据各省统计信息网(或统计局网站),以及安徽信息网、国家统计局网站数据整理。

2. 投资剧烈波动直接影响经济的平稳运行

在2010年至2011年上半年期间,中部六省的固定资产投资占地区国内生产总值的比重在2010年第一季度为39.6%,2010年上半年末就达到了59.2%,到2010年末,固定资产投资占国内生产总值比重为65.1%,但到了2011年第一季度末,比重下降为44.9%,第二季度末又跃升至62.5%,说明投资的季节性明显。投资主要集中在年度的后三个季度。再从投资绝对额看,2010年六省在第一、二、三、四季度的城镇固定资产投资总额分别为6535.8亿元、15878.0亿元、14483.3亿元、18726.2亿元,后三个季度的投资额均在第一季度投资额的2

倍以上。2011年前两个季度的投资总额分别为9001.4亿元和20180.2亿元，第二季度也是第一季度的两倍以上。这种投资的季节性差异会直接影响后期的经济平稳运行。

3. 出口贸易形势严峻

如表3所示，在2010年至2011年上半年间，中部六省进出口增长速度在波动中下降，2011年上半年六省的进出口总额增长速度仅为38.62%，比2010年上半年低13.74个百分点，其中，进口与出口增速分别为34.19%和42.45%，分别比上年同期下降18.89个和9.29个百分点。

表3 2010年至2011年上半年中部六省进出口情况

时间	进出口总额（亿美元）	进出口总额同比增长（%）	进口总额（亿美元）	进口总额同比增长（%）	出口总额（亿美元）	出口总额同比增长（%）
2010年第一季度	222.9	41.34	106.8	50.90	116.1	33.46
2010年上半年	513.2	52.36	237.8	53.08	275.4	51.74
2010年全年	1168.8	50.49	534.2	49.33	634.6	51.42
2011年第一季度	320.5	43.79	152.1	42.42	168.4	45.05
2011年上半年	711.4	38.62	319.1	34.19	392.3	42.45

注：根据各省统计信息网（或统计局网站），以及安徽信息网、国家统计局网站中的相关进出口数据整理。

首先，欧美是中国最大的出口市场，由于欧美债务危机的升级，欧美经济区经济的整体下行必将影响中部六省的出口。其次，欧美债务危机的延续可能加剧欧元和美元对人民币的贬值，人民币有效汇率也将有所回升，这会进一步影响中部六省的出口。

4. 物价上涨过快，严重影响投资和内需增长

2011年上半年，中部各省的居民价格同比涨幅均在5%以上，湖南省达到了5.9%，河南省、湖北省达到5.8%（见表4）。六省中，安徽省、河南省、湖北省和湖南省的涨幅超过了全国平均涨幅。居民消费价格中，食品价格持续过快上涨是居民价格高涨的主要推动力，2011年上半年，食品价格涨幅均在11%以上。其次是居住价格。六省中河南省的居住价格上涨幅度最大，达到8.6%，比同期全国涨幅6.3%高出2.3个百分点，涨幅最低的山西省也达到了4.6%。输入型成本推动、工资上涨和交易性货币供给增速提高是推动

2010年以来中部六省物价持续上涨的三大因素。物价上涨过快，影响投资者信心与内需扩大。

表4　2011年上半年中部六省及全国消费价格指数（上年同期=100，本期累计数）

分　类	安徽省	河南省	湖北省	湖南省	江西省	山西省	全国
居民消费价格	105.7	105.8	105.8	105.9	105.1	105.1	105.4
其中：食品价格	112.4	111.6	111.8	111.6	111.1	111.3	111.8
烟酒及用品价格	102.7	103.5	103.4	101.7	100.4	102.3	102.3
衣着价格	104.7	102.1	103.3	101.0	104.2	101.7	101.0
家庭设备用品及服务价格	101.4	101.8	102.5	101.2	100.7	101.9	102.0
医疗保健及个人用品价格	103.2	102.9	103.7	102.6	102.3	103.2	103.2
交通和通信	100.1	100.6	100.8	101.2	100.0	100.1	100.0
娱乐教育文化用品及服务价格	99.9	101.1	100.4	101.8	100.3	101.5	100.6
居住价格	105.4	108.6	106.3	108.0	105.1	104.6	106.3

注：数据来源于国研网统计数据库。

5. 经济效益波动较大

2010年至2011年上半年，中部地区经济效益波动较大，经济增长效益子系统的子CASS指数最高为100.96，最低只有44.96，最高值是最低值的2倍多，而且在此期间，子CASS指数的标准差变异系数为29.47%，在经济增长质量的所有子系统中最大，是变异系数次之的增长结构子系统5.77%的5倍以上。经济效益的子系统的剧烈波动是导致经济增长质量起伏的主要因素。在中部六省中，省与省之间经济效益差异也较大，以2010年的工业固体废物综合利用率为例，安徽省的利用率最高，达到85.7%，而江西省的工业固体废物综合利用率仅为46.6%，两省利用率相差39.1个百分点，安徽省的工业固体废物综合利用率约为江西省的1.84倍。工业固体废物综合利用率的差异直接影响经济效益的有效提升。由于经济效益波动大，经济结构层次低，产品附加值低，当外需不足、汇率发生波动和物价上涨时，经济效益就发生较大的波动，这也表明中部六省经济发展市场抵御风险能力不强，产业结构亟待调整。

6. 财政收入增长过快

2011年上半年，中部地区财政收入同比增长37.8%，比全国同期增速

31.2%高6.6个百分点。六省中,除河南省和山西省外,各省财政收入增长速度均高于全国同期增速4.6~26.7个百分点。中部地区的居民收入尽管得到较快增长,但与财政收入相比增速仍然相对较低。如表5所示,财政收入增速与城镇居民收入增速相比,增速相差最小的河南省也在16个百分点,相差最大的为湖北省,达到了44.3个百分点;与农村居民收入增速相比,增速差距在16.1~36.3个百分点之间。财政收入增长过快,影响企业留利和居民个人收入增长,导致企业创新和居民需求能力下降,影响企业的发展后劲,弱化居民个人需求对经济增长的拉动作用。

表5 中部六省地方财政收入与居民收入增速

单位:%

时间	指标	安徽省	河南省	湖北省	湖南省	江西省	山西省
2011年第一季度	地方财政收入	35.9	25.4	53.2	34.5	48.8	27.9
	城镇居民收入	17.2	9.4	12.9	13.3	11.6	12.8
	农村居民收入	19.7	24.5	24.5	19.0	19.7	18.9
2011年上半年	地方财政收入	35.8	27.5	57.9	36.6	41.2	29.6
	城镇居民收入	18.2	11.5	13.6	12.7	12.1	14.6
	农村居民收入	19.9	22.2	21.6	21.1	21.2	20.5

注:数据来源于安徽信息网。

三 2012年保持中部六省经济平稳较快增长的对策

1. 控制物价过快增长

今后一段时期,推动价格上涨因素仍存在。就中部地区而言,要注意稳定粮食生产和适当控制政府的卖地收入,重视并认真解决传统制造业中小型与微型企业所面临的融资难问题,确保基本生活用品的生产和价格稳定。中部是我国粮食的重要生产基地,提高农民收入势必导致农产品价格上涨,要正确处理好控制物价和增加农民收入的矛盾,减少农产品流通环节。

2. 保持投资的适当增长速度

中部六省在新中国成立后的相当长时期内,除个别省份外,国家对中部其他省的投资较少，导致中部六省的经济发展相对落后。随着国家中部崛起战略的实施，近几年中部六省开始步入快速发展的轨道，但2008年金融危机爆发后，我国经济投资出现放缓的迹象，这对中部的快速增长产生了负面影响，在未来的经济发展中，中部地区要保持一定的经济增长速度，必须要以一定的投资增长速度作为保证。2012年中部地区应充分发挥区域优势，积极吸收外资、吸引东部地区投资和扩大民间投资，力争固定资产投资年增长率不低于30%。

3. 承接产业转移和发展新兴产业相结合

我们认为，中部地区产业发展的战略思路是调整现有产业结构、承接东部产业转移和发展新兴产业。我国东部地区经济结构的升级换代，为我国中部承接产业转移带来了机遇。皖江城市带承接产业转移示范区等规划已上升为国家战略，中部地区应结合自身特点有选择地承接产业转移，充分发挥中部地区在东、中、西部产业梯度转移中的桥梁纽带作用。同时中部地区应结合自身的人才优势、自然资源优势、高校科研院所密集优势、区域交通和物流优势，积极发展高新技术产业和新兴产业。2011年9月，国务院通过了《国务院关于加快培育和发展战略性新兴产业的决定》，确定战略性新兴产业将成为我国国民经济的支柱产业和先导产业。2012年中部地区应加紧制定相应的政策，鼓励发展新能源产业、节能环保产业、信息技术产业、生物产业、高端装备制造产业和新能源汽车产业，使这些产业成为中部地区新的经济增长极。

4. 积极防范国际经济风险对中部地区的影响

目前，欧美债务和欧元区国家信用评级的下调，将对2012年世界经济带来许多不确定因素，也将对我国经济产生不利影响。中部地区应在防范出口下降、投资减少、失业增加等方面未雨绸缪。中部六省之间应该由目前的自然地理联系提升为联系相对紧密的经济实体，增强共同抵御风险能力。

2012年，中部六省经济增长仍会高位运行，速度虽可能低于2011年的增长水平，但预计不低于10%，仍高于全国平均水平。未来中国东、中、西部地区经济增长将呈接力棒式转换。随着东部经济增长速度逐步放缓，经济快速增长的接力棒将由东部交给中部，中部既要接好东部的棒，又要给西部交好棒，使我国经济增长在东、中、西部呈现良性循环，保证我国经济在未来三十年有一个又好又快的增长。

Analysis of Economic Operation of the Six Provinces in Middle China During 2011–2012

—Based on the CASS Indicators

Chen Nianhong   Zhang Huanming   Shi Shaobing

Abstract: The CASS Indicators of Economy in general, growth speed and quality of Economic growth show the economy of the six provinces in central China is in "good" situation in the first half of 2011. Comparatively slowing-down economic growth, investment volatility, grim export situation, roaring price, unstable economic benefits and rapidly increased financial revenue are the economic issues in the six provinces. To do a good job in 2012, Economic attentions of six provinces in the central China should be paid to control excessive price growth, maintaining the appropriate investment growth rate, and to the influence of international economic risk to the region.

Key Words: the Region of Central China; Economic Operation; CASS Indicators of Economy

B.27 2012：中国区域工业竞争力走势分析

武义青 陈 岩*

摘 要：中国工业竞争优势呈上升趋势；中部地区的工业竞争力迅速上升，而东部地区的工业竞争力呈下降趋势；环渤海经济圈的竞争力呈上升趋势，而长三角经济圈和珠三角经济圈的竞争力明显减弱。建议东部地区尤其是珠三角经济圈和长三角经济圈应加快产业转型步伐。

关键词：区域经济 工业企业 竞争力 产业转型

一 引言

所谓竞争力，是指竞争主体在市场竞争中表现出来的综合实力及其发展潜力的强弱程度，它集中体现为该竞争主体的产品或劳务，所占市场份额的大小及持续扩张的能力，包括显在竞争力和潜在竞争力。显在竞争力表现为市场份额的大小，可通过市场占有率来反映；潜在竞争力表现为市场份额持续扩张的能力，它是竞争主体在市场竞争中建立起来的持久的获取优势地位的能力，可用竞争优势系数来反映。①② 本文利用第一次、第二次全国经济普查资料及中国统计年鉴，③④⑤ 从显在竞争力和潜在竞争力两方面对我国区域规模以上工业企业的竞争力（以下简称"工业竞争力"）进行分析。

---

* 武义青，男，河北阳原人，河北经贸大学研究员，博士，研究方向为数量经济学与区域经济学；陈岩，女，河北唐山人，河北经贸大学经济研究所硕士研究生，研究方向为数量经济学。
① 武义青、贾雨文：《经济系统运行效能研究》，经济管理出版社，2003。
② 武义青、高钟庭等：《中国区域工业化研究》，经济管理出版社，2001。
③ 国务院第一次全国经济普查领导小组办公室编《中国经济普查年鉴2004》，中国统计出版社，2006。
④ 国务院第二次全国经济普查领导小组办公室编《中国经济普查年鉴2008》，中国统计出版社，2010。
⑤ 国家统计局编《中国统计年鉴2011》，中国统计出版社，2011。

二 省区市工业竞争力的比较分析

(一) 静态分析

1. 市场优势

2008年,我国各省区市工业市场份额最高的是江苏省,市场占有率达13.30%,其次是广东(12.67%),然后依次是山东(12.41%)、浙江(7.93%)、上海(5.21%)、河南(5.08%)、辽宁(4.87%)、河北(4.49%)、福建(2.96%)、四川(2.86%)。

2. 竞争优势

2008年,我国各省区市工业竞争优势最强的是天津市,竞争优势系数①达1.36,其次是山东(1.28),然后依次是上海(1.23)、河北(1.19)、河南(1.16)、江苏(1.12)、海南(1.08)、辽宁(1.06)、吉林(1.03)、内蒙(1.02)。

3. 综合分析

将各地区市场优势和竞争优势综合考虑,以全国平均水平(市场占有率3.2%,竞争优势系数为1.00)为标准,可把31个省区市划分为四种类型(见表1)。其中,市场占有率和竞争优势系数都较高的地区有江苏、山东、上海、河南、辽宁、河北,它们是我国工业竞争力较强的地区;广东、浙江两省虽市场优势较强,但竞争优势较弱;天津、内蒙古、吉林、海南四省市虽竞争优势较强,但市场优势较弱。

(二) 动态分析

1. 市场优势

2008年同2004年相比,各省区市工业市场占有率上升幅度最大的是内蒙古,平均每年上升12.37%。然后依次有江西(11.60%)、河南(8.51%)、湖南

---

① 竞争优势系数的计算公式为:某地竞争优势系数 = 某地相对于全国的人均营业收入 α × 某地相对于全国的资产周转率 β。其中 α、β 分别为规模报酬不变条件下的劳动和资产的产出弹性。经测算,2004年: $\alpha = 0.3713$,$\beta = 0.6287$;2008年: $\alpha = 0.5071$,$\beta = 0.4929$。

表1 2008年省区市工业竞争力分类表

		竞争优势系数	
		较高	较低
市场占有率	较高	江苏(13.30%;1.12) 山东(12.41%;1.28) 上海(5.21%;1.23) 河南(5.08%;1.16) 辽宁(4.87%;1.06) 河北(4.49%;1.19)	广东(12.67%;0.94) 浙江(7.93%;0.91)
	较低	天津(2.58%;1.36) 内蒙古(1.69%;1.02) 吉林(1.62%;1.03) 海南(0.22%;1.08)	福建(2.96%;0.86) 四川(2.86%;0.82) 湖北(2.62%;0.85) 湖南(2.26%;0.98) 北京(2.26%;0.97) 安徽(2.20%;0.93) 山西(2.03%;0.74) 江西(1.71%;0.98) 黑龙江(1.64%;0.92) 陕西(1.44%;0.78) 广西(1.13%;0.85) 重庆(1.13%;0.82) 云南(0.99%;0.79) 新疆(0.89%;0.96) 甘肃(0.75%;0.83) 贵州(0.58%;0.62) 宁夏(0.27%;0.72) 青海(0.21%;0.68)

注：表中地区后括号中数字分别为市场占有率和竞争优势系数。

(6.09%)、四川（5.24%）、安徽（4.68%）、辽宁（3.22%）、山东（3.14%）、广西（3.12%）。

2. 竞争优势

2008年同2004年相比，各省区市工业竞争优势系数相对升幅最大的是河南，平均增长速度为8.71%，然后依次是内蒙古（7.21%）、江西（5.22%）、海南（5.15%）、湖南（5.09%）、山西（3.73%）、甘肃（3.43%）、吉林（3.41%）、陕西（3.12%）、青海（3.00%）。

3. 综合分析

将市场优势和竞争优势的变动综合起来分析，可以看出，市场占有率和竞争优势系数均上升较快的省区有内蒙古、江西、河南、湖南、四川、安徽、辽宁、山东、青海、陕西等，主要分布在中西部地区；而市场占有率和竞争优势系数均下降较快的省市是上海、北京、浙江、广东、福建等，主要分布在东部地区（见表2）。

三 四大地区工业竞争力的比较分析

（一）静态分析

我国四大地区中，东部的竞争优势系数最高，2008年为1.03；其市场份额也

表2　我国各省区市工业竞争力动态分析

	市场占有率上升		市场占有率下降
竞争优势系数上升	内蒙古(7.21%;12.37%) 河南(8.71%;8.51%) 四川(2.74%;5.24%) 辽宁(2.70%;3.22%) 广西(1.97%;3.12%) 新疆(1.66%;2.76%) 湖北(1.43%;1.87%) 重庆(0.23%;1.69%) 海南(5.15%;1.05%) 宁夏(1.51%;0.10%)	江西(5.22%;11.60%) 湖南(5.09%;6.09%) 安徽(2.64%;4.68%) 山东(2.59%;3.14%) 青海(3.00%;2.79%) 陕西(3.12%;2.11%) 山西(3.73%;1.75%) 河北(2.89%;1.08%) 吉林(3.41%;0.59%)	甘肃(3.43%;-1.71%)　贵州(0.01%;-3.24%) 天津(0.50%;-3.25%)　黑龙江(2.01%;-3.64%)
竞争优势系数下降	江苏(-2.21%;0.46%)		云南(-0.53%;-0.95%) 福建(-2.88%;-2.72%) 广东(-4.35%;-3.44%) 浙江(-3.86%;-3.70%) 北京(-0.18%;-6.99%) 上海(-3.89%;-8.35%)

注：表中地区后括号中数字分别为竞争优势系数年均增长率和市场占有率年均增长率。

是最高的，为64.02%，远远高出其他地区。综合来看，东部地区的竞争力水平是四大地区中最高的，其中江苏、山东、上海、辽宁、河北等省市无论在市场份额还是在竞争优势上都处于较高水平。我们还应看到，西部地区2008年的竞争优势处于四大地区中的最后一位，为0.82；市场份额为11.96%，处于第三位，与东部市场份额差距较大。

（二）动态分析

我国四大地区中，2008年同2004年相比，只有东部的市场占有率和竞争优势系数都呈下降趋势（见表3），市场占有率下降了1.85%，竞争优势系数下降了2.34%。究其原因，可能与东部地区生产要素成本上升有关。2010年，东部地区的竞争优势虽有上升但不明显，市场占有率依然是下降状态。而中部的竞争优势系数增长迅速，增长幅度达6.03%；市场占有率也明显提高，增长幅度达5.77%。中部地区中，江西的市场份额增长最快，平均增长速度为11.60%，处于全国第二位；竞争优势增长速度处于全国第三位，是5.22%。河南的市场份额和竞争优势也增长迅速，其增长幅度分别处于全国的第三位和第一位，分别为

8.51%、8.71%。湖南的市场份额和竞争优势分别处于全国的第四位和第五位。2010年，中部地区的工业竞争力依然是上升趋势，但上升速度减缓，竞争优势的平均增长速度为0.09%，市场占有率的平均增长速度为4.56%。西部地区和东北地区在工业竞争力的这两个方面上也有较大提高，并且在2010年继续这种上升趋势。

表3 四大地区工业竞争力比较

地区	竞争优势系数			市场占有率		
	2004年	2008年	2010年	2004年	2008年	2010年
东部	1.1325	1.0303	1.0388	0.6898	0.6402	0.6135
中部	0.7816	0.9879	0.9897	0.1269	0.1588	0.1736
西部	0.7420	0.8194	0.8371	0.1054	0.1196	0.1290
东北	0.9137	1.0212	1.0801	0.0779	0.0814	0.0840

四 三大经济圈工业竞争力的比较分析

（一）静态分析

我国三大经济圈中，2008年竞争优势最高的是环渤海经济圈，竞争优势系数达1.08，其次是长三角经济圈，竞争优势为1.06，仅次于环渤海经济圈。珠三角经济圈排最后一位，竞争优势为0.94，与前两位有一定差距。环渤海经济圈中的三个省市天津、山东、河北的竞争优势均处于较高水平，分别排在全国的第一位、第二位、第四位。三大经济圈2008年的市场份额排序依次是环渤海经济圈（30.33%）、长三角经济圈（26.43%）、珠三角经济圈（12.67%）。综合来看，长三角经济圈和环渤海经济圈的竞争力水平处于较高水平，而珠三角经济圈的竞争力水平较低。

（二）动态分析

从竞争优势系数看，2008年同2004年相比，长三角经济圈和珠三角经济圈均呈下降趋势，年增速分别为-3.12%和-4.35%，到2010年依然维持下降趋势。而环渤海经济圈则呈上升趋势，年递增1.77%，到2010年依然维持明显上升趋势。从2004年到2010年，长三角经济圈由第一降至第二，珠三角经济圈由第二降至第三，而环渤海经济圈则由第三升至第一。从市场占有率看，2008年同2004年相比，长三角经济圈和珠三角经济圈均呈下降趋势，年增速分别为-2.84%和-3.44%，到2010年依然维持下降趋势；而环渤海经济圈则呈上升趋势，年递增1.59%，到2010年只有轻微波动。从2004年到2010年，长三角经济圈市场占有率由第一降至第二，珠三角经济圈位次没变（仍保持第三），而环渤海经济圈由第二升至第一。由此可见，环渤海经济圈工业竞争力呈上升趋势，而长三角经济圈和珠三角经济圈均呈下降趋势，珠三角经济圈下降速度又快于长三角经济圈（见表4）。这一现象应引起有关方面的高度关注。

表4 三大经济圈工业竞争力比较

地 区	竞争优势系数			市场占有率		
	2004年	2008年	2010年	2004年	2008年	2010年
长三角	1.2033	1.0600	1.0392	0.2966	0.2643	0.2489
珠三角	1.1271	0.9435	0.9123	0.1458	0.1267	0.1206
环渤海	1.0057	1.0790	1.1184	0.2848	0.3033	0.3004

五 主要结论

我国工业竞争优势呈明显上升趋势，2004~2008年人均收入由30.04万元提高到56.58万元，平均每年提高17.15%，到2010年又提高到73.10万元；资金周转率由0.92上升到1.16，平均每年上升5.85%，到2010年又上升到1.18。生产要素中，劳动的产出弹性由2004年的0.3713上升到2008年的0.5071，表明我国地区工业产出对劳动力的依赖程度有所增加，可能与劳动力成本上升有关，是"用工荒"现象的一种反映。"许多中国企业正试图用机器来替代人工，以破解用工荒"[1]，即印证了这一看法。2010年劳动产出弹性虽有所下降，为0.5008，但依然超出资本的产出弹性，工业产出对劳动力的依赖程度依然处于很

---

[1] 倪轶容：《用工荒：绕不过去的障碍》，《浙商》2011年第7期。

高地位。此外还可以看到,资本的产出弹性呈下降趋势,这可能与资本效率的提高有很大关系。

在四大地区中,东部地区的竞争力水平最高,但竞争力变化趋势不容乐观,2004~2008年市场占有率平均每年下降1.85%,竞争优势系数平均每年下降2.34%;到2010年,东部地区的竞争优势虽有上升但不明显,市场占有率依然是下降状态。而中西部及东北地区竞争力均呈上升趋势,其中:中部地区上升最快,从2004年到2010年,市场占有率平均每年上升5.36%,竞争优势系数平均每年上升4.01%。在三大经济圈中,只有环渤海经济圈的竞争力是上升的,2004~2010年竞争优势系数平均每年上升1.79%,市场占有率平均每年上升0.89%;而长三角经济圈和珠三角经济圈的竞争力明显减弱,尤其是珠三角经济圈。建议:东部地区特别是珠三角经济圈和长三角经济圈应加快产业转型步伐。

民营工业增速较快,2004~2008年民营工业主营业务收入平均递增28.95%,工业总产值平均递增28.94%,资产总计平均递增23.09%,从业人员平均递增10.95%,四项指标分别比国有工业增速快9.07个、9.32个、8.55个和13.3个百分点;民营工业比重明显提高,民营工业主营业务收入比重由2004年的64.09%提高到2008年的70.50%,民营工业总产值比重由65.19%提高到71.66%,民营工业资产总计比重由49.06%提高到56.22%,民营工业从业人员比重由70.20%提高到79.70%,四项指标分别提高了6.41个、6.47个、7.16个和9.5个百分点。从2010年的数据可以看出,这种趋势将持续下去。宏观上,统计数据不支持"国进民退"的观点。

六 工业竞争力走势预测

综合以上分析认为,到2012年,中国工业竞争力仍然呈迅速上升趋势;中部地区的工业竞争力迅速上升,而东部地区的工业竞争力呈下降趋势;环渤海经济圈的竞争力呈上升趋势,而长三角经济圈和珠三角经济圈的竞争力明显减弱。民营企业的竞争力水平仍会处于较高位置,并且维持较快增速。

据此提出如下建议:东部地区尤其是珠三角经济圈和长三角经济圈应加快产业转型步伐,由四大地区和三大经济圈的发展来带动中国工业竞争力向更高的水平迈进。未来要更加注重机器与人工的替代关系和资本效率。鼓励民营企业发展，发挥其优势，同时要整顿国有企业的组织机构，提高效率，立足长远发展。

参考文献

武义青、贾雨文：《经济系统运行效能研究》，经济管理出版社，2003。

武义青、高钟庭等：《中国区域工业化研究》，经济管理出版社，2001。

国务院第一次全国经济普查领导小组办公室编《中国经济普查年鉴2004》，中国统计出版社，2006。

国务院第二次全国经济普查领导小组办公室编《中国经济普查年鉴2008》，中国统计出版社，2010。

国家统计局编《中国统计年鉴2011》，中国统计出版社，2011。

倪轶容：《用工荒：绕不过去的障碍》，《浙商》2011年第7期。

武义青、聂辰席：《我国地区工业生产率变动趋势分析》，《数量经济技术经济研究》2001年第6期。

李耀新：《生产要素密集型产业论》，中国计划出版社出版社，2001。

China's Regional Trend Analysis of Industrial Competitiveness

Wu Yiqing   Chen Yan

Abstract: Analysts believe that, China's industrial competitiveness is rising; the central region is rapidly increasing in industrial competitiveness, while the eastern region is declining. Competitiveness of Bohai economic circle is rising, while competitiveness of the Yangtze River Delta and Pearl River Delta economic circle significantly decreased. Recommendation: the eastern region, especially the Pearl River Delta economic circle and Yangtze River Delta economic circle should accelerate the pace of industrial restructuring.

Key Words: Regional Economy; Industrial Enterprise; Competitiveness; Industry Transformation

台港澳经济篇

Hong Kong, Macao and Taiwan's Economy

B.28 台湾地区经济形势分析与展望（2011~2012年）

张冠华　熊俊莉*

摘　要：2011年台湾地区经济继续呈现复苏态势，并将基本恢复到金融危机前的常态增长。但随着下半年欧美债务问题逐渐蔓延以致全球经济不确定性增加，台湾经济增长呈现逐季下滑态势，第四季度走势受国际经济形势影响仍难有较好表现，预计全年经济增长率实现5%难度较大。受全球经济下滑、岛内政局演变、两岸经贸关系变动等内外因素的影响，预计2012年台湾经济仍将维持4.5%左右的中低速增长态势。

关键词：台湾经济　常态增长　经贸关系

2011年，台湾地区对外贸易延续2010年的中高速增长态势，内需则呈现

---

* 张冠华、熊俊莉，中国社会科学院台湾研究所。

"消费热、投资冷"的特点，台湾地区统计部门预计年内经济增长率为4.81%，恢复金融危机前的常态增长。展望2012年，在欧美各国债务危机恶化、新兴市场资产泡沫化风险增加等因素影响下，出口与消费对经济增长的贡献此消彼长，总体经济仍将维持4.5%左右的中低速增长。

一 2011年经济现状

2011年，台湾地区经济受同比基数较高、全球经济不确定风险提升、两岸贸易投资增速放缓等因素影响，将恢复金融危机前中低速增长的常态。

1. 经济增长

台湾地区经济由2010年增长10.88%的高位滑落，2011年将恢复5%左右的常态增长。据台湾地区统计部门数据，前两个季度GDP增长率分别为6.16%和5.02%，预计第三、四季度分别为3.48%和4.71%，全年预计为4.81%。按目前预测情况，2011年台湾经济仍居亚洲"四小龙"第2位，次于香港（5.3%），但高于新加坡（4.7%）和韩国（3.8%）。但这只是基于上半年情况的预测值，实际上由于第三季全球经济不景气，尤其是欧美等国的消费在债务危机下快速紧缩，蔓延至台湾以致股市低落及消费、投资信心不足，全年经济增长预测值仍有下调空间，岛内外机构最悲观的预估值为4.1%。

从台湾有关部门发布的景气对策灯号指标看，上半年灯号分值逐月下降，从1月的34分降至8月的22分，自3月起由黄红灯转为绿灯，8月又转为黄蓝灯，显示台湾经济2010年以来的稳定复苏态势出现松动，下半年经济增速将持续减缓。

内部需求先扬后抑，民间投资转趋疲弱是台湾地区经济下滑的主因。2010年岛内民间投资出现少见的32.51%高增长，对总体经济增长超过两位数作出重大贡献。前两个季度在岛内高科技厂商积极进行设备更新及技术升级的带动下，民间投资仍实现11.4%和5.66%的正增长，但下半年受同比基数较高、厂商产能调整，以及国际经济不确定因素增加等影响，预计增长率为-8.43%，全年民间投资预计将负增长0.52%。"政府投资"和公营事业投资受物价上涨等因素影响均出现负增长，全年增长率预计分别为-1.72%和-12.75%。2011年民间消费在失业率持续降低、军公教职员加薪、大陆居民赴台自由行启动等因素带动下,延续上年3.5%以上的高增长,成为岛内最主要的内需动力。

年内外需对经济增长的贡献率仍然最高。在2011年预计的4.81%经济增长率中,外部需求占3.85个百分点,其中出口占4.59个百分点,进口占0.73个百分点。内部需求中,民间消费和"政府消费"贡献率预估分别为1.92个和-0.04个百分点,固定资产投资占-0.32个百分点,存货变动占-0.6个百分点,合计内部需求贡献率为0.96个百分点。虽然欧美等发达国家经济增速放缓,导致消费需求缩减,但新兴市场对台贸易稳定增长。特别是随着ECFA逐渐显现效应,两岸贸易保持快速增长势头,2011年台湾对外出口仍将维持双位数增长。上半年台湾商品出口与进口分别增长16.9%和20.3%,若不计新台币兑换美元汇率变动情况,预计全年增长率都将超过15%。

2. 对外贸易与投资

1~8月台湾地区累计出口2080.4亿美元,同比增长15.7%;进口1920.0亿美元,同比增长17.6%;贸易顺差160.4亿美元,同比减少3.4%。下半年台湾地区出口出现疲态,8月出口增长率大幅下滑至7.2%,若国际经济不景气延续第四季度台湾出口难以乐观。前8个月出口增长主要集中于电子及化工产品,前5大出口产品包括电子、金属及制品、塑橡胶制品、化学制品、矿产品,同比分别增长12.8%、20.3%、18.8%、21.1%和15.6%。上半年民间投资保持增长态势,带动1~8月资本设备和农工原料进口分别增长9.2%和19.4%,岛内消费需求大幅提升也带动消费品进口同比增长18.0%。

从对外贸易的地区看,祖国大陆仍是台湾地区最大的贸易伙伴,据台湾地区贸易主管部门统计,1~8月台湾地区对大陆及香港贸易总额增长15.2%,其中出口增长10.4%,进口增长30.2%,贸易顺差533.2亿美元。同期台湾对东盟、欧美等其他主要贸易伙伴出口大都高于大陆,因而前8个月台湾对大陆及香港出口比重由上年同期的42.4%降至40.5%。1~8月台湾对美国出口增长22.4%,进口增长10.7%;对日本出口增长3.5%,进口增长5.0%;对香港出口增长7.3%,进口增长2.7%;对东盟出口增长23.5%,进口增长18.9%;对欧洲出口增长13.7%,进口增长19.8%。前8个月台湾对亚洲出口比重接近70%,特别是对东盟出口比重进一步提升至16.2%,高于美国的11.9%和欧盟的10.2%。

金融危机后台湾地区对外投资复苏缓慢。1~8月台湾主管部门批准对外直接投资（不含大陆，下同）金额为18.9亿美元，同比增长2.3%。从对外投资的地区看，前8个月台湾对日本投资大幅增加10倍多，而对美国投资衰退25.6%，除大陆以外的前五大投资地区为加勒比海（4.1亿美元，占21.7%）、美国（2.6亿美元，13.7%）、日本（2.5亿美元，13.2%）、香港（2.1亿美元，11.1%）及越南（2.0亿美元，10.6%）。近年来台湾对东盟各国的投资规模不断扩大，截至2011年8月底，对新加坡、越南、马来西亚、泰国、菲律宾、印尼等6国投资共计占对外投资总金额的21.5%，高于美国的18.6%。对外投资进一步集中于服务业，1~8月服务业投资10.5亿美元，占对外投资总额的62.5%，其中运输仓储业、专业技术服务业等增长率为100%以上。

外商在台投资实现4年来首次正增长，2011年1~8月台湾吸引外商直接投资29.5亿美元，同比增长13.0%。外商投资台湾的信心提升，显示台湾当局2010年降低营业税、遗产税等一系列措施奏效，特别是两岸签署经济合作框架协议已对台湾地区改善投资环境发挥积极效应。据台湾对外投资招商部门统计，前8个月对外招商和对台商回台招商达成协议分别为72.3亿美元和393亿元新台币，达成率分别为80%和87%，年底实现全年招商目标的可能性较高。

另据台湾地区"央行"公布的数据，2011年前两季度除直接投资的资金净流出72.7亿美元外，在证券投资方面，台湾居民投资海外证券214.0亿美元，同比增长52.1%；海外资金投资岛内证券19.0亿美元，同比下滑46.5%；总计净流出195亿美元。尽管加上岛内民间汇回海外投资收益、存款及银行部门承做衍生性金融商品交易收益，同期台湾金融账仍由上年的顺差转为逆差，净流出77.2亿美元。9月台股指数大幅下滑，导致海外资金持续撤离证券市场，估计年底金融账逆差还将增大。

3. 产业状况

近年来岛内加快推动农业科技发展，并对包括精致农业在内的六大新兴产业制定了优惠政策，一定程度上促进了农业的转型发展，2011年台湾农业将实现少见的正增长。第一季度和第二季度台湾农业生产附加值分别增长1.5%和2.8%，农产品外销金额大幅增长，1~7月台湾农产品出口同比增加21%。2011年1月1日起根据两岸经济合作框架协议，大陆对台湾进口的文心兰、金针菇、香蕉、茶叶、活石斑鱼等18个早收清单项目实施降税，大幅拉动台湾农产品对大陆地区的出口，前7个月台湾地区对大陆农产品出口与早收项目出口金额，分别较上年同期增加33%和262%。

工业生产增幅逐月下降，1~8月工业生产指数同比增长8.5%，8月降至3.9%。前8个月制造业生产指数同比增长8.15%，在制造业四大类产业中，金属机械工业和信息电子工业受新兴市场订单增多以及ECFA早收清单项目降税等因素带动，分别增长11.7%和13.5%，民生工业增幅为2.4%，化学工业则受到国际油价波动、化工原料供应困难以及台塑六轻事故等影响衰退3.1%。1~8月外销订单增长10.0%，主要来自大陆及香港（26.1%）、美国（22.5%）、欧盟（17.9%）、东盟（10.3%）和日本（10.0%），与上年同期相比外销东盟的订单比重增加0.8个百分点，东盟取代日本成为台湾第四大外销地区。通信产品及电子信息产品外销订单分别增加11.6%和4.1%，前8个月共计占接单总金额的47.7%。

2011年上半年服务业生产附加值实际增长3.6%，前两个季度增幅分别为4.6%和2.7%。岛内消费者信心持续回升，以及大陆居民赴台旅游增长等因素，带动批发零售与餐饮业1~8月份营业额同比增加6.1%；出口增速放缓使第二季度海、空客运量与货运量分别降低3.3%和15.2%，上半年运输仓储业实质增长率由上年同期的7.1%下降至2.1%；金融保险业受益于货款、信托及附属业务手续费收益的增加，第二季度增长5.9%。由于服务业增速相对较低，其占GDP比重年内出现波动，前两个季度分别为69.5%和68.0%。

4. 金融与财政

延续2010年下半年以来每季度微幅调整利率的宏观调控货币政策，4月和7月台湾"央行"两次上调重贴现率、担保放款融通利率及短期融通利率各0.125个百分点，升息后三项利率分别为1.875%、2.25%和4.125%。自2010年6月起台湾地区货币当局先后5次升息，但升息幅度较小，岛内利率基本仍处于较低水平，货币供应量维持宽松局面。2011年第一季度和第二季度，货币供应量M1分别增长9.3%和8.1%，M2增长率分别为5.9%和6%。前两个季度主要金融机构贷款额在民间投资平稳增加的带动下分别增长8.2%和7.5%，第二季度对民间、"政府"及公营事业部门贷款分别增长7.7%、7.5%和4.4%。下半年受到欧美债务危机冲击全球股市及汇市的影响，台湾地区金融形势可能出现波动，台大—国泰产学合作计划团队8月发布"金融情势指数"，预测从8月起岛内金融形势将趋于紧缩。

在汇率方面，上半年新台币兑美元延续2010年大幅升值态势（5.3%），由年初的30.4元升至6月底的28.8元，主要原因是美国维持宽松货币政策，台湾地区多次升息后新台币与美元利差扩大，加上受美国经济数据与债信评绩不佳等因素影响，美元迅速贬值。8月份以来欧美债务危机形势恶化，外资大规模撤出亚太新兴市场，中国台湾、韩国、新加坡等地区货币兑换美元均大幅贬值，9月新台币汇率降幅达3%，10月5日已回贬至1美元兑30.6元新台币。

台湾股市年内呈现震荡起伏态势，主要原因是台股国际化与市场化程度较高，与国际原物料价格涨跌、主要市场货币政策变动以及国际资本市场波动等均密切关联。2月份台股平均指数受亚洲新兴市场紧缩货币政策及日本核辐射危机影响，由1月的9145点跌至8600点，跌幅为6.0%。3~4月份因国际股市尤其是美股指数反弹回升至9008点。5月以来国际原物料价格快速下跌，加上欧美国家债务危机恶化，引发外资大规模撤出股市，台股平均指数逐月下跌，至10月5日已跌至6989点。1~8月台股总成交量为6497亿美元，同比增长16.6%。前8个月外资投资台股净汇出约45亿美元，8月底外资持股市值占台股总市值的31.1%，外资汇入台股累计1613亿美元，占台外汇储备的40.3%。

2011年9月台湾地区外汇储备大幅减少111亿美元，9月底约为3891.7亿美元，在全球排名居第4位，仅次于中国大陆、日本及俄罗斯。

财政收支状况受益于2010年经济景气而有所好转。第二季度台湾当局财政收入（不含公债收入、赊借收入及移用年度剩余）8748亿元新台币，同比增长19%，其中受赋税收入增长14%的带动，经常项收入增加17.2%，资本项收入增加112.9%。财政支出方面，由于2011年台湾当局积极提升社会福利及救助水平，第二季度对家庭及非营利机构转移支出增长41.5%，因而经常项支出（不含债务还本）同比增加6.7%；资本项支出1602亿元，增长2.2%；总计财政支出6402亿元，同比增长5.5%。收支相抵，第二季度结余2347亿元。但加上第一季度赤字2258亿元，上半年财政盈余89亿元。按8月通过的2012年总预算，台当局2012年举债虽然比2011年下降24%，但仍将发行3103亿元公债，2012年债务累计将突破5万亿元，占前3年平均GNP的37.3%，逼近40%的举债比例上限。

5. 物价与就业

1~8月份台湾地区批发物价指数（WPI）同比上涨3.93%，主要是国际石油等农工原料价格上涨带动。进口产品和岛内生产内销产品物价指数分别增长7.03%和5.89%；出口产品物价指数下跌1.2%。前两个季度消费者物价指数（CPI）保持平稳走势，分别增长1.28%和1.64%。1~8月CPI平均涨幅为1.43%。

上半年岛内就业形势有所好转。失业人数由1月份的51.7万人下降至8月份的50.2万人，失业率同期由4.64%降至4.45%。与香港（3.2%）、韩国（3.1%）、新加坡（2.1%）比较，仍为"四小龙"最高。下半年台湾经济增速趋缓将更不利于改善失业问题，估计年底台湾失业率难以实现经济主管部门提出的降至4%以下的目标。年内，岛内平均薪资水平微幅提升，1~7月受雇员工平均薪资为4.8万元，同比上升3.2%，名义经常性薪资（资金除外）为3.7万元，同比上升1.3%，但扣除物价上涨率后平均薪资和经常性薪资实际增长率分别为1.74%和-0.11%。

6. 两岸经济关系

2010年6月两岸签署经济合作框架协议将两岸经济合作推向了新阶段。2011年1月以来，两岸双方按照框架协议的要求，实施了ECFA早期收获计划，对台湾539项和大陆267项商品出口对方市场实施第一阶段降税，大陆与台湾分别向对方开放11项和9项服务业市场，对促进两岸贸易及服务业投资发挥明显作用。根据框架协议的要求，两岸共同成立了经济合作委员会，启动了ECFA后续专项协议的商谈。台湾方面3月开始实施第二阶段开放陆资赴台投资的相关规定，首次对大陆有限度开放半导体、面板等敏感性高科技产业，并将开放项目增加至247项，两岸双向投资又前进一步。6月28日大陆居民赴台个人游正式启动。9月台湾金融主管部门公布并实施新修的"两岸金融往来许可办法"，对两岸开放金融业务由正面表列改为负面表列形式，放宽岛内金融业者投资大陆的限制，对推动两岸金融合作将产生积极影响。

2010年两岸贸易增长强劲，在高基数下2011年增速趋缓，两岸贸易呈现稳定增长态势。按照商务部统计，1~8月两岸贸易额为1067.8亿美元，同比上升12.9%。其中，大陆对台出口236.8亿美元，同比上升26.9%；自台湾进口

831.0亿美元，同比上升9.5%。2011年两岸根据经济合作框架协议对早收清单项目实施第一阶段的税收减让，上半年台湾机床、农产品等降税商品对大陆出口增长率分别达62%和345%，对推动两岸贸易的成效逐渐显现。

2011年陆资赴台投资因同比基数较高、全球经济不确定因素增多、大陆生产要素成本上升等因素趋缓。按照台湾方面统计，1～8月核准陆商赴台投资件数增加35.9%，但金额下降57.0%，截至8月底累计核准投资金额1.6亿美元。按照商务部统计，1～8月大陆实际使用台资金额14.3亿美元，同比下降9.7%。截至2011年8月底，大陆累计批准台资项目84849个，实际利用台资534.4亿美元。按实际使用外资统计，台资在大陆累计吸收境外投资占比由上年同期的5.1%降至4.7%。电脑、电子产品及零组件等制造业仍是台商投资大陆的主要产业，但在两岸经济合作框架协议的作用下台商对大陆金融保险业、运输仓储业、教育服务业等投资成倍数增长，前8个月服务业投资比重由上年同期的15%快速提升至24%。

与2010年相比，2011上半年大陆居民赴台旅游增长势头有所放缓。2011年1～8月大陆居民赴台旅游人数约110.4万人次，同比增长1.5%，占赴台旅客总数的28.8%。8月恢复高增长，团进团出的大陆旅客平均每天约3900人次，同比增长56%。6月自由行启动后，呈现逐月升温态势。6～7月由于该时期是大陆居民出境旅游淡季而人数较少，8月自由行人数较前两个月增加了4倍多，台湾观光主管部门每日核准的自由行人数已达200人次。

二　2012年经济展望

综合分析，2011年台湾地区经济受外部因素影响而波动较大，上半年稳定增长，但8月以后由于全球经济不确定因素增多及岛内民众信心不足，经济景气转趋下滑。10月份台湾华南银行征信产经研究部发布报告称，受全球产业景气滑落影响，对LED、晶圆代工、IC封测、IC设计及TFT－LCD等九大产业景气统统调降一级，趋势全面看下。9月份台湾进出口贸易受到全球经济需求减弱影响，进出口金额连续第二个月下滑，出口金额246.1亿美元，创下年内以来新低。台湾地区统计部门基于上半年表现，预测第三季度和第四季度经济增长率分别为3.48%和4.71%，全年经济增长4.81%，但在欧美债务危机恶化、全球股市下跌以及岛内六轻停工等负面因素影响下，下半年预测值很可能下调至4.5%左右。越来越多的研究机构对台湾地区经济形势预期日趋悲观，9月国际货币基金（IMF）将全年GDP增长率由5.42%调降至5.24%，渣打银行则下调预测值至4.6%。

展望2012年，台湾经济将面临更多不确定因素的挑战，虽然台湾统计部门预计2012年仍将维持4.5%左右的中速增长，但10月高盛再次下调预测值为3.2%。

从全球经济看，2011年下半年欧债危机扩散，对全球经济造成冲击，各经济体尤其是以欧美为主要外部市场的韩国、台湾股市下滑且货币贬值幅度较大，对出口及总体经济的影响不容乐观。亚洲各新兴经济体面临通货膨胀及资产泡沫破裂的风险加剧，对全球经济增长的贡献也趋于保守。IMF在9月发布的预测指出，全球经济可能面临新一轮的危机，并将2011、2012年两年全球经济增长率分别下调0.3个和0.5个百分点，均降至4.0%水平。全球经济增长减缓，对台湾地区出口扩张相对不利。

从两岸因素看，大陆作为台湾最大的贸易、投资伙伴，两岸经济合作框架协议（ECFA）的落实及后续协商将是影响2012年台湾经济走势的重要因素。由于2010年基数较高，2011年两岸贸易投资呈现平衡增长态势。2011年台湾吸引外商投资大幅增长，很重要的原因在于外商看好两岸签署ECFA后的商机。但需要指出的是，2012年台湾地区领导人选举的结果，将对两岸落实ECFA及后续协商进程产生重要影响，并进而对台湾经济发展产生深刻影响。从台湾内部因素看，2011年民间消费出现久违的中速增长，除了失业率持续降低及岛内薪资水平有所提升等因素外，也与大陆居民赴台旅游人数持续增长，陆客自由行启动对岛内消费信心的提振密切相关。下半年出口外需受全球经济景气下滑的影响增速减缓，岛内投资也随之转为负增长，民间消费对总体经济的贡献度将进一步提升。这一增长态势可能延续至2012年，台湾地区统计部门预测2012年民间消费仍维持3.2%的增长率，高于固定投资增长率（1.2%）。随着岛内、外经济局势快速变化，台湾地区经济结构调整的压力进一步增大，2012年台湾经济能否实现统计部门预测的4.58%的增长率，还要看国际经济复苏力度、岛内经济结构调整步伐以及能否充分发挥ECFA对台湾经济的带动作用等因素。

附表 台湾地区重要经济指标（2009～2011年）

项 目		2009年	2010年	2011年
经济	1. 经济增长率(%)	-1.91	10.88	4.81(预测)
	2. 人均GNP(美元)	16895	19155	21280(预测)
	3. 产业结构(GDP)(%)	100.0	100.0	100.0(第二季度)
	农业	1.74	1.58	1.78
	工业	28.96	31.34	30.27
	服务业	69.30	67.08	67.95
物价	1. 消费者物价年增长率(%)	-0.87	0.96	1.59(预测)
	2. 批发物价年增长率(%)	-8.74	5.46	3.76(预测)
工业生产	1. 工业生产年增长率(%)	-4.30	24.07	8.50(1～8月)
	2. 制造业生产年增长率(%)	-4.40	26.71	8.75(1～8月)
消费与投资	1. 民间消费年增长率(%)	1.08	3.65	3.55(预测)
	2. 民间投资年增长率(%)	-17.91	32.51	-0.52(预测)
贸易	1. 进口金额(亿美元)	1743.7	2512.4	2080.4(1～8月)
	年增长率(%)	-27.5	44.1	15.7
	2. 出口金额(亿美元)	2036.8	2746.0	1920.0(1～8月)
	年增长率(%)	-20.3	34.8	17.6
	3. 出(入)超(亿美元)	293.1	233.6	160.4(1～8月)
	4. 汇率(1美元兑台币)(平均)	32.03	30.37	29.02(8月期底)
金融	1. 外汇储备(亿美元)(期底)	3482.0	3820	3891.7(9月)
	2. 重贴现率(%)(期底)	1.25	1.625	1.875(10月)
	3. 集中市场加权股价指数(期底)	7837	8777	7763(8月)
劳动	1. 就业人数(万人)	1027.9	1049.3	1067.5(1～8月)
	2. 失业人数(万人)	63.9	57.7	49.7(1～8月)
	3. 失业率(%)	5.85	5.21	4.45(1～8月)
两岸贸易（中国海关统计）	1. 两岸贸易额(亿美元)	1062.3	1453.7	1067.8(1～8月)
	增长率(%)	-17.8	36.8	12.9
	2. 对台出口(亿美元)	205.1	296.8	236.8(1～8月)
	增长率(%)	-20.8	44.7	26.9
	3. 自台进口(亿美元)	857.2	1156.9	831.0(1～8月)
	增长率(%)	-17.0	35.0	9.5
	4. 对台贸易逆差(亿美元)	652.1	860.1	594.2(1～8月)
台商对大陆投资（商务部统计）	1. 台商对大陆投资项目(项)	2555	3072	1716(1～8月)
	增长率(%)	8.3	20.2	-8.2
	2. 大陆实际利用台资额(亿美元)	18.8	24.8	14.3(1～8月)
	增长率(%)	-1.0	31.9	-9.7
陆商对台湾投资（台湾地区统计）	1. 陆商对台湾投资项目(项)	23	79	72(1～8月)
	增长率(%)		243	35.6
	2. 陆商对台湾投资金额(百万美元)	37.5	94.3	31.5(1～8月)
	增长率(%)	—	151	-57.0

Analysis and Forecast of the Economy of Taiwan Region 2011-2012

Zhang Guanhua Xiong Junli

Abstract: In 2011, Taiwan will continue to extend the "economic recovery" and return to normal growth before the financial crisis. With European and American debt problems spread so that the global economic uncertainty increase later this year, Taiwan's economic performance decline by season. The situation will continue to the fourth quarter, therefore estimated annual economic growth rate is hard to 5%. Along with the global economic downturn, the island's political evolution, as well as changes of the cross straits economic and trade relationship, it is expected for Taiwan's economy to remain a middle-speed growth of around 4.5% in 2011.

Key Words: Taiwan's Economy; Normal Growth; Economic and Trade Relations

B.29
台湾经济预测

刘孟俊 彭素玲*

摘 要：2011年虽然受到日本地震和欧债危机等因素影响，台湾经济形势仍呈现内外皆温的局面。但是总的来说，台湾国际贸易增长趋缓，民间消费转趋审慎保守，岛内投资已有走缓迹象，公共支出持平成长。从物价和金融方面来看，物价波动平缓，股票市场涨跌互现。根据估计，2011年第四季度，台湾经济增长率在3.81%左右；预估2011年下半年金融物价为1.35%。台湾经济的不确定因素主要为欧债危机和大国经济的隐忧。

关键词：台湾 经济形势 预测

前 言

2011年上半年台湾经济虽然受日本大地震与欧盟等国债务影响，而致上下震荡，但根据"主计处"8月发布之最新资料，2011年上半年台湾经济成长率达5.58%，其中第1、2季经济成长率分别为6.16%、5.02%，都在5%整数关卡之上。尤其内外需求对经济成长之贡献相当，经济呈现内外皆温的格局。台湾经济表现在上年经济成长达两位数字，比较基期偏高之情况下，不但较身受债务危机之欧美各国为佳，甚至优于韩、新加坡、马、泰、菲、巴西、俄等国，仅较中国大陆、印度尼西亚、印度略逊，排名居前段。

惟因欧美债务问题迟迟未决，二次衰退疑虑始终笼罩，致使国际经济前景黯淡并转趋阴霾，各主要机构纷纷调降主要经济体以及全球经济成长率，如全球共

---

* 刘孟俊，中华经济研究院经济展望中心主任及第一所副所长，研究员；彭素玲，中华经济研究院经济展望中心研究员。

识预测（GI）于9月发布之2011年有关美国与欧元区之经济成长率预测值分别为1.5%以及1.6%，较6月发布的预测值，分别向下修正1个以及0.3个百分点。

随着国际经济转趋悲观，台湾经济也呈现反转迹象。"经建会"于9月底发布之8月份景气概况，灯号由连续5个月绿灯转为黄蓝灯，并且领先、同时指标持续下跌，当前台湾景气已经趋缓。虽然台湾消费面、金融面、生产面仍温和成长，但贸易面指标已显著转成疲弱，如海关出口值由黄蓝灯转为蓝灯。机械及电机设备进口变动率的灯号持续为蓝灯，为景气对策信号9项组成中惟二的蓝灯。虽然8月份之台湾工业生产依然呈现成长3.88%，但较上半年动辄两位数字的成长已趋和缓。至于8月外销订单金额为367.1亿美元，年增率已由上月之11.12%降为5.26%，是2010年来首次出现个位数成长。

视为落后指标的劳动市场指标，也随景气展望悲观而出现反转。如8月份失业率为4.45%，失业人数再度攀上50.2万人，虽然或有季节因素影响，惟大学及以上学历劳工的失业率仍高达5.47%。诸多外商与外资企业因国际经济复苏蹒跚而致调整人力运用之失业潮，可能在所难免。

虽然各项指标渐趋疲弱，但厂商投资与经营概况仍然维持正向。如根据"投审会"资料，2011年8月核准侨外投资金额3.28亿美元，较上年同期大幅成长138.12%，且1～8月累计年增率也达两位数为13.04%。而公司新设家数（1～8月年增率为7.13%，惟资本额年增率为－4.5%）、工厂新登记家数（1～8月年增率为15.35%）及工厂歇业家数（1～8月年增率为－8.26%）表现各异。正值此经济前景未明时期，创业规模仅略减，或许说明危机即是转机，对未来的经营环境仍有信心与期待。

而随着台湾"总统"大选以及"立委"选举期间的到来，有关政经情势与各项政经社福政策等的推出，都可能影响台湾未来的经济走势。以下将进一步呈现台湾总体经济面相的现况观察与可能走势，作为经济预测与结果分析的讨论基础。

一 台湾总体经济情势

（一）国际贸易成长趋缓

2011年第3季商品出口规模785.26亿美元，较上年同期成长11.6%，仍达两位数字；但8、9月之年增率已略降至个位数字。进口总值707.74亿美元，年增率为10.4%；进出口相抵，2011年第3季贸易出超77.52亿美元，较上年同期成长25.10%，幅度仍在1/4以上。

就出口货品结构方面，累计1~9月，前十大出口货品除光学器材较上年同期减少0.9%外，其他货品均显著成长，其中以信息与通信产品出口成长58.4%、机械成长28.2%、化学品成长20.3%、基本金属及其制品成长19.8%最为突出。

在进口结构方面，累计1~9月农工原料进口1664.7亿美元，增幅以矿产品增25.8%，化学品增24.3%，基本金属及其制品增16.4%等较大。2011年第3季资本设备进口则较上年同期减少14.42%；9月资本设备进口仅29.2亿美元，是自2010年3月以来，首次低于30亿美元，较上年同月减少24.7%，其中机械进口17.1亿美元，较上年同月减少8.0亿美元，此一景况对于台湾投资确为不利警讯。

至于出口国家及地区，累计1~9月中国大陆（含香港地区）占台湾商品输出比重为40.6%，仍占四成以上之份额；至于成长表现则以对美、韩分别成长20.2%及20.6%为高。至于进口商品来源，仍以日本、中国大陆（含港、澳地区）为主，2011年1~9月占总进口比重为18.6%、16.2%。

受到全球景气趋缓及台塑六轻工安事故厂区停工之影响，台湾进出口贸易总额已经连续2个月下滑。事实上全球共识预测（GI）也于日前发布之世界经济概观中下修全球商品贸易预测值，其中出口成长率由6月之19.7%下修为19%，修正0.9个百分点。其中发达国家由18.5%降至16.8%，减少1.7个百分点；新兴市场则由22.2%增至23.3%，上升1.1个百分点，而发展中国家则由13.8%降为13.1%。至于2012年出口贸易全球预测值也由8.6%降为8.0%，其中发达国家由6.9%降至6.7%，减少0.2个百分点；新兴市场则由11.4%降为10.1%，调整1.3个百分点，显示新兴市场之调整周期较其他经济体有所延迟，而发展中国家维持约8.3%的年增率。

展望第4季，因全球经济成长由于欧债危机未除、美国经济趋缓以及高失业率的影响而有停滞趋缓，故而以往为台湾出口旺季的第4季，出口增幅可能因此而趋缓，尤其近期亚洲区域（除人民币与日元）兑美元汇率呈现较大幅度之震荡，对于厂商报价形成相当压力。另外，继欧韩FTA（自由贸易协议）生效后，美国国会也可望通过美韩 FTA，导致台湾产品外销欧美两大市场，在与韩国竞争上更为不利。

由于外销订单于 8 月之年增率已降至 5.25%，且根据国际半导体设备材料产业协会（Semiconductor Equipment and Materials International，SEMI）半导体接单出货比（比率）已连续四个月呈现下降，8 月的数值 0.80 为 2009 年 6 月以来之新低，显示相关产业之景气与出货状况实在不容乐观，台湾之商品出口势将面临更危严峻之挑战。

为因应此种情势，从 10 月 7 日起由"财政部"先行就关税税率 4.3% 以上的 1210 项工业产品，恢复出口冲退税；"经济部"积极协助厂商开拓大陆、印度、印度尼西亚、越南等新兴市场，希望能增益台湾商品之出口市场，惟成效如何仍待观察。

（二）民间消费转趋审慎保守

2011 年第 2 季民间消费年增率为 3.12%，但已较上季 4.38% 减少 1.25 个百分点，主因 5 月下旬爆发塑化剂事件约制部分饮料与保健食品等的消费意愿。消费组成前三名中，除住宅服务、水电瓦斯及其他燃料之外，主要集中在教育娱乐以及交通通信类，其中以休闲与文化成长率居首，年增率达两位数字为 10.06%，尤其出岛人数成长 5.8%。其次为通信类 9.26%，主因该类物价下降 4.4%，消费成长亦使电信服务营收上升 3.8%；而餐厅及旅馆亦有 5.59% 的成长率，主要由工商社会外食人口持续增加之消费型态所致。

以目前统计资料来观察消费市场之情形，8 月份批发、零售及餐饮业营业额为新台币 1 兆 2113 亿元，虽然较上月减少 1.84%，但与上年同月比较仍然增加 4.70%，各业均呈正成长，其中以餐饮业增加 5.47% 最多。累计 1~8 月批发、零售及餐饮业营业额为 9 兆 4629 亿元，较上年同期增加 6.08%，其中餐饮业增加 7.29% 最多，零售业增加 7.01% 次之，批发业增加 5.71% 再次之，成长率都在 5% 以上，显示上半年台湾所得增加，民众之消费行为有持续之正向发展。

惟随着股市指数震荡走跌，民众财富累积不确定增加，难以提振消费信心。根据台湾中央大学与国泰金融集团最新公布的消费者信心调查结果皆显示，消费者信心受到国际经济情势影响而转向悲观。根据台湾中央大学之"消费者信心指数调查"，9月份指数为85.58点，较上月下降1.31点。本次调查中，有四项指标下降，两项指针上升，上升幅度第一的是"未来半年台湾就业机会"，9月指数为110.55点，较上月上升1.75点；下降幅度第一的是"未来半年投资股票时机"，较上月下降6.50点，创下近两年来新低，主要是欧债危机导致全球股市下跌而牵连台股，严重冲击消费者投资信心。

国泰金融集团9月公布的"国民经济信心调查"也显示，民众对未来景气、就业乐观程度均有明显下降。受访者对未来半年景气持乐观看法仅31.3%，创下2010年3月开启此调查以来之新低；认为台股在"总统"大选前有万点行情者，也从1月的54%降至9月的25%；此外，受访民众对耐久财的消费意愿也降至近一年来的新低水准。此次调查期间正值欧债危机升温，全球经济及金融指标皆呈下滑趋势，市场对全球经济陷入二次衰退的疑虑增加，受访者对未来经济情势及投资信心转趋悲观。

2011年上半年景气持续回温，带动就业与薪资回升，2011年第2季失业率为4.30%，已接近金融海啸前之水准（2008年第3季失业率为4.16%），1~5月工业及服务业平均薪资亦较上年同期增加3.77%。惟近来国际经济情势受欧美影响动荡不安，民众对于未来经济预期也渐趋悲观，可能导致下半年民间消费动能趋缓。

（三）台湾投资已有走缓迹象

2011年第2季台湾投资在上年同期成长率达31.98%的情况下仍然维持正向成长，幅度为1.60%；其中民间投资年增率为5.66%，公营事业投资则为成长-17.80%，政府投资成长-6.09%。

观察现阶段台湾投资概况，虽然自6月起欧美债务危机频传，国际经济已有走缓迹象，但截至2011年8月底，"经济部"统计，新增投资计划计有1237件，投资金额为新台币8348亿元，已达成年度目标（1兆1千亿元）之75.89%，较上月增加1158亿元，亦较上年同期成长14.46%。在各业别方面，以电子信息业新增投资金额最多，为3891亿元，达标率为85.51%，其中，友达、和泰汽车以及奇美实业等投资案都有相当挹注，并以8月友达投资新台币700亿元新增面板产能为最大宗；其次为金属机电业投资金额新台币1877亿元，民生化工业扩产金额也有新台币1790亿元。

另外，2011年度对外招商目标金额为90亿美元，根据"投资处"数据显示，截至8月底，投资金额已达72.48亿美元，达标率为80.53%；而在台商回台投资部分，截至8月底新增投资件数为48件，投资金额为新台币393亿元，达标率为87.3%，均达预定进度，显示台湾投资现阶段仍能维持预定水准与步调。

展望未来民间投资，上半年因产能仍居高档，为适应出口需求，厂商持续高额投资；下半年起，虽太阳能产业仍将大幅扩增资本支出，惟因国际经济不确定性升高，半导体与光电等占台湾投资比重较高产业，近来因产能利用率下滑而节制扩产步调，并且根据"财政部"海关商品贸易资料，第3季有关资本财之进口年增率呈现-14.4%，下降幅度达到两位数字，确为台湾投资不利警讯。

惟目前为因应都市人口扩张及人口老化、改善都市环境品质，内政部营建署已规划未来4年投入184亿元都市更新经费，预计可带动民间2000亿元的投资。

另外，近日台湾与日本签订"投资协议"，是台湾与重要贸易伙伴所签署的第一个促进与保护投资的协议，也是对外经贸上的重大进展。据统计，2010年双边贸易额近700亿美元；过去50年来，日本对台湾直接投资金额高达165亿美元；台湾对日本投资金额则接近16亿美元，台湾地区与日本双方签署投资协议后，将可扩大及深化双方经贸投资关系，对台湾投资将为利多因素。

（四）公共支出持平成长

根据"主计处"编列之预算及相关数据，2010年公共部门占GDP比重约为17.64%，其中政府消费成长1.76%；公营事业投资成长9.10%；政府固定投资由于2010年景气复苏，扩张性财政政策等重要性不若之前金融海啸时期，故而负成长1.71%，较2009年之年增率（16.01%）差距17.72个百分点。2011年第2季政府消费实质成长0.4%；政府投资实质负成长-6.09%；公营事业投资受台电第七输变电计划部分工程执行受阻影响，实质负成长-17.80%。

根据"主计处"最近的"2012年度中央政府总预算案"之说明，2012年度总预算案岁入编列新台币1兆7295亿元，较2011年度预算数增列837亿，约增5.1%。岁出编列新台币1兆9390亿元，较2011年度增列1506亿元，约8.4%。

岁入、岁出相抵差短为新台币 2095 亿元，连同债务还本新台币 940 亿元，共须融资调度数新台币 3035 亿元，举借债务规模达新台币 2885 亿元，以及移用以前年度岁计剩余 150 亿元新台币予以弥平。

各项支出中，社会福利支出占 21%，较上年度之 20.6% 微幅上升 0.4 个百分点，排名第 1；其次为教育科学文化支出比重（18.9%）及"国防"支出比重（16%）。至于经济发展支出之份额则为 14.3%，支出金额较上年度增加 26.1%。至于岁入方面，税课收入仍占有 72.3%，较上年增加新台币 810 亿元，约增 6.9%，主要系增加所得税新台币 254 亿元、营业税新台币 170 亿元及货物税新台币 160 亿元。

截至 2011 年 8 月，台湾政府 1 年以上债务未偿余额为新台币 4 兆 6045 亿元，债务余额占前 3 年度平均 GNP 百分比率为 34.7%，平均每人负债约新台币 20 万 4000 元，较 7 月减少 1000 元，连续 3 个月下降。但若以国际标准来计算，将非营业基金的自偿性债务计入，台湾债务将达 GDP 的 45%，超过公债法上限之 40%。在信评方面，惠誉（Fitch Ratings）2011 年 1 月以公共债务结构恶化为由，调降台湾本币长期评等，由"AA"降为"AA－"，近期则确认台湾外币评等为"A＋"、本币评等"AA－"维持不变，且台湾当局积极进行税制改革以改善财政问题，评等展望未来两年可望维持稳定。至于穆迪（Moody's Investors Service）也在 8 月确认维持台湾的长期及短期债信评级为"Aa3"，信评展望为"稳定"。

二　物价与金融

（一）物价波动和缓

根据"主计处"公布的资料，9 月份台湾消费者物价总指数（CPI）为 107.20，较上月涨 0.11%（经季节调整后涨 0.10%），较上年同期涨 1.35%，而剔除蔬果水产及能源的核心物价总指数则下跌 0.07%，说明台湾的通货膨胀压力相对减缓。

9 月份趸售物价总指数（WPI）为 114.06，较上月上涨 1.35%（经季节调整后涨 1.78%），较上年同期涨 5.14%。根据国际能源总署（IEA）于 9 月 13 日公布的例行报告，由于全球经济成长趋缓，IEA调降了2011年和2012年石油需求的预测，每日石油需求分别下修20万桶与40万桶。值得注意的是，虽然国际与台湾油价自2011年5月开始一路下滑，但与上年同期相比仍然偏高。

（二）金融概况

以台湾第3季的利率价位与股票市场走势来看，投资人对台湾的未来经济前景并不乐观。在公债殖利率方面，两年期指标公债殖利率并未延续第2季的扬升，在第3季呈现持续下跌的趋势，在本季有近10个基本点的跌幅；而十年期指标公债殖利率的走势也同样下跌，跌幅达近20个基本点。在股票市场方面，台股的发行量股价指数于7月份呈现涨跌互见的情况，上涨天数与下跌天数约各占一半，8月份则开始一路下滑，并于8月5日跌破8000点大关，于9月26日更是跌破7000点关卡，收在6877.12点，截至9月30日，加权指数仍未能回到8000点关卡。

第3季季末所召开的"中央银行"理监事联席会议，决议终止重贴现率、担保放款融通利率及短期融通利率的5连升，将利率分别维持在年息1.875%、2.25%、4.125%不变。对于维持利率不变的决议，"央行"主要的考量因素可归纳为以下两点：一是欧洲债务问题与美国财政、失业率问题，引发国际市场震荡，连带使得台湾外需减弱，经济成长趋缓；二是国际原油等商品价格回跌，输入性物价上涨压力渐减，台湾通膨与通膨预期降温。"主计处"下修下半年消费者物价指数（CPI）年增率预测值为1.75%。

（三）外汇市场

欧债及美债问题俨然是主导第3季外汇市场走向的两大主力，由于欧美经济出现二次衰退之疑虑，避险货币成为此季之主角。从8月份开始，美元又渐渐夺回其避险货币之地位，9月份全球避险情绪更是高涨，美元也因这波避险潮重回强势地位。

9月份，随着国际乃至于台湾股市之大幅走跌，新台币急速走贬，并在9月22日贬破30元大关，当日崩跌4.22角，为十年来最大之当日跌幅，外汇银行交易员估计，外资汇出逾5亿美元（逾150亿元台币），台北汇市成交量则是六成属外资汇出款，单日成交量飙到23.29亿美元巨量（平日仅约5亿美元）。9月受到欧美债务危机影响，全球股市笼罩在愁云惨雾之中，外资更是将台湾当成提款机，大举汇出资金，根据"金管会"统计，合计8月外资共汇出80.22亿美元，9月则汇出42.5亿美元。合计9月单月，新台币兑美元汇率重贬逾1.7元，贬幅5.92%，创下1997年第4季亚洲金融风暴以来单月最高贬幅。

三 台湾经济预测

2011年下半年，欧美债信危机爆发，全球经济走势更转趋疲软。主要预测机构纷纷下修主要经济体与全球经济成长率。随着国际经济转趋悲观，台湾经济也呈现反转迹象。

粗估台湾第3季的表现，在上年同期两位数年增率达10.69%垫高经济成长的情况下，成长率约为3.52%。各项GDP组成中，呈现内外需求趋缓局面。其中民间消费成长2.87%，低于3%预期。主要因台湾股市上下巨幅震荡，不确定性增高而使民间消费转趋保守。台湾投资年增率为-2.72%，其中民营企业投资成长率约为-4.02%，除因上一年同期比较基期偏高之外，重大案件环评问题与国际经济走向不确定性增高，致使民营企业投资负成长。以半导体与光电等占台湾投资比重较高产业为例，厂商因产能利用率下滑，减缓扩产步调所致。至于财货与服务之输出与输入成长率分别为3.98%与-0.91%，主因台塑六轻工安事故厂区停工影响产能且全球经济趋缓，贸易动能紧缩所致。惟净输出依然持续增加，第3季之规模约6609亿元新台币，年增率仍达23.88%。至于金融面方面，台湾第3季CPI年增率为1.34%，较第2季之1.63%更趋和缓；失业率则因受毕业季节性因素影响预估约为4.46%，略高于第2季之4.30%。

预估2011年第4季的经济成长率约为3.81%，略高于第3季之3.52%，整体经济走势仍属趋缓局面。其中民间消费成长3.07%，台湾投资缩减为-3.75%，民间投资成长-1.87%。财货与服务输出、输入分别增加4.96%、0.69%，由于出口成长幅度高于进口，净输出持续增加，约7816亿元新台币成长率为19.04%。

合计2011年下半年台湾经济成长率约3.67%，在国际经济前景阴霾笼罩、不确定性增高情况下，将较上半年之台湾经济成长率的5.58%下修1.91个百分点。其中，预估民间消费下半年成长率约为2.97%；下半年台湾投资成长-3.24%，民

间投资年增率为 -3.01%。商品与服务之输出与输入年增率分别为 4.48%、-0.11%。由于下半年之出口成长仍高于进口，净输出年增率将达 21.21%。

至于 2011 下半年金融物价走势方面，预估 CPI 年增率因台湾需求转弱、无重大天灾因素干扰以及 3C 商品价格持续走缓影响，将较上半年之 1.45% 略低为 1.35%。虽然日元与人民币兑美元汇率持续走升，但下半年新台币对美元汇率将由第 2 季均价高点 28.9 元略有回贬，预估下半年平均价位约为 29.33 元新台币兑换 1 美元，较上年同期升值幅度约为 6.47%。

预估 2011 年全年经济成长率为 4.58%，已由 2010 年之 10.88%，降低 6.30 个百分点。其中，全年民间消费成长 3.35%，仍然跨越 3% 关卡。台湾投资成长约为 0.47%，其中民间投资增加 2.36%。财货与服务之实质输出成长为 5.97%，海关商品出口（美元计价）年增率约 13.99%，财货与服务之实质输入成长为 1.89%，海关商品进口上升约 14.62%。WPI 全年平均年增率约 4.43%，较 2010 年之 5.46%，略为下滑。CPI 年增率为 1.40%，较 2010 年之 0.96%，上升 0.44 个百分点。新台币对美元汇率全年平均价位为 29.27 元新台币兑换 1 美元，相较于 2010 年全年平均价位 31.65，升值 2.38 元，升值幅度约 7.52%。至于台湾失业率方面，2011 全年平均失业率 4.47%，低于 4.5%，较 2010 年之 5.21%，将大幅下降 0.74 个百分点。

由于预期未来一年国际经济仍处低档，2012 年全年经济将成长 4.15%，略低于 2011 年的 4.58%，惟成长趋势将呈现逐季走扬攀升的格局。其中民间消费成长 2.23%，略低于 3%；台湾投资成长 1.39%，其中民间投资成长 3.64%。由于全球贸易趋缓①，预期台湾 2012 年的实质财货与服务输出年增率将为 5.61%，略低于 2011 年的 5.97%。但 2012 年实质财货与服务的输入成长率则因台湾需求略增，而成长 2.66%，略高于 2011 年的 1.89%。总之，台湾消费与投资需求以及净输出，成为来年经济成长的主要驱动力。

预估 2012 年全年 WPI 年增率约为 4.58%。CPI 年增率为 1.56%，较 2011 年之 1.40% 略高，惟仍在 2% 以下。新台币对美元汇率呈现平缓且有略微贬值的趋势，全年平均价位为 30.37 元新台币兑换 1 美元，较 2011 年贬值 3.76%。2012 年全年平均失业率约为 4.56%，较 2011 年之 4.47% 微幅增加。

---

① 如 Global Insight 预测 2012 年全球商品贸易年增率将由 2011 年之 19% 降至 8.0%。

四 不确定因素

1. 欧债危机是否持续发酵与扩散

欧债危机已有第一家不支倒下的银行 Dexia。比利时政府决定以 40 亿欧元买下在境内其所有银行子公司。世界银行 9 月 19 日提出警告，8 月以来欧债危机已造成发展中国家股市重挫、资金流动锐减。

2. 美国、中国等大国经济仍存在隐忧

美国经济"二次探底"的疑虑持续攀升。由于输入型通膨压力依然存在，加上中国大陆的人力、土地、电力等成本持续上扬，恐形成长期通货膨胀现象。

3. 全球粮食及能源价格续存上涨压力

长期而言，中国大陆、印度等新兴经济体能源需求扩增，长期油价仍存上涨压力。FAO 9 月发表"2011 年全球农作物展望"，预估小麦与玉米的库存仍分别创 2009 年和 2007 年的新低，粮食价格仍有上涨压力。

4. 欧韩与美韩 FTA 对台湾产品外销欧美市场的影响

继欧韩 FTA（自由贸易协议）生效后，美国国会也可望通过美韩 FTA，导致在欧美两大外销市场上，台湾处于与韩国竞争相对不利的地位。

附表　台湾经济基准预测

新台币十亿元（2006 年基期）	2011 年				2010 年	2011 年	2012 年
	第 1 季	第 2 季	第 3 季	第 4 季			
	实际值	实际值	预测值	预测值	实际值	预测值	预测值
实质 GDP	3514.82	3634.86	3764.23	3950.66	14213.93	14864.57	15481.31
年增率(%)	6.16	5.02	3.52	3.81	10.88	4.58	4.15
实质 GNP	3663.58	3728.48	4077.93	4043.60	14609.16	15513.59	15926.86
年增率(%)	5.91	4.58	9.92	4.36	10.56	6.19	2.66
每人平均 GNP(US＄)*	5199.38	5179.03	5456.43	5660.38	19240.38	21495.22	21535.12
年增率(%)	11.38	11.59	12.82	11.10	13.29	11.72	0.19
民间消费	1978.20	1926.29	2011.66	2021.97	7680.53	7938.11	8115.40
年增率(%)	4.38	3.12	2.87	3.07	3.65	3.35	2.23
固定资本形成	615.97	649.83	698.59	691.65	2643.61	2656.04	2692.96
年增率(%)	8.59	1.60	-2.72	-3.75	23.44	0.47	1.39
民间投资	514.14	501.48	543.37	491.06	2002.70	2050.05	2124.62

续附表

新台币十亿元 (2006年基期)	2011年 第1季 实际值	2011年 第2季 实际值	2011年 第3季 预测值	2011年 第4季 预测值	2010年 实际值	2011年 预测值	2012年 预测值
年增率(%)	11.40	5.66	-4.02	-1.87	32.51	2.36	3.64
财货与服务输出	2641.78	2771.15	2812.26	2957.78	10553.30	11182.97	11810.53
年增率(%)	11.18	4.39	3.98	4.96	25.65	5.97	5.61
财货与服务输入	2095.40	2130.82	2151.35	2176.17	8395.41	8553.74	8781.20
年增率(%)	7.40	0.90	-0.91	0.69	28.20	1.89	2.66
海关出口(亿美元)	737.84	803.59	785.19	803.41	2746.01	3130.03	3377.42
年增率(%)	19.43	14.63	11.62	11.01	34.82	13.99	7.90
海关进口(亿美元)	692.58	748.09	707.86	731.08	2512.36	2879.61	3062.53
年增率(%)	21.81	19.00	10.38	8.49	44.08	14.62	6.35
GDP平减指数(2006=100)	96.16	92.24	96.00	95.38	95.81	94.95	95.01
年增率(%)	-2.91	-3.36	0.20	2.63	-1.76	-0.90	0.06
WPI(2006=100)	110.61	112.85	112.90	113.77	107.75	112.53	117.68
年增率(%)	3.90	3.96	4.39	5.49	5.46	4.43	4.58
CPI(2006=100)	106.07	106.85	107.11	107.78	105.48	106.95	108.62
年增率(%)	1.28	1.63	1.34	1.36	0.96	1.40	1.56
M2货币存量(日平均)	31407.03	31634.65	31995.61	32264.10	30074.19	31825.35	33693.17
年增率(%)	5.90	6.00	6.17	5.24	4.59	5.82	5.87
台币兑美元汇率	29.51	28.90	29.20	29.45	31.65	29.27	30.37
年增率(%)**	7.65	9.49	8.66	4.18	4.26	7.53	-3.76
31~90天期商业本票利率	0.56	0.68	0.78	1.04	0.38	0.76	1.27
年增率(%)	86.67	98.06	95.23	122.04	60.64	102.46	66.17
失业率(%)	4.60	4.30	4.46	4.52	5.21	4.47	4.56

说明：* 有关每人平均GNP在此以美元表示。

** 有关汇率变动百分比，正值表示升值，负值表示贬值比率。

资料来源：中华经济研究院及经济展望中心，2011年10月14日。

Prediction of Economic Condition of Taiwan

Liu Mengjun　Peng Suling

Abstract：Although affected by Japanese earthquake and European debt crisis and other factors, Taiwan's economic presents a picture of prosperity both inside and outside in 2011. But in general, the international trade in Taiwan grows with a slower level. The private consumption has become more prudent and conservative, and the investment inside slows down while the public spending grows flatly. From the view of price and financial point, the price fluctuates gently while the stock market meets up and down. According to estimates, the economic growth in Taiwan is about 3.81% in the fourth quarter of 2011 with the financial price of 1.35% in the second half of 2011. Taiwan's economic uncertainty is mainly from European debt crisis and large country economy.

Key Words: Taiwan; Economic Condition; Prediction

B.30
香港经济形势分析与展望

陈李蔼伦*

摘 要：香港经济在2011年上半年保持良好增长势头，但欧美等先进经济体的复苏步伐再度放缓，加上欧元区主权债务危机踏入第2季后再度恶化，令市场重新关注全球经济衰退的风险。不过，香港经济继续受惠于良好的宏观经济基本面和内地经济平稳较快增长的支持，有望抵消部分因欧美经济放缓而带来的冲击。预料2011年全年的经济增长率可达5%~6%。就中长远发展而言，香港会积极配合国家"十二五"规划发展，同时继续深化区域合作、推动四大支柱产业发展和支持六项优势产业，以维持香港独有的优势和竞争力。

关键词：香港经济 通胀风险 长远经济策略 "十二五规划"

一 经济近况

全球经济在2010年恢复正增长，但各地复苏的步伐迥异。内地经济持续有强劲表现，继在2010年录得10.4%的增长后，在2011年上半年进一步按年扩张9.6%，成为全球经济增长的主要动力之一。另外，困扰着各个先进经济体的不明朗因素似乎有增无减。尽管日本事故对区内[①]乃至全球供应链所造成的短暂干扰已逐渐减退，但美国经济继续受失业率高企、楼市低迷及去杠杆化过程所拖累，复苏过程出现后劲不继的迹象。美国民主共和两党就国债上限的争议亦令市场重新关注美国的财政状况。在欧洲，主权债务问题自第2季开始再次成为市场焦点，市

---

* 陈李蔼伦，香港特区政府财政司司长办公室，政府经济顾问。
① 不包括中国内地和日本的亚洲地区。本文下同。

场对危机蔓延至其他较大欧洲国家的忧虑加剧。同时,全球食品及商品价格持续高企,中东及北非地缘政局未明朗,继续对全球经济构成威胁。至于新兴亚洲国家,虽然大部分因基调良好而仍然保持不俗增长,但过去一年为压抑通胀而连番收紧政策,相信未来增长动力亦会略为减慢,尤其是在先进经济体复苏乏力之际。

香港虽然面对全球经济各种不明朗因素,但本港经济在稳固基础和国家蓬勃发展的支持下继续稳步增长。本地生产总值上年实质增长7.0%,而2011年上半年也有6.3%的扩张。不过,经季节性调整后按季比较,本港经济在2011年第2季实质轻微收缩0.5%(见图1),是自2009年第2季以来首次出现环比负增长,主要是由货物贸易表现受挫和第1季的比较基数特别高所致。

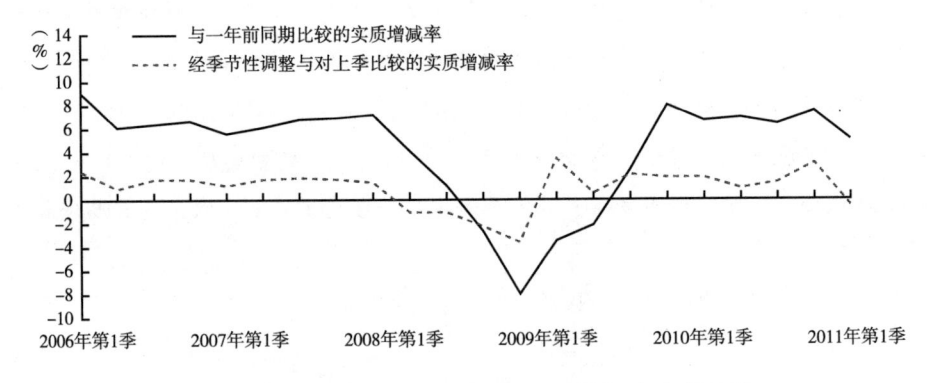

图1 香港经济在2011年第二季略为放缓,但仍然稳健

从经季节性调整后的环比情况来看,本地生产总值各组成部分表现不一(见图2)。一方面,货物出口在2011年首季按季跃升14.4%后,在第2季因日本地震事故的短暂干扰和多个出口市场增长放缓而急跌11.1%。另一方面,私人消费连续9个季度录得正增长,而服务输出在较高比较基数下也仍然有不俗表现,主要是受惠于访港旅客持续增长和金融服务业畅旺。

(一)对外贸易

香港整体货物出口继2009年因年初全球贸易往来下滑而实质锐跌12.7%后,于2010年显著反弹,按年增长17.3%(见图3)。不过,踏入2011年,受日本事故短暂影响环球和区内供应链,以及多个出口市场增长放缓所拖累,货物出口在第2季明显减慢。具体而言,输往美国的出口在连续5季显著增长后,在

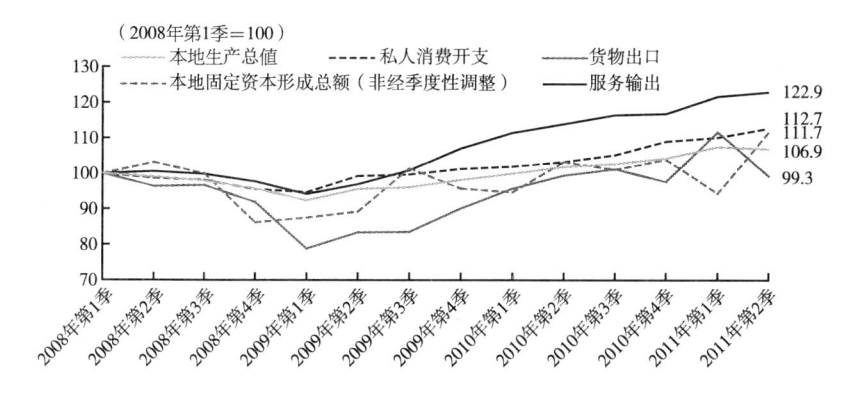

图 2　除货物出口外，本地生产总值各组成部分表现理想

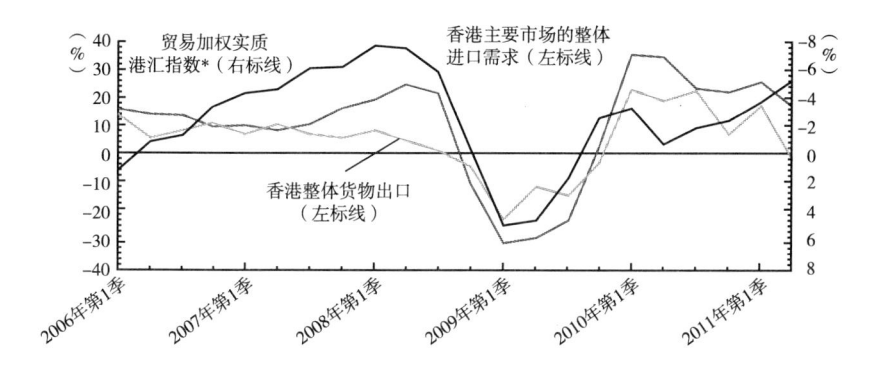

图 3　货物出口增长在 2011 年第 2 季显著回落（与一年前同期比较的增减率）

* 实质港汇指数以倒置显示，正数变动表示港元实质升值。

第2季回跌。尽管占整体货物出口往欧盟约 1/4 的德国市场表现强劲，输往欧盟的出口亦录得轻微跌幅（见图4）。至于亚洲市场方面，日本经济受3月地震严重打击，输往日本的出口在地震后急挫。输往内地的出口录得温和跌幅，而输往多个其他亚洲国家和新兴市场的出口则持续录得可观增长。

相对于有形贸易，无形贸易保持理想表现。服务输出继上年实质按年跃升15.0%，在2011年首两季分别进一步录得9.3%和7.8%的快速增长（见图5）。在访港旅客数目上升带动下，旅游服务输出成为服务输出的主要增长动力。由于集资活动、跨境融资和其他商业活动畅旺，金融及其他商用服务输出亦继续强劲增长。然而，与贸易有关的服务输出（主要是离岸贸易活动）和运输服务输出的增幅在第2季则相对温和，反映了商品贸易和货流的较疲弱表现。

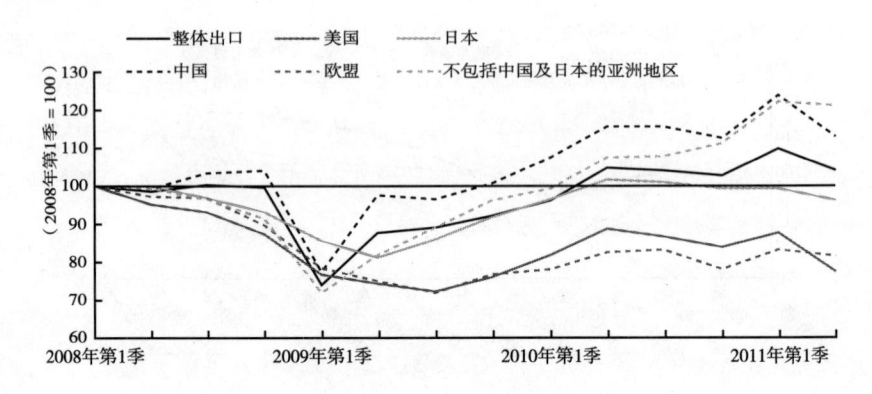

图4　亚洲区内贸易大致保持畅旺，但美国和欧洲市场持续疲弱

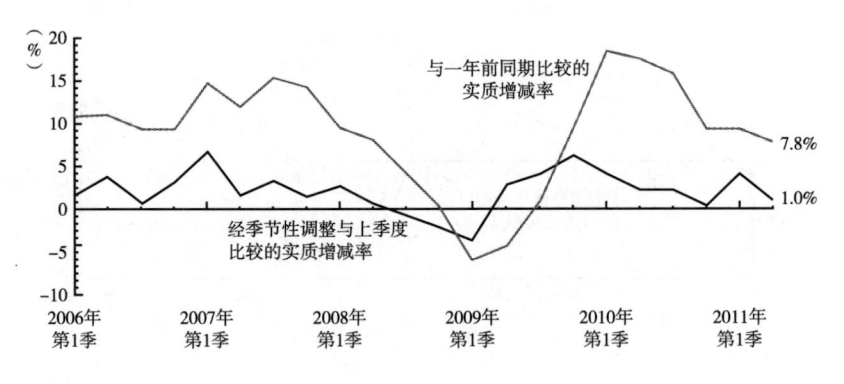

图5　服务输出继续保持不俗增长

（二）内地因素

随着香港与内地经济进一步融合，本港经济越加受惠于内地的蓬勃发展。虽然内地经济在宏观调控下最近轻微减速，但仍保持稳健较快增长，为香港经济提供有力支持。2011年首8个月，香港对内地的出口占总体出口的份额达52.6%。内地进口需求持续强劲，是香港货物出口的其中一个主要增长动力。

祖国的蓬勃经济增长亦惠及香港的金融业。人民币贸易结算计划自2010年扩大后，香港的人民币贸易结算总额较2010年下半年跃升135%至2011年上半年的8040亿元人民币。随着投资者和发行商的层面扩阔，上半年人民币债券的发行总额达436亿元人民币，已超逾上年的总额。此外，内地企业在香港股票市场继续担当重要的角色。截至6月底，共有610家内地企业（包括164家H股公司、103家"红筹"公司及343家民营企业)在本港的主板和创业板上市,占本港上市公司总数的42%及总市值的56%。在上半年,与内地有关的股票占香港交易所股本证券成交额的65%及集资总额的40%。以上发展有助于巩固香港作为全球国际金融中心的地位。

旅游业方面,"个人游"计划继续为香港带来大量内地旅客。作为访港客人增长的主要动力,内地访港旅客在2011年上半年急升21.1%至1270万人次,占访港旅客总人数的65.7%,带动旅游服务输出在同期按年实质上升14.1%。2010年内地访港旅客在港消费达1130亿港元,占所有旅客消费额的68.7%,为香港零售业带来有力支持(见图6)。

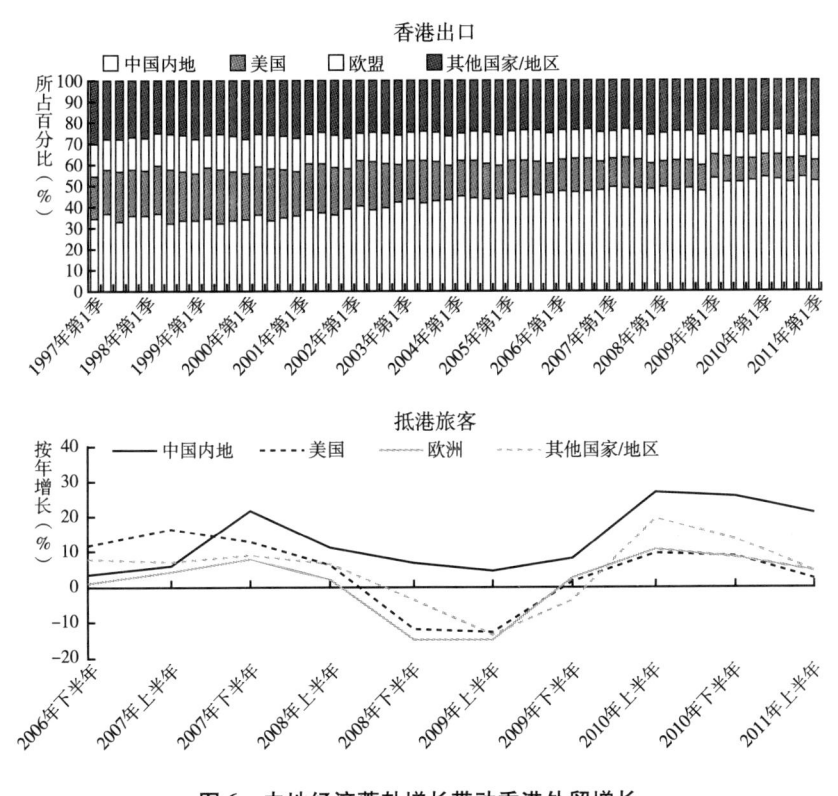

图6 内地经济蓬勃增长带动香港外贸增长

(三) 内部需求

香港经济自2010年全面复苏起,内部经济增长势头强劲。由于消费意欲向好和就业及收入情况持续改善，本地消费开支保持蓬勃。私人消费开支在2010年四个季度都有显著的实质增长，全年增长6.2%，而2011年首两季分别再录得8.0%和9.2%的可观实质增长（见图7）。

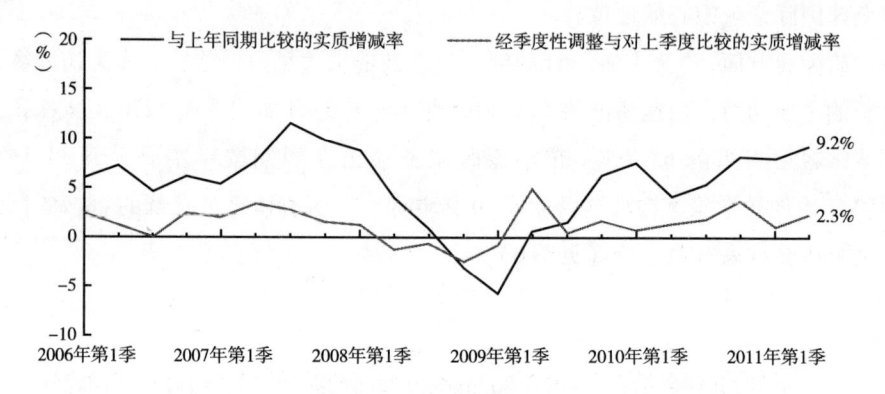

图7 私人消费显著上升

整体投资方面，本地固定资本形成总额在2010年实质显著增长7.8%，而2011年在第1季按年短暂微跌0.3%后，在第2季大幅反弹，按年实质增长8.1%（见图8）。政府统计处在6月及7月初进行的《业务展望按季统计调查》显示，大型企业的营商信心普遍维持正面。不过，中小型企业的看法在近月则转趋审慎。同时，整体楼宇及建造开支在第2季按年实质轻微回跌2.4%。尽管公营部门的楼宇及建造开支在上年同期比较基数较高下仍录得双位数增幅，但私营机构的建造活动在季内继续下跌。

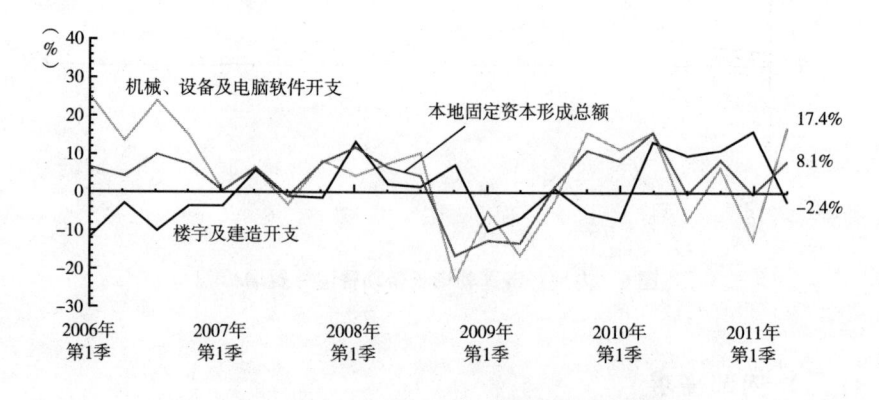

图8 整体投资在2011年第1季短暂回落后大幅反弹

(四) 劳工市场

劳工市场自2010年起出现全面改善，劳工需求至今仍然相当强劲。自2011年5月1日起实施的法定最低工资鼓励了更多人重投劳工市场，总劳动人口增长加快。尽管如此，本地经济持续以较快速度扩张，创造了大量新职位，把总就业人数推至历史新高，亦有助吸纳大部分新增的劳动人口。因此，经季节性调整的失业率在2011年6~8月跌至3.2%（见图9），是自1998年初以来的新低位。就业不足率同期亦降至1.8%的低水平。同时，2011年上半年私营机构各主要行业的员工平均薪金按年上升7.0%，扣除通胀后仍有2.5%的实质升幅，反映大部分雇员的收入能受惠于经济强劲增长。然而，外围环境不明朗因素在近期显著增加，尤其是美国的经济和财政状况，以及欧元区主权债务危机升级，令部分雇主近期对招聘员工的态度转趋审慎。

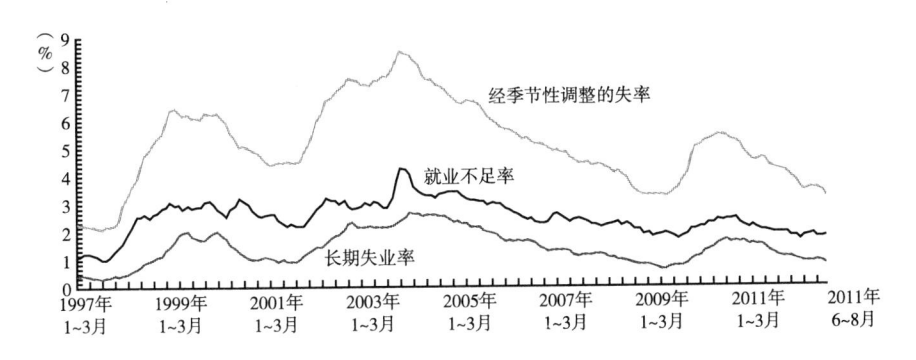

图9 失业率跌至十三年以来新低

(五) 通胀

作为区域性现象的一部分，通胀自2010年至今持续上升。环球食品及商品价格虽然在近月略为回稳，但在流动资金充裕及美元转弱下仍然高企，加上进口来源地的通胀升温，都推高了本港的进口通胀。本地方面，私人住宅租金上升反映至消费物价通胀层面的效应日益明显。经济在过去一年多持续强劲增长，劳工市场相对紧张，以及实施法定最低工资的一次性影响，亦令本地营商成本压力普遍增加。基本消费物价通胀率由2010年全年计算的1.7%升至2011年首8个月合计的4.8%（见图10）。

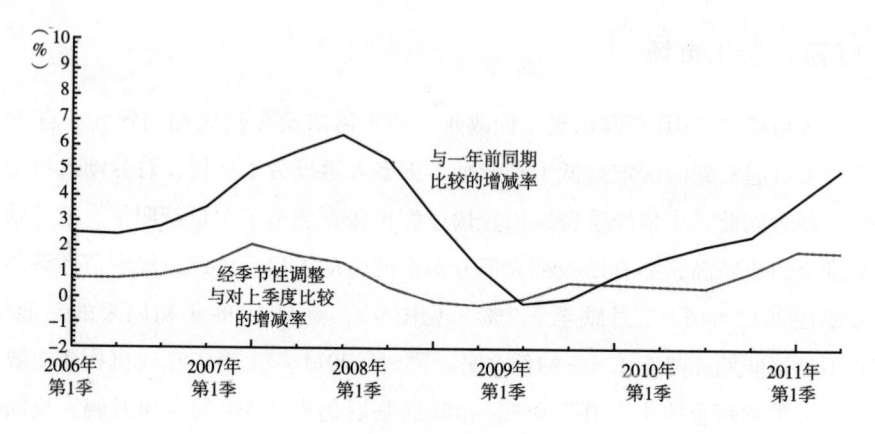

图 10　通胀压力在 2011 年持续增加

二　宏观经济基本状况

（一）良好的宏观经济基本面

香港经济能够克服金融海啸的挑战，重回增长正轨，一方面反映香港经济基础稳固，亦显示特区政府"稳金融、撑企业、保就业"的应对策略发挥效用。另一方面，国家经济自 2009 年初率先复苏，恢复较快增长，其他亚洲地区的经济活动亦见蓬勃，这些因素都为香港经济提供了重要的支持。

香港经济的表现亦得到国际信贷评级机构的认同，2010 年底标准普尔调高香港的长期外币及本币主权评级至最高的"AAA"，前景为"稳定"。标准普尔调高香港的评级，是基于香港庞大的对外资产净值和政府充裕的财政储备，以及香港相对于其他高收入经济体具有较高的经济增长潜力，反映国际社会充分肯定香港稳健的经济基调及金融体系抵御冲击的能力。

（二）财政储备充裕

公共财政方面，由于特区政府多年来秉持审慎理财的宗旨，政府的财政储备十分充裕。直至 2011 年 3 月底，政府拥有接近 6000 亿港元的财政储备，相当于本地生产总值的 34%，足以应付政府 24 个月的开支（见图 11）。

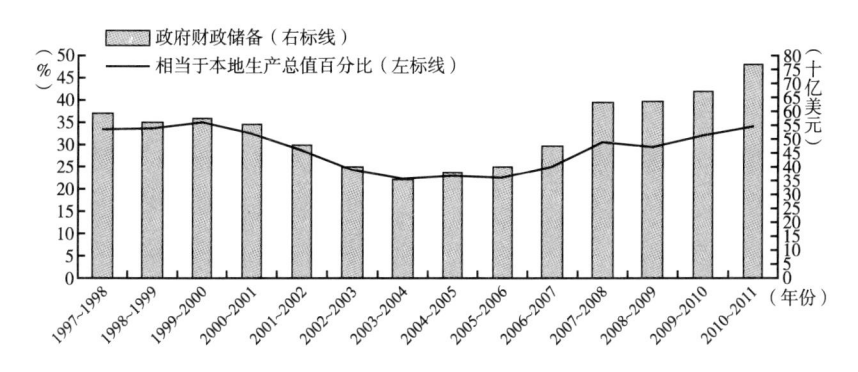

图 11 政府财政储备充裕

(三) 国际收支平衡

香港的对外头寸一向稳健。自 1997~1998 年亚洲金融危机后，香港经常账一直录得盈余，国际收支平衡自 1998 年以来，除了在 2002 年受美国科网泡沫爆破影响而出现赤字之外，每年都录得盈余（见图 12）。至 2011 年 6 月底，净国际投资头寸达 6840 亿美元，是整体经济规模的接近 3 倍。这些都说明香港的对外头寸充足，并不存在依赖向外借贷来支撑消费及投资的问题（见图 13）。

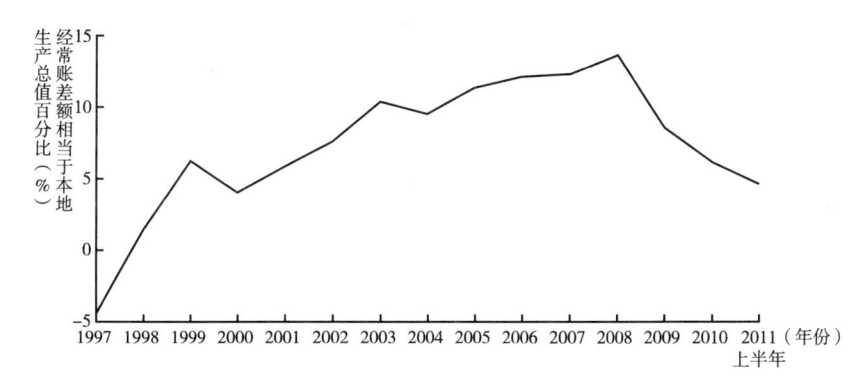

图 12 经常账继续录得盈余

(四) 金融体系稳健

香港的银行体系保持稳健，本港注册认可机构的资本状况维持强劲。在巴塞尔银行监管委员会（巴塞尔委员会）颁布的银行资本充足比率架构（一般称为

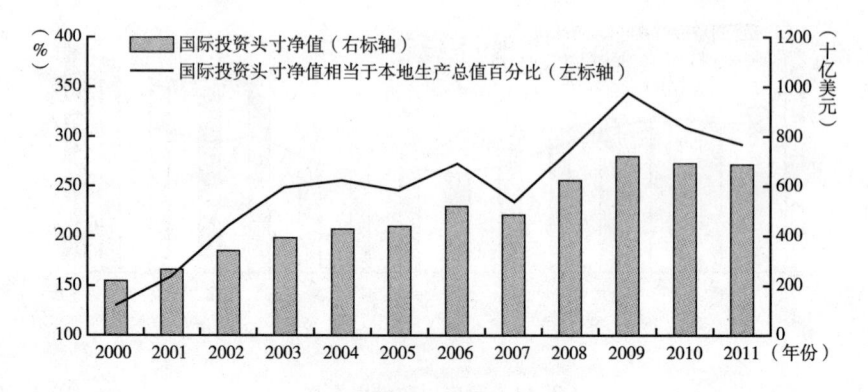

图13 净国际投资头寸充裕

《资本协议二》）下，这些机构的资本充足比率在2011年6月底维持于平均15.9%的高水平（见图14）。所有个别认可机构的资本充足比率均较香港金融管理局（金管局）规定的法定最低比率为高。

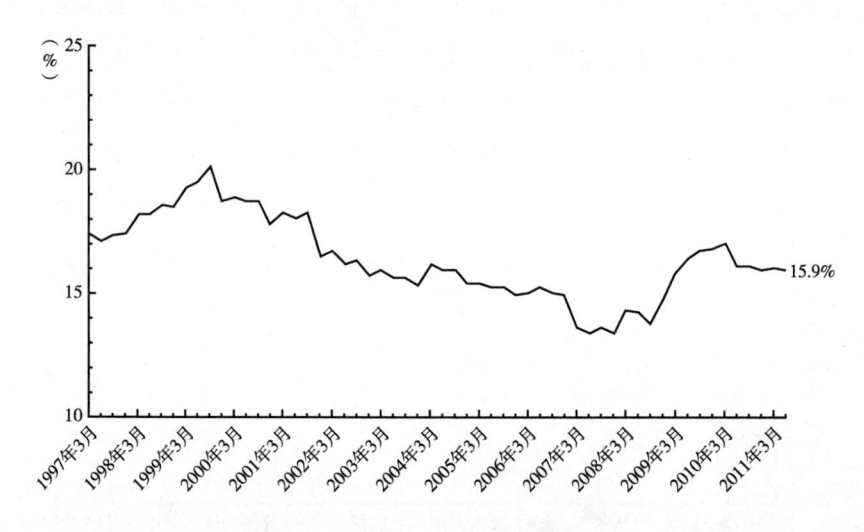

图14 银行资本充足率位于高水平

继巴塞尔委员会在2010年12月公布《资本协议三》各项规则的文本后，金管局在2011年1月向所有认可机构发出通告，表示将根据巴塞尔委员会的时间表全面实施《资本协议三》的改革方案。根据金管局就《资本协议三》咨询建议进行的定量测试显示，本港认可机构对遵从更高的资本要求应该没有太大困难，因为这些机构资本充裕（其大部分资本来自普通股），以及《资本协议三》

的大部分需要从资本扣减的项目已在香港现行资本规则的"一级资本"中扣除。为加强香港银行业的风险管理,金管局在4月要求认可机构提交2011年余下时间的业务计划及融资策略(特别是关于贷款及存款的增长、贷存比率及其他相关风险指标)以作复核。金管局其后于6月进一步收紧对银行按揭贷款的审慎措施。

香港银行体系的资产质素进一步改善。特定分类贷款净额相对贷款总额的比例,由2010年底的0.45%下降至2011年6月底的0.36%,而拖欠信用卡贷款比例及住宅按揭贷款拖欠比率在2011年上半年则分别维持在约0.20%和0.01%的低水平。银行不良贷款比率及流动资产比率见图15。

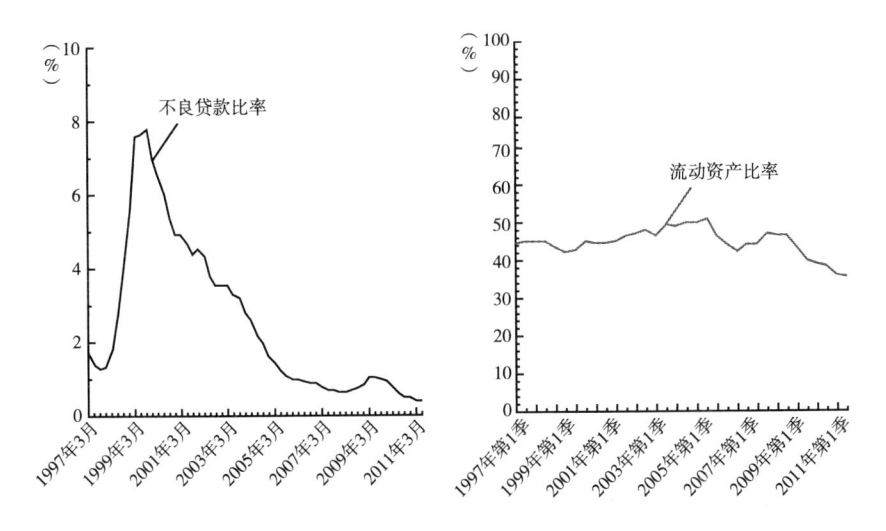

图15 银行不良贷款比率及流动资产比率均处于安全水平

(五) 国际化优势

香港回归祖国后,在"一国两制"的安排下,享有很多在制度上的优势。香港的金融体系稳健、税制简单、资本自由流动、法制和监管非常健全、市场运作透明而高效、人才荟萃而且高度国际化,这些因素都有助于香港发展成为国际金融、贸易和航运中心。香港作为全球枢纽亦扮演着重要角色。在2010年,共有1285家跨国企业在香港设立地区总部,另有5276家公司在港设立地区办事处。香港亦是重要的国际金融中心,在2011年9月公布的全球金融中心指数排名第三位,仅次于伦敦和纽约。另外,香港在世界银行2011年营商环境调查中排名全球第二位，反映香港拥有高竞争力和优良的营商环境，吸引世界各地的商业机构来港发展。事实上，瑞士洛桑国际管理发展学院发表的《2011年世界竞争力年报》，首次把香港与美国并列为全球最具竞争力的经济体。学院特别确认香港在"政府效率"和"营商效率"方面的优势，并进一步肯定香港在两者之间能取得适当平衡。

总括而言，香港拥有良好的宏观经济基本面、稳健的金融规管架构和完备的基础设施，令金融业能在过去十多年来迅速发展。同时，香港拥有国际化优势，对人流、物流、资金流和讯息都没有累赘限制，开放程度高，造就香港继续保持国际金融中心的地位。

三 2011年及2012年经济展望

外围环境自2011年夏起不明朗因素持续增多，特别是在美国经济复苏乏力之际，欧元区主权债务危机出现不断恶化迹象，大大增加了全球经济的下行风险。至于亚洲和新兴经济体，虽然基调较佳，但其外向型本质意味着它们在全球经济增长步伐大幅减慢的情况下亦不能独善其身；而先进经济体为刺激增长继续实施宽松货币政策，令全球流动性持续充裕，或令一些亚洲和新兴经济体需要进一步收紧政策以遏制通胀。以上形势为香港未来一段时间出口前景的主要不利因素。不过，内地经济至今仍能保持强劲增长，可望为香港出口提供缓冲。

内部经济方面，尽管本地需求至今维持大致良好势头而失业率依然低企，但外部环节大幅放缓将会削弱2011年下半年的经济增长势头。不过，考虑到本地生产总值在2011年上半年按年实质强劲扩张6.3%，只要外围环境没有重大逆转，即使下半年增长步伐可能会有所减慢，香港经济在2011年全年仍可达到5%~6%的预测增长。

至于香港经济在2012年的表现，很大程度上将取决于全球各主要经济体的表现。欧美最近的经济数据欠佳，以及欧元区继续受到债务危机的困扰，欧美经济来年依然充满挑战。再者，美国及多个欧元区国家为整顿财政而推行的紧缩措施亦可能进一步拖慢其复苏步伐。幸而，亚洲各新兴经济体自金融海啸以来表现了一定的韧性，可望维持正增长。加上内地经济在宏观调控措施下仍保持平稳较快增长，而"十二五"规划亦致力于提升内部需求以达致调整经济结构，将为亚洲乃至全球经济带来一定支持。不过，基于亚洲区内的经济活动仍然与欧美的需求有一定相关性，预期外围环境在来年依然会反复多变，为环球贸易带来更多的下行风险。

有"脱钩论"（De-coupling）观点认为，长远而言中国及其他新兴市场的崛起，会令全球经济增长减少依赖欧美等先进经济体。对香港而言，香港与内地的宏观经济趋势在近年愈趋同步，反映了香港和内地经济的不断融合。由于欧美经济体系很可能在未来一段很长时间都会缺乏增长动力，"脱钩论"对香港及亚洲经济表现的意义值得进行更深入的剖析。

以货物贸易为例，美国市场对东亚出口的重要性正在下降。一方面，东亚输往美国的出口占其出口总额的百分比估计由1996年的21.7%辗转下降至2010年的13.7%。另一方面，在撤除与加工出口贸易相关的出口后，东亚输往中国的出口占相关总额则在同期由6.9%上升至14.7%，可见中国等新兴市场作为推动亚洲出口增长的角色日益重要。同样，香港输往美国的出口占本港总体出口的份额估计由1996年的21.2%下降至2010年的11.0%，可见美国作为香港出口目的地的重要性似乎正逐渐减退。不过，另一方面，在过去十年亚洲区的区内出口增幅与亚洲输往美国及欧盟出口增幅之间的相关系数仍然十分高（分别超过0.9和0.8），这反映了亚洲区内贸易表现仍然在很大程度上与欧美需求有一定关系。此外，亚洲和欧美金融市场的表现一直有非常紧密的关联性，特别是在2008年金融海啸和2011年欧债危机升温期间，全球股市往往在不利消息传出后同步下泻，全球金融市场的高度融合可见一斑。由金融市场衍生的财富效应及其对私人消费的影响，也成为亚洲与欧美经济同步的另一渠道。总括而言，"脱钩论"对包括香港在内的亚洲经济体而言，目前只是部分成立。在可预见的将来，欧美等先进经济体对香港以至亚洲的经济前景仍然有一定影响力，而特区政府会继续密切注意外围经济下行风险。

物价方面，通胀压力自2011年初愈趋明显，这是全球的普遍现象。全球食品及商品价格虽然在近月有回稳迹象，但仍显著高于一年前的水平。此外，由于进口来源地的通胀上升，香港在短期内将要继续面对较高的外围价格压力。另外，泰国政府将于2011年10月起大幅提高稻米收购价，因而可能导致本地进口稻米价格进一步上升。本地因素方面，经济在过去一年多以较快速度增长和实施法定最低工资的一次性影响亦增加本地成本的上升压力。由于较早前国际食品价格和私人房屋新订租约租金急升的滞后影响会继续反映到通胀率上，通胀可能会在未来数月进一步攀升，然后才见顶。本地通胀的趋势至今仍大致符合预期，预测2011年全年的整体和基本消费物价通胀率分别为5.4%和5.5%。

展望2012年的物价走势，将视乎多方面的外围因素，包括汇率、全球商品价格及各主要经济体系的复苏进程。一旦欧美等主要经济体系再陷衰退，全球经济将会再度下滑，由此产生的产出缺口会令通胀急速回落；不过，在另一方面，由于美国继续维持非常宽松的货币政策，全球资金充裕情况对国际大宗商品价格的影响仍需关注。本地方面，虽然全球复苏动力正在减慢或会纾缓部分外围通胀压力，但本地劳工和租金成本在过去一段时间上升所带来的物价压力仍然不容忽视。根据现时情况推断，2012年通胀率应会有所回落，特区政府会继续留意通胀走势。

四　宏观经济运行风险

全球经济的短期前景充满挑战，特别是先进经济体的基调十分疲弱，况且当地政府在庞大负债下进一步推行财政刺激措施的空间已经不大。另外，美国货币政策取向亦备受市场关注。尽管第二轮量化宽松政策已于2011年6月完成，但基于国内经济疲态毕露，联储局已明确表示会维持联邦基金利率在现时的历史性低位至少到2013年年中，同时将实施"扭曲操作"，即沽出短期债券及买入较长期债券借以压低长期利率，并准备随时推出进一步挽救经济措施。同时，欧美国家的失业率居高不下，或会令保护主义再度升温，不利于亚洲区的贸易发展，并为香港出口增添更多变量。

本地方面，楼市过热的风险相信在政府推出一系列稳定楼市的措施后已略为减退。自2010年起，政府循着四个方向稳定楼市，包括增加土地供应以增加楼宇供应、遏抑物业投机活动、防止按揭信贷过度增长和提高物业市场透明度，并已渐见成效。土地供应方面，2011/2012年度可供应的房屋用地，可提供合共3万~4万个私人住宅单位。此外，在2010年11月公布开征"额外印花税"后，投机活动明显冷却（见图16）。为加强管理信贷风险，主要银行自3月起已数度收紧按揭贷款和调高以香港银行同业拆息为基准的按揭贷款利率。一手楼花单位销售指引于2010年4月公布后，物业市场成交价格及销售的透明度已有所改善。立法规管一手住宅物业销售督导委员会的工作取得稳步进展，并会在2011年10月提出切实可行的立法建议。

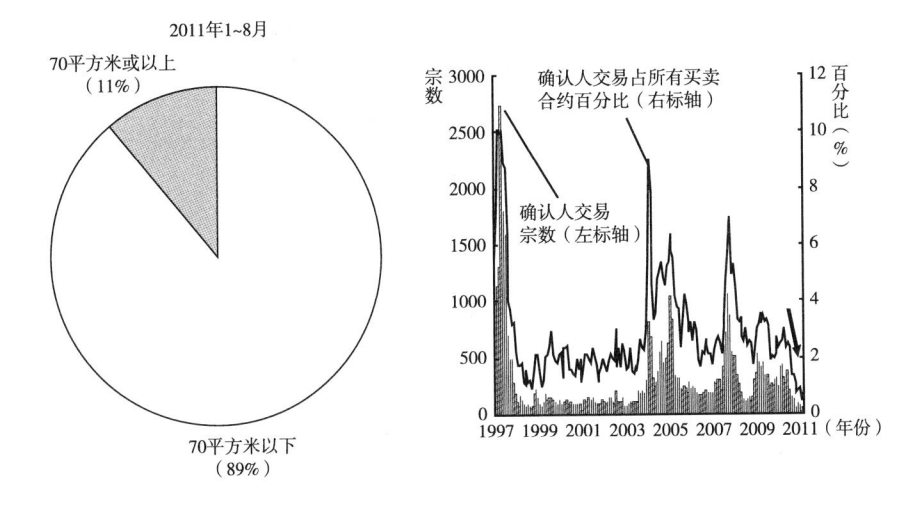

图 16　市场以用家为主导，投机活动已显著冷却

通胀在短期内仍是香港宏观经济的关注点。正如前文所述，通胀可能会在未来数月进一步上升，然后才见顶。通胀对低收入阶层的影响尤其显著，特别是因为食品价格是当前通胀上升的其中一个主要推手。面对通胀升温，政府已采取多管齐下的方针。第一，财政司司长在2011/2012财政年度的预算案中，提出多项一次性纾困措施，包括补贴电费，宽免差饷，代缴公屋租金，发放额外综援津贴，增加供养父母、祖父母和子女免税额，以及预留款项延续资助短期食物援助计划，以期适时帮助市民。第二，针对食品价格飙升，政府会继续令本港的食品进口来源更加多元化。第三，按照藏富于民的宗旨，政府会向每名合资格人士派发现金。在7月发行的通胀挂钩零售债券，亦为市民提供了另一个投资渠道，以纾缓通胀攀升所带来的影响。

五　长远经济发展策略

（一）"十二五"规划

在2008～2009年金融海啸过后，全球经济重心向东转移的趋势更为明显，未来全球的增长动力将主要来自中国和其他新兴国家。因此，香港的持续发展离不开背靠祖国、面向世界这个主旋律。2011年3月中央政府公布《中华人民共和国国民经济和社会发展第十二个五年规划纲要》（以下简称《十二五规划纲要》），港澳部分首次单独成章（以下简称《专章》），详述香港在国家发展战略中的重要功能定位，是香港配合国家五年规划工作的一个重大突破。2011年8月，国务院副总理李克强到访香港，宣布了中央政府一系列支持香港经济社会发展的措施，涵盖范围广泛，包括金融、经贸、交通、旅游、食物和能源供应、医疗服务和教育多个范畴。

《专章》凸显了中央对保持香港长期繁荣稳定的大力支持，为香港的未来发展提供了历史机遇，同时让香港在"一国两制"下，配合国家的整体发展策略，按《基本法》自行制定自身的发展方向、政策和措施。《专章》对香港的未来发展有标志性的意义，主要体现在以下三方面。

第一，《专章》强调中央支持香港巩固和提升竞争优势，包括巩固和提升香港国际金融、贸易、航运中心的地位，支持香港发展成为离岸人民币业务中心和国际资产管理中心。同时，协助国家利用香港的金融市场作为引进资金、配置资产，以及作为国家推动人民币"走出去"的平台，发挥"防火墙"和"试验田"的作用。

第二，《专章》强调中央支持香港培育新兴产业，发展六项优势产业。有关表述有助于香港的六项优势产业在内地拓展合作领域和服务范围，同时通过互动合作，可以协助国家提升产业结构，特别是在服务业方面的发展。在中央的支持下，六项优势产业有很大的空间进一步开拓内地的市场。《内地与香港更紧密经贸关系安排》（CEPA）的开放措施是相关产业进入和开拓内地市场的一个重要平台。《十二五规划纲要》提出一连串的战略目标，包括扩大内需、推进城镇化和发展现代服务业等，都为有关产业带来机遇。

第三，《专章》强调中央支持深化内地与香港的经济合作，继续实施CEPA，并把2010年4月签订的《粤港合作框架协议》中粤港合作的重要功能定位提升到国家战略的层次，并确立香港在珠三角地区发展中的核心功能定位。重点包括建设以香港金融体系为龙头的金融合作区域和世界级城市群，以及支持广东对香港服务业开放先行先试，并逐步将有关措施拓展到其他地区。有关表述明确了香港在珠三角区域发展方面的核心功能定位，对未来香港与内地省份进一步提升区域合作提供了一个清晰的方向和基础。

（二）深化区域合作

香港与珠三角经济在过去30年来不断加速融合，并按其比较优势作出分工。粤港两地政府会继续紧密联系，合力推进《粤港合作框架协议》的落实工作。

前海发展亦是另一个重点区域合作计划。前海发展目标是打造成粤港现代服务业创新合作示范区。前海发展是国家落实进一步深化改革、扩大开放的战略选择，是国家发展现代服务业的"试验田"。对香港来说，与深圳在前海发展现代服务业是互利互惠的安排，相信有助于扩大区域经济的规模，并为香港业界开拓内地庞大的服务业市场提供重要的平台。前海将由深圳主导和开发管理，而特区政府将继续为前海的发展规划和相关政策的探讨和制定提供意见。期望内地当局在制定相关政策的过程中，能考虑如何营造所需的政策环境，让合适的服务业在前海开拓业务，重点包括金融、专业服务和其他服务业。整体而言，前海发展有关工作有助于香港的服务业开拓内地庞大的市场，同时有助于促进珠三角地区加快发展服务业，提高整体的竞争力。

另外，中央支持广东对香港服务业开放"先行先试"，并逐步将有关措施拓展到其他地区。这是一个重要的政策方向。广东的常住人口超过一亿，2010年全省生产总值达45473亿元人民币，人均生产总值折合达6600美元，是香港服务业开拓内地市场的理想地点。自2008年以来，内地和香港公布了共41项以广东为试点的CEPA"先行先试"措施，涵盖21个领域，涉及多个香港重要产业。广东省政府一直积极配合，并在2010年公布了《CEPA补充协议七》中广东"先行先试"措施的相关法律法规。期望2010年年内能签署《CEPA补充协议八》，进一步深化服务贸易开放，放宽服务提供者的标准，充实贸易投资便利化的合作内容，继续推动在广东等省份先行先试。

在香港与台湾间的经济文化交流方面，香港计划于2011年内在台湾成立"香港经济贸易文化办事处"，以进一步提升港台交流的层次和深度。2011年8月底，香港投资推广署和广州市人民政府在台湾台北市携手举办了一个研讨会，推广香港和广州的营商优势，以及这些优势如何有助于台湾企业在香港及内地拓展业务。港台双方会继续以双方共同利益为出发点，并透过新搭建的沟通合作平台，积极探讨促进双方建立更紧密经贸关系的合作机会。

（三）推动本地产业发展

全球经济环境千变万化，香港作为细小、成熟和开放的资本市场经济体，在面对全球化竞争时，必须致力于维护香港的制度优势，提升自己的竞争力，走向高增值的知识型经济。在这方面，特区政府一直大力投资教育，而专上教育人士占劳动人口的比例由2000年的23.8%上升至2010年的31.5%（见图17），同期劳动生产力平均每年增长3.1%，较其他先进经济体及亚洲国家为佳。除了继续巩固香港传统四大支柱产业外，特区政府会致力于发展六项优势产业，以期令经济活动更多元化。在2009年，六项优势产业中私营部分对本地生产总值的贡献约为8%，雇工超过39万人，占总就业人数大约11%。政府会继续提供有利六项产业发展的政策环境，以"市场主导、政府促进"为原则，在土地资源、人力资源和发展诱因等方面提出支持。此外，为推动本地科研发展，政府和高等教育机构在2009年的研究经费开支合共接近74亿港元，较2000年累计增加了44%，推进香港继续向知识型经济转型。

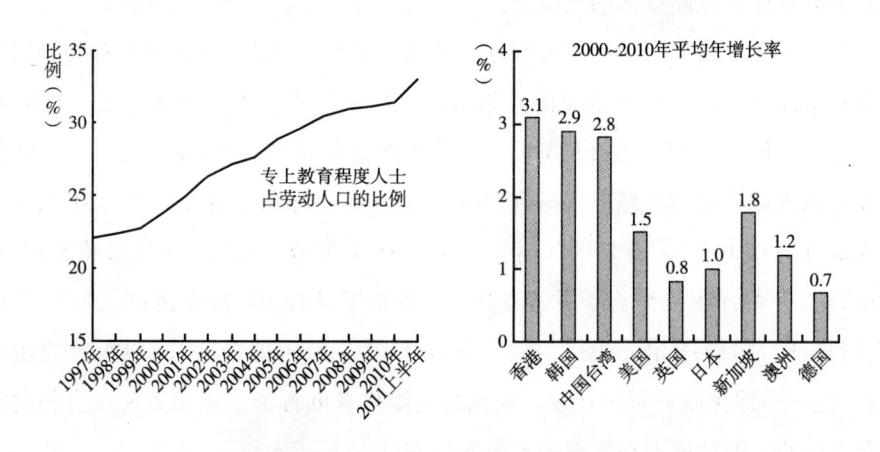

图17　香港继续迈向知识型经济

（四）四大支柱产业

金融业：香港会致力于发展成为人民币离岸中心和国际资产管理中心。特区政府会致力于进一步优化人民币结算平台，并到海外进行路演以推广香港的人民币离岸市场，吸引更多企业利用香港的结算服务。同时，政府会继续鼓励海外企业来港发行人民币债券和争取内地企业来港发债，亦会争取设立渠道，让企业可以把在香港募集的人民币资金投资到内地，并推动人民币金融产品和服务多元化，以巩固本港作为人民币离岸中心的地位。在促进资产管理业务方面，工作重点包括争取签订更多避免双重征税协议，继续发展伊斯兰金融平台，提供税务优惠，以及加强海外推广。政府会通过持续优化规管架构、改善市场质素及推动市场发展，来进一步提升资产管理业的竞争力。

旅游业：政府现正全面检讨香港旅游业的运作和规管架构，配合香港旅游业长远健康发展。我们正加紧提升本港的旅游设施，新邮轮码头工程进展顺利，同时本港两个主题公园（香港迪斯尼乐园和海洋公园）的新发展亦将相继落成。

贸易及物流：为支持物流业转向高价值货物及服务发展，政府已逐步推出长期用地，吸引业界建立物流群组。与此同时，政府会继续致力提供合适用地供港口后勤使用，以促进港口的有效运作。此外，我们会继续巩固香港作为国际航运中心的地位，强化香港的航运服务群组，加强人才培训，并于海外和本地推广香港优质而全面的航运服务。航空运输方面，香港机场管理局正落实机场飞行区中场范围发展计划，提供额外的飞机停泊位及新的机场客运廊。另外，新航空货运站工程预计于2013年初完成。该项目能提升机场货物处理量50%。期待新货运站落成后，会为行业带来更多竞争力，这亦有助于提高香港国际机场的竞争力。

工商业支持及专业服务：香港与内地一直通过CEPA，促进本港专业服务进入内地市场，包括推动专业资格互认、开放内地专业资格考试予合资格香港居民、便利取得相关资格的香港专业人员在内地注册及执业等。2010年签署的《CEPA补充协议七》进一步便利了香港医疗及建筑相关专业服务开拓内地市场。特区政府会与内地继续联系，加强CEPA的有效实施。

（五）六项优势产业

检测及认证产业：香港检测和认证局2010年向特区政府提出以市场为主导的三年行业发展蓝图，并已获政府采纳。特区政府采取双管齐下的方式，既从整体上提升认可服务和行业的生产因素，增强竞争力，亦在四个对检测和认证服务有重大需求的行业包括中药、食品、建筑材料及珠宝，作重点发展。政府会继续与香港检测和认证局和行业通力合作，大力推动"香港检测，香港认证"这个品牌，将香港发展成为区内的检测和认证中心。

医疗产业：政府划定了四幅位于黄竹坑、将军澳、大埔和大屿山的土地发展私营医院，同时积极发展中医药行业，参与为中药制定安全性及质量方面的标准，并鼓励更多内地及其他国家的中医专家来港工作及交流。

创新科技产业：政府现正检讨创新及科技基金的资助范围及评审机制，希望借此鼓励更多机构为其具潜力的项目作出申请，并让项目可持续地发展，带来更大的社会和经济效益。另外，政府会通过创新及科技基金拨出款项，鼓励政府部门和公营机构试用本地大学及科研机构的科研成果。硬件配套方面，造价达49亿元的香港科学园第三期发展计划已于2011年下半年动工，预计在2013年后陆续落成，提供额外105000平方米楼面面积。

文化及创意产业：为发展本地的文化产业，以及配合西九文化区的建设，政府正透过多管齐下的方针，即发展艺术节目、培育人才、推动艺术教育、拓展观众，以及促进文化交流，进一步强化香港的文化软件。为推动香港成为区内创意盛事之都，香港会举行大型创意活动。此外，在"创意香港"办公室的支持下，来自美国的萨瓦纳艺术设计学院于2010年正式成立。展望2012年，政府会在培育人才和开拓市场方面继续努力，协助有意投身文化及创意产业的业内人士，推动业界持续发展。

环保产业：政府正发展多项与环保有关的新产业，例如电动汽车、新能源科技、建筑物能源效益产品等。同时，政府正通过多项政策措施及提供经济诱因，鼓励私营界支持环保产业的发展。

教育产业：为推动香港教育国际化和多元化，政府推出了四幅全新土地兴建国际学校。在自资专上教育方面，直至2010年底，政府共批出八幅用地，以供办学机构发展自资专上课程。此外，行政长官于2010年施政报告建议设立总承担额25亿元的"自资专上教育基金"，支持自资专上教育的发展。

六 结语

中央政府最近所宣布的一系列支持香港经济社会发展的措施，既体现了中央对香港一贯的大力支持，也充分显示了香港和内地在国家"十二五"规划下互利互补的关系。特区政府会继续按照"一国两制"的方针，全力推进有关"十二五"的落实工作。作为国家的一部分，香港的利益与国家的利益高度一致。

中央对香港的支持，既有利于国家的富强和进步，也有利于香港的长远发展和繁荣稳定。特区政府会继续大力推动四大支柱产业和六项优势产业的发展，以巩固香港独有的优势和竞争力。同时，特区政府期待在中央政府的支持下，继续为国家的现代化发展作出贡献，继续发挥香港背靠祖国、立足亚洲、服务全球的优势，为两地开创更美好的未来。

Analysis and Outlook of Hong Kong's Economy

Chenli Ailun

Abstract：Hong Kong's economy was in good condition in the first half of 2011, but according to the stagnation of U. S. economic recovery, European debt crisis, and the risk of global recession is concerned. However, with outstanding macroeconomic fundamentals of Hong Kong, and the support of economic growth in mainland, impacts of global recession are offset. According to the research, the Hong Kong's economic growth would reach 5% - 6%. Considering the long-term economic development, Hong Kong would actively cooperate with the mainland in the Twelfth Five-year Plan. Meanwhile, Hong Kong would keep moving on the regional cooperation, promote the development of pillar industries and support the six industries with high superiority, in order to maintain Hong Kong's unique advantages and competitiveness.

Key Words：Hong Kong's Economy；Inflation；Long-term Economic Policy；Twelfth Five-year Plan

B.31
澳门经济分析与展望

华侨大学"澳门经济分析与预测"课题组*

  摘　要： 受惠于旅游博彩业的带动、稳健的澳门特区政府财政金融基础，加上内地经济发展、亚洲经济保持增长，在2010年较高基数的基础上，2011年上半年澳门特区经济实质增长率约为23%。预计下半年增长放缓，全年预计将有双位数的增长。在2011年较高基数的基础上，2012年澳门经济将继续增长，进一步区域合作仍然是澳门未来经济增长的重要动力，如何应对通货膨胀和进行房地产调控是澳门政府应注意考虑的问题。

  关键词： 澳门经济　分析与展望　通货膨胀

  2010年，全球经济恢复，加上中国内地经济增长强劲，为澳门经济迅速回升创造了有利条件。2010年以当年价格计算的本地生产总值（GDP）为2237.43亿元（澳门元，全文同），约279.60亿美元，实质增长率为26.4%；人均本地生产总值为409828元（约51214美元），首次突破5万美元。支持2010年澳门经济增长的利好因素包括：博彩毛收入1883亿元，较2009年上升57.5%；旅客入境人次增加14.8%，每季度的旅客人均消费上升；酒店住客增加15.5%；入住率上升8.43%；零售业销售额及每月工作收入中位数均有所上升。2010年住户月收入中位数为16300元，比2009年增加500元。2011年起《内地与澳门关于建立更紧密经贸关系的安排》（CEPA）的第七份补充协议开始生效。

  根据"2011年经济自由度指数"报告，澳门连续两年在全球179个经济体中全球经济自由度指数排名逐年上升，2011年全球排名上升至第19位，得73.1

---

* 课题负责人：吴承业；课题参加单位：华侨大学数量经济研究院、澳门发展策略研究中心。

分，较 2010 年增加 0.6 分，被评为"较自由"地区。澳门在 41 个亚太地区超越日本晋身 5 强，排第 5 位，仅次于香港。澳门排名较高的领域包括贸易自由度、投资自由度、财政自由度、货币自由度及金融自由度等，其中贸易自由度排名第 1 位。10 项评分中，仍是政府开支得分最高，为 93.3 分。该报告认为，澳门特区政府开支相当于居民生产总值的 13.3%，财政盈余让特区政府轻松应对国际金融危机；特区政府增加公共投资、减免税费，推出医疗券及现金分享等措施促使政府开支增加，但博彩税收仍然超过政府开支的增长。2011 年财政年度施政报告表明，政府将根据 2010 年度的财政结余情况，向每个合资格居民的中央储蓄制度户口注资 6000 元，而 2011 年澳门特区政府继续实行"现金分享计划"以实施新一期的医疗券发放计划，向每名永久居民发放现金 4000 元，非永久居民每人 2400 元；为提升全民的保健意识，继续向每名澳门居民派发金额为 500 元的医疗券。2011 年 8 月 30 日再次推出一次性抗通胀措施，向每名永久性居民和非永久居民分别发放 3000 元和 1800 元现金。

根据 2011 年中国城市竞争力蓝皮书，2010 年澳门的综合竞争力在全国 294 个地级以上城市中排名第 13 位，与 2009 年排名一样。在 12 个分项竞争力方面，澳门在政府管理能力竞争力上全国排名第 2 位，仅次于香港；收入水平竞争力则由 2009 年的第 2 位下跌至第 3 位，企业管理能力竞争力第 3 位，经济效率竞争力第 6 位，对外开放竞争力第 8 位，其余的综合增长竞争力、经济规模竞争力、发展成本竞争力、行业层次竞争力、幸福感竞争力、人力资本竞争力、金融资本竞争力、科学技术竞争力、经济结构竞争力、基础设施竞争力、综合区位竞争力、生态环境竞争力、商业文化竞争力、经济制度竞争力等 14 个分项的竞争力，澳门则未进入前 10 位。

一 澳门地区总体经济状况

受惠于旅游博彩业的带动，截至 2011 年上半年，澳门经济已连续 6 个季度保持增长。澳门特区政府财政金融基础稳健，加上内地经济发展、亚洲经济保持增长，这些有利因素都支持澳门经济发展。2011 年上半年澳门特区经济实质增长率约为 23%。

1. 上半年澳门总体经济继续保持增长势头

2011年第一季度澳门本地生产总值为610.9亿元，实质增长21.6%。2011年第二季度澳门本地生产总值为697.8亿元，实质增长24.0%。经济增长主要由服务出口、投资及私人消费支出带动，其中博彩毛收入大幅上升及旅客总消费增加，推动服务出较大增长；而货物出口则持续下跌。内需方面仍然是投资保持增长、私人消费持续上升。上半年澳门经济实质增长率为22.9%。

2011年第一季度私人消费较2010年第一季度实质上升12.6%，远高于2010年第四季度的5.6%，主要是耐用品、服务及外地消费支出增加所致。其中住户于本地及外地最终消费的实质升幅分别为9.6%及24.5%。2011年第二季度私人消费支出上升11.3%，其中，住户在本地的最终消费支出增加7.6%，在外地的最终消费支出亦上升21.3%，而在内地的消费为16.6亿元。政府最终消费支出较2010年第二季度上升8.1%。

2011年第一季度整体投资实质上升28.4%。私人及政府的设备投资分别增加32.3%及149.8%，总体增幅为33.3%；私人建筑投资及公共工程分别增加26.1%及4.4%，总体增幅为25.6%。2011年第二季度整体投资实质上升23.1%。私人的设备投资增加13.8%，但政府的设备投资则减少53.2%，总体增幅为10.6%；私人建筑投资及公共工程分别增加28.7%及20.7%，总体增幅为28.0%。上半年整体投资实质上升26.1%。

2011年第一季度澳门总出口货值为16.3亿元，较2010年同期下跌10.8%，其中再出口减少15.9%，而本地产品出口则微升0.7%。总进口货值为131.9亿元，上升34.2%，第一季度有形贸易逆差为115.6亿元。第一季度的货物贸易逆差同比扩大44.4%至115.6亿元；货物出进口比率跌至12.3%，较2010年同期下降6.2%。第二季度总出口货值减少1.6%，总进口货值上升39.7%，第二季度有形贸易逆差为129.1亿元。上半年的货物出口下跌6.3%，进口上升36.8%，有形贸易逆差为244.4亿元。

2011年第一季度澳门博彩毛收入大幅上升42.6%、入境旅客增加5.2%、酒店住客增加1.9%，以及旅客人均消费上升7.0%，推动服务出口实质上升30.0%；服务进口亦上升37.3%。第二季度澳门博彩毛收入大幅上升45.7%、入境旅客增加11.5%、酒店住客增加7.9%，以及旅客人均消费上升3.2%，推动服务出口实质上升33.0%；服务进口亦上升36.1%。上半年博彩毛收入亦大幅上升44.3%、入境旅客增加8.3%,服务出口获得31.6%的实质升幅;服务进口亦实质上升37.2%。

2. 公共财政表现理想主要得益于博彩业的大幅度增长

2010年澳门特区政府公共财政收入情况理想,为884.8亿多元,而公共财政开支仅为384亿元,财政盈余近501亿元。至2010年底,澳门特区政府累积财政盈余上升至1481亿元。2011年第一季度澳门财政总收入达243.6亿元,上升48.5%;其中博彩税收为218.6亿元,升幅为46.7%。总开支为70.6亿元,上升102.4%;其中经常开支为68.4亿元。第一季度财政盈余为173.0亿元。公共收支方面,第二季度财政总收入达270.9亿元,上升41.7%;其中博彩税收为245.2亿元,升幅为44.3%。总开支为81.4亿元,上升45.6%;其中经常开支为76.9亿元。第二季度财政结余为189.5亿元。2011年上半年的财政总收入上升44.9%,总开支亦上升61.4%,财政结余为362.5亿元。澳门上半年公共财政表现理想,主要是得益于博彩业的大幅增长。

3. 旅游人数和旅游物价指数均有双位数增长

2010年全年入境旅客总数达2496.5万多人次,较2009年上升14.8%。2011年第一季度入境旅客总数为6431178人次,较2010年第一季度上升5.2%。2011年第二季度入境旅客总数为6815478人次,较2010年第二季度上升11.5%。2011年上半年的入境旅客总数达13246656人次,同比增加8.3%。

2010年全年旅游物价平均指数较2009年上升11.13%;升幅最明显的大类有杂项物品(+21.62%)、住宿(+15.64%)、交通及通信(+5.34%)、餐饮(+4.94%)和食品及烟酒(+4.80%)。2011年第一季度旅游物价指数(112.88)较2010年同期上升14.58%,主要由住宿服务带动旅游物价指数8.7%。农历新年期间,酒店客房租金及餐饮服务收费大幅调升、手信食品及金饰价格上升。第二季度旅游物价指数(111.28)较2010年同期上升11.43%,升幅主要由酒店住宿带动,由于酒店客房租金上调、手信食品及金饰价格上升,推高旅游物价指数6.06%。2011年上半年的旅游物价指数较2010年同期上升12.99%,升幅最明显的为住宿服务(+31.00%)及杂项物品(+19.08%)。

4. 总体失业率保持在较低水平

2010年全年总体失业率为2.8%,较2009年大幅回落0.8%。2010年10~

12月失业率为2.7%，较2010年9~11月下降0.1%，是澳门回归以来的最低水平。2011年第一季度失业率为2.7%，第二季度继续维持在2.7%的水平，主要得益于博彩业的大幅度增长。

5. 通货膨胀问题较为严重

2010年综合消费物价平均指数为104.25，年通货膨胀率为2.81%。2011年起综合物价指数呈现上升趋势，代表通货膨胀率的综合消费物价指数1月为107.16，比2010年1月上升4.92%，是2009年2月以来的两年新高，比2010年12月的3.92%急升1个百分点。3月综合消费物价指数为108.63，比2010年3月上升5.46%，创26个月以来的新高。4、5月份有所回落，2011年6月综合消费物价指数为110.29，比2010年6月上升5.65%。升幅主要由外出用膳及汽油的价格上升所带动，比2011年5月上升0.76%。

6. 不动产交易和不动产价格升幅较大

2010年成交的楼宇单位数目（29617个）与金额（567.5亿元）较2009年分别增加71.1%及1.2倍，其中住宅单位买卖有17989个，合计459.4亿元，同比分别增加59.1%及1.1倍。2011年第一季度成交的楼宇单位（7422个）与金额（176.7亿元）较2010年第四季度分别下跌15.8%及8.8%。2011年第二季度成交的楼宇单位（12921个）与金额（388.5亿元），较2011年第一季度分别上升74.1%及1.2倍。

2010年住宅单位平均成交价为每平方米31016元，较2009年上升33.5%。2011年第一季度住宅单位平均成交价为每平方米38261元，较2010年第四季度上升14.6%。2011年第二季度住宅单位平均成交价为每平方米44269元，较2011年第一季度上升15.7%，出现较大升幅。

2010年订立的不动产买卖契约共12707宗，成交单位有16128个，较2009年分别上升39.5%及39.7%。此外，全年签订的住宅单位按揭贷款契约共8500宗，较2009年上升50.8%。2011年第一季度订立的不动产买卖契约共3181宗，较2010年第四季度下跌2.6%，成交单位有4382个，较2010年第四季度上升10.6%。2011年第二季度订立的不动产买卖契约共3522宗，成交单位有4301个。

7. 会展活动总数平稳发展

2010年举办的会议及展览活动总数共1399项，比2009年增加184项，增长15%。活动的平均会期由2009年的2.0日增至2.5日；与会及入场总数达806135人次，增长41%。其中，57项展览活动共吸引656303人次入场，平均展期由3.1日增至4.3日。此外，会议有1342项，平均会期由2.0日增至2.4日，与会者共149832人次。从2011年开始，会议及展览统计范围扩大至活动的主办机构及参展商，以完善统计的内容。2011年第一季度共举行267项会展活动，比2010年同期减少64项；与会及入场总数有127194人次，增幅为42%。另外，平均会期为2.1日，较2010年同季度减少0.4日。2011年第一季度的展览活动有10项，平均展期为2.5日，入场观众共99154人次。第一季度共举行257项会议，与会者有28040人次，平均会期为2.1日。2011年上半年在澳门举行的会议展览活动总数共535项，较2010年同期减少161项。平均会期由2010年同期的2.4日减少至2.1日；与会及入场总数达247663人次，同比增长12%。2011年上半年展览活动主办机构的总收入合共23032118元，总支出为19811934元。受访参展商的总收益为6267507元，而总支出为2652194元。

8. 零售业总体大幅度上升

2010年零售业销售总额达295.0亿元，较2009年的223.5亿元大幅上升32%；升幅最显著的零售项目为皮具制品（+64%）、钟表及金饰（+48%）和汽车（+43%）。2011年第一季度零售业销售额为96.0亿元，较2009年同期上升38%。其中，钟表及金饰的销售额为24.2亿元（占总数的25%）；百货货品占15%、皮具制品占11%、成人服装占10%、超级市场货品占7%、汽车占6%、化妆及卫生用品和通信设备各占3%。2011年第二季度零售业销售额为96.0亿元，较2009年同期上升39%。其中，钟表及金饰的销售额为25.3亿元（占总数的26%）；百货货品占14%、皮具制品占11%、成人服装占9%、超级市场货品及汽车各占6%、化妆及卫生用品和通信设备各占3%。2011年上半年零售业销售总额较2010年同期上升27%。

9. CEPA货物呈现较快增长态势

《内地与港澳关于建立更紧密经贸关系的安排》（CEPA）于2004年1月1日正式实施以来，货物贸易降税范围逐步扩大，已基本涵盖所有港澳产商品，受惠进口货物稳步提升。2010年CEPA项下内地进口澳门零关税货物货值为839.6万美元，关税优惠额为402万元人民币。截至2010年12月底，澳门经济局共发出

1400 张"零关税原产地证书",其中 1247 张使用的证书总出口额为 1.7 亿元。截至 2010 年 12 月 31 日,累计进口澳门 CEPA 项下受惠货物 1985.4 万美元,关税优惠 818.0 万元人民币,年平均增长率分别为 81% 和 78%。2011 年 1 月 CEPA 项下内地进口澳门零关税货物货值为 95.5 万美元,关税优惠额 55.8 万元人民币。2011 年 1 月至 7 月,澳门 CEPA 项下享受零关税货物 573.85 万美元,关税优惠 316.47 万元人民币。

二 下半年澳门地区经济增长将放缓,全年将获得双位数增长

1. 2011 年和 2012 年世界经济增长将放缓

受发达经济体增长率下滑影响,国际货币经济组织调低世界经济增长预期。预计 2011、2012 年两年全球经济增长率均分别为 4.0%,美国经济增长率分别为 1.5% 和 1.8%,欧元区增长率分别为 1.6% 和 1.1%,该报告指出,中国等新兴经济体将继续保持较为强劲的经济增势,但由于全球产业链遭受冲击和发达国家需求不振,新兴经济体的经济增长将略有放缓,2011、2012 年新兴经济体经济增长率分别为 6.4% 和 6.1%,中国经济增长率分别为 9.5% 和 9.0%,印度经济增长率分别为 7.8% 和 7.5%。预计澳门经济在 2011 年和 2012 年将会维持增长,预计本地生产总值 2011 年增长一成多,澳门的经济增长仍然由主要行业和旅游带动,加上政府的公共投资,2012 年澳门整体经济环境理想。

2. 通货膨胀问题较为严重

2011 年 7 月份综合消费物价指数(110.85)比 2011 年 6 月上升 0.51%,比 2010 年 7 月上升 5.96%,创 31 个月新高。8 月综合消费物价指数(110.80)比 2010 年 8 月上升 6.15%,再创新高。2011 年 9 月份综合物价指数(111.48)比 2010 年 9 月上升 6.51%,再创 2008 年 12 月以来新高,较 8 月份通货膨胀率高出 0.36%。通胀率攀升的主要原因是汽油、金饰、机票、女装成衣、鲜鱼及新鲜猪肉价格上升。由于内地物价正逐步平稳,预计 2011 年剩下的几个月物价指数上升将有所回落,但全年通胀仍会超过 5%。澳门政府将进一步实施一系列民生福利及扶助措施,以缓解澳门居民面对通货膨胀的生活压力。

3. 旅游价格升幅较大

2011年前三季度的入境旅客总数达20662153人次，同比增加11.2%。继续受酒店客房租金上调、手信食品、餐饮及金饰价格上升影响，2011年第三季度旅游物价指数（116.62）较2010年同期上升16.70%。由于年底节假日、会展及赛车等旅游元素较多，带动酒店业持续兴旺。预计第四季度酒店客房租金将继续较2010年同期上升，维持较高水平。

4. 房地产调控刻不容缓

基于楼市过热，早在2010年9月底澳门特区政府推出政策，包括增加印花税、收紧楼宇按揭、制定规范中介活动及楼花销售制度、增加中小型住宅土地供应、增加公布市场信息、鼓励租房市场加快发展等措施，遏制楼市炒作，确保楼市健康发展，但收效不大。2011年2月，澳门住宅单位实用面积每平方米价格近4万元，较2010年9月上升近12%，其中澳门半岛楼价上涨超过22%。为了让房地产市场平稳发展，降低泡沫化的潜在影响，2011年4月澳门政府推出4项措施，包括买房一年内转手征20%印花税、居民房贷额上限为楼价的70%、公开商品房销售信息、进一步打击逃漏印花税等，进一步加大调控力度，预计楼市过热现象将有所遏制。

5. 进一步深化区域合作仍是澳门未来经济增长的重要动力

《内地与澳门关于建立更紧密经贸关系的安排》（CEPA）的第七份补充协议2011年起开始生效。协议包括贸易投资便利化和服务贸易两方面内容。其中，在服务贸易方面，此次在原有开放的基础上，进一步放宽包括建筑、医疗、视听、分销、银行、社会服务、旅游、文娱、航空运输、专业技术人员资格考试和个体工商户等11个服务领域的市场准入条件；同时，还新增加了技术检验分析与货物检验和专业设计服务2个领域。内地向澳门开放的领域由此增加至43个。这进一步为澳门和内地的共同发展提供了广阔空间。

2011年是落实《粤澳合作框架协议》的第一年，在4月举行的2011年粤澳合作联席会议上，双方确定重点推进工作，还签署了《实施〈粤澳合作框架协议〉工作安排》、《关于穗澳共同推进南沙实施CEPA先行先试综合示范区合作协议》、《珠海市政府和澳门特别行政区政府关于合作建设粤澳合作中医药科技产业园的协议》等合作协议。经济适度多元化政策的落实，澳门政府不仅要在本地区加大施政力度，还要积极参与区域合作，通过区域产业的优势互补和协同发展，促进自身产业多元发展。

Analysis and Outlook of Macao's Economy

Project Group

Abstract: Because of developing in tourism and gambling, sound fiscal and financial, Asia continuous economic growth, and robust economy in mainland, during the first half of 2011, the actual economic growth of Macao is 23%. According to estimation, the second half of 2011, the growth rate of Macao will be less than that of the first half, and growth of the whole year will be greater than 10%. In 2012, the economy of Macao would continue to increase. Further regional cooperation will be important engine of Macao's economy growth. The government should resolve the inflation and real estate problems.

Key Words: Macau's Economy; Analysis and Outlook; Inflation

国际背景篇

International Background

B.32
2011～2012年世界经济形势分析与展望

张宇燕　徐秀军*

摘　要：2011年全球经济复苏步伐明显放缓，整体经济下行风险加大，其中发达国家复苏动力明显不足，经济增长率远低于新兴经济体且下降幅度高于新兴经济体。发达国家面临非常严峻的就业形势的同时，主权债务危机的升级以及长期的低利率也大大压缩了财政政策与货币政策调控的空间。伴随而来的是国际金融市场震荡频发、国际贸易与投资增长乏力、大宗商品价格出现波动以及社会问题的加剧。2011年还是自然灾害频发的一年，这使本已步履沉重的全球经济复苏雪上加霜。这些因素留下的后遗症还会持续相当长的一段时间。2012年世界经济将面临许多不确定性，全球继续维持低速增长的可能性很大。

关键词：世界经济　分析　展望　国际贸易

---

* 张宇燕，中国社会科学院世界经济与政治研究所研究员；徐秀军，中国社会科学院世界经济与政治研究所博士后。

一 复苏放缓、风险加大的2011年世界经济

根据2010年10月本报告预测数据，2011年全球经济将实现按市场汇率计算3%、按购买力平价（PPP）计算4%的增长水平。从截至2011年10月的世界经济形势可以推断，2011年世界经济将比2010年按市场汇率计算4%、按PPP计算5.1%的增长水平出现一定幅度下滑，预计2011年全球经济增长率基本符合本报告上年预测水平。

走出衰退的世界经济在2011年仍处于复苏阶段。早先给出较为乐观预测的机构，近期纷纷下调世界经济增长的预期。2011年9月，IMF预计2011年全球产出按PPP计算将达到78.85万亿国际美元，比上年增加4.47万亿国际美元，实际增长率为4.0%，比该组织2011年4月的预测结果下调0.4个百分点；按市场汇率计算的GDP将突破70.01万亿美元，比上年增加7.10万亿美元，但实际增长率也相应地从3.5%下调至3.0%，下调0.5个百分点。2010年12月高盛集团预测，2011世界经济增长率将达到4.6%，而在2011年8月的报告中，高盛将这一数据下调0.6个百分点至4.0%。[1] 总体来看，2011年的世界经济形势主要呈现以下八个特征。

其一，全球经济增长明显放缓，发达国家经济复苏乏力。无论是发达经济体，还是新兴与发展中经济体，2011年前三个季度的经济增长总体上呈现放缓态势，尤其是发达经济体明显表现出复苏动力不足。IMF预测数据[2]显示，2011年全球经济增长率为4.0%，比上年下降1.1个百分点，其中发达经济体总体上下降1.5个百分点至1.6%，而七国集团（G7）更是下降1.6个百分点至1.3%。

其二，新兴经济体增长态势良好，其在世界经济中的地位进一步提升。IMF预测数据显示，2011年新兴与发展中经济体产出增长率为6.4%；按经济总量来看，2011年新兴与发展中经济体以PPP和市场汇率计算的GDP将分别达到38.63万亿国际美元和25.10万亿美元，在全球经济中的比重分别占到49.0%和35.9%，分别比2010年提高1.1个和1.6个百分点。

---

[1] 如无特别说明，本部分GDP增长率均指按PPP计算得出的实际增长率。
[2] 如无特别说明，本报告所使用的IMF数据均来自WEO数据库，2011年9月。

其三，发达经济体主权债务危机不断扩散和蔓延，经济下行的风险进一步加剧。2011 年上半年，欧元区总体上国债与 GDP 之比达到 85%，美国约为 95.6%，日本国债更是高达 GDP 的 2 倍多。尽管发达世界正在经历的债务危机并不比曾经经历过的危机更危险，同时也存在一些解救的出路，但债务危机的恶化降低了消费者与投资者信心，增加了发达国家自身乃至全球经济健康平稳运行的风险。

其四，发达经济体宏观经济政策调控的空间日益缩小，控制经济下行风险和实现稳固复苏愈发困难。为应对金融危机，主要发达经济体政府把金融机构的债务逐步转化为政府债务，如今沉重的国债负担大大压缩了继续实施扩张性财政政策的空间；与此同时，目前主要发达经济体已将利率降至历史最低水平，这使货币政策的空间受到挤压。

其五，国际金融市场动荡不已，反映出市场对世界经济发展前景的担忧加大。2011 年全球国债市场、外汇市场和股票市场均出现较大幅度的波动，其中股票市场尤甚。2010 年 8 月至 2011 年 4 月，美股标普 500 指数和 MSCI 新兴市场指数累计涨幅分别接近 30% 和 24%。其后，全球股市几乎全面呈现下探趋势。美股标普 500 指数、欧元区道琼斯 STOXX 指数、日经 225 指数和 MSCI 新兴市场指数均出现不同幅度下跌。

其六，发达经济体失业率居高不下，促进就业成为宏观经济政策的主要目标。2007 年 12 月美国进入经济衰退以来，共有 800 余万人失去工作，创二战后历次经济衰退中失业人数最高纪录，2011 年 9 月美国非农部门失业率仍高达 9.1%。截至 2011 年 8 月，欧元区失业率连续 9 个月居于 10% 左右的水平，25 岁以下青年失业率更是高达 21%。

其七，经济问题与社会问题的联动关系进一步凸显，增加了各国经济复苏和政策运用的复杂性。2011 年以来，全球经济增速放缓、失业率长期居高不下、收入差距扩大等经济问题成为社会不稳定的重要因素。2011 年 8 月以来欧洲多国发生骚乱，9 月以来美国"占领华尔街"运动向其全国蔓延等，正是经济与社会问题相互影响日益密切的重要表现。

其八，突发性自然灾害接踵而至，对相互依赖性很高的世界经济造成明显冲击。日本 3 月发生大地震并由此引发了海啸和核泄漏，美国上半年发生的风暴、火灾和洪水等自然灾害造成的损失达到近十年平均水平的两倍，中国上半年各类自然灾害造成2.9亿人次受灾。自然灾害不仅给有关国家经济造成直接损害,还损伤了世界经济复苏的元气,并对世界粮食、能源、环境等政策的调整带来深远影响。

二 主要发达经济体的运行表现

美国经济研究局数据显示,2010年美国经济增速达到3%,GDP为14.53万亿美元,但2011年第一季度经济增长仅为0.4%,明显表现出经济复苏过程中二次探底的压力。尽管第二季度美国经济增长出现反弹,上升了0.6个百分点,但从个人消费、企业投资和政府支出以及外部需求的贡献等方面来看,美国经济的增长动力明显不足。经济增长的内生性亦受到一定损害,主要表现为十分严峻的就业状况仍未见明显好转的迹象。2009年5月至2011年1月,经过季节调整的美国失业率水平创下连续19个月超过9%的二战后历史纪录,而且在经历了2011年2月和3月的小幅短暂回调以后,截至9月美国的失业率依然维持在9%以上。失业率居高不下给收入分配、私人消费以及社会稳定等均带来负面影响,并构成了2011年9月以来"占领华尔街"运动的大背景之一。总体看,2011年美国经济增速下降已是大势所趋,与上年本报告所预测的难以超过2%基本相符,并可能进一步下降到1.7%左右。2012年美国经济将继续保持低速增长态势,预计经济增长率为1.5%~2.0%;尽管出现温和衰退的可能性不大,但这种可能性还是存在的。

欧洲经济在经过2010年的平衡复苏后,2011年经济增长出现较大波动。欧洲央行数据显示,2011年第一季度欧洲经济总体表现出良好的增长态势,经济增速达到2.4%,但在第二季度出现大幅下滑,欧盟与欧元区经济增速分别降至1.7%和1.6%。其中,欧洲三大经济体德国、法国和英国第二季度GDP增长率分别由上一季度的4.6%、2.2%和1.6%下降至2.8%、1.7%和0.6%;2011年前两个季度西班牙和意大利的经济增长率均低于1%;2011年上半年希腊和葡萄牙经济均为负增长。①欧洲经济的总体下滑与欧洲内部严峻的就业形势、日益加剧的财政和金融危机直接相关。2010年全年和2011年前8个月,欧元区失业率

---

① 季度数据均按年率计算,经过季节调整。

一直处于10%的较高水平。进入2011年下半年，欧洲经济运行不仅未呈现好转迹象，反而恶化风险不断增加，尤其是深陷债务危机的国家经济持续低迷，加大了未来经济增长的不确定性。2011年8月以来欧洲多国发生骚乱正是各种经济和社会问题不断加剧的现实反映。2011年欧元区经济增长率预计为1.5%，2012年欧洲经济增速进一步放缓的可能性较大，预计欧盟和欧元区经济增长率均可能进一步下降至1.2%左右，出现衰退的概率为1/3。

IMF数据显示，2010年日本按汇率计算的GDP实现5.46万亿美元，实际增长率为4.0%（其中日元兑美元升值扮演了重要角色）。2011年日本经济遭遇了金融危机之后的又一次沉重打击，经济频现萎缩迹象。根据日本内阁府9月公布的数据显示，2011年第二季度经季节调整后GDP增长率比上一季度缩减0.5个百分点，换算为年增长率为-2.1%，已连续三个季度出现负增长。2011年日本经济大大低于预期水平，其主要原因有二。其一是由于"3·11"日本东北部大地震，工业生产和电力供应受到严重冲击，这给日本经济带来直接损害。据日本政府估计，地震和海啸造成的经济损失可能超过3000亿美元，这一预估还不包括因供电不足造成的经济活动损失以及由此引发的金融市场和企业信心震荡带来的损失。其二是由于全球经济放缓以及日元持续升值等因素的影响，日本出口出现较大幅度下滑。2011年下半年以及2012年，日本经济将会有一定程度的回升，但实现稳定复苏仍然面临巨大压力。预计2011年日本经济增长率为-0.5%左右，2012年经济增长率将会转正，达到1%以上。

三 主要新兴经济体的运行表现

2011年上半年新兴经济体经济增长速度有所减缓，但仍保持快速增长态势。根据IMF预测，2011年新兴与发展中经济体GDP增长率为6.4%，与2010年相比下降0.9个百分点，但仍远高于发达经济体，其中亚洲发展中国家增长率为8.2%；中东欧地区、独联体国家[①]、拉美加勒比地区、中东北非和撒哈拉以南非洲分别为4.3%、4.6%、4.5%、4.0%和5.2%。

---

① 包括格鲁吉亚和蒙古。

2010年巴西按市场汇率计算的GDP达到2.09万亿美元，增长率高达7.5%。① 2011年受全球经济增速放缓拖累，巴西经济增长大幅放缓。巴西国家地理统计局数据显示，2011年上半年其GDP仅增长3.6%。2011年8月巴西政府将2011年GDP增长率由此前预期的4%下调至3.7%，IMF也于9月将巴西经济增长率从4.1%下调至3.8%。经济增速放缓的同时，巴西还面临严峻的通胀形势。截至2011年9月，12个月累计通胀指数达到7.31%，创2005年以来的新高。为此，2011年1~7月巴西央行5次提高基准利率至12.5%的高位。高利率使企业融资成本上升和大量投机性外资流入，增加了雷亚尔升值压力，从而对出口商品的竞争力产生负面影响。2011年8月巴西失业率为6%，比上年同期减少7个百分点。预计2011年巴西经济增长率为3.6%，2012年会略有上升，并有望达到4%。

印度2010年按市场汇率计算的GDP达到1.63万亿美元，实际增长率高达10.1%。2011年印度经济呈现明显放缓迹象。印度中央统计局公报数据显示，2011年第二季度印度以要素成本计算的不变价GDP同比增长7.7%，增幅比上季度回落0.1个百分点。印度经济增长的制约因素主要来自基础设施不足和劳工素质不高等长期因素。此外，由于印度特殊的政治制度与结构，政府难以进行强有力的经济结构改革。印度拥有较高的储蓄率和投资率，市场规模巨大，在人口年龄结构方面具有明显优势。中短期内最可能拖累印度经济增长的因素来自放缓的全球经济增长，预计2011年印度经济增速将下降至8%左右，2012年经济增速将维持在7.5%~8%之间。

俄罗斯经济在金融危机中受到重创。得益于国际大宗商品价格上涨等因素，2010年俄罗斯经济逐步走出危机，彻底扭转了2009年-7.8%的衰退局面，经济增长率达到4.0%，按市场汇率计算的GDP约为1.48万亿美元。进入2011年，俄宏观经济形势总体向好，延续恢复性增长趋势。根据俄联邦统计局数据显示，2011年上半年GDP增长率达到3.9%，与2010年同期4.3%的水平相比略有下降；上半年通胀被控制在5%，失业率由上年同期的8.1%下降至7%，7月份失业率进一步降为6.5%。俄罗斯上半年经济增长的主要拉动因素是加工业、建筑业、零售贸易以及出口等明显增长。2011年下半年，受债务危机引发的全

---

① 如无特别说明，本部分数据均来自IMF的WEO数据库，2011年9月。

球经济下滑的影响，特别是原油价格从高位下滑，再加上国内缺乏新的增长点，俄罗斯经济增长将会略有放慢，预计2011年经济增长率为3.8%左右，2012年将大致维持在这一水平。

中国2010年按市场汇率计算的GDP约为5.9万亿美元，经济增长率为10.4%。2011年中国经济继续保持高速增长势头。国家统计局数据显示，2011年上半年中国GDP增速为9%。2011年经济增速有所下滑的主要原因，除了出口导向型的经济发展模式开始面临越来越大的挑战之外，还包括为控制通货膨胀，特别是房地产价格上涨而采取的货币紧缩政策。2011年9月中国CPI上涨6.1%，虽比上月的6.2%略有下降，但仍高于政府年初制定的4%的目标。预计2011年中国经济增长率为9.2%左右，2012年的经济增速将略有下降，维持在9%~9.4%的可能性较大。

四 增长乏力的国际贸易与投资

2009年世界贸易增长受金融危机影响大幅回落之后，2010年世界贸易活动得到快速恢复。世界贸易组织（WTO）数据显示，2010年世界货物出口贸易总额达到15.24万亿美元，与上年相比实际增长率为14.5%，实现了1950年有该统计以来的最大增幅。进入2011年，与世界经济增长缓慢、复苏乏力的整体态势基本一致，全球贸易增长也出现了下行趋势。荷兰经济政策研究局报告显示，截至2011年7月，全球贸易增长仍然维持了5月份以来的下降态势，从而表明继2010年全球贸易呈现高速的恢复性增长后，促使贸易持续增长的基础仍不稳固。造成2011年全球贸易增速下滑的主要原因有三：一是发达经济体受主权债务危机拖累而出现的经济增速放缓；二是伴随着全球经济增速下滑和失业率居高不下而来的贸易保护主义政策层出不穷；三是全球突发性事件接连不断地成为国际贸易增长的新的制约因素。经验表明，经济增长和贸易增长之间存在着高度的相关性。在经济不景气时，单边贸易保护主义政策通常在政治上受到一定程度的欢迎。在一个相互依存度甚高的世界中，某一主要生产链关键环节因突发事件发生断裂，其影响往往会超出人们的想象。日本大地震带来的供应链条崩塌应该是一个典型的事例。根据目前世界经济的发展走势，预计2011年全球贸易实际增长率可能仅会维持在5.5%左右，2012年将会略有提高，达到7%左右。

2011年上半年在全球经济复苏乏力的大背景下，贸易失衡呈现收缩态势。就中国、日本、美国全球三大贸易失衡国而言，2011年第一季度的经常账户余额占GDP比重分别为2%、3.5%、-3.3%，与上年同期3%、4.3%、-3.4%相比，中国、日本有所降低，美国相差不大。在此需要说明两点：其一，尽管金融危机以来的经济收缩带来了外部失衡的强制性调整，但是这种调整并没有消除导致失衡的基本因素；其二，尽管全球经济失衡程度有所减轻，但是这并不必然意味着贸易保护主义倾向的降低。贸易保护主义政策往往与一国国内经济与政治需求紧密相关。美国参议院2011年10月通过的《2011年货币汇率监督改革法案》，就是借失衡推行保护主义的明证。

2010年全球外国直接投资（FDI）尚未完全摆脱金融危机的负面影响，流入量表现为温和增长。2011年第一季度全球FDI延续了这一趋势。联合国贸发组织（UNCTAD）2011年7月发布的《世界投资报告》显示，在全球FDI流入方面，尽管2010年比上年小幅上升了5%，达到1.24万亿美元，但仍然低于危机前2005~2007年的平均水平。2010年流入发达经济体的FDI总额比2007年下降54%，占全球FDI流入量的比重也从2007年的66%下降至48%。2010年流入发展中经济体的FDI总额受危机影响相对较小，相比2009年还有小幅增加，达到5736亿美元。如果加上流入转型经济体（东南欧和独联体）的FDI，流入非发达国家的FDI占全球FDI流入总额的比例达到51.6%。这反映出新兴与发展中经济体在国际投资格局中地位的上升。在全球FDI流出方面，发达经济体仍是2010年全球FDI的投资主体，占全球FDI流出量的比重为70.7%，但其FDI流出总量和比重均呈现下降趋势。2009年新兴与发展中经济体的FDI流出量占全球比重显著增加，2010年这一趋势得到了延续。这其中，除了针对发展中经济体的"南南"FDI逐步增加外，发展中经济体和转型经济体对发达经济体的直接投资也在不断增加。2010年中国FDI流入和流出量继续保持平稳增长，对外直接投资净额为688.1亿美元，同比增长21.7%，连续9年保持增长势头。① 整体来看，2011年全球FDI形势将继续得到改善，并基本恢复到国际金融危机前的水平，预计增长率为7%，2012年将维持10%左右的增长水平。

---

① 商务部、国家统计局、国家外汇管理局：《2010年度中国对外直接投资统计公报》，2011年9月。

五 高位波动的大宗商品市场

2010年以来全球大宗商品市场动荡加剧。2010年上半年，国际大宗商品市场的价格指数呈现下降趋势，但自7月起又出现新一轮大幅上升行情，至2011年3月才再次出现回落。2010年6月至2011年2月，以美元计价的大宗商品价格指数从223.4上升到320.5，涨幅达到43.5%；以SDR计价的大宗商品价格指数从201.2上升到271.3，涨幅为34.8%。[①] 2011年2~4月，国际大宗商品市场开始呈现分歧，其整体价格指数出现下行趋势，但以美元计价的指数和以SDR计价的指数仍然分别在300点和250点左右的高位波动。2011年5~8月，大宗商品价格持续在高位震荡，衡量大宗商品价格的CRB综合指数在4月20日创出历史新高，达691点，随后在5月跌去10%至625点。8月份以后呈现暴跌走势，CRB指数从8月31日的662点跌至9月23日的576点，跌幅为13%。5月以来的暴跌具有两个基本特征：一是暴跌具有全面性，大宗商品的所有品种无一例外，价格全面回落；二是暴跌存在一定次序，从生产到消费再到投资渐次变动，最先下跌的为有色金属，然后是能源，接着是农产品，最后是贵金属。

总体而言，2011年以来的各类大宗商品价格的集体下探，根源于全球经济复苏乏力、总需求减弱。而发达经济体对于流动性管理偏向谨慎，发达经济体债务问题导致的不确定性，以及大宗商品市场中的金融投机因素的影响等诸方面因素的叠加，带来了国际大宗商品市场的剧烈震荡。

在全球经济下行风险依旧的情况下，大宗商品市场的价格表现可能进一步下行，但是仍会表现出一定的特征：首先，全球总需求的变动对于与生产相关的有色金属、铁矿石和原油的价格影响将进一步加大；其次，由于全球农产品供给相对不足，且需求刚性较大，因此下跌幅度相对有限；最后，贵金属在全球经济形势未出现明显好转的情况下，有可能面临价格的再度上扬。根据IMF的估计，2011年全年原油价格将达到每桶103.20美元，比上一年上涨24.17美元/桶，其波动幅度与本报告上年预测值每桶80~110美元基本一致。关于2012年原油价格，预计会有小幅回落，在70~100美元/桶之间的可能性较大。

---

① 如无特别说明，本部分数据均来自UNCTADstat数据库。

大宗商品市场价格的高位波动给世界经济复苏带来较大的负面影响，其中最直接的影响是提高了整体物价水平。这使各国必须以牺牲经济增长和就业增长为代价来维持物价稳定，从而导致当前世界经济尤其是发达经济体的复苏和增长步伐放缓。此外，大宗商品市场价格上涨还导致低收入净进口国贸易条件的恶化，从而加剧了这些国家的贫困状况。如何加强对大宗商品市场的监管，成为国际社会亟待解决的重要问题之一。为此，二十国集团（G20）等全球经济治理机制目前正在积极倡议加强对国际大宗商品市场的监管。

六 动荡不已的国际金融市场

2010年国际金融市场信心逐步恢复，然而随着2011年全球经济复苏放缓和发达国家主权债务危机加剧，国际金融市场风险不断累积，全球金融市场再度陷入恐慌不安的气氛之中。2011年4月以后，由于宏观经济表现欠佳，发达国家债务危机与银行间融资困境交相辉映，导致以市场易变性和流动性风险增加为特征的金融危机阴影再次出现。投资者避险情绪上升，开始偏向保守型投资，传统的避险资产如财政状况较好国家的主权债券、具有较高流动性的国际货币以及黄金成为投资者追逐的对象。德国、法国、美国、英国、澳大利亚等国的债券收益率不断下降，瑞士法郎、日元、美元等呈现不同幅度的升值，黄金价格也连创新高。2011年9月黄金月平均价格达到1799.36美元/盎司，是2009年1月的2.08倍。随着全球投资风险偏好的收缩，新兴市场面临资本进一步流出的风险。这不仅给新兴市场国内宏观经济和金融体系的稳定性带来不利影响，也给发达经济体和全球金融市场的稳定带来负面影响。

2010年以来的全球国债市场、外汇市场和股票市场等主要金融市场走势主要体现出如下三个特点。首先，国债市场上发达国家长期国债市场出现波动与分化。2010年上半年，主要发达经济体的国债收益率呈下降趋势，美国十年期国债收益率从年初的3.7%下降为10月的2.5%，同期欧元区十年期国债收益率从4.1%下降为3.3%。2010年第四季度至2011年第一季度，由于投资者风险偏好上升，避险资金撤离，导致主要发达经济体长期国债收益率整体上扬。而从2011年第二季度起，由于欧美实体经济下行风险加大，避险需求再度将资金转向主要发达经济体长期国债市场。随着部分国家主权债务问题的日益恶化，发达经济体的国债市场呈现明显分化。其中德国、法国等传统金边国债受到青睐，而欧洲重债务国债券风险贴水飙升。

其次，全球外汇市场上美元进入短期升值通道，瑞士法郎、日元、澳元、加元则继续保持强势地位。根据美联储数据显示，2009年3月至2011年7月美元累计贬值15.8%。2011年第二季度由于全球经济形势普遍低于预期，加上欧债危机的升级和蔓延，再度凸显出美元的"避风港"功能。美联储公布的美元贸易加权指数从2011年7月开始逐步升值，实现两个月内升值3%。2008年危机以来，随着国际金融市场的不确定性增加，美欧等主要发达经济体问题频发，瑞士法郎、日元、加币和澳元也成为国际游资临时停靠的避风港，这些货币在外汇市场上表现坚挺。IMF数据显示，2011年9月瑞郎和日元兑美元汇率同比分别升值12.8%和8.9%，2010年7月至2011年7月加元和澳元分别累计升值8.4%和18.6%。

最后，全球股市表现从分化到整体收缩。全球股市在经历了2009年2月份的低谷期后，呈现两种不同的发展趋势：美国股市与新兴市场国家股市快速升温；欧洲与日本股市持续低位徘徊。2010年8月至2011年4月，美股标普500指数累计涨幅约30%，MSCI新兴市场指数上涨约24%。而同期欧元区和日本股市则由于债务危机和自然灾害等因素的困扰而停滞不前，仍在远低于危机前的水平徘徊。2011年4月以来，由于发达经济体受制于债务问题的困扰而导致政策空间急剧缩小，同时不断高涨的民意和美欧所处的复杂政治环境使政策效率受到牵制，从而加重了投资者对中长期全球经济增长前景的担忧，全球股市几乎全面呈现下行趋势。2011年9月美国股市标普500指数、欧元区道琼斯STOXX指数、日经225指数、MSCI新兴市场指数分别较上月下跌7.2%、6.1%、2.8%和14.5%，目前仍未显现回升迹象。根据当前发展形势，2011年国际金融市场的低迷状况难以在短期内发生根本改变，而且在主权债务危机隐忧犹存和全球经济缓慢增长的情况下，2012年国际金融市场的不稳定仍将持续。

七 必须认真对待的主权债务危机

2011年以来，欧洲主权债务危机不断升级。从国债与GDP之比来看，欧洲整体上已达到80%以上，其中希腊、意大利、比利时、爱尔兰和葡萄牙均接近或超过100%，并可能引发新一轮银行危机。和欧洲相比，美国的情况似乎更糟。截至2011年6月，美国国债余额达到了14.34万亿美元，占GDP的比例约为95.6%。为此，美国国内两党之间围绕债务上限问题展开了激烈斗争，标准普尔将美国长期国债信用评级从最高级"AAA"下调至"AA+"级。日本是发达经济体中债务负担最重的国家，截至2011年6月，日本中央政府债务余额总计高达943.81万亿日元（约合12.3万亿美元），是日本GDP的两倍多，标准普尔于2011年1月和8月先后两次下调日本国债信用评级至Aa3。

债务危机蔓延、恶化并对金融部门乃至实体经济产生重大冲击的机理在于：危机期间发达国家政府为拯救身陷困境的金融机构而将后者的"问题资产"包袱背到自己身上，从而在短短三年内使债务与GDP之比提高了大约30个百分点，结果许多国家成为了"问题国家"，持有"问题国家"债券的金融机构因所持主权债被降级而被迫进行资本重估，金融市场的收缩最终会波及实体部门。对欧洲而言，债务危机的深层次原因与欧洲统一进程中货币一体化和财政一体化的不同步有关。

尽管发达国家的债务危机已经注定成为2011年的一个关键词并给世界经济带来深远影响，但面对主权债务危机，目前欧美日等国仍有诸多可能的应对途径。其一，美国和欧洲的主权债务都是以其主权货币方式存在的，亦即它们欠的是自己印发的美元和欧元，而这两种货币又都是国际关键货币。至少从理论上讲，这意味着美联储和欧洲央行可以通过发挥国际最终贷款人之功能进行自我救赎。英国当年能够支撑下来，就和英镑所扮演的世界货币角色密切相关。其二，尽管欧元体制目前还无法像美联储那样行事，比如实行数量宽松政策和对银行进行担保，但这不等于说将来的欧洲央行永远不会成为美联储的翻版。对欧洲而言，通过立法改变其央行的行事准则，让其承担稳定价格、促进经济增长、进行金融监管的职责，也是消弭主权债务危机的一条出路。其三，欧元区主导国家可以利用这次债务危机，通过救助重债国来开列出条件，从而推动实现、至少是部分实现财政一体化目标。实际上，随着危机的蔓延与深化，欧洲财政一体化进程已经启动。德国议会9月底通过扩大欧洲金融稳定基金（EFSF）议案，使其承担的贷款担保份额从1230亿欧元增至2110亿欧元，条件之一是欧盟委员会要发挥更大的财政功能。其四，用通货膨胀稀释主权债务，这是历史上最经常使用的方法。6%的通胀率可以使美国国债与GDP之比在5年内降低20个百分点。至于选择哪一种或哪几种途径来化解债务危机，则主要取决于政治上的可行性。

回顾历史不难发现，主权债务危机既非新生事物，亦非于今尤甚。各大国的债务与 GDP 之比的最高纪录是英国在 1815 年创造的，为 275%，法国 1932 年国债与 GDP 之比高达 150%，1945 年美国为 115%。人类就是在这样的循环中步履蹒跚地走过来的，而且主权债务危机还将在长时期内伴随着人类社会。当然，本次危机会不同程度地破坏信用、损害市场功能、加剧经济波动，并使 2012 年发达经济体出现衰退的风险上升，全球经济增长亦受其拖累。但同时也要看到，发达世界正在经历的债务危机并不比曾经经历过的危机更危险，因而它对当下和未来实体经济的影响很可能比多数人认为的要小。

八　充满不确定性的 2012 年世界经济

未来一年世界经济将面临的不确定性主要来自以下七个方面。第一，发达国家的债务危机能否得到有效的控制并逐步得以缓解。尽管危机进一步扩散和升级的可能性不小，但债务危机得以化解的可能性也是存在的。各主要发达国家内部的政治状况在相当程度上将决定债务危机的何去何从。第二，发达国家没有就业的乏力复苏，再加上新兴与发展中经济体增速很可能放缓的预期，将会在多大程度上引发新一轮的、更深更广的保护主义政策。这里所说的保护主义，既涉及贸易与投资，也涉及金融领域，既可能是单边的，也可能是多边的。第三，鉴于低利率有利于刺激投资、鼓励消费、稀释债务、减轻偿债负担，故继续维持超低利率的可能性较大。在此背景下，发达经济体是否会出现 4% 以上的通胀；如果真出现了，其货币当局将会采取何种对策。第四，推动大宗商品价格变化的力量既来自需求变化，又来自供给变化，也来自全球流动性充裕与否，还来自高度金融化了的投机行为。究竟哪种力量会占上风、其强度有多大，将决定使大宗商品价格的变动方向和幅度。第五，部分国家内部的社会动荡、骚乱或者群众抗议是暂时的还是持久的，它们对经济产生影响的途径与强度如何，都很难确定。第六，自然灾害，地区安全危机，大国之间在应对突发事件过程中能否精诚合作，均会对全球经济局势施加不同程度的影响。第七，2012 年美国、法国等主要发达经济体，以及俄罗斯、墨西哥和韩国等主要新兴经济体将举行大选。领导人的更换可能会导致政策调整，竞选本身也会凸显或淡化某些特定的议题与政策选项，从而直接或间接地成为影响世界经济平稳运行的因素。

鉴于全球经济复苏进程中存在诸多不确定性,同时也基于对2011年世界经济整体运行的描述与分析,本文认为,2012年全球增长态势与2011年相比大体持平略有下降的可能性较大,即按PPP计算增长率为3.8%,按市场汇率计算增长率为3.1%。这一水平低于世界银行预测的按PPP计算4.4%、按市场汇率计算3.6%以及OECD预测的按PPP计算4.6%的经济增速,与IMF预测的按PPP计算4.0%、按市场汇率计算3.2%的增长水平较为接近。

参考文献

Goldman Sachs(2011),*Global Viewpoint*, No. 11/11, August 5, 2011.
IMF(2011),*World Economic Outlook*, September 2011.
OECD(2011),*OECD Economic Outlook*, No. 89, May 2011.
UNCTAD(2011),*World Investment Report* 2011, July 2011.
World Bank(2011),*Global Economic Prospects*, June 2011.
〔法〕雅克·阿塔利:《国家的破产》中译本,京华出版社,2011。
东艳:《欧洲经济:波澜再起》,参见《2012年世界经济形势分析与预测》,社会科学文献出版社,2011。
高海红、黄薇:《国际金融形势回顾与展望》,参见《2012年世界经济形势分析与预测》,社会科学文献出版社,2011。
何帆:《发达经济体主权债务问题的前景及影响》,参见《2012年世界经济形势分析与预测》,社会科学文献出版社,2011。
李众敏:《日本经济:震灾后的增长反弹》,参见《2012年世界经济形势分析与预测》,社会科学文献出版社,2011。
刘秀莲:《俄罗斯、中亚经济:呈恢复性和稳定增长》,参见《2012年世界经济形势分析与预测》,社会科学文献出版社,2011。
倪月菊等:《国际贸易形势回顾与展望》,参见《2012年世界经济形势分析与预测》,社会科学文献出版社,2011。
孙杰:《美国经济:风险上升,增长预期下调》,参见《2012年世界经济形势分析与预测》,社会科学文献出版社,2011。
徐奇渊:《亚太经济:在增速放缓中趋向平衡》,参见《2012年世界经济形势分析与预测》,社会科学文献出版社,2011。
姚枝仲、杨广贡:《国际大宗商品市场形势回顾与展望》,参见《2012年世界经济形势分析与预测》,社会科学文献出版社,2011。

郑联盛:《全球经济形势近况分析》,中国社会科学院世界经济与政治研究所国际金融研究中心简报,2011年10月。

商务部、国家统计局、国家外汇管理局:《2010年度中国对外直接投资统计公报》,2011年9月。

Analysis and Outlook of Global Economy (2011-2012)

Zhang Yuyan   Xu Xiujun

Abstract: The pace of global economic recovery slows down remarkably with the raised economic downturn risk in 2011. The recovery power of developed countries is clearly insufficient, and economic growth rate is far below the emerging economies with a higher decline extent. Developed countries face severe employment situation. At the same time, sovereign debt crisis escalated and long-term low interest rates also reduce the regulate space of the fiscal and monetary policy which accompanied by frequent shocks in international financial markets, sluggish of international trade and investment growth, fluctuations in commodity prices and the worse of social problems. There are frequent natural disasters in 2011, which makes the global economic recovery trudged worse. These effects will continue for a long period of time. The world economy will face uncertain development, with a great possibility that global economy growth maintains at a low level.

Key Words: Global Economy; Analysis; Outlook; Global Trade

B.33
附录　统计资料

附表一

单位：%

年份	GDP增长率	第一产业增加值增长率	第二产业增加值增长率	重工业增加值增长率	轻工业增加值增长率
1978	11.7	4.1	15.0	18.4	13.1
1979	7.6	6.1	8.2	8.6	8.8
1980	7.8	-1.4	13.6	7.9	20.6
1981	5.3	7.0	1.9	-5.2	12.2
1982	9.0	11.5	5.5	7.4	3.8
1983	10.9	8.3	10.4	11.4	7.5
1984	15.2	13.0	14.5	15.9	13.5
1985	13.5	1.8	18.6	15.7	21.7
1986	8.9	3.3	10.3	7.5	12.6
1987	11.6	4.7	13.7	12.5	14.1
1988	11.3	2.5	14.5	13.0	18.1
1989	4.1	3.1	3.8	4.9	5.2
1990	3.8	7.4	3.2	2.8	4.0
1991	9.2	2.4	13.9	13.6	15.4
1992	14.2	4.7	21.1	21.1	21.3
1993	13.9	4.7	19.9	21.1	18.9
1994	13.1	4.0	18.4	17.5	20.6
1995	10.9	5.0	13.9	11.9	16.5
1996	10.0	5.1	12.1	12.2	12.9
1997	9.3	3.5	10.5	10.7	11.9
1998	7.8	3.5	8.9	8.6	9.2
1999	7.6	2.8	8.1	8.9	8.1
2000	8.4	2.4	9.4	11.1	8.3
2001	8.3	2.8	8.4	7.6	9.8
2002	9.1	2.9	9.9	10.3	9.6
2003	10.0	2.5	12.7	14.4	11.0
2004	10.1	6.3	11.1	13.1	9.7
2005	11.3	5.2	12.1	12.5	10.5
2006	12.7	5.0	13.4	14.5	10.9
2007	14.2	3.7	15.1	16.0	13.6
2008	9.6	5.4	9.9	10.6	9.5
2009	9.2	4.2	9.9	9.0	7.6
2010	10.4	4.3	12.4	13.6	11.3
2011	9.2	4.2	9.9	11.6	9.9
2012	8.9	4.1	9.8	11.2	9.7

附表二

年份	第三产业增加值增长率(%)	交通运输邮电业增加值增长率(%)	商业服务业增加值增长率(%)	全社会固定资产投资规模（现价,亿元）	全社会固定资产投资名义增长率(%)
1978	13.7	9.8	23.1	899.0	19.9
1979	7.9	8.3	8.7	977.0	8.7
1980	5.9	4.2	-1.9	910.8	-6.8
1981	10.4	1.9	29.5	961.0	5.5
1982	13.0	11.4	-0.7	1230.4	28.0
1983	15.2	9.4	21.2	1430.1	16.2
1984	19.3	14.9	24.7	1832.9	28.2
1985	18.2	13.8	33.5	2543.2	38.8
1986	12.0	13.9	9.4	3120.7	22.7
1987	14.3	9.6	14.7	3791.2	21.5
1988	13.2	12.5	11.8	4746.8	25.2
1989	5.4	4.2	-10.7	4410.3	-7.1
1990	2.3	8.3	-5.3	4517.6	2.4
1991	8.9	10.6	5.2	5594.6	23.8
1992	12.4	10.0	10.5	8080.4	44.4
1993	12.2	12.6	8.6	13072.3	61.8
1994	11.1	8.5	8.2	17042.9	30.4
1995	9.8	15.1	8.2	20019.3	17.5
1996	9.4	7.0	7.6	22974.0	14.8
1997	10.7	9.2	8.8	24941.1	8.6
1998	8.4	10.6	6.5	28406.2	13.9
1999	9.3	12.2	8.7	29854.7	5.1
2000	9.7	8.6	9.4	32917.7	10.3
2001	10.3	8.8	9.1	37213.5	13.1
2002	10.4	7.1	8.8	43499.9	16.9
2003	9.5	6.1	9.9	55566.6	27.7
2004	10.1	14.5	6.6	70477.4	26.8
2005	12.2	11.2	13.0	88773.6	26.0
2006	14.1	10.0	19.5	109998.2	23.9
2007	16.0	11.8	20.2	137323.9	24.8
2008	10.4	7.3	15.8	172828.4	25.9
2009	9.6	4.2	12.1	224598.9	30.0
2010	9.6	8.9	15.0	278164.7	23.8
2011	8.9	8.8	11.3	346214.5	24.5
2012	8.8	8.8	10.8	425149.8	22.8

附表三

单位：%

年份	全社会固定资产投资实际增长率	全社会固定资产定投投资占GDP比例	商品零售价格指数上涨率	投资品价格指数上涨率	居民消费价格指数上涨率
1978	19.5	24.7	0.7	0.3	1.5
1979	4.7	24.0	2.0	3.8	2.1
1980	-8.5	20.0	6.0	1.9	7.0
1981	2.9	19.6	2.4	2.5	2.6
1982	25.1	23.1	1.9	2.4	1.9
1983	13.3	24.0	1.5	2.6	1.2
1984	23.9	25.4	2.8	3.4	1.7
1985	30.1	28.2	8.8	6.7	7.6
1986	15.8	30.4	6.0	6.0	6.5
1987	14.1	31.4	7.3	6.4	7.3
1988	10.0	31.6	18.5	13.9	18.8
1989	-12.9	26.0	17.8	6.7	18.0
1990	-3.0	24.2	2.1	5.6	3.1
1991	15.0	25.7	2.9	7.6	3.4
1992	25.3	30.0	5.4	15.3	6.4
1993	27.8	37.0	13.2	26.6	14.7
1994	18.1	35.4	21.7	10.4	24.1
1995	10.9	32.9	14.8	5.9	17.1
1996	10.3	32.3	6.1	4.0	8.3
1997	6.7	31.6	0.8	1.7	2.8
1998	14.1	33.7	-2.6	-0.2	-0.8
1999	5.5	33.3	-3.0	-0.4	-1.4
2000	9.1	33.2	-1.5	1.1	0.4
2001	12.6	33.9	-0.8	0.4	0.7
2002	16.7	36.1	-1.3	0.2	-0.8
2003	25.0	40.9	-0.1	2.2	1.2
2004	20.1	44.1	2.8	5.6	3.9
2005	24.0	48.0	0.8	1.6	1.8
2006	22.1	50.9	1.0	1.5	1.5
2007	20.2	51.7	3.8	3.9	4.8
2008	15.6	55.0	5.9	8.9	5.9
2009	33.2	65.9	-1.2	-2.4	-0.7
2010	19.5	69.3	3.1	3.6	3.3
2011	16.7	74.3	4.9	6.7	5.5
2012	15.4	78.9	4.0	6.4	4.6

附表四

单位：%

年份	城镇居民实际人均可支配收入增长率	农村居民实际人均纯收入增长率	城镇居民消费实际增长率	农村居民消费实际增长率	政府消费实际增长率
1978	-2.4	6.7			
1979	19.6	17.6	11.5	6.0	26.9
1980	6.2	18.2	13.0	9.0	1.6
1981	1.6	10.7	8.6	10.6	5.6
1982	5.8	21.1	6.6	9.6	8.6
1983	4.3	14.7	7.4	11.1	9.0
1984	12.5	12.7	14.1	13.1	21.2
1985	0.1	11.7	17.8	13.2	9.3
1986	13.8	3.2	11.8	2.9	9.9
1987	2.4	5.2	11.0	5.5	2.9
1988	-2.3	6.4	14.3	6.0	-1.1
1989	0.0	-1.6	4.1	-0.8	1.1
1990	8.5	1.8	11.3	0.2	8.8
1991	7.2	2.0	13.8	6.4	23.2
1992	9.7	5.9	19.8	9.0	17.5
1993	9.5	3.2	13.9	4.8	13.8
1994	8.5	5.0	7.6	3.4	8.6
1995	4.9	5.3	10.4	7.2	-3.3
1996	3.9	9.0	8.1	14.0	9.8
1997	3.4	4.6	8.2	2.1	9.5
1998	5.8	4.3	11.8	0.0	11.0
1999	9.3	3.8	12.7	3.7	12.6
2000	6.4	2.1	13.2	3.1	13.7
2001	8.5	4.2	8.2	2.9	11.0
2002	13.4	4.8	9.0	3.5	8.1
2003	9.0	4.3	11.0	-1.4	5.5
2004	7.7	6.8	10.6	1.7	7.3
2005	9.6	6.2	9.5	6.0	16.1
2006	10.4	7.4	11.4	7.0	13.9
2007	12.2	9.5	12.2	6.7	12.2
2008	8.4	8.0	11.4	7.5	9.8
2009	9.8	8.5	9.3	6.0	11.8
2010	7.8	10.9	10.6	6.7	11.8
2011	7.7	9.3	10.8	5.8	12.1
2012	7.8	8.5	10.5	5.7	12.3

附表五

年份	社会消费品零售总额(亿元)	社会消费品零售总额名义增长率(%)	社会消费品零售总额实际增长率(%)	财政收入(亿元)	财政收入增长率(%)
1978	1558.6	32.7	31.8	1132.3	29.5
1979	1800.0	15.5	13.2	1146.4	1.2
1980	2140.0	18.9	12.2	1159.9	1.2
1981	2350.0	9.8	7.3	1175.8	1.4
1982	2570.0	9.4	7.3	1212.3	3.1
1983	2849.4	10.9	9.2	1366.9	12.8
1984	3376.4	18.5	15.2	1642.9	20.2
1985	4305.0	27.5	17.2	2004.8	22.0
1986	4950.0	15.0	8.5	2122.0	5.8
1987	5820.0	17.6	9.6	2199.4	3.6
1988	7440.0	27.8	7.9	2357.2	7.2
1989	8101.4	8.9	-7.6	2664.9	13.1
1990	8300.1	2.5	0.3	2937.1	10.2
1991	9415.6	13.4	10.2	3149.5	7.2
1992	10993.7	16.8	10.8	3483.4	10.6
1993	14270.4	29.8	14.7	4349.0	24.8
1994	18622.9	30.5	7.2	5218.1	20.0
1995	23613.8	26.8	10.5	6242.2	19.6
1996	28360.2	20.1	13.2	7408.0	18.7
1997	31252.9	10.2	9.3	8651.1	16.8
1998	33378.1	6.8	9.7	9876.0	14.2
1999	35647.9	6.8	10.1	11444.1	15.9
2000	39105.7	9.7	11.4	13395.2	17.0
2001	43055.4	10.1	11.0	16386.0	22.3
2002	48135.9	11.8	13.3	18903.6	15.4
2003	52516.3	9.1	9.2	21715.3	14.9
2004	59501.0	13.3	10.2	26396.5	21.6
2005	68352.6	14.9	14.0	31649.3	19.9
2006	79145.2	15.8	14.6	38760.2	22.5
2007	93571.6	18.2	13.9	51321.8	32.4
2008	114830.1	22.7	15.9	61330.4	19.5
2009	132678.5	15.5	16.9	68518.3	11.7
2010	157002.9	18.3	14.8	83113.4	21.3
2011	183250.7	16.7	11.2	101069.9	21.6
2012	212070.0	15.7	11.3	118533.1	17.3

附表六

年份	财政支出（亿元）	财政支出增长率(%)	财政收支差额(亿元)	城乡储蓄存款余额(亿元)	城乡储蓄存款余额增长率(%)
1978	1122.1	33.0	10.2	210.6	15.7
1979	1281.8	14.2	-135.4	281.0	33.4
1980	1228.8	-4.1	-68.9	399.5	42.2
1981	1138.4	-7.4	37.4	523.7	31.1
1982	1230.0	8.0	-17.7	675.4	29.0
1983	1409.5	14.6	-42.6	892.5	32.1
1984	1701.0	20.7	-58.2	1214.7	36.1
1985	2004.3	17.8	0.6	1622.6	33.6
1986	2204.9	10.0	-82.9	2238.5	38.0
1987	2262.2	2.6	-62.8	3081.4	37.7
1988	2491.2	10.1	-134.0	3822.2	24.0
1989	2823.8	13.3	-158.9	5196.4	36.0
1990	3083.6	9.2	-146.5	7119.8	37.0
1991	3386.6	9.8	-237.1	9241.6	29.8
1992	3742.2	10.5	-258.8	11759.4	27.2
1993	4642.3	24.1	-293.4	15203.5	29.3
1994	5792.6	24.8	-574.5	21518.8	41.5
1995	6823.7	17.8	-581.5	29662.3	37.8
1996	7937.6	16.3	-529.6	38520.8	29.9
1997	9233.6	16.3	-582.4	46279.8	20.1
1998	10798.2	16.9	-922.2	53407.5	15.4
1999	13187.7	22.1	-1743.6	59621.8	11.6
2000	15886.5	20.5	-2491.3	64332.4	7.9
2001	18902.6	19.0	-2516.5	73762.4	14.7
2002	22053.2	16.7	-3149.5	86910.6	17.8
2003	24650.0	11.8	-2934.7	103617.3	19.2
2004	28486.9	15.6	-2090.4	119555.4	15.4
2005	33930.3	19.1	-2281.0	141051.0	18.0
2006	40422.7	19.1	-2162.5	161587.3	14.6
2007	49781.4	23.2	1540.4	172534.2	6.8
2008	62592.7	25.7	-1262.3	217885.4	26.3
2009	76300.0	21.9	-7781.7	260771.3	19.7
2010	89609.9	17.4	-6496.5	303309.4	16.3
2011	110074.3	22.8	-9004.5	364062.0	20.0
2012	130551.9	18.6	-12018.8	436086.8	19.8

附表七

年份	货币和准货币(亿元)	新增贷款(亿元)	进口总额(亿美元)	进口总额增长率(%)	出口总额(亿美元)	出口总额增长率(%)
1978		186.7	108.9	51.0	102.0	34.4
1979		189.6	156.8	44.0	135.8	33.1
1980		374.7	200.2	27.7	181.2	33.4
1981		445.9	220.1	10.0	220.1	21.5
1982		320.4	192.9	-12.4	223.2	1.4
1983		409.3	213.9	10.9	222.3	-0.4
1984		1176.2	274.1	28.1	261.4	17.6
1985		1139.4	422.5	54.1	273.5	4.6
1986		1684.9	429.0	1.5	309.4	13.1
1987		1442.0	432.2	0.7	394.4	27.5
1988		1518.9	552.8	27.9	475.2	20.5
1989		3808.8	591.4	7.0	525.4	10.6
1990	15293.4	3320.6	535.5	-9.5	620.9	18.2
1991	19349.9	3657.1	637.9	19.1	718.4	15.7
1992	25402.2	4985.1	805.8	26.3	849.4	18.2
1993	34879.8	6620.2	1039.6	29.0	917.4	8.0
1994	46923.5	7032.9	1156.1	11.2	1210.1	31.9
1995	60750.5	10568.1	1320.8	14.2	1487.8	22.9
1996	76094.9	10612.5	1388.3	5.1	1510.5	1.5
1997	90995.3	13757.5	1423.7	2.5	1827.9	21.0
1998	104498.5	11610.0	1402.4	-1.5	1837.1	0.5
1999	119897.9	7210.2	1657.0	18.2	1949.3	6.1
2000	134610.4	5636.8	2250.9	35.8	2492.0	27.8
2001	158301.9	12943.6	2435.5	8.2	2661.0	6.8
2002	185007.0	18979.2	2951.7	21.2	3256.0	22.4
2003	221222.8	27702.3	4127.6	39.8	4382.3	34.6
2004	254107.0	19201.6	5612.3	36.0	5933.2	35.4
2005	298755.7	16492.6	6599.5	17.6	7619.5	28.4
2006	345603.6	30656.8	7914.6	19.9	9689.4	27.2
2007	403442.2	36343.7	9559.5	20.8	12177.8	25.7
2008	475166.6	41777.1	11325.6	18.5	14306.9	17.5
2009	606593.9	96216.8	10059.2	-11.2	12016.1	-16.0
2010	726163.8	79530.5	13949.1	38.7	15779.3	31.3
2011	841403.2	75469.0	17394.1	24.7	19004.7	20.4
2012	977264.8	76659.3	20941.8	20.4	22294.5	17.3

注：1989年以后的新增贷款包括全部金融机构；表中2011、2012年为预测数。

（沈利生整理）

中国皮书网

发布皮书研创资讯，传播皮书精彩内容
引领皮书出版潮流，打造皮书服务平台

栏目设置：

- □ 资讯：皮书动态、皮书观点、皮书数据、皮书报道、皮书新书发布会、电子期刊
- □ 标准：皮书评价、皮书研究、皮书规范、皮书专家、编撰团队
- □ 服务：最新皮书、皮书书目、重点推荐、在线购书
- □ 链接：皮书数据库、皮书博客、皮书微博、出版社首页、在线书城
- □ 搜索：资讯、图书、研究动态
- □ 互动：皮书论坛

www.pishu.cn

中国皮书网依托皮书系列"权威、前沿、原创"的优质内容资源，通过文字、图片、音频、视频等多种元素，在皮书研创者、使用者之间搭建了一个成果展示、资源共享的互动平台。

自2005年12月正式上线以来，中国皮书网的IP访问量、PV浏览量与日俱增，受到海内外研究者、公务人员、商务人士以及专业读者的广泛关注。

2008年10月，中国皮书网获得"最具商业价值网站"称号。

权威报告　热点资讯　海量资料

当代中国与世界发展的高端智库平台

皮书数据库 www.pishu.com.cn

皮书数据库是专业的社会科学综合学术资源总库，以大型连续性图书皮书系列为基础，整合国内外其他相关资讯构建而成。包含七大子库，涵盖两百多个主题，囊括了十几年间中国与世界经济社会发展报告，覆盖经济、社会、政治、文化、教育、国际问题等多个领域。

皮书数据库以篇章为基本单位，方便用户对皮书内容的阅读需求。用户可进行全文检索，也可对文献题目、内容提要、作者名称、作者单位、关键字等基本信息进行检索，还可对检索到的篇章再作二次筛选，进行在线阅读或下载阅读。智能多维度导航，可使用户根据自己熟知的分类标准进行分类导航筛选，使查找和检索更高效、便捷。

权威的研究报告，独特的调研数据，前沿的热点资讯，皮书数据库已发展成为国内最具影响力的关于中国与世界现实问题研究的成果库和资讯库。

皮书俱乐部会员服务指南

1. 谁能成为皮书俱乐部会员？

● 皮书作者自动成为皮书俱乐部会员；

● 购买皮书产品（纸质图书、电子书、皮书数据库充值卡）的个人用户。

2. 会员可享受的增值服务：

● 免费获赠该纸质图书的电子书；

● 免费获赠皮书数据库100元充值卡；

● 免费定期获赠皮书电子期刊；

● 优先参与各类皮书学术活动；

● 优先享受皮书产品的最新优惠。

卡号：7464577261255480
密码：

（本卡为图书内容的一部分，不购书刮卡，视为盗书）

3. 如何享受皮书俱乐部会员服务？

（1）如何免费获得整本电子书？

购买纸质图书后，将购书信息特别是书后附赠的卡号和密码通过邮件形式发送到pishu@188.com，我们将验证您的信息，通过验证并成功注册后即可获得该本皮书的电子书。

（2）如何获赠皮书数据库100元充值卡？

第1步：刮开附赠卡的密码涂层（左下）；

第2步：登录皮书数据库网站（www.pishu.com.cn），注册成为皮书数据库用户，注册时请提供您的真实信息，以便您获得皮书俱乐部会员服务；

第3步：注册成功后登录，点击进入"会员中心"；

第4步：点击"在线充值"，输入正确的卡号和密码即可使用。

皮书俱乐部会员可享受社会科学文献出版社其他相关免费增值服务
您有任何疑问，均可拨打服务电话：010-59367227　QQ:1924151860
欢迎登录社会科学文献出版社官网（www.ssap.com.cn）和中国皮书网（www.pishu.cn）了解更多信息

社会科学文献出版社

皮书系列

"皮书"起源于十七八世纪的英国，主要指官方或社会组织正式发表的重要文件或报告，并多以白皮书命名。在中国，"皮书"这一概念被社会广泛接受，并被成功运作、发展成为一种全新的出版形态，则源于中国社会科学院社会科学文献出版社。

皮书是对中国与世界发展状况和热点问题进行年度监测，以专家和学术的视角，针对某一领域或区域现状与发展态势展开分析和预测，具备权威性、前沿性、原创性、实证性、时效性等特点的连续性公开出版物，由一系列权威研究报告组成。皮书系列是社会科学文献出版社编辑出版的蓝皮书、绿皮书、黄皮书等的统称。

皮书系列的作者以中国社会科学院、著名高校、地方社会科学院的研究人员为主，多为国内一流研究机构的权威专家学者，他们的看法和观点代表了学界对中国与世界的现实和未来最高水平的解读与分析。

自20世纪90年代末推出以经济蓝皮书为开端的皮书系列以来，至今已出版皮书近800部，内容涵盖经济、社会、政法、文化传媒、行业、地方发展、国际形势等领域。皮书系列已成为社会科学文献出版社的著名图书品牌和中国社会科学院的知名学术品牌。

皮书系列在数字出版和国际出版方面也是成就斐然。皮书数据库被评为"2008~2009年度数字出版知名品牌"；经济蓝皮书、社会蓝皮书等十几种皮书每年还由国外知名学术出版机构出版英文版、俄文版、韩文版和日文版，面向全球发行。

经济蓝皮书 BLUE BOOK OF CHINA'S ECONOMY	社会蓝皮书 BLUE BOOK OF CHINA'S SOCIETY	文化蓝皮书 BLUE BOOK OF CHINA'S CULTURE
金融蓝皮书 BLUE BOOK OF FINANCE	法治蓝皮书 BLUE BOOK OF RULE OF LAW	欧洲蓝皮书 BLUE BOOK OF EUROPE
气候变化绿皮书 GREEN BOOK ON CLIMATE CHANGE	西部蓝皮书 BLUE BOOK OF WESTERN REGION OF CHINA	世界经济黄皮书 YELLOW BOOK OF WORLD ECONOMY
THE CHINESE ACADEMY OF SOCIAL SCIENCES YEARBOOKS ECONOMY	THE CHINESE ACADEMY OF SOCIAL SCIENCES YEARBOOKS SOCIETY	THE CHINESE ACADEMY OF SOCIAL SCIENCES YEARBOOKS POPULATION AND LABOR

法律声明

"皮书系列"(含蓝皮书、绿皮书、黄皮书)由社会科学文献出版社最早使用并对外推广,现已成为中国图书市场上流行的品牌,是社会科学文献出版社的品牌图书。社会科学文献出版社拥有该系列图书的专有出版权和网络传播权,其LOGO(📝)与"经济蓝皮书"、"社会蓝皮书"等皮书名称已在中华人民共和国工商行政管理总局商标局登记注册,社会科学文献出版社合法拥有其商标专用权。

未经社会科学文献出版社的授权和许可,任何复制、模仿或以其他方式侵害"皮书系列"和(📝)、"经济蓝皮书"、"社会蓝皮书"等皮书名称商标专用权的行为均属于侵权行为,社会科学文献出版社将采取法律手段追究其法律责任,维护合法权益。

欢迎社会各界人士对侵犯社会科学文献出版社上述权利的违法行为进行举报。电话:010-59367121,电子邮箱:fawubu@ssap.cn。

社会科学文献出版社

盘点年度资讯　　预测时代前程

社会科学文献出版社

皮书系列
（2012年版）

权威·前沿·原创

社会科学文献出版社
SOCIAL SCIENCES ACADEMIC PRESS (CHINA)

社长致辞

我们是图书出版者,更是人文社会科学内容资源供应商;

我们背靠中国社会科学院,面向中国与世界人文社会科学界,坚持为人文社会科学的繁荣与发展服务;

我们精心打造权威信息资源整合平台,坚持为中国经济与社会的繁荣与发展提供决策咨询服务;

我们以读者定位自身,立志让爱书人读到好书,让求知者获得知识;

我们精心编辑、设计每一本好书以形成品牌张力,以优秀的品牌形象服务读者,开拓市场;

我们始终坚持"创社科经典,出传世文献"的经营理念,坚持"权威、前沿、原创"的产品特色;

我们"以人为本",提倡阳光下创业,员工与企业共享发展之成果;

我们立足于现实,认真对待我们的优势、劣势,我们更着眼于未来,以不断的学习与创新适应不断变化的世界,以不断的努力提升自己的实力;

我们愿与社会各界友好合作,共享人文社会科学发展之成果,共同推动中国学术出版乃至内容产业的繁荣与发展。

社会科学文献出版社社长
中国社会学会秘书长

2011 年 11 月

社会科学文献出版社　皮书系列

"皮书"起源于十七八世纪的英国，主要指官方或社会组织正式发表的重要文件或报告，并多以白皮书命名。在中国，"皮书"这一概念被社会广泛接受，并被成功运作、发展成为一种全新的出版形态，则源于中国社会科学院社会科学文献出版社。

皮书是对中国与世界发展状况和热点问题进行年度监测，以专家和学术的视角，针对某一领域或区域现状与发展态势展开分析和预测，具备权威性、前沿性、原创性、实证性、时效性等特点的连续性公开出版物，由一系列权威研究报告组成。皮书系列是社会科学文献出版社编辑出版的蓝皮书、绿皮书、黄皮书等的统称。

皮书系列的作者以中国社会科学院、著名高校、地方社会科学院的研究人员为主，多为国内一流研究机构的权威专家学者，他们的看法和观点代表了学界对中国与世界的现实和未来最高水平的解读与分析。

自20世纪90年代末推出以经济蓝皮书为开端的皮书系列以来，至今已出版皮书近800部，内容涵盖经济、社会、政法、文化传媒、行业、地方发展、国际形势等领域。皮书系列已成为社会科学文献出版社的著名图书品牌和中国社会科学院的知名学术品牌。

皮书系列在数字出版和国际出版方面也是成就斐然。皮书数据库被评为"2008～2009年度数字出版知名品牌"；经济蓝皮书、社会蓝皮书等十几种皮书每年还由国外知名学术出版机构出版英文版、俄文版、韩文版和日文版，面向全球发行。

经济蓝皮书 BLUE BOOK OF CHINA'S ECONOMY	社会蓝皮书 BLUE BOOK OF CHINA'S SOCIETY	文化蓝皮书 BLUE BOOK OF CHINA'S CULTURE
金融蓝皮书 BLUE BOOK OF FINANCE	法治蓝皮书 BLUE BOOK OF RULE OF LAW	欧洲蓝皮书 BLUE BOOK OF EUROPE
气候变化绿皮书 GREEN BOOK ON CLIMATE CHANGE	西部蓝皮书 BLUE BOOK OF WESTERN REGION OF CHINA	世界经济黄皮书 YELLOW BOOK OF WORLD ECONOMY
THE CHINESE ACADEMY OF SOCIAL SCIENCES YEARBOOKS ECONOMY	THE CHINESE ACADEMY OF SOCIAL SCIENCES YEARBOOKS SOCIETY	THE CHINESE ACADEMY OF SOCIAL SCIENCES YEARBOOKS POPULATION AND LABOR

1. 经济蓝皮书

2012年中国经济形势分析与预测

陈佳贵 李扬/主编　　2011年12月出版　　定价：59.00元

◆ 本书为"总理基金项目"，由中国社会科学院副院长陈佳贵、李扬领衔主编，囊括了刘树成、汪同三等国内众多知名经济学家的研究成果。全方位解读年度中国经济发展大势，聚焦房价、物价等民生热点，剖析宏观决策、财政金融、对外贸易等焦点问题，并对2012年中国经济的发展走向作出科学的预测，是2012年最值得期待的年度经济报告。

2. 金融蓝皮书

中国金融发展报告（2012）

李　扬 王国刚/主编　　2012年4月出版　　估价：79.00元

◆ 本书由中国社会科学院金融研究所主编，对2011年中国金融业总体发展状况进行回顾和分析，聚焦国际及国内金融形势的新变化，解析中国货币政策、银行业、保险业和证券期货业的发展状况，预测中国金融发展的最新动态，包括投资基金、保险业发展和金融监管等。

3. 国家竞争力蓝皮书

中国国家竞争力报告No.2

倪鹏飞/主编　　2012年10月出版　　估价：98.00元

◆ 本书运用有关竞争力的最新经济学理论，选取全球100个主要国家，在理论研究和计量分析的基础上，对全球1990~2010年的国家竞争力进行了比较分析，并以这100个国家为参照系，指明了中国的位置和竞争环境，为研究中国的国家竞争力地位，制定全球竞争战略提供参考。

4. 农村经济绿皮书

中国农村经济形势分析与预测（2011~2012）

中国社会科学院农村发展研究所　国家统计局农村社会经济调查司/主编
2012年2月出版　　估价：59.00元

◆ 本书依托研究中国农村和农村经济问题的两大权威机构，剖析金融危机背景下，2011年中国农业、农村经济发展的特点及粮食总产量、城乡居民收入差等一系列主要指标的变化，对2012年中国农业、农村经济形势作出展望和预测。

5. 区域蓝皮书

中国区域经济发展报告(2011~2012)

戚本超　景体华 / 主编　　2012年3月出版　　估价：59.00元

◆ 本书云集了北京社科院、河北社科院、上海社科院等机构的专家学者，从国家经济发展战略的宏观视角分别对长三角、珠三角和京津冀等各大经济圈经济、社会发展的分工协作、产业结构、空间分布、劳动力布局进行分析，并对存在的问题给出解决方案，突出了区域协调发展的理念。

6. 城市蓝皮书

中国城市发展报告No.5

潘家华　魏后凯 / 主编　　2012年7月出版　　估价：59.00元

◆ 本书由中国社会科学院城市发展与环境研究所主编，以聚焦新时期中国城市发展中的民生问题为主题，紧密联系现阶段中国城镇化发展的客观要求，回顾总结中国城镇化进程中城市民生改善的主要成效，并对城市发展中的各种民生问题进行全面剖析，在此基础上提出了民生优先的城市发展思路，以及改善城市民生的对策建议。

7. 城市竞争力蓝皮书

中国城市竞争力报告No.10

倪鹏飞 / 主编　　2012年4月出版　　估价：65.00元

◆ 本书由中国社会科学院城市与竞争力中心主任倪鹏飞主持编写，汇集了众多研究城市经济问题的专家学者关于城市竞争力研究的最新成果。本报告构建了一套科学的城市竞争力评价指标体系，采用第一手数据材料，对国内重点城市年度竞争力格局变化进行客观分析和综合比较、排名，对研究城市经济及城市竞争力极具参考价值。

8. 西部蓝皮书

中国西部经济发展报告（2012）

姚慧琴　任宗哲 / 主编　　2012年7月出版　　估价：79.00元

◆ 本书由西北大学中国西部经济发展研究中心主编，汇集了源自西部本土以及国内研究西部问题的权威专家的第一手资料，对国家实施西部大开发战略进行年度动态跟踪，并对2012年西部经济发展态势进行预测和展望。

9. 经济蓝皮书春季号

中国经济前景分析——2012年春季报告

陈佳贵 李 扬 / 主编　2012年4月出版　估价：59.00元

◆ 本书是经济蓝皮书的姊妹篇，是中国社会科学院"中国经济形势分析与预测"课题组推出的又一重磅作品，在模型模拟与实证分析的基础上，从我国面临的国内外环境入手，对2012年春季及全年经济全局及工业、农业、财政、金融、外贸、就业等热点问题进行多角度考察与研究，并提出政策建议，具有较强的实用性、科学性和前瞻性。

10. 宏观经济蓝皮书

中国经济增长报告（2011~2012）

张 平 / 主编　2012年1月出版　估价：69.00元

◆ 本书由中国社科院经济研究所组织编写，独创了中国各省（区、市）发展前景评价体系，通过产出效率、经济结构、经济稳定、产出消耗、增长潜力等近60个指标对中国各省（区、市）发展前景进行客观评价，并就"十二五"时期中国经济面临的主要问题进行全面分析。

11. 就业蓝皮书

2012年中国大学生就业报告

麦可思研究院 / 主编　王伯庆 / 主审　2012年6月出版　估价：98.00元

◆ 大学生就业是社会关注的热点和难点，本书是在麦可思研究院"中国2010届大学毕业生求职与工作能力调查"数据的基础上，由麦可思公司与西南财经大学共同完成的2012年度大学毕业生就业暨重点产业人才分析报告。本书从就业水平、薪资、工作能力、求职等各个方面，分析2012年大学生的就业形势，并提出相应政策建议。

12. 世界经济黄皮书

2012年世界经济形势分析与预测

王洛林 张宇燕 / 主编　2011年12月出版　估价：59.00元

◆ 本书由中国社会科学院世界经济与政治研究所精心打造，对2011年世界经济形势进行回顾与总结，并对2012年世界经济的发展态势进行预测。其延续了历年世界经济黄皮书的风格，是关注世界经济发展的各阶层人士必备的案头书。

13. 社会蓝皮书

2012年中国社会形势分析与预测

汝信 陆学艺 李培林/主编　　2011年12月出版　　估价：59.00元

◆ 本书为中国社会科学院核心学术品牌之一，荟萃中国社会科学院社会学所等众多知名学术单位的原创成果。本书分析2011年中国社会发展的热点和难点问题，针对未来可能出现的社会热点和发展趋势作出科学预测，并提出对策建议，其前瞻观点代表着中国社会发展的风向标。

14. 法治蓝皮书

中国法治发展报告No.10（2012）

李林/主编　　2012年3月出版　　估价：78.00元

◆ 本书由中国社会科学院法学研究所组织编写，对中国年度法治现状和法治进程进行深度分析、评价和预测，回顾总结2011年我国法治发展所取得的一系列进步和成就，并展望2012年我国的法治发展走向，是对中国年度法治现状和法治进程的客观记述、评价和预测。

15. 教育蓝皮书

中国教育发展报告（2012）

杨东平/主编　　2012年3月出版　　估价：59.00元

◆ 本书由著名教育和文化学者杨东平担任主编，大胆直面当前教育改革中出现的应试教育、择校热等热点问题以及学术腐败、学术失范等难点问题，通过对国内多个城市的调查，反映中国教育发展的现状和难点，并提出有价值的对策和建议，代表了中国教育界的国际视野和专家立场。

16. 环境绿皮书

中国环境发展报告（2012）

杨东平/主编　　2012年3月出版　　估价：59.00元

◆ 本书由民间环境保护组织"自然之友"组织编写，汇集了学者、记者、环保人士等众多视角，考察中国的年度环境发展态势，附加经典环境案例分析，展望2012年中国环境与发展领域的全局态势；为中国走向可持续发展的历史性转型留下真实写照和民间记录。

17. 公共服务蓝皮书
中国城市基本公共服务力评价（2011~2012）

候惠琴 / 主编　　2012年7月出版　　估价：78.00元

◆ 本书由中国社会科学院马克思主义研究院和华图教育集团组织编写，汇集了众多研究城市公共服务问题的专家学者的最新成果。以地方政府基本公共服务力评价指标体系为依据，对全国各直辖市、省会城市、经济特区和计划单列市的公共服务现状和能力进行系统评估、比较，并发布城市基本公共服务客观评价排行榜、城市基本公共服务满意度排行榜。

18. 行政改革蓝皮书
中国行政体制改革报告No.2（2012）

中国行政体制改革研究会　魏礼群/主编　2012年8月出版　估价：59.00元

◆ 本书是中国行政体制改革研究会推出的年度研究报告，由国内公共行政领域的专家和实际工作者编写，对我国行政体制改革的进程和成就、热点和难点问题进行深入分析和展示，展示了中国行政体制改革领域的前沿性研究成果。

19. 房地产蓝皮书
中国房地产发展报告No.9

潘家华　李景国/主编　　2012年5月出版　　估价：59.00元

◆ 本书由中国社会科学院城市发展与环境研究所组织编写，秉承客观公正、科学中立的原则，深度解析2011年中国房地产发展的形势和存在的主要矛盾，并预测2012年中国房价走势及房地产市场发展大势。观点精辟，数据翔实，对关注房地产市场的各阶层人士极具参考价值。

20. 资本市场蓝皮书
中国场外交易市场发展报告（2011~2012）

高峦　钟冠华/主编　　2012年1月出版　　估价：59.00元

◆ 本书通过研究场外交易市场组织模式、结构模式、交易模式、融资模式和监管模式的发展脉络、演变节点及演变原因，总结其发展规律，为推进有中国特色的场外交易市场建设提供有益的理论指导，是系统研究我国场外交易市场发展规律的力作。

21. 文化蓝皮书

2012年中国文化产业发展报告

张晓明 胡惠林 章建刚 / 主编　　2012年4月出版　　估价：59.00元

◆ 本书是由中国社会科学院文化研究中心和文化部、上海交通大学共同编写的第10本中国文化产业年度报告。内容涵盖了我国文化产业分析及政策分析，既有对2011年文化产业发展形势的评估，又有对2012年发展趋势的预测；既有对全国文化产业宏观形势的评估，又有对文化产业内各行业的权威年度报告。

22. 文化软实力蓝皮书

中国文化软实力研究报告（2012）

张国祚 / 主编　　2012年12月出版　　估价：79.00元

◆ 本书由中国文化软实力研究中心组织编写，对2011年中国文化软实力研究的最新进展进行全面回顾和总结，内容涉及文化软实力的理论框架、中国文化软实力研究的现状分析和热点问题、中国文化软实力发展的对策研究等，为学界提供文化软实力研究的翔实资料，为党政部门提供决策参考。

23. 传媒蓝皮书

2012年中国传媒产业发展报告

崔保国 / 主编　　2012年4月出版　　估价：69.00元

◆ 本书云集了清华大学、人民大学等众多权威机构的知名学者，对2011年中国传媒产业发展进行全面分析。剖析传统媒体转型过程中，中国传媒界的思索与实践；立足全球传媒产业发展现状，探索我国传媒产业向支柱产业发展面临的路径；并为我国构建现代国际传播体系，提升国际传播能力提供前瞻性研究与观点。

24. 新媒体蓝皮书

中国新媒体发展报告（2012）

尹韵公 / 主编　　2012年7月出版　　估价：69.00元

◆ 本书由中国社科院新闻与传播研究所和上海大学合作编写，在构建新媒体发展研究基本框架的基础上，全面梳理2011年中国新媒体发展现状，发表最前沿的网络媒体深度调查数据和研究成果，并对新媒体发展的未来趋势做出预测。

25. 住房绿皮书

中国住房发展报告(2011~2012)

倪鹏飞/主编　　2011年12月出版　　估价：69.00元

◆ 本书从宏观背景、市场体系和公共政策等方面，对中国住房市场作全面系统的分析、预测与评价。在评述2011年住房市场走势的基础上，预测2012年中国住房市场的发展变化；通过构建中国住房指数体系，量化评估住房市场各关键领域的发展状况；剖析中国住房市场发展所面临的主要问题与挑战，并给出政策建议。

26. 旅游绿皮书

2012年中国旅游发展分析与预测

张广瑞　刘德谦　宋瑞/主编　　2012年4月出版　　估价：59.00元

◆ 本书由中国社会科学院旅游研究中心组织编写，从2011年国内外发展环境入手，深度剖析2011年我国旅游业的跌宕起伏以及背后错综复杂的影响因素，聚焦旅游相关行业的运行特征以及相关政策实施，对旅游发展的热点问题给出颇具见地的分析，并提出促进我国旅游业发展的对策建议。

27. 汽车蓝皮书

中国汽车产业发展报告（2012）

国务院发展研究中心产业经济研究部、中国汽车工程学会、大众汽车集团（中国）/编著　　2012年7月出版　　估价：69.00元

◆ 本书在大量权威数据基础上，深度解析中国汽车产业发展现状和问题，并对2012年中国汽车产业的发展态势进行预测。本书对2011年我国汽车产业的创新模式、创新战略和创新能力进行全面分析，从企业、行业和政府三个层面对提高汽车产业创新能力提出对策建议。

28. 能源蓝皮书

中国能源发展报告（2012）

崔民选/主编　　2012年4月出版　　估价：79.00元

◆ 本书结合中国经济面临转型的新形势，着眼于构建安全稳定、经济清洁的现代能源产业体系，盘点2011年中国能源行业的运行和发展走势，对2011年我国能源产业和各行业的运行特征、热点问题进行了深度剖析，并提出了未来趋势预测和对策建议。

29. 国际形势黄皮书

全球政治与安全报告（2012）

李慎明　张宇燕 / 主编　　2011年12月出版　　估价：59.00元

◆　本书是由中国社会科学院世界经济与政治研究所精心打造的又一品牌皮书，关注时下国际关系发展动向里隐藏的中长期趋势，剖析全球政治与安全格局下的国际形势最新动向以及国际关系发展的热点问题，并对2012年国际社会重大动态作出前瞻性的分析与预测。

30. 美国蓝皮书

美国问题研究报告（2012）

黄　平 / 主编　　2012年6月出版　　估价：69.00元

◆　本书由中华美国学会和中国社科院美国研究所组织编写，从美国内政、外交、中美关系等角度系统论述2012年美国政治经济发展情况，既有对美国当今实力、地位的宏观分析，也有对美国近年来内政、外交政策的微观考察，对观察和研究美国及中美关系具有较强的参考作用。

31. 欧洲蓝皮书

欧洲发展报告（2011~2012）

周　弘 / 主编　　2012年3月出版　　估价：69.00元

◆　本书由中国社会科学院欧洲研究所及中国欧洲学会联合编写，从政治、经济、法治进程、社会文化和国际关系等角度，深度剖析2011年欧洲各国的政治经济发展情况，并对2012年欧洲经济社会发展趋势进行预测与展望，值得关注欧洲和欧洲问题的各阶层人士珍藏。

32. 服务业蓝皮书

中国服务业发展报告No.10

荆林波　史　丹　夏杰长 / 主编　　2012年3月出版　　估价：59.00元

◆　"十一五"是服务业迅速发展的时期，"十二五"我国可能迎来服务经济时代。本书由中国社会科学院财政与贸易经济研究所主编，探讨中国服务业发展现状和存在的问题，并指出未来服务业发展的全新思路和发展战略，对我国实施创新、融合、集聚、开放的服务业发展战略有着重要意义。

经济类

经济蓝皮书
2012年中国经济形势分析与预测
著(编)者：陈佳贵 李扬 2011年12月出版 / 定价：59.00元

经济蓝皮书春季号
中国经济前景分析——2012年春季报告
著(编)者：陈佳贵 李扬 2012年4月出版 / 估价：59.00元

经济信息绿皮书
中国与世界经济发展报告（2012）
著(编)者：王长胜 2012年12月出版 / 估价：65.00元

宏观经济蓝皮书
中国经济增长报告（2012）
著(编)者：张平 刘霞辉 2012年1月出版 / 估价：69.00元

城市竞争力蓝皮书
中国城市竞争力报告No.10
著(编)者：倪鹏飞 2012年4月出版 / 估价：65.00元

农村经济绿皮书
中国农村经济形势分析与预测（2011~2012）
著(编)者：中国社会科学院农村发展研究所
　　　　　国家统计局农村社会经济调查司
2012年2月出版 / 估价：59.00元

人口与劳动绿皮书
中国人口与劳动问题报告No.13
著(编)者：蔡昉 2012年7月出版 / 估价：59.00元

国家竞争力蓝皮书
中国国家竞争力报告No.2
著(编)者：倪鹏飞 2012年10月出版 / 估价：98.00元

省域竞争力蓝皮书
中国省域经济综合竞争力发展报告（2010~2011）
著(编)者：李建平 2012年3月出版 / 估价：258.00元

民营经济蓝皮书
中国民营经济发展报告（2010~2011）
著(编)者：黄孟复 2012年9月出版 / 估价：69.00元

发展和改革蓝皮书
中国经济发展和体制改革报告No.5
著(编)者：邹东涛 2012年11月出版 / 估价：98.00元

中小城市绿皮书
中国中小城市发展报告（2012）
著(编)者：中国城市经济学会中小城市经济发展委员会
2012年10月出版 / 估价：59.00元

中国总部经济蓝皮书
中国总部经济发展报告（2011~2012）
著(编)者：赵弘 2012年12月出版 / 估价：55.00元

企业蓝皮书
中国企业竞争力报告（2012）
著(编)者：金碚 2012年10月出版 / 估价：69.00元

民营企业蓝皮书
中国民营企业发展报告 No.6
著(编)者：刘迎秋 徐志祥 2012年10月出版 / 估价：69.00元

低碳经济蓝皮书
中国低碳经济发展报告（2012）
著(编)者：薛进军 2012年3月出版 / 估价：59.00元

城市蓝皮书
中国城市发展报告No.5
著(编)者：潘家华 魏后凯 2012年7月出版 / 估价：59.00元

国际城市蓝皮书
国际城市发展报告（2012）
著(编)者：屠启宇 2012年6月出版 / 估价：69.00元

金融蓝皮书
中国金融发展报告（2012）
著(编)者：李扬 王国刚 2012年4月出版 / 估价：79.00元

工业化蓝皮书
中国工业化发展报告（2012）
著(编)者：陈佳贵 黄群慧 2012年3月出版 / 估价：69.00元

社会政法类

社会蓝皮书
2012年中国社会形势分析与预测
著(编)者：汝信 陆学艺 李培林
2011年12月出版 / 估价：59.00元

人权蓝皮书
中国人权发展报告（2012）
著(编)者：罗豪才
2012年8月出版 / 估价：59.00元

法治蓝皮书
中国法治发展报告No.10（2012）
著(编)者：李 林 2012年3月出版 / 估价：78.00元

舆情蓝皮书
中国社会舆情与危机管理报告（2012）
著(编)者：谢耘耕 2012年7月出版 / 估价：78.00元

社会心态蓝皮书
中国社会心态发展报告（2012）
著(编)者：王俊秀 杨宜音 2012年3月出版 / 估价：59.00元

公共服务蓝皮书
中国城市基本公共服务力评价（2011~2012）
著(编)者：侯惠勤 2012年7月出版 / 估价：78.00元

气候变化绿皮书
应对气候变化报告（2012）
著(编)者：王伟光 郑国光 2012年11月出版 / 估价：68.00元

环境绿皮书
中国环境发展报告（2012）
著(编)者：杨东平 2012年3月出版 / 估价：59.00元

环境竞争力绿皮书
中国环境竞争力发展报告（2010~2011）
著(编)者：李建平 李闽榕 王金南
2012年10月出版 / 估价：148.00元

生态文明绿皮书
中国省域生态文明建设评价报告（ECI 2012）
著(编)者：严 耕 2012年8月出版 / 估价：118.00元

教育蓝皮书
中国教育发展报告（2012）
著(编)者：杨东平 2012年3月出版 / 估价：59.00元

教师蓝皮书
全国中小学教师状况分析报告(2012)
著(编)者：曾晓东 曲恒昌 2012年3月出版 / 估价：55.00元

就业蓝皮书
2012年中国大学生就业报告
著(编)者：麦可思研究院 2012年6月出版 / 估价：98.00元

青少年蓝皮书
中国未成年人互联网运用报告（2011~2012）
著(编)者：李文革 沈 杰 2012年6月出版 / 估价：59.00元

妇女绿皮书
中国性别平等与妇女发展报告（2011~2012）
著(编)者：谭 琳 2012年12月出版 / 估价：79.00元

妇女发展蓝皮书
中国妇女发展报告No.4（2012）
著(编)者：王金玲 2012年8月出版 / 估价：59.00元

女性生活蓝皮书
中国女性生活状况报告No.6（2012）
著(编)者：韩湘景 2012年7月出版 / 估价：69.00元

女性教育蓝皮书
中国妇女教育发展报告No.2（2011~2012）
著(编)者：莫文秀 2012年9月出版 / 估价：79.00元

城乡统筹蓝皮书
中国城乡统筹发展报告（2012）
著(编)者：厉以宁 李 扬 2012年3月出版 / 估价：59.00元

科普蓝皮书
中国科普基础设施发展报告（2012）
著(编)者：任福君 2012年4月出版 / 估价：69.00元

民族发展蓝皮书
中国民族区域自治发展报告（2012）
著(编)者：郝时远 王希恩 2012年8月出版 / 估价：59.00元

华侨华人蓝皮书
华侨华人发展报告（2012）
著(编)者：丘 进 2012年2月出版 / 估价：59.00元

宗教蓝皮书
中国宗教发展报告（2012）
著(编)者：金泽 邱永辉 2012年6月出版 / 估价：59.00元

社会工作蓝皮书
中国社会工作发展报告（2011~2012）
著(编)者：蒋昆生 戚学森 2012年7月出版 / 估价：59.00元

社会建设蓝皮书
2012年北京社会建设分析报告
著(编)者：陆学艺 张 荆 唐 军
2012年7月出版 / 估价：59.00元

社会科学蓝皮书
中国社会科学学术前沿报告 No.3
著(编)者：高 翔 2012年8月出版 / 估价：68.00元

北京律师蓝皮书
北京律师发展报告（2012）
著(编)者：王 隽 周塞军 2012年9月出版 / 估价：70.00元

殡葬绿皮书
中国殡葬事业发展报告（2012）
著(编)者：朱 勇 2012年3月出版 / 估价：59.00元

中国政府创新蓝皮书
中国政府创新报告（2012）
著(编)者：俞可平 2012年11月出版 / 估价：78.00元

危机管理蓝皮书
中国危机管理报告（2012）
著(编)者：文学国 范正青 2012年11月出版 / 估价：59.00元

民间组织蓝皮书
中国民间组织报告（2011～2012）
著(编)者：黄晓勇　2012年12月出版/估价：59.00元

慈善蓝皮书
中国慈善发展报告（2012）
著(编)者：杨　团　2012年12月出版/估价：59.00元

企业公民蓝皮书
中国企业公民报告（2012）
著(编)者：邹东涛　2012年4月出版/估价：58.00元

企业社会责任蓝皮书
中国企业社会责任研究报告（2012）
著(编)者：陈佳贵　黄群慧　钟宏武等
2012年10月出版/估价：55.00元

小康监测蓝皮书
中国小康监测发展报告（2012）
著(编)者：吕庆哲　2012年5月出版/估价：55.00元

信用蓝皮书
中国信用发展报告（2012）
著(编)者：章政　田侃　2012年7月出版/估价：55.00元

创新蓝皮书
创新型国家建设报告（2012）
著(编)者：詹正茂　熊思敏　2012年9月出版/估价：59.00元

民生蓝皮书
中国民生指数报告（2012）
著(编)者：吴晓灵　2012年9月出版/估价：59.00元

政治参与蓝皮书
中国政治参与报告（2012）
著(编)者：房　宁　2012年9月出版/估价：59.00元

人口老龄化蓝皮书
中国人口老龄化报告（2012）
著(编)者：田雪原　2012年9月出版/估价：59.00元

城乡一体化蓝皮书
中国城乡一体化发展报告（2012）
著(编)者：汝　信　傅崇兰　2012年7月出版/估价：59.00元

残疾人蓝皮书
中国残疾人事业发展报告（2012）
著(编)者：曹　月　2012年12月出版/估价：59.00元

非传统安全蓝皮书
非传统安全报告（2012）
著(编)者：余潇枫　2012年3月出版/估价：59.00元

食品安全蓝皮书
食品安全发展报告（2012）
著(编)者：周青杰　2012年3月出版/估价：59.00元

海洋安全蓝皮书
中国海洋安全报告（2012）
著(编)者：姜　安　2012年7月出版/估价：69.00元

行政改革蓝皮书
中国行政体制改革报告(2012)No.2
著(编)者：中国行政体制改革研究会　魏礼群　汪玉凯
2012年8月出版/估价：59.00元

社会保障绿皮书
中国社会保障发展报告（2012）
著(编)者：陈佳贵　王延中　2012年3月出版/估价：59.00元

劳动关系蓝皮书
2012年中国劳动关系报告
著(编)者：中国劳动关系学院
2012年3月出版/估价：59.00元

福建妇女发展蓝皮书
福建省妇女发展报告（2012）
著(编)者：刘群英　2012年10月出版/估价：58.00元

基金会绿皮书
中国基金会发展独立研究报告（2012）
著(编)者：康晓光　冯利　程刚
2012年7月出版/估价：68.00元

行业协会蓝皮书
中国行业协会发展报告（2012）
著(编)者：刘忠祥　2012年7月出版/估价：68.00元

创新蓝皮书
创新型国家建设报告（2012）
著(编)者：詹正茂　熊思敏
2012年12月出版/估价：59.00元

人口与健康蓝皮书
深圳人口与健康发展报告（2012）
著(编)者：陆杰华　2012年1月出版/估价：59.00元

汽车社会蓝皮书
中国汽车社会发展报告（2012）
著(编)者：翟双合　2012年10月出版/估价：59.00元

口腔健康蓝皮书
中国口腔健康发展报告（2012）
著(编)者：胡德渝
2012年5月出版/估价：59.00元

文化传媒类

文化蓝皮书
2012年中国文化产业发展报告
著(编)者：张晓明　胡惠林　章建刚
2012年4月出版 / 估价：59.00元

文化软实力蓝皮书
中国文化软实力研究报告（2012）
著(编)者：张国祚　2012年12月出版 / 估价：79.00元

全球传媒蓝皮书
全球传媒产业发展报告（2012）
著(编)者：胡正荣　2012年3月出版 / 估价：59.00元

传媒蓝皮书
2012年中国传媒产业发展报告
著(编)者：崔保国　2012年4月出版 / 估价：69.00元

新媒体蓝皮书
中国新媒体发展报告（2012）
著(编)者：尹韵公　2012年7月出版 / 估价：69.00元

动漫蓝皮书
中国动漫产业发展报告（2012）
著(编)者：卢斌　郑玉明　牛兴侦
2012年4月出版 / 估价：59.00元

纪录片蓝皮书
中国纪录片发展报告（2012）
著（编）者：何苏六　2012年9月出版 / 估价：88.00元

广告主蓝皮书
中国广告主营销推广趋势报告No.7
著(编)者：黄升民　杜国清　2012年10月出版 / 估价：68.00元

电影蓝皮书
中国电影产业发展报告（2012）
著(编)者：侯克明　2012年9月出版 / 估价：68.00元

电视蓝皮书
中国电视产业发展报告（2012）
著(编)者：盘剑　2012年9月出版 / 估价：68.00元

广电蓝皮书
中国广播电影电视发展报告（2012）
著（编）者：庞井君　2012年8月出版 / 估价：88.00元

视听新媒体蓝皮书
中国视听新媒体发展报告（2012）
著(编)者：庞井君　2012年8月出版 / 估价：88.00元

期刊蓝皮书
中国期刊发展报告（2008/2009）
著（编）者：李频　2012年8月出版 / 估价：79.00元

文化遗产蓝皮书
中国文化遗产事业发展报告（2012）
著（编）者：刘世锦　林家彬　苏杨
2012年10月出版 / 估价：79.00元

文学蓝皮书
中国文情报告（2011~2012）
著(编)者：白烨　2012年9月出版 / 估价：68.00元

文化蓝皮书
中国文化消费需求景气评价报告（2012）
著（编）者：王亚南　2012年6月出版 / 估价：59.00元

文化蓝皮书
中国乡村文化消费需求景气评价报告（2012）
著（编）者：王亚南
2012年3月出版 / 估价：59.00元

文化蓝皮书
中国城镇文化消费需求景气评价报告（2012）
著（编）者：王亚南
2012年3月出版 / 估价：59.00元

文化蓝皮书
中国中心城市文化消费需求景气评价报告（2012）
著（编）者：王亚南
2012年3月出版 / 估价：59.00元

文化蓝皮书
中国少数民族文化发展报告（2012）
著（编）者：张晓明　胡惠林　章建刚
2012年3月出版 / 估价：59.00元

文化创新蓝皮书
中国文化创新发展报告（2011~2012）
著（编）者：詹正茂　熊思敏
2012年12月出版 / 估价：59.00元

地方发展类

区域蓝皮书
中国区域经济发展报告(2011~2012)
著(编)者:戚本超 景体华 2012年3月出版/估价:59.00元

西部蓝皮书
中国西部经济发展报告(2012)
著(编)者:姚慧琴 任宗哲 2012年7月出版/估价:79.00元

中部蓝皮书
中国中部地区发展报告(2012)
著(编)者:李中元 2011年9月出版/定价:59.00元

东北蓝皮书
中国东北地区发展报告(2012)
著(编)者:鲍振东 曹晓峰 2012年8月出版/估价:69.00元

长三角蓝皮书
2012年科学发展长三角
著(编)者:宋林飞 2012年8月出版/估价:59.00元

长株潭城市群蓝皮书
长株潭城市群发展报告(2012)
著(编)者:张萍 2012年10月出版/估价:69.00元

海峡西岸蓝皮书
海峡西岸经济区发展报告(2012)
著(编)者:张志南 李闽榕 2012年5月出版/估价:59.00元

中原蓝皮书
中原经济区发展报告(2012)
著(编)者:欧继中 2012年3月出版/估价:59.00元

武汉城市圈蓝皮书
武汉城市圈经济社会发展报告(2011~2012)
著(编)者:肖安民 2012年6月出版/估价:69.00元

关中—天水经济区蓝皮书
中国关中—天水经济区发展报告(2012)
著(编)者:李忠民 2012年11月出版/估价:59.00元

北部湾蓝皮书
泛北部湾合作发展报告(2012)
著(编)者:吕余生 2012年5月出版/估价:65.00元

广西北部湾经济区蓝皮书
广西北部湾经济区开放开发报告(2012)
著(编)者:吕余生 2012年5月出版/估价:59.00元

大湄公河次区域蓝皮书
大湄公河次区域合作发展报告(2012)
著(编)者:刘稚 2012年10月出版/估价:59.00元

首都圈蓝皮书
中国首都圈发展报告(2012)
著(编)者:祝尔娟 2012年4月出版/估价:79.00元

欧亚大陆桥蓝皮书
欧亚大陆桥发展报告(2012)
著(编)者:李忠民 2012年3月出版/估价:79.00元

北京蓝皮书
北京经济发展报告(2011~2012)
著(编)者:谭维克 戚本超 2012年3月出版/估价:59.00元

北京蓝皮书
北京社会发展报告(2011~2012)
著(编)者:戴建中 2012年9月出版/估价:59.00元

北京蓝皮书
北京文化发展报告(2011~2012)
著(编)者:张泉 2012年4月出版/估价:59.00元

北京蓝皮书
北京社区发展报告(2011~2012)
著(编)者:刘牧雨 2012年4月出版/估价:59.00元

北京蓝皮书
北京城乡发展报告(2011~2012)
著(编)者:黄序 2012年4月出版/估价:59.00元

北京蓝皮书
北京公共服务发展报告(2011~2012)
著(编)者:张耘 2012年7月出版/估价:58.00元

北京人才蓝皮书
北京人才发展报告(2012)
著(编)者:张志伟 2012年6月出版/估价:59.00元

上海蓝皮书
上海经济发展报告(2012)
著(编)者:屠启宇 沈开艳 2012年1月出版/估价:59.00元

上海蓝皮书
上海社会发展报告(2012)
著(编)者:卢汉龙 2012年1月出版/估价:69.00元

上海蓝皮书
上海文化发展报告(2012)
著(编)者:叶辛 蒯大申 2012年1月出版/估价:59.00元

上海蓝皮书
上海资源环境发展报告(2012)
著(编)者:周冯琦 2012年1月出版/估价:69.00元

上海社会保障绿皮书
上海社会保障改革与发展报告（2011~2012）
著(编)者：汪 泓 2012年1月出版 / 估价：65.00元

上海蓝皮书
上海法治建设发展报告（2012）
著(编)者：叶 青 史建三 2012年1月出版 / 估价：69.00元

上海蓝皮书
2012年上海传媒发展报告：全媒体时代的创新与发展
著(编)者：强 荧 2012年1月出版 / 估价：69.00元

浦东蓝皮书
上海浦东经济发展报告(2012)
著(编)者：沈开艳 2012年1月出版 / 估价：69.00元

河南经济蓝皮书
2012年河南经济形势分析与预测
著(编)者：刘永奇 2012年3月出版 / 估价：59.00元

河南蓝皮书
河南经济发展报告(2012)
著(编)者：张 锐 2012年3月出版 / 估价：59.00元

河南蓝皮书
2012年河南社会形势分析与预测
著(编)者：林宪斋 赵保佑 2012年1月出版 / 估价：59.00元

河南蓝皮书
河南文化发展报告（2012）
著(编)者：张 锐 2012年1月出版 / 估价：59.00元

河南蓝皮书
河南城市发展报告（2012）
著(编)者：林宪斋 喻新安 王建国
2012年1月出版 / 估价：59.00元

陕西蓝皮书
陕西经济发展报告（2012）
著(编)者：杨尚勤 石 英 裴成荣
2012年4月出版 / 估价：59.00元

陕西蓝皮书
陕西社会发展报告（2012）
著(编)者：杨尚勤 石 英 江 波
2012年4月出版 / 估价：65.00元

陕西蓝皮书
陕西文化发展报告（2012）
著(编)者：杨尚勤 石 英 王长寿
2012年4月出版 / 估价：55.00元

陕西蓝皮书
陕西人力资源和社会保障发展报告（2012）
著(编)者：杨尚勤 鬲向前
2012年7月出版 / 估价：59.00元

陕西蓝皮书
榆林经济社会发展报告（2012）
著(编)者：胡志强 杨尚勤 石 英
2012年8月出版 / 估价：69.00元

辽宁蓝皮书
2012年辽宁经济社会形势分析与预测
著(编)者：曹晓峰 张 晶 张卓民
2012年2月出版 / 估价：69.00元

广州蓝皮书
中国广州经济发展报告（2012）
著(编)者：汤应武 刘江华 2012年6月出版 / 估价：59.00元

广州蓝皮书
中国广州创意产业发展报告（2012）
著(编)者：李江涛 简文豪 2012年9月出版 / 估价：59.00元

广州蓝皮书
中国广州文化发展报告（2012）
著(编)者：王晓玲 2012年6月出版 / 估价：59.00元

广州蓝皮书
中国广州城市建设发展报告（2012）
著(编)者：李江涛 简文豪 2012年5月出版 / 估价：59.00元

广州蓝皮书
中国广州汽车产业发展报告（2012）
著(编)者：李江涛 朱名宏 2012年6月出版 / 估价：59.00元

广州蓝皮书
中国广州农村发展报告（2012）
著(编)者：李江涛 汤锦华
2012年7月出版 / 估价：59.00元

广州蓝皮书
中国广州科技与信息化发展报告（2012）
著(编)者：李江涛 谢学宁
2012年7月出版 / 估价：59.00元

广州蓝皮书
广州创新型城市发展报告（2012）
著(编)者：李江涛 简文豪
2012年7月出版 / 估价：59.00元

广州蓝皮书
广州社会保障发展报告（2012）
著(编)者：李江涛 简文豪 2012年7月出版 / 估价：59.00元

广州蓝皮书
广州国际化发展报告（2012）
著(编)者：李江涛 简文豪 2012年7月出版 / 估价：59.00元

广州蓝皮书
广州商贸流通业发展报告（2012）
著(编)者：李江涛 简文豪 2012年7月出版 / 估价：59.00元

广州蓝皮书
2012年中国广州经济形势分析与预测
著(编)者：李江涛 简文豪 2012年7月出版 / 估价：59.00元

经济特区蓝皮书
中国经济特区发展报告（2012）
著(编)者：钟 坚 2012年6月出版 / 估价：85.00元

深圳蓝皮书
深圳经济发展报告（2012）
著(编)者：乐 正 2012年3月出版 / 估价：59.00元

深圳蓝皮书
深圳社会发展报告（2012）
著(编)者：乐 正 祖玉琴 2012年5月出版 / 估价：69.00元

深圳蓝皮书
深圳劳动关系发展报告（2012）
著(编)者：汤庭芬 2012年5月出版 / 估价：69.00元

武汉蓝皮书
武汉经济社会发展报告（2012）
著(编)者：刘志辉 2012年4月出版 / 估价：59.00元

郑州蓝皮书
2012年郑州文化发展报告
著(编)者：丁世显 2012年4月出版 / 估价：59.00元

温州蓝皮书
2012年温州经济社会形势分析与预测
著(编)者：金 浩 王春光 2012年3月出版 / 估价：69.00元

扬州蓝皮书
扬州经济社会发展报告（2010）
著(编)者：董 雷 2012年3月出版 / 估价：79.00元

南通蓝皮书
南通经济社会发展报告（2012）
著(编)者：南通市社科联 2012年4月出版 / 估价：79.00元

江苏法治蓝皮书
江苏法治发展报告（2012）
著(编)者：南京师大法学院 南京师大江苏法治发展研究院
　　　　 李 力 2012年3月出版 / 估价：69.00元

海峡经济区蓝皮书
海峡经济区发展报告（2012）
著(编)者：李闽榕 王秉安 2012年3月出版 / 估价：79.00元

山西蓝皮书
山西资源型经济转型发展报告（2012）
著(编)者：李志强 2012年3月出版 / 估价：79.00元

太原蓝皮书
太原经济社会发展报告（2012）
著(编)者：太原社科院 2012年4月出版 / 估价：79.00元

天津蓝皮书
天津滨海新区发展报告（2012）
著(编)者：周立群 2012年9月出版 / 估价：79.00元

广东蓝皮书
广东外贸发展报告（2012）
著(编)者：陈万灵 2012年10月出版 / 估价：79.00元

广东现代服务业蓝皮书
广东现代服务业发展报告（2012）
著(编)者：祁 明 程 晓 2012年8月出版 / 估价：79.00元

贵州蓝皮书
贵州社会发展报告（2012）
著(编)者：王兴骥 2012年11月出版 / 估价：79.00元

湖南蓝皮书
2012年湖南"两型社会"发展报告
著(编)者：梁志峰 2012年6月出版 / 估价：79.00元

湖南蓝皮书
2012年湖南产业发展报告
著(编)者：梁志峰 2012年6月出版 / 估价：79.00元

湖南蓝皮书
2012年湖南经济展望
著(编)者：梁志峰 2012年6月出版 / 估价：79.00元

湖南蓝皮书
2012年湖南法治发展报告
著(编)者：梁志峰 2012年6月出版 / 估价：79.00元

黑龙江蓝皮书
黑龙江经济发展报告（2012）
著(编)者：曲 伟 2012年4月出版 / 估价：79.00元

黑龙江蓝皮书
黑龙江社会发展报告（2012）
著(编)者：艾书琴 2012年4月出版 / 估价：79.00元

黑龙江产业蓝皮书
黑龙江产业发展报告（2012）
著(编)者：艾书琴 2012年4月出版 / 估价：79.00元

安徽社会蓝皮书
安徽社会发展报告（2012）
著(编)者：王开玉 2012年4月出版 / 估价：79.00元

中国省会经济圈蓝皮书
合肥经济圈发展报告No.4（2011~2012）
著(编)者：王开玉 董昭礼
2012年4月出版 / 估价：79.00元

港澳珠三角蓝皮书
粤港澳区域合作与发展研究报告（2011~2012）
著(编)者：梁庆寅 2012年4月出版 / 估价：79.00元

西部工业蓝皮书
中国西部工业发展报告（2012）
著(编)者：方行明 2012年8月出版/估价：79.00元

青海蓝皮书
2012年青海经济社会发展报告
著(编)者：青海社科院 2012年5月出版/估价：79.00元

甘肃蓝皮书
甘肃经济发展报告（2012）
著(编)者：魏胜文 2012年3月出版/估价：79.00元

甘肃蓝皮书
甘肃文化发展报告（2012）
著(编)者：魏胜文 2012年4月出版/估价：79.00元

甘肃蓝皮书
甘肃社会发展报告（2012）
著(编)者：魏胜文 2012年4月出版/估价：79.00元

行业报告类

产业蓝皮书
中国产业竞争力报告（2012）
著(编)者：张其仔 2012年8月出版/估价：69.00元

金融蓝皮书
中国银行业风险管理报告（2012）
著(编)者：王 力 2012年5月出版/估价：65.00元

金融蓝皮书
中国金融中心发展报告（2011~2012）
著(编)者：王 力 2012年4月出版/估价：65.00元

金融蓝皮书
中国金融生态发展报告（2012）
著(编)者：刘煜辉 2012年9月出版/估价：59.00元

金融蓝皮书
中国商业银行竞争力报告（2012）
著(编)者：王松奇 2012年5月出版/估价：69.00元

金融蓝皮书
中国银行投资发展报告（2012）
著(编)者：张志前 2012年10月出版/估价：69.00元

金融蓝皮书
中国金融监管发展报告（2012）
著(编)者：刘煜辉 2012年6月出版/估价：69.00元

金融蓝皮书
中国期货发展报告（2012）
著(编)者：车卉淳 2012年10月出版/估价：69.00元

保险蓝皮书
中国保险业竞争力报告（2012）
著(编)者：王 力 2012年10月出版/估价：59.00元

服务外包蓝皮书
中国金融服务外包发展报告（2011~2012）
著(编)者：王 力 2012年8月出版/估价：69.00元

西部金融蓝皮书
中国西部金融发展报告（2012）
著(编)者：李忠民 2012年11月出版/估价：59.00元

住房绿皮书
中国住房发展报告(2011~2012)
著(编)者：倪鹏飞 2011年12月出版/估价：69.00元

房地产蓝皮书
中国房地产发展报告No.9
著(编)者：潘家华 李景国
2012年5月出版/估价：59.00元

汽车蓝皮书
中国汽车产业发展报告（2012）
著(编)者：国务院发展研究中心产业经济研究部
　　　　　中国汽车工程学会 大众汽车集团（中国）
2012年7月出版/估价：69.00元

服务业蓝皮书
中国服务业发展报告No.10
著(编)者：荆林波 史 丹 夏杰长
2012年3月出版/估价：59.00元

商业蓝皮书
中国商业发展报告（2011~2012）
著(编)者：荆林波 2012年5月出版/估价：85.00元

信息化蓝皮书
中国信息化形势分析与预测（2012）
著(编)者：周宏仁 2012年8月出版/估价：98.00元

会展经济蓝皮书
中国会展经济发展报告（2012）
著(编)者：王方华 过聚荣
2012年7月出版 / 估价：55.00元

电子政务蓝皮书
中国电子政务发展报告（2012）
著(编)者：王长胜 许晓平 2012年6月出版 / 估价：59.00元

电子商务蓝皮书
中国电子商务服务业发展报告NO.2
著(编)者：荆林波 2012年8月出版 / 估价：59.00元

商会蓝皮书
中国商会发展报告（2012）
著(编)者：刘忠祥 2012年9月出版 / 估价：98.00元

中国商品市场蓝皮书
中国商品市场竞争力报告NO.2
著(编)者：裴长洪 荆林波 2012年6月出版 / 估价：69.00元

产权市场蓝皮书
中国产权市场发展报告（2011~2012）
著(编)者：曹和平 2012年10月出版 / 估价：69.00元

资本市场蓝皮书
中国场外交易市场发展报告（2011~2012）
著(编)者：高峦 钟冠华 2012年1月出版 / 估价：59.00元

私募市场蓝皮书
中国私募股权市场发展报告（2012）
著(编)者：曹和平 2012年10月出版 / 估价：59.00元

中国农业竞争力蓝皮书
中国省域农业竞争力发展报告No.2
著(编)者：郑传芳 宋洪远 李闽榕 等
2012年9月出版 / 估价：128.00元

中国林业竞争力蓝皮书
中国省域林业竞争力发展报告No.2
著(编)者：郑传芳 李闽榕 张春霞 等
2012年8月出版 / 估价：129.00元

旅游绿皮书
2012年中国旅游发展分析与预测
著(编)者：张广瑞 刘德谦 宋瑞
2012年4月出版 / 估价：59.00元

休闲绿皮书
2012年中国休闲发展报告
著(编)者：刘德谦 高舜礼 宋瑞
2012年5月出版 / 估价：69.00元

医疗卫生绿皮书
中国医疗卫生发展报告NO.6
著(编)者：杜乐勋 张文鸣 徐宝瑞
2012年9月出版 / 估价：68.00元

医药蓝皮书
中国传统医药发展报告（2012）
著(编)者：中国中医药管理局
2012年8月出版 / 估价：69.00元

食品药品蓝皮书
食品药品安全与监管政策研究报告（2012）
著(编)者：上海市食品药品安全研究中心
2012年5月出版 / 估价：69.00元

餐饮产业蓝皮书
中国餐饮产业发展报告（2012）
著(编)者：荆林波 2012年6月出版 / 估价：59.00元

交通运输蓝皮书
中国交通运输业发展报告（2012）
著(编)者：民生银行交通金融事业部课题组
2012年5月出版 / 估价：59.00元

体育蓝皮书
中国体育产业发展报告（2012）
著(编)者：江和平 张海潮
2012年3月出版 / 估价：69.00元

茶业蓝皮书
中国茶产业发展报告（2012）
著(编)者：李闽榕 杨江帆
2012年11月出版 / 估价：79.00元

测绘蓝皮书
中国测绘发展研究报告（2012）
著(编)者：徐德明 2012年11月出版 / 估价：58.00元

物联网蓝皮书
中国物联网发展报告（2012）
著(编)者：黄桂田 张全升 2012年5月出版 / 估价：69.00元

能源蓝皮书
中国能源发展报告（2012）
著(编)者：崔民选 2012年4月出版 / 估价：79.00元

煤炭蓝皮书
中国煤炭工业发展报告（2012）
著(编)者：岳福斌 2012年5月出版 / 估价：69.00元

基金会蓝皮书
中国基金会发展报告（2012）
著(编)者：刘忠祥 2012年11月出版 / 估价：69.00元

服务外包蓝皮书
国际服务外包发展报告（2012）
著(编)者：王晓红 2012年8月出版 / 估价：69.00元

工业设计蓝皮书
中国工业设计发展报告（2012）
著(编)者：国家发改委宏观经济研究院
2012年8月出版 / 估价：69.00元

投融资蓝皮书
中国中小企业投融资报告（2012）
著(编)者：中小企业投融资杂志社　2012年9月出版 / 估价：69.00元

投融资蓝皮书
中国国际贸易投资报告（2012）
著(编)者：赵忠秀　2012年10月出版 / 估价：69.00元

流通蓝皮书
湖南省流通发展报告（2012）
著(编)者：柳思维　2012年2月出版 / 估价：69.00元

供销社蓝皮书
中国供销社发展报告（2012）
著(编)者：赵亚平　2012年10月出版 / 估价：69.00元

奢侈品蓝皮书
中国奢侈品报告（2012）
著(编)者：冷柏军　2012年3月出版 / 估价：69.00元

产业安全蓝皮书
中国产业安全报告（2011~2012）
著(编)者：李孟刚　2012年6月出版 / 估价：69.00元

产业安全蓝皮书
中国能源产业安全与发展报告（2012）
著(编)者：李孟刚　2012年3月出版 / 估价：69.00元

产业安全蓝皮书
中国城市投资公司安全与发展报告（2012）
著(编)者：李孟刚　2012年3月出版 / 估价：69.00元

产业安全蓝皮书
中国粮食深加工产业安全与发展报告（2012）
著(编)者：李孟刚　2012年3月出版 / 估价：69.00元

产业安全蓝皮书
中国新能源产业安全与发展报告（2012）
著(编)者：李孟刚　2012年3月出版 / 估价：69.00元

产业安全蓝皮书
北京市房地产业安全与发展报告（2012）
著(编)者：李孟刚　2012年3月出版 / 估价：69.00元

产业安全蓝皮书
中国保险产业安全与发展报告（2012）
著(编)者：李孟刚
2012年3月出版 / 估价：69.00元

产业安全蓝皮书
中国私募股权产业安全与发展报告（2012）
著(编)者：李孟刚
2012年3月出版 / 估价：69.00元

产业安全蓝皮书
中国证券产业安全与发展报告（2012）
著(编)者：李孟刚　2012年3月出版 / 估价：69.00元

煤炭市场蓝皮书
中国煤炭市场发展报告（2012）
著(编)者：山西汾渭能源咨询公司
2012年3月出版 / 估价：69.00元

物流蓝皮书
中国物流发展报告（2012）
著(编)者：赵娴
2012年10月出版 / 估价：79.00元

软件和信息服务业蓝皮书
中国软件和信息服务业发展报告（2012）
著(编)者：李颖
2012年10月出版 / 估价：79.00元

"老字号"蓝皮书
中国"老字号"企业发展报告（2012）
著(编)者：张继焦
2012年10月出版 / 估价：79.00元

"两化"融合蓝皮书
中国"两化"融合发展报告（2012）
著(编)者：朱金周
2012年8月出版 / 估价：79.00元

中国养老金蓝皮书
中国养老金发展报告（2012）
著(编)者：郑秉文
2012年3月出版 / 估价：79.00元

国别与地区类

国际形势黄皮书
全球政治与安全报告（2012）
著(编)者：李慎明　张宇燕　2011年12月出版 / 估价：59.00元

世界经济黄皮书
2012年世界经济形势分析与预测
著(编)者：王洛林　张宇燕　2011年12月出版 / 估价：59.00元

世界社会主义黄皮书
世界社会主义跟踪研究报告（2011~2012）
著(编)者：李慎明　2012年3月出版 / 估价：69.00元

上海合作组织黄皮书
上海合作组织发展报告（2012）
著(编)者：吴恩远　2012年3月出版 / 估价：59.00元

拉美黄皮书
拉丁美洲和加勒比发展报告（2011~2012）
著(编)者：苏振兴　2012年3月出版/估价：69.00元

美国蓝皮书
美国问题研究报告（2012）
著(编)者：黄　平　2012年6月出版/估价：69.00元

欧洲蓝皮书
欧洲发展报告（2012）
著(编)者：周　弘　2012年3月出版/估价：69.00元

德国蓝皮书
德国发展报告（2011~2012）
著(编)者：李乐曾　郑春荣
2012年7月出版/估价：59.00元

俄罗斯东欧中亚黄皮书
俄罗斯东欧中亚国家发展报告（2011~2012）
著(编)者：邢广程　2012年6月出版/估价：59.00元

中东非洲黄皮书
中东非洲发展报告（2011~2012）
著(编)者：杨　光　2012年3月出版/估价：59.00元

亚太蓝皮书
亚太地区发展报告（2012）
著(编)者：李向阳　2012年3月出版/估价：69.00元

日本蓝皮书
日本发展报告（2012）
著(编)者：李　薇　2012年3月出版/估价：69.00元

日本经济蓝皮书
日本经济与中日经贸关系发展报告(2012)
著(编)者：王洛林　2012年3月出版/估价：69.00元

越南蓝皮书
越南国情报告(2012)
著(编)者：吕余生　2012年5月出版/估价：59.00元

缅甸蓝皮书
缅甸国情报告 No.1
著(编)者：刘　稚　2012年5月出版/估价：59.00元

印度蓝皮书
印度国情报告 No.1
著(编)者：刘　稚　2012年6月出版/估价：69.00元

G20国家创新竞争力黄皮书
G20国家创新竞争力发展报告（2011~2012）
著(编)者：李建平　李闽榕　赵新力
2012年11月出版/估价：98.00元

新兴经济体蓝皮书
金砖国家经济社会发展报告（2012）
著(编)者：林跃勤　周　文　2012年11月出版/估价：89.00元

东南亚蓝皮书
东南亚经济发展报告（2012）
著(编)者：厦门大学　2012年11月出版/估价：98.00元

俄罗斯蓝皮书
俄罗斯发展报告（2011~2012）
著(编)者：吴恩远　2012年7月出版/估价：98.00元

非洲蓝皮书
非洲发展报告（2011~2012）
著(编)者：杨　光　2012年6月出版/估价：98.00元

韩国蓝皮书
韩国发展报告（2011~2012）
著(编)者：牛林杰　2012年6月出版/估价：98.00元

澳门蓝皮书
澳门经济社会发展报告(2012)
著(编)者：郝雨凡　2012年6月出版/估价：59.00元

澳门会展蓝皮书
澳门会展业发展报告（2011~2012）
著(编)者：林广志　2012年6月出版/估价：59.00元

香港蓝皮书
香港经济社会发展报告（2011~2012）
著(编)者：薛凤旋　2012年3月出版/估价：69.00元

社会科学文献出版社
SOCIAL SCIENCES ACADEMIC PRESS (CHINA)

社会科学文献出版社成立于1985年,是直属于中国社会科学院的人文社会科学专业学术出版机构。

成立以来,特别是1998年实施第二次创业以来,依托于中国社会科学院丰厚的学术出版和专家学者两大资源,坚持"创社科经典,出传世文献"的出版理念和"权威、前沿、原创"的产品定位,走学术产品的系列化、规模化、数字化、市场化经营道路,社会科学文献出版社先后策划出版了著名的图书品牌和学术品牌"皮书"系列、《列国志》、"社科文献精品译库"、"全球化译丛"、"气候变化与人类发展译丛"、"近世中国"等一大批既有学术影响又有市场价值的图书。

在国内原创著作、国外名家经典著作大量出版的同时,社会科学文献出版社长期致力于中国学术出版走出去,先后与荷兰博睿出版社合作面向海外推出了《经济蓝皮书》、《社会蓝皮书》等十余种皮书的英文版;此外,《从苦行者社会到消费者社会》、《二十世纪中国史纲》、《中华人民共和国法制史》等三种著作入选新闻出版总署"经典中国国际出版工程"。

面对数字化浪潮的冲击,社会科学文献出版社力图从内容资源和数字平台两个方面实现传统出版的再造,并先后推出了皮书数据库、列国志数据库、中国田野调查数据库等一系列数字产品。

在新的发展时期,社会科学文献出版社结合社会的需求、自身的条件以及行业的发展,提出了新的创业目标:精心打造人文社会科学成果推广平台,发展成为一家集图书、期刊、声像电子和数字出版物为一体,面向海内外高端读者和客户,具备独特竞争力的人文社会科学内容资源经营商和海内外知名的专业学术出版机构。

创社科经典　出传世文献

联系我们:

咨询邮购: 社会科学文献出版社读者服务中心

地　　址: 北京市西城区北三环中路甲29号院3号楼华龙大厦13层

邮　　编: 100029　　　电　话: 010-59367070

邮　　箱: duzhe@ssap.cn　QQ: 1265056568

经销图书: 社会科学文献出版社发行部

地　　址: 北京市西城区北三环中路甲29号院3号楼华龙大厦13层

邮　　编: 100029　　　电　话: 010-59367088

开 户 名: 社会科学文献出版社发行部

开户银行: 工商银行北京北太平庄支行

账　　号: 0200010009200367306

更多信息请登陆:

社会科学文献出版社　www.ssap.com.cn

中国皮书网　www.pishu.cn

皮书微博　http://weibo.com/pishu

皮书博客　http://blog.sina.com.cn/pishu